무료 텝스 온라인 실전모의고사 이용하기

방법

해커스인강(HackersIngang.com) 접속 ▶ 상단의 [텝스 → MP3/자료 → 온라인 모의고사]
클릭해 이용하기

무료 단어암기장 이용하기

방법

해커스인강(HackersIngang.com) 접속 ▶ 상단의 [텝스 → MP3/자료 → 무료 MP3/자료]
클릭해 다운받기

* QR코드로 [MP3/자료] 바로 가기 ▶

무료 텝스 적중예상특강 이용하기

방법 1

PC에서 **해커스텝스(HackersTEPS.com) 접속** ▶
상단의 [**텝스 시험 D-7~당일** →
텝스 적중예상특강] 클릭해 이용하기

방법 2

모바일에서 **해커스텝스(HackersTEPS.com) 접속** ▶
중단의 [**추천 무료강의 → 텝스 적중예상특강**]
클릭해 이용하기

* QR코드로 [텝스 적중예상특강] 바로 가기 ▶

해커스 텝스 중급 문법

David Cho

해커스 어학연구소

시험에 나올 문제를 미리
풀어보고 싶을 땐?

해커스텝스(HackersTEPS.com)에서
텝스 적중예상특강 보기!

해커스 텝스 중급 문법

서문

《해커스 텝스 중급 문법》은 텝스 문법의 중급 실력을 완성하고 나아가 상급 실력으로 발돋움하기 위한 중급용 학습서입니다.

《해커스 텝스 중급 문법》은 중급 학습자들이 실제 시험에 출제되는 문법 포인트를 체계적으로 학습함으로써 보다 수준 높은 문법 실력을 쌓을 수 있도록 구성되어 있습니다. 본 교재는 텝스 시험 문법 영역을 철저히 분석하여 세심하게 반영한 문제들로 구성되었습니다. 또한 실제 시험에 출제되는 모든 유형의 문제를 풍부하게 수록하여 텝스 문법 영역에 효과적으로 대비할 수 있도록 하였습니다. 제시된 학습 플랜에 따라 꾸준히 학습하면 문법의 실력 향상을 기대하실 수 있을 뿐만 아니라, 실생활에서의 영어 활용에도 큰 도움이 될 것이라 확신합니다.

더불어, 텝스 전문 커뮤니티 해커스텝스 사이트(HackersTEPS.com)에서 교재 학습 중 궁금한 점을 다른 학습자들과 나누고, 다양한 무료 텝스 학습 자료를 함께 이용한다면, 학습 효과를 더욱 높일 수 있을 것입니다. 또한, 실시간으로 공유하는 텝스 시험 정보를 통해 보다 효과적으로 시험에 대비할 수 있을 것입니다. 또한 강의를 들으면서 공부하고 싶은 학습자들은 해커스인강 사이트(HackersIngang.com)에서 유명 강사님들의 해설 강의와 함께 학습할 수 있습니다.

《해커스 텝스 중급 문법》을 통해 학습자들이 텝스 문법 고수의 위치로 성큼 올라서고, 나아가 더 커다란 목표에 도달하는 과정에서 함께하기를 바랍니다.

David Cho

CONTENTS

책의 특징   6
책의 구성   8
텝스 시험 소개   10
파트별 문제 유형   12
학습 플랜   14
성향별 학습 방법   16

문장 성분
Chapter 01 주어·동사 / 목적어·보어 / 수식어   18

동사구
Chapter 02 자동사와 타동사   28
Chapter 03 수 일치   34
Chapter 04 시제   42
Chapter 05 능동태와 수동태   50
Chapter 06 조동사   56
Chapter 07 가정법   64

준동사구
Chapter 08 to 부정사   72
Chapter 09 동명사   80
Chapter 10 분사   86

품사
Chapter 11 명사와 관사   94
Chapter 12 대명사   102
Chapter 13 형용사와 부사   110
Chapter 14 전치사   118

해커스 텝스 중급 문법

접속사와 절
Chapter 15　등위 접속사와 상관 접속사　　　126
Chapter 16　명사절　　　132
Chapter 17　부사절　　　140
Chapter 18　관계절　　　148

어순과 특수구문
Chapter 19　어순　　　156
Chapter 20　비교 구문　　　164
Chapter 21　생략·대용 / 도치　　　170

Actual Test　　　179

정답·해석·해설　[책 속의 책]

- 무료 텝스 온라인 실전모의고사
- 무료 단어암기장

해커스인강 (HackersIngang.com)

책의 특징

01 **중급에서 상급으로 도약하기 위한 텝스 문법 학습서**
이 책은 기초를 다진 학습자들이 중급 실력을 완성하고, 나아가 상급 실력으로 발돋움하기 위한 중급용 텝스 문법 교재입니다. 실제 시험과 동일한 난이도의 지문과 문제로 교재를 구성하여 학습자들이 텝스 문법에 익숙해질 수 있도록 하였습니다.

02 **텝스 시험 분석 반영**
텝스 시험 문법 영역을 철저히 연구, 분석하여 교재에 반영하였고, 이 분석을 근거로 한 문법 정보를 제시하였습니다. 따라서 학습자들이 책의 내용을 따라 공부하면서 텝스 시험에 충분히 대비할 수 있도록 하였습니다.

03 **텝스 문법 4주 완성**
텝스 문법 영역을 4주 학습 분량으로 구성하여, 학습 플랜에 따라 체계적으로 학습할 수 있도록 하였습니다. 학습 플랜을 따라 꾸준히 학습하면 중급 수준의 실력을 완성할 수 있도록 하였습니다.

04 **기초가 부족한 학습자를 위한 문법 기본기 다지기 코너**
영어 문법 기초가 부족한 학습자들을 위해 기본적인 문법을 간단하게 정리한 기본기 다지기 코너를 마련하였습니다. 본 학습 전에 문법의 기초를 공부함으로써 텝스 문법을 기본부터 탄탄히 다질 수 있도록 하였습니다.

05 **텝스 핵심 문법 포인트 수록**
반드시 알아두어야 하는 텝스 핵심 문법 내용들을 포인트별로 정리하였고, 엄선한 예문을 통해 효과적으로 학습할 수 있도록 하였습니다.

06 풍부한 양의 실전 문제 수록

각 챕터별로 실제 시험에 출제되는 모든 유형의 문제를 풍부하게 수록하여 실전 문제를 충분히 연습할 수 있도록 하였으며, 이를 통해 실질적인 텝스 문법 실력 향상이 가능하게 하였습니다.

07 상세한 해설과 정확한 해석 수록

문법 포인트 내용을 적용한 상세한 해설, 정확한 해석, 필수 어휘 등을 제공합니다. 친절한 해설집을 통해 보다 수월하게 실력을 키워갈 수 있을 것입니다.

08 실전 모의고사 1회분 수록

실전과 동일한 구성 및 내용을 갖춘 텝스 실전 모의고사를 교재에 수록하였습니다. 모의고사를 풀어봄으로써 시험 응시 전 자신의 실력을 미리 평가하고 점검할 수 있도록 하였습니다.

09 텝스 온라인 모의고사와 단어암기장 무료 제공 – HackersIngang.com

실전과 동일한 구성 및 내용을 갖춘 텝스 온라인 모의고사를 해커스인강 사이트(HackersIngang.com)에서 무료로 제공하고 있습니다. 이 무료 온라인 모의고사를 통해 학습자들이 시험 응시 전 자신의 실력을 미리 평가하고 점검할 수 있도록 하였습니다. 또한, 교재 문법 영역에서 학습한 문제에 포함된 단어를 효과적으로 복습하고 암기할 수 있도록 정리한 단어암기장을 해커스인강 사이트(HackersIngang.com)에서 무료로 다운로드 받을 수 있습니다.

10 텝스 학습 자료 무료 제공 – HackersTEPS.com

실시간 토론과 정보 공유의 장인 해커스텝스 사이트(HackersTEPS.com)를 통해 매일매일 올라오는 텝스 문제를 풀어보고, 시험에 대한 정보를 공유하며 궁금한 것에 대해 토론할 수 있습니다. 또한 영어 회화나 AP 뉴스 받아쓰기 등 방대한 학습 자료를 통해 시험 준비뿐만 아니라 전반적인 영어 실력도 향상시킬 수 있습니다.

책의 구성

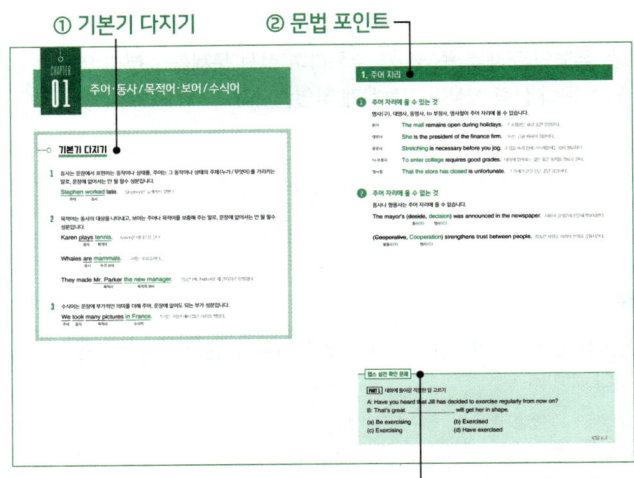

① 기본기 다지기
② 문법 포인트
③ 텝스 실전 확인 문제

① 기본기 다지기
텝스 문법 문제 풀이를 위해 반드시 알고 넘어가야 하는 기본 문법 요소를 학습하면서, 고득점으로 가기 위한 기초를 탄탄히 다질 수 있습니다.

② 문법 포인트
이 교재에 핵심이 되는 부분으로 텝스에 출제되는 핵심 문법 포인트를 엄선한 예문과 함께 학습할 수 있습니다.

③ 텝스 실전 확인 문제
문법 포인트에서 학습한 내용을 텝스 실전 확인 문제를 통해 확인해 볼 수 있습니다.

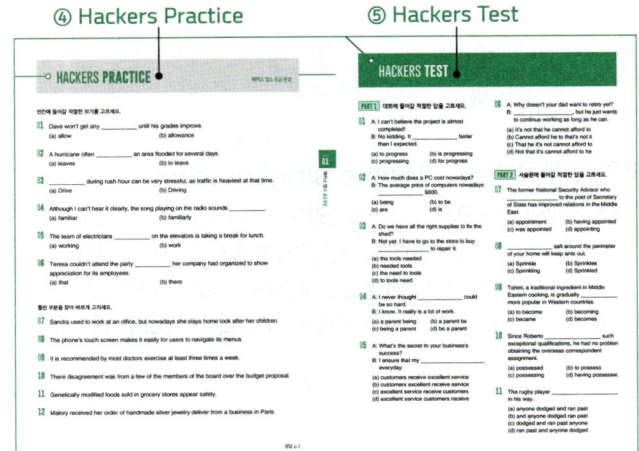

④ Hackers Practice
⑤ Hackers Test

④ Hackers Practice
문법 포인트에서 학습한 내용을 실제 시험 유형의 문제로 풀어보기 전에 간단한 형태의 문제 풀이를 통해 점검해 볼 수 있습니다.

⑤ Hackers Test
실제 텝스 시험과 유사한 문제를 풀어 보며 시험에 효과적으로 대비할 수 있습니다.

⑥ Actual Test

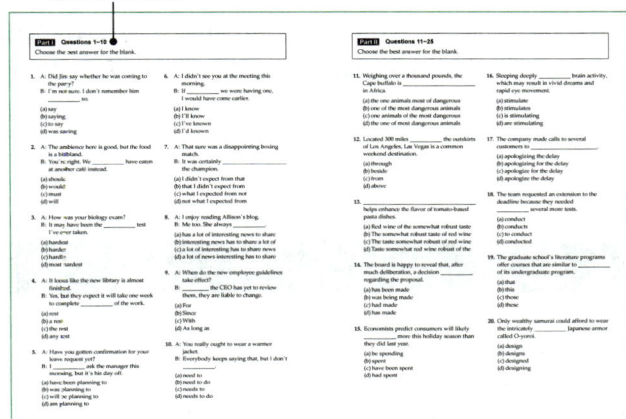

⑥ Actual Test
실전과 동일한 형태의 모의고사를 풀어 보며 교재 학습을 마친 후 자신의 실력도 점검하고 확실한 시험 감각을 익힐 수 있습니다.

⑦ 정답·해석·해설

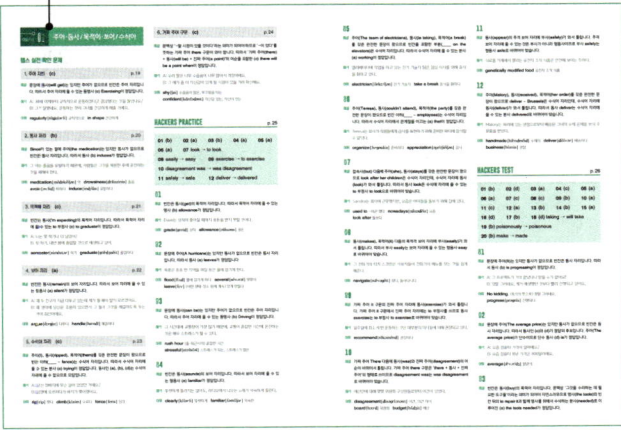

⑦ 정답·해석·해설
상세한 해설, 정확한 해석, 문제에 등장한 필수 어휘를 통해, 더 완벽하게 학습을 마무리할 수 있습니다.

텝스 시험 소개

■ TEPS란 무엇인가요?

TEPS란 Test of English Proficiency developed by Seoul National University의 약자로, 서울대학교 언어교육원에서 개발하고 TEPS 관리위원회에서 주관하는 국내 개발 영어 인증 시험입니다. 실제 활용하는 영어 능력을 평가하므로, 기업체 및 공사, 고시 및 대학 입시 등 각종 자격 요건 평가 시험으로 활용되고 있습니다.

■ TEPS는 어떻게 구성되어 있나요?

영역	파트	내용	문항 수	시간	배점
청해	Part 1	질의 응답 (하나의 문장을 듣고 이어질 응답 고르기)	10	40분	240점
	Part 2	짧은 대화 (3턴의 주고받는 대화를 듣고 이어질 응답 고르기)	10		
	Part 3	긴 대화 (6~8턴의 주고받는 대화를 듣고 질문에 알맞은 답 고르기)	10		
	Part 4	담화문 (한 명의 화자가 말하는 긴 내용을 듣고 질문에 알맞은 답 고르기) (1지문 1문항)	6		
	Part 5	긴 담화문 (한 명의 화자가 말하는 긴 내용을 듣고 질문에 알맞은 답 고르기) (1지문 2문항)	4		
어휘	Part 1	구어체 (대화문의 빈칸에 가장 적절한 어휘 고르기)	10	25분	60점
	Part 2	문어체 (단문의 빈칸에 가장 적절한 어휘 고르기)	20		
문법	Part 1	구어체 (대화문의 빈칸에 가장 적절한 답 고르기)	10		60점
	Part 2	문어체 (단문의 빈칸에 가장 적절한 답 고르기)	15		
	Part 3	대화 및 문단 (어법상 틀리거나 어색한 부분 고르기)	5		
독해	Part 1	빈칸 채우기 (빈칸에 가장 적절한 답 고르기)	10	40분	240점
	Part 2	흐름 찾기 (한 단락의 글에서 내용 흐름상 어색한 부분 고르기)	2		
	Part 3	내용 이해 (지문을 읽고 질문에 가장 적절한 답 고르기) (1지문 1문항)	13		
	Part 4	내용 이해 (지문을 읽고 질문에 가장 적절한 답 고르기) (1지문 2문항)	10		
14개 파트			135문항	105분	600점

* 각 문항의 난이도에 따른 반응 패턴을 근거로 평가하는 문항 반응 이론 적용

시험은 어떻게 접수하나요?

텝스 시험은 인터넷 접수와 방문 접수가 가능합니다.

- 인터넷 접수: www.teps.or.kr로 접속합니다. 사진 파일을 미리 준비해야 하고, 응시료는 신용카드 또는 계좌이체로 결제할 수 있습니다.
- 방문 접수: www.teps.or.kr의 시험 접수 → 접수처 안내에서 가까운 접수처를 확인한 후 방문하여 접수합니다. 3*4 사진 한 장과 응시료가 필요합니다.

시험 당일에는 무엇을 지참해야 하나요?

텝스 시험 당일에는 다음과 같은 준비물을 지참해야 합니다. 시험 전, 반드시 체크해 보세요.

- ☐ 규정 신분증 (주민등록증, 운전면허증, 청소년증 등이 인정되며, 자세한 신분증 규정은 www.teps.or.kr에서 확인하세요!)
- ☐ 컴퓨터용 사인펜 (연필은 사용할 수 없어요!)
- ☐ 수정 테이프 (수정액을 가져가면 안 돼요!)
- ☐ 아날로그 손목시계 (전자식 시계를 가져가면 안 돼요!)
- ☐ 수험표 (검사하지 않으므로 반드시 소지하지 않아도 괜찮아요!)

시험일 팁! 이것만은 알고 가세요!

1. 고사장 가기 전
    - 체크리스트를 확인하여 시험에 필요한 준비물을 챙기고, 규정된 입실 시간에 늦지 않도록 유의합니다.

2. 고사장 입구에서
    - 수험표에 기재된 수험 번호가 적힌 고사실을 확인합니다.

3. 시험 전
    - 모든 영역의 시험이 끝날 때까지 휴식 시간이 없으므로 화장실은 미리 다녀옵니다.

4. 시험 시
    - 답안을 마킹할 시간이 따로 없으므로 풀면서 바로 마킹합니다.
    - 연필이나 볼펜으로 먼저 마킹한 후 사인펜으로 마킹하면 OMR 카드에 오류가 날 수 있으니 주의합니다.
    - 정해진 영역을 푸는 시간에 다른 영역의 문제를 풀면 부정 행위로 간주되므로 주의합니다.
    - 대부분의 영역이 앞에는 쉬운 문제가, 뒤에는 어려운 문제가 나오므로 앞 부분을 빨리 풀어 시간을 확보합니다.
    - 문항 난이도, 변별도 및 영역별 특정 가중치에 따라 문항 배점이 다르므로, 어려운 문제를 많이 맞히면 높은 점수를 받을 확률이 더 높습니다.
    - 청해 시험 시 문제지의 빈 공간에 조금씩 필기하는 것은 괜찮습니다.

5. 시험 후
    - 해커스텝스 사이트 (HackersTEPS.com)의 텝스자유게시판에서 유저들과 정답을 확인해보고, 맞은 개수를 해커스 텝스 점수 환산기에 입력해서 예상 점수를 알아봅니다.

파트별 문제 유형

📗 문법(Grammar)

텝스 문법 영역은 Part 1에서 10문항, Part 2에서 15문항, Part 3에서 5문항, 총 30문항을 풀도록 구성되어 있습니다. 구어와 문어 상황, 단문과 장문 등 다양한 상황과 길이의 문장을 통하여 문법 사항의 이해도 및 활용도를 평가합니다. 참고로, 문법 영역은 Part 3에 상대적으로 길이가 긴 지문이 등장하기 때문에, 어휘&문법 영역 시간 총 25분 중 약 15분을 분배하는 것이 권장됩니다.

PART 1 짧은 대화 중 빈칸 채우기 1번~10번 (10문항)

A와 B의 짧은 대화 내의 빈칸에 문법적으로 알맞은 보기를 선택하는 유형으로 일상적인 내용의 대화가 나옵니다.

> A: I wish you could stay for dinner.
> B: Thanks, but I _____ it's time I got going.
>
> (a) think
> (b) thought
> (c) had thought
> (d) have thought
>
> 정답 (a)

PART 2 서술 문장 중 빈칸 채우기 11번~25번 (15문항)

하나의 문장 내의 빈칸에 문법적으로 알맞은 보기를 선택하는 유형으로 일상 생활 외에도 시사, 학술 분야 등을 다룬 문장이 나옵니다.

> Newly released reports on the state of the economy _____ personal debt at all levels of society.
>
> (a) generally point to an increase in
> (b) generally to an increase in
> (c) to an increase generally in
> (d) a point to increase in
>
> 정답 (a)

PART 3 긴 대화나 서술 지문 중 어법·문법상 틀린 문장 찾기 26번~30번 (5문항)

네 차례 오가는 A와 B의 대화 혹은 네 개의 문장으로 이루어진 서술 지문 중 어법·문법적으로 틀린 문장을 찾는 유형입니다. 일상적인 내용의 대화와 학술적인 내용을 다룬 지문이 나옵니다.

(a) A: I can hardly believe school starts next week.
(b) B: Neither can I. Summer just went by so fast.
(c) A: Well, did you head to anywhere interesting out during the break?
(d) B: Yes. I visited the orphanage I used to do volunteer work at a couple of years ago.   정답 (c)

(a) In 2001, Beijing won the bid to host the 2008 Summer Olympics. (b) Its planned for the Olympics included the construction for 31 new venues. (c) Construction began in 2003, and in 2007 construction on all the venues had begun. (d) The final cost for the venues exceeded the amount for previous Olympics.   정답 (b)

학습 플랜

4주 완성 학습 플랜

	1일	2일	3일	4일	5일
1주	Ch 01 (p.18-27)	Ch 02 (p.28-33)	Ch 03 (p.34-41)	Ch 04 (p.42-49)	Ch 05 (p.50-55)
2주	Ch 06 (p.56-63)	Ch 07 (p.64-71)	Ch 08~09 (p.72-85)	Ch 10 (p.86-93)	Ch 11 (p.94-101)
3주	Ch 12 (p.102-109)	Ch 13 (p.110-117)	Ch 14 (p.118-125)	Ch 15~16 (p.126-139)	Ch 17 (p.140-147)
4주	Ch 18 (p.148-155)	Ch 19 (p.156-163)	Ch 20 (p.164-169)	Ch 21 (p.170-177)	Actual Test (p.179-183)

해커스 텝스 중급 문법

8주 완성 학습 플랜

	1일	2일	3일	4일	5일
1주	Ch 01 (p.18-24)	Ch 01 (p.25-27)	Ch 02 (p.28-30)	Ch 02 (p.31-33)	Ch 03 (p.34-38)
2주	Ch 03 (p.39-41)	Ch 04 (p.42-46)	Ch 04 (p.47-49)	Ch 05 (p.50-52)	Ch 05 (p.53-55)
3주	Ch 06 (p.56-60)	Ch 06 (p.61-63)	Ch 07 (p.64-68)	Ch 07 (p.69-71)	Ch 08 (p.72-79)
4주	Ch 09 (p.80-85)	Ch 10 (p.86-90)	Ch 10 (p.91-93)	Ch 11 (p.94-98)	Ch 11 (p.99-101)
5주	Ch 12 (p.102-106)	Ch 12 (p.107-109)	Ch 13 (p.110-114)	Ch 13 (p.115-117)	Ch 14 (p.118-122)
6주	Ch 14 (p.123-125)	Ch 15 (p.126-131)	Ch 16 (p.132-136)	Ch 16 (p.137-139)	Ch 17 (p.140-144)
7주	Ch 17 (p.145-147)	Ch 18 (p.148-152)	Ch 18 (p.153-155)	Ch 19 (p.156-160)	Ch 19 (p.161-163)
8주	Ch 20 (p.164-166)	Ch 20 (p.167-169)	Ch 21 (p.170-174)	Ch 21 (p.175-177)	Actual Test (p.179-183)

성향별 학습 방법

혼자 공부할 때 더 집중이 잘되는 당신!

개별 학습형
- 교재와 해커스텝스 사이트 등을 적극적으로 활용하여 실력을 쌓습니다.
- 계획을 세워 공부하고, 한 번 세운 계획은 절대 미루지 않습니다.

여러 사람과 함께 토론하며 공부할 때 더 이해가 잘되는 당신

스터디 학습형
- 팀원끼리 스터디 원칙을 정해 놓고 문제 토론도 하고 시험도 칩니다.
- 스터디 시작 전에 미리 공부할 분량을 정해 해당 부분을 각자 예습합니다.
- 너무 긴 잡담으로 인하여 휴식 시간이 늘어지지 않도록 하며, 틀린 문제에 대한 벌금 제도 등은 학습에 건전한 자극이 될 수 있습니다.

선생님의 강의를 들으며 확실하게 공부하는 것을 선호하는 당신!

학원 학습형
- 학원 강의를 듣고, 반별 게시판을 적극 활용해 공부합니다.
- 선생님과 상호 작용을 통해 모르는 것을 바로 바로 해결합니다.
- 결석하지 않겠다는 의지를 가지고 수업에 임하며 반드시 복습합니다.

때와 장소에 구애 받지 않고 공부하길 원하는 당신!

동영상 학습형
- 해커스인강의 선생님께 질문하기 코너를 적극 활용합니다.
- 시간에 구애 받지 않고 학습할 수 있지만, 시작 전에 공부 시간과 계획을 미리 정해두고 꼭 지키도록 합니다.
- 인터넷 접속 시 절대 다른 사이트의 유혹에 빠지지 않도록 합니다.

해커스 텝스 중급 문법

교재 | 날짜별로 계획하여 학습 → Practice · Test로 확인 → 틀린 문제는 오답 노트 작성하여 복습
HackersTEPS.com | 교재/무료MP3 > 교재 Q&A에서 궁금증 해결 → 매일텝스풀기 · 매일텝스어휘에서 연습
HackersIngang.com | MP3/자료 > 텝스 > 무료 MP3/자료에서 단어암기장을 다운로드 받아 암기

교재 | 스터디 전 오늘 학습 부분 예습 → 팀원끼리 쪽지 시험(단어, 문제 등) → 예습한 내용 Practice로 확인 → 시간을 정하여 실전과 같은 느낌으로 Test 풀기 → 헷갈리는 문제나 틀린 문제는 토론하여 해결
HackersTEPS.com | 교재/무료MP3 > 교재 Q&A에서 궁금증 해결 → 매일텝스풀기 · 매일텝스어휘에서 연습
HackersIngang.com | MP3/자료 > 텝스 > 무료 MP3/자료에서 단어암기장을 다운로드 받아 암기

교재 | 수업에 빠짐없이 참여 → 의문점은 선생님께 질문하여 해결 → 틀린 문제는 오답 노트 작성하여 복습
Hackers.ac | 반별 게시판에서 선생님 및 함께 수업을 듣는 다른 학생들과 적극적인 상호작용
HackersTEPS.com | 교재/무료MP3 > 교재 Q&A에서 궁금증 해결 → 매일텝스풀기 · 매일텝스어휘에서 연습
HackersIngang.com | MP3/자료 > 텝스 > 무료 MP3/자료에서 단어암기장을 다운로드 받아 암기

교재 | 날짜별로 계획하여 학습 → Practice · Test로 확인 → 틀린 문제는 오답 노트 작성하여 복습
HackersIngang.com | 강의를 보면서 몰랐던 부분 확실히 학습 → 핵심 내용 노트 정리 → 게시판에 모르는 부분 질문 → MP3/자료 > 텝스 > 무료 MP3/자료에서 단어암기장을 다운로드 받아 암기
HackersTEPS.com | 교재/무료MP3 > 교재 Q&A에서 궁금증 해결 → 매일텝스풀기 · 매일텝스어휘에서 연습

CHAPTER 01 주어·동사 / 목적어·보어 / 수식어

기본기 다지기

1 동사는 문장에서 표현하는 동작이나 상태를, 주어는 그 동작이나 상태의 주체(누가/무엇이)를 가리키는 말로, 문장에 없어서는 안 될 필수 성분입니다.

<u>Stephen</u> <u>worked</u> late.   Stephen은 늦게까지 일했다.
　주어　　동사

2 목적어는 동사의 대상을 나타내고, 보어는 주어나 목적어를 보충해 주는 말로, 문장에 없어서는 안 될 필수 성분입니다.

Karen <u>plays</u> <u>tennis</u>.   Karen은 테니스를 친다.
　　　동사　목적어

Whales <u>are</u> <u>mammals</u>.   고래는 포유류이다.
　　　동사　주격 보어

They made <u>Mr. Parker</u> <u>the new manager</u>.   그들은 Mr. Parker를 새 관리자로 임명했다.
　　　　　목적어　　　목적격 보어

3 수식어는 문장에 부가적인 의미를 더해 주며, 문장에 없어도 되는 부가 성분입니다.

<u>We</u> <u>took</u> <u>many pictures</u> <u>in France</u>.   우리는 프랑스에서 많은 사진을 찍었다.
주어　동사　　목적어　　　수식어

1. 주어 자리

① 주어 자리에 올 수 있는 것

명사(구), 대명사, 동명사, to 부정사, 명사절이 주어 자리에 올 수 있습니다.

명사	**The mall** remains open during holidays.	그 쇼핑몰은 휴일 동안 영업한다.
대명사	**She** is the president of the finance firm.	그녀는 금융 회사의 회장이다.
동명사	**Stretching** is necessary before you jog.	조깅을 하기 전에 스트레칭하는 것이 필요하다.
to 부정사	**To enter college** requires good grades.	대학에 입학하는 것은 좋은 성적을 필요로 한다.
명사절	**That the store has closed** is unfortunate.	그 가게가 문을 닫은 것은 유감이다.

② 주어 자리에 올 수 없는 것

동사나 형용사는 주어 자리에 올 수 없습니다.

The mayor's (~~decide~~, decision) was announced in the newspaper. 시장의 결의문이 신문에 발표되었다.
　　　　　　동사(X)　　명사(O)

(~~Cooperative~~, Cooperation) strengthens trust between people. 협동은 사람들 사이의 신뢰를 강화시킨다.
　형용사(X)　　　　명사(O)

텝스 실전 확인 문제

PART 1 대화에 들어갈 적절한 답 고르기

A: Have you heard that Jill has decided to exercise regularly from now on?
B: That's great. _____ will get her in shape.

(a) Be exercising (b) Exercised
(c) Exercising   (d) Have exercised

정답 p.2

2. 동사 자리

1 동사 자리에 올 수 있는 것

'(조동사 +) 동사'가 동사 자리에 올 수 있습니다.

동사   The students **play** basketball in the park. 학생들이 공원에서 농구를 한다.
         　　　　　　동사

조동사 + 동사   You **can find** the dining hall on the second floor. 2층에서 식당을 찾을 수 있습니다.
　　　　　　　　　　조동사 + 동사

2 동사 자리에 올 수 없는 것

'to + 동사'나 '동사 + -ing'는 동사 자리에 올 수 없습니다.

I (~~to prefer~~, **prefer**) jogging when there is a cool breeze.
　 to + 동사(X) 동사(O)
나는 시원한 산들바람이 불 때 조깅하는 것을 더 좋아한다.

Several artists (~~working~~, **work**) in the design studio downtown.
　　　　　　　　동사 + ing(X) 동사(O)
몇몇 예술가들이 시내에 있는 디자인 스튜디오에서 일한다.

텝스 실전 확인 문제

PART 2 서술문에 들어갈 적절한 답 고르기

Since the medication _____ drowsiness, people should avoid driving after taking it.

(a) inducing   (b) induces
(c) to induce   (d) to inducing

정답 p.2

3. 목적어 자리

1 목적어 자리에 올 수 있는 것

명사(구), 대명사, 동명사, to 부정사, 명사절이 목적어 자리에 올 수 있습니다.

명사	Jeff bought a sandwich at the bakery.	Jeff는 그 제과점에서 샌드위치를 샀다.
대명사	Sandra drove us to the airport.	Sandra는 우리를 공항까지 차로 데려다 주었다.
동명사	Rose finished painting a picture of the sunset.	Rose는 일몰 그림을 그리는 것을 마쳤다.
to 부정사	My brother decided to join a baseball team.	나의 오빠는 야구팀에 합류하기로 결정했다.
명사절	The reporter predicts that it will rain tonight.	리포터는 오늘 밤 비가 올 것이라고 예보한다.

2 목적어 자리에 올 수 없는 것

동사나 형용사는 목적어 자리에 올 수 없습니다.

The employees awaited the (~~announce~~, announcement) from their boss.
　　　　　　　　　　　　　　동사(X)　　　명사(O)
직원들은 상사로부터 발표를 기다렸다.

Jonathan appreciates the (~~honest~~, honesty) of his coworkers.
　　　　　　　　　　　　　형용사(X)　　명사(O)
Jonathan은 자신의 동료들의 정직함을 높이 평가한다.

텝스 실전 확인 문제

PART 1 대화에 들어갈 적절한 답 고르기

A: How many more semesters do you have left?
B: Two. I'm expecting _____ in the spring of next year.

(a) graduate (b) graduated
(c) to graduate (d) have graduated

정답 p.2

4. 보어 자리

1 보어 자리에 올 수 있는 것

명사(구), 대명사, 동명사, to 부정사, 명사절과 형용사가 보어 자리에 올 수 있습니다.

명사	Brittany was the winner of the science competition.	Brittany는 과학 경연 대회의 우승자였다.
대명사	The owner of the motorcycle outside is me.	밖에 있는 오토바이의 주인은 저입니다.
동명사	My goal is getting a job after graduation.	나의 목표는 졸업 후에 직업을 가지는 것이다.
to 부정사	Timothy's dream is to open a shop in Italy.	Timothy의 꿈은 이탈리아에서 가게를 여는 것이다.
명사절	My advice is that you should rest tomorrow.	저의 조언은 당신이 내일 쉬어야 한다는 것입니다.
형용사	Those houses along the riverside look expensive.	강변을 따라 있는 저 집들은 비싸 보인다.

2 보어 자리에 올 수 없는 것

동사나 부사는 보어 자리에 올 수 없습니다.

The baseball game was canceled because it kept (rain, raining) all day.
  동사(X) 동명사(O)
비가 하루 종일 내려서 그 야구 경기는 취소되었다.

The night air feels (warmly, warm) for this time of year.
  부사(X) 형용사(O)
밤 공기는 일 년 중 이맘때 따뜻하게 느껴진다.

텝스 실전 확인 문제

PART 1 대화에 들어갈 적절한 답 고르기

A: My two friends are arguing now but I don't know what to do.
B: I think it's best to let them handle it while you remain _____.

(a) silent
(b) be silence
(c) silently
(d) more silently

정답 p.2

5. 수식어 자리

1 수식어 자리에 올 수 있는 것

전치사구, to 부정사구, 분사구(문), 관계절, 부사절 등이 수식어 자리에 올 수 있습니다.

전치사구	**At the restaurant**, Diane ordered a small salad.	식당에서, Diane은 작은 사이즈의 샐러드를 주문했다.
to 부정사구	We bought a stereo **to listen to music**.	우리는 음악을 듣기 위해 스테레오를 샀다.
분사구(문)	The sheet **posted on the door** is the schedule.	문에 게시되어 있는 종이는 일정표이다.
관계절	She paid the man **who mowed her lawn**.	그녀는 잔디를 깎은 남자에게 돈을 지불했다.
부사절	**Before the children watched TV**, they ate dinner.	그 아이들은 TV를 보기 전에 저녁을 먹었다.

2 수식어 자리에 올 수 없는 것

동사는 수식어 자리에 올 수 없습니다.

Kayla called the doctor (~~make~~, **to make**) an appointment.   Kayla는 진료 예약을 하기 위해 의사에게 전화했다.
　　　　　　　　　　　 동사(X)　 to 부정사(O)

3 수식어 찾는 방법

문장의 핵심 요소인 주어, 동사, 목적어나 보어를 먼저 찾은 후 남은 부분이 수식어입니다.

She left her car unlocked **in the parking lot**.   그녀는 차 문을 잠그지 않은 채 차를 주차장에 두었다.
주어　동사　목적어　보어　　수식어

텝스 실전 확인 문제

PART 1 대화에 들어갈 적절한 답 고르기

A: What happened to your jeans?
B: I ripped them _____ to climb over a fence.

(a) tries　　　　　　　(b) had tried
(c) trying　　　　　　 (d) is trying

정답 p.2

6. 가짜 주어 구문

1 가짜 주어 there 구문

가짜 주어 there 구문은 'there + 동사 + 진짜 주어'의 형태로, '(진짜 주어)가 있다'라는 뜻입니다.

<u>There is an urgent message</u> from Liz in your voicemail box.
가짜 주어(There) + 동사(is) + 진짜 주어(an urgent message)
당신의 음성 사서함에 Liz로부터 온 다급한 메시지가 있습니다.

2 가짜 주어 it 구문

주어가 길 때, 이 주어를 문장 맨 뒤로 보내고 주어 자리에는 가짜 주어 it을 씁니다.

<u>To get the manager's permission first</u> is important.

→ <u>It</u> is important <u>to get the manager's permission first</u>. 먼저 관리자의 허가를 받는 것이 중요하다.
   가짜 주어   진짜 주어

➔ 긴 주어 to get the manager's permission first를 문장 맨 뒤로 보내고 주어 자리에 가짜 주어 It을 씁니다.

사람이나 사물 등을 강조하고 싶을 때 가짜 주어 it이 that절과 함께 쓰여, 'it-that 강조구문'을 만듭니다.

<u>Martina</u> needs the files by three o'clock today.

→ <u>It</u> is <u>Martina</u> that needs the files by three o'clock today. 오늘 3시까지 파일이 필요한 사람은 바로 Martina이다.
   가짜 주어 강조하는 말

➔ 사람 Martina를 강조하기 위해 가짜 주어 It과 that 사이에 Martina를 넣습니다.

텝스 실전 확인 문제

PART 1 대화에 들어갈 적절한 답 고르기

A: I'm worried our daughter is too shy.
B: I'm sure _____ she becomes more confident.

(a) a point when there will be
(b) when there will be a point
(c) there will be a point when
(d) there will a point be when

정답 p.2

HACKERS PRACTICE

빈칸에 들어갈 적절한 보기를 고르세요.

01 Dave won't get any _____ until his grades improve.
(a) allow   (b) allowance

02 A hurricane often _____ an area flooded for several days.
(a) leaves   (b) to leave

03 _____ during rush hour can be very stressful, as traffic is heaviest at that time.
(a) Drive   (b) Driving

04 Although I can't hear it clearly, the song playing on the radio sounds _____.
(a) familiar   (b) familiarly

05 The team of electricians _____ on the elevators is taking a break for lunch.
(a) working   (b) work

06 Teresa couldn't attend the party _____ her company had organized to show appreciation for its employees.
(a) that   (b) there

틀린 부분을 찾아 바르게 고치세요.

07 Sandra used to work at an office, but nowadays she stays home look after her children.

08 The phone's touch screen makes it easily for users to navigate its menus.

09 It is recommended by most doctors exercise at least three times a week.

10 There disagreement was from a few of the members of the board over the budget proposal.

11 Genetically modified foods sold in grocery stores appear safely.

12 Malory received her order of handmade silver jewelry deliver from a business in Paris.

HACKERS TEST

PART 1 대화에 들어갈 적절한 답을 고르세요.

01 A: I can't believe the project is almost completed!
B: No kidding. It _____ faster than I expected.

(a) to progress
(b) is progressing
(c) progressing
(d) for progress

02 A: How much does a PC cost nowadays?
B: The average price of computers nowadays _____ $800.

(a) being
(b) to be
(c) are
(d) is

03 A: Do we have all the right supplies to fix the shed?
B: Not yet. I have to go to the store to buy _____ to repair it.

(a) the tools needed
(b) needed tools
(c) the need to tools
(d) to tools need

04 A: I never thought _____ could be so hard.
B: I know. It really is a lot of work.

(a) a parent being
(b) a parent be
(c) being a parent
(d) be a parent

05 A: What's the secret to your business's success?
B: I ensure that my _____ everyday.

(a) customers receive excellent service
(b) customers excellent receive service
(c) excellent service receive customers
(d) excellent service customers receive

06 A: Why doesn't your dad want to retire yet?
B: _____, but he just wants to continue working as long as he can.

(a) It's not that he cannot afford to
(b) Cannot afford he to that's not it
(c) That he it's not cannot afford to
(d) Not that it's cannot afford to he

PART 2 서술문에 들어갈 적절한 답을 고르세요.

07 The former National Security Advisor who _____ to the post of Secretary of State has improved relations in the Middle East.

(a) appointment
(b) having appointed
(c) was appointed
(d) appointing

08 _____ salt around the perimeter of your home will keep ants out.

(a) Sprinkle
(b) Sprinkles
(c) Sprinkling
(d) Sprinkled

09 Tahini, a traditional ingredient in Middle Eastern cooking, is gradually _____ more popular in Western countries.

(a) to become
(b) becoming
(c) became
(d) becomes

10 Since Roberto _____ such exceptional qualifications, he had no problem obtaining the overseas correspondent assignment.

(a) possessed
(b) to possess
(c) possessing
(d) having possessed

11 The rugby player _____ in his way.

(a) anyone dodged and ran past
(b) and anyone dodged ran past
(c) dodged and ran past anyone
(d) ran past and anyone dodged

12 Bone and cartilage are _____ both connective tissues that provide the body with structural support.

(a) similar in that they are
(b) in that similar they are
(c) they are similar in that
(d) that similar they are in

13 The judiciary is the branch of government _____ the laws passed by the legislature.

(a) implement   (b) implementing
(c) to implementing   (d) has implemented

14 What the children _____ about the trip was the visit to the dinosaur museum.

(a) of all enjoyed best
(b) enjoyed best of all
(c) of all best enjoyed
(d) best enjoyed of all

15 The priest wrote _____ doing missionary work in Uganda.

(a) a book recounting his experiences
(b) recounting a book his experiences
(c) recounting his experiences a book
(d) his experiences recounting a book

16 Withdrawal symptoms or even relapses are not _____ during the process of quitting an addictive behavior like smoking.

(a) more unusually   (b) be unusual
(c) unusually   (d) unusual

17 _____ vitamins not only improves your health, but also helps you lose weight.

(a) Took   (b) Taking
(c) Taken   (d) Take

PART 3 대화 또는 지문에서 어법상 틀리거나 어색한 보기를 고르세요.

18 (a) A: Shall we arrange a meeting for next week?
(b) B: Greg will be unavailable, so we should have it the week after.
(c) A: Why? I didn't hear anything about Greg being unavailable.
(d) B: He taking a week-long vacation starting on Monday.

19 (a) People often link hemlock with poison, as the philosopher Socrates was said to have died from drinking a potion of hemlock. (b) In fact, true hemlock is not in any way poisonously. (c) The substance that killed Socrates was actually poison hemlock, an herb belonging to the parsley family and not to the same family as hemlock trees. (d) Instead, hemlock trees resemble pines and have branches that arch downward from the trunk.

20 (a) Sandra Day O'Conner was the first woman to serve on the United States Supreme Court. (b) Her appointment can be traced back to a campaign pledge make by Ronald Reagan in 1980. (c) In 1981, President Reagan followed through on his pledge and nominated O'Conner for the position of Associate Justice. (d) Despite skepticism from some of Reagan's supporters, O'Conner was confirmed by a unanimous vote in the US Senate.

정답 p.3

CHAPTER 02 자동사와 타동사

기본기 다지기

1 동사는 목적어를 필요로 하지 않는 자동사와 목적어를 필요로 하는 타동사로 나뉩니다.

George <u>walked</u> through the park.   George는 공원을 가로질러 걸었다.
　　　　자동사

George <u>opened</u> <u>a window</u>.   George는 창문을 열었다.
　　　　타동사　목적어

2 자동사는 1·2형식 문장을, 타동사는 3·4·5형식 문장을 만듭니다.

① 1형식 (주어 + 자동사)

<u>The flight</u> <u>arrives</u> at 4:30 pm.   그 비행기는 오후 4시 30분에 도착한다.
　주어　　　자동사

② 2형식 (주어 + 자동사 + 주격 보어)

<u>The Statue of Liberty</u> <u>is</u> <u>a national landmark</u>.   자유의 여신상은 국가적인 명소이다.
　주어　　　　　　　　자동사　주격 보어

③ 3형식 (주어 + 타동사 + 목적어)

<u>We</u> <u>ordered</u> <u>new furniture</u>.   우리는 새 가구를 주문했다.
주어　타동사　　목적어

④ 4형식 (주어 + 타동사 + 간접 목적어 + 직접 목적어)

<u>Bill</u> <u>told</u> <u>his doctor</u> <u>the problem</u>.   Bill은 의사에게 그 문제를 말했다.
주어　타동사　간접 목적어　직접 목적어

⑤ 5형식 (주어 + 타동사 + 목적어 + 목적격 보어)

<u>Businesses</u> <u>consider</u> <u>the Internet</u> <u>good for advertising</u>.
　주어　　　　타동사　　목적어　　　　목적격 보어
기업들은 인터넷이 광고에 적합하다고 생각한다.

1. 자동사와 타동사 구별

1 타동사

타동사는 반드시 목적어를 가집니다.

The director <u>requested</u> <u>extra supplies</u> for the staff. 그 관리자는 직원들을 위해 추가 물품을 요청했다.
　　　　　　타동사　　　　목적어

2 자동사

자동사는 목적어를 가질 수 없습니다. 단, 자동사 뒤에 전치사를 쓰면 목적어가 올 수 있습니다.

Susan will (~~graduate~~, graduate from) college at the end of this semester.
　　　　　자동사(X)　　자동사 + 전치사(O)　목적어
Susan은 이번 학기 말에 대학을 졸업할 것이다.

3 혼동하기 쉬운 자동사와 타동사

의미가 비슷하여 혼동하기 쉬운 자동사와 타동사를 구분하여 알아둡니다.

의미	자동사 + 전치사	타동사
말하다	talk to / about ~와 / ~에 대해 이야기하다 speak to / about ~에게 / ~에 대해 말하다 account for ~의 이유가 되다, (비율을) 차지하다	tell ~에게 말하다 explain ~에 대해 설명하다 discuss ~에 대해 토론하다
답하다	respond to ~에 답하다	answer ~에 답하다
기타	graduate from ~을 졸업하다	marry ~와 결혼하다

He (~~talked~~, talked about) <u>the electricity bill</u> with his landlord. 그는 집주인과 전기 요금에 대해 이야기했다.
　　　　　　　　　　　　　　목적어

→ talked는 자동사이므로 바로 목적어 the electricity bill을 가질 수 없고 전치사 about이 반드시 필요합니다.

The coach (~~told to~~, told) <u>the players</u> to arrive early. 그 코치는 선수들에게 일찍 도착하라고 말했다.
　　　　　　　　　　　목적어

→ told는 타동사이므로 바로 목적어 the players를 갖습니다. 전치사 to를 쓰면 틀립니다.

텝스 실전 확인 문제

PART 3 대화 또는 지문에서 어법상 틀리거나 어색한 보기 고르기

(a) Newspaper publications have been losing readers over the course of the last decade. (b) The ease of access to the Internet has made online news a cheap and easy source of information. (c) Because newspapers cannot provide the same level of convenience, many people don't buy anymore. (d) Some publications have opted to take their content online in order to remain competitive.

정답 p.6

2. 4형식 동사와 5형식 동사

① 4형식 동사

4형식 동사는 2개의 목적어를 가지며, '간접 목적어(~에게) + 직접 목적어(~을/를)', 또는 '직접 목적어 + 전치사 + 간접 목적어'의 순서로 옵니다.

send ~에게 -을 보내다	offer ~에게 -을 제공하다	give ~에게 -을 주다
bring ~에게 -을 가져다 주다	lend ~에게 -을 빌려주다	guarantee ~에게 -을 보장해주다

The clerk **offered** *Mr. Sanchez* *a discount*. 점원은 Mr. Sanchez에게 할인을 제공했다.
(4형식 동사) (간접 목적어) (직접 목적어)

② 5형식 동사

5형식 동사는 목적어와 목적격 보어를 가지며, '목적어 + 목적격 보어' 순서로 옵니다.

call ~를 -라고 부르다	make ~를 -하게 만들다	consider ~를 -라고 생각하다
have ~를 -하게 시키다	leave ~를 -한 상태로 놓아 두다	find ~를 -라고 생각하다

London citizens **call** *the local subway* *"the Tube"*. 런던 시민들은 그 지역의 지하철을 'Tube'라고 부른다.
(5형식 동사) (목적어) (목적격 보어)

텝스 실전 확인 문제

PART 2 서술문에 들어갈 적절한 답 고르기

Because of Anna's excellent work, the CEO made _____.

(a) an executive assistant her
(b) her an executive assistant
(c) her being an executive assistant
(d) her an executive assistant being

정답 p.6

HACKERS PRACTICE

빈칸에 들어갈 적절한 보기를 고르세요.

01 The manager has asked all of his employees to _____.
(a) call him Bob
(b) call Bob him

02 The clients have not yet _____ our proposal to reduce costs.
(a) responded
(b) responded to

03 The staff will attend a meeting at 4 pm to _____ suggestions for a new project.
(a) discuss
(b) discuss about

04 An Internet provider representative called Harold to _____ to his current service.
(a) offer him a free upgrade
(b) offer a free upgrade him

05 Although she had tried to leave early, the traffic _____ for her business luncheon.
(a) made late Linda
(b) made Linda late

06 Maureen _____ to let me know her new cell phone number.
(a) contacted to me
(b) contacted me

틀린 부분을 찾아 바르게 고치세요.

07 Joan's package didn't arrive, so she called the company to tell them she hadn't received.

08 The jeweler examined of the necklace carefully to determine its value.

09 I take the bus to get to work because I find the fastest option it.

10 Mr. Jones spoke the guidance counselor about his son's grades and how to improve them.

11 The parents of the children rescued from the burning building thought commendable the officer's bravery.

12 The editor gave several documents his assistant to fax to their advertisers.

HACKERS TEST

PART 1 대화에 들어갈 적절한 답을 고르세요.

01 A: Are you well acquainted with your neighbor?
B: Yes, I consider _____.

(a) her a good friend
(b) a good friend to her
(c) a good friend her
(d) to her a good friend

02 A: What are you going to do when you visit California?
B: I plan to _____ a week to travel around the city.

(a) rent a car for
(b) rent for a car
(c) a car rent for
(d) for a car rent

03 A: It's a little cold. Could you close the window?
B: Oh, sorry. I _____ because it's usually too stuffy in here.

(a) it left open
(b) open left it
(c) left it open
(d) left opening it

04 A: Does your daughter still live at home with you?
B: Not anymore. _____ university, she moved to the city to look for work.

(a) She was graduated to
(b) She had graduated from
(c) Having graduated to
(d) Having graduated from

05 A: Can you organize a meeting with the union representatives?
B: Yes, I will _____.

(a) have right away it scheduled
(b) have it scheduled right away
(c) have scheduled it right away
(d) right away have it scheduled

06 A: I heard the person who broke into the bank was finally caught.
B: That's right, and the police forced him _____ his crime.

(a) has confessed
(b) to confessing
(c) confesses
(d) to confess

07 A: So how was your first day of teaching a class of students?
B: I found _____.

(a) gratifying very the experience
(b) very gratifying the experience
(c) the experience very gratifying
(d) experience the very gratifying

08 A: Can I borrow your white dress shirt?
B: Yes, on the condition that you _____.

(a) to me your new jacket lend
(b) to me lend your new jacket
(c) lend me your new jacket
(d) lend your new jacket

09 A: Your TV is clearly audible from my apartment and I was hoping you could lower the volume.
B: Oh, sorry, I didn't realize the sound _____.

(a) was bothering with you
(b) was bothering you
(c) to bother with you
(d) to bother you

PART 2 서술문에 들어갈 적절한 답을 고르세요.

10 Summer camp counselors _____ _____ develop social skills.

(a) organize activities that help kids
(b) organize kids help that activity
(c) help kid activities that organize
(d) help activities that organize kids

11 The diners were furious because the restaurant staff took more than half an hour to bring _____.

(a) them their meals
(b) their meals them
(c) them to their meals
(d) to them their meals

12 The manager praised the marketing team's new advertisement, which _____ _____ in sales for the third quarter.

(a) accounted the increase
(b) accounting the increase
(c) accounted for the increase
(d) to account for the increase

13 Face blindness, a neurological disorder, prevents _____ visual cues to identify known acquaintances.

(a) from people relying on
(b) people from relying on
(c) relying on from people
(d) people relying on from

14 Newly launched magazines require effective publicity campaigns _____.

(a) to ensure many readers subscribe to them
(b) to ensure subscribe to them many
(c) subscribe many readers ensure that
(d) ensure many readers to subscribe

15 Andy Floyd's impending retirement will leave _____.

(a) vacant of the district attorney position
(b) the position of vacant district attorney
(c) district attorney position of the vacant
(d) the position of district attorney vacant

16 Since Jonas was going to be late for his meeting, he _____ his clients in advance.

(a) better thought to notify
(b) thought better to notify
(c) better it thought to notify
(d) thought it better to notify

17 The ostrich _____ by possessing long legs with which to outrun predators.

(a) to fly does for its ability compensate
(b) does for its inability compensates to fly
(c) compensates to fly for its inability
(d) compensates for its inability to fly

18 The concierge could not find Lisa and Andrew's reservations, even though he had guaranteed _____ two months ago.

(a) them a deluxe suite at the hotel
(b) to them a deluxe suite at the hotel
(c) a deluxe suite them at the hotel
(d) the hotel to them at the deluxe suite

PART 3 대화 또는 지문에서 어법상 틀리거나 어색한 보기를 고르세요.

19 (a) A: How much time do we have until our dinner reservation?
(b) B: Thirty minutes. What's the fastest way to get there?
(c) A: I think it will be best if we take on the subway to get there.
(d) B: I agree. In that case, we need to head four blocks west.

20 (a) Many people agree that information technology will be an important part of the educational landscape of the 21st century. (b) Incorporating instructional tools into the learning process has helped keep engaged students. (c) These technologies include video conferencing and online assessment software that can be customized to suit students' learning needs. (d) Educators have noticed a big difference in students' comprehension of subject matter after integrating technology into lessons.

정답 p.7

CHAPTER 03 수 일치

기본기 다지기

1 동사는 주어에 수 일치해야 합니다.

단수 주어 + 단수 동사	An athlete exercises every day. 운동선수는 매일 운동한다.
복수 주어 + 복수 동사	Athletes exercise every day. 운동선수들은 매일 운동한다.

2 단수 동사는 동사의 기본형에 -s나 -es를 붙이고, 복수 동사는 동사의 기본형을 그대로 사용하며, 과거형일 때는 단수 동사와 복수 동사의 형태가 같습니다.

Jenifer leaves for work at 8:30 every day. Jenifer는 매일 8시 30분에 출근한다.
단수 주어 단수 동사

They leave for work at 8:30 every day. 그들은 매일 8시 30분에 출근한다.
복수 주어 복수 동사

Jenifer / They left for work at 8:30 yesterday. Jenifer는 / 그들은 어제 8시 30분에 출근했다.
단수 주어 복수 주어 과거 동사

단, have 동사와 be 동사는 이 규칙에 따르지 않고, 단수인지 복수인지에 따라 특별한 형태를 갖습니다.

기본형	단수 동사	복수 동사
have	has / had	have / had
be	am / is / was	are / were

The manager has vacation this week. 그 관리자는 이번 주에 휴가를 간다.
단수 주어 단수 동사

The managers have vacation this week. 그 관리자들은 이번 주에 휴가를 간다.
복수 주어 복수 동사

That shirt is / was on sale. 그 셔츠는 세일 중이다 / 중이었다.
단수 주어 단수 동사

Those shirts are / were on sale. 그 셔츠들은 세일 중이다 / 중이었다.
복수 주어 복수 동사

1. 단수·복수로 취급되는 주어와 동사의 수 일치

1 단수 주어와 단수 동사의 수 일치

단수 가산 명사, 불가산 명사는 단수 주어로 취급되어 뒤에 단수 동사가 와야 합니다.

단수 가산 명사	The meeting lasts until 9 pm.	그 회의는 오후 9시까지 계속된다.
	단수 가산 명사 단수 동사	
불가산 명사	French takes years to master.	불어는 완전히 익히는 데 몇 년이 걸린다.
	불가산 명사 단수 동사	

동명사, to 부정사, 명사절도 단수 주어로 취급되어 뒤에 단수 동사가 와야 합니다.

동명사	Playing the drums is Bruno's hobby.	드럼을 연주하는 것이 Bruno의 취미이다.
	동명사 단수 동사	
to 부정사	To join the army requires optimal physical capability.	
	to 부정사 단수 동사	
	군에 입대하는 것은 최상의 신체 능력을 요구한다.	
명사절	That Tom still owes me money is not a problem.	
	명사절 단수 동사	
	Tom이 아직 내게 돈을 빚지고 있는 것이 큰 문제는 아니다.	

2 복수 주어와 복수 동사의 수 일치

복수 가산 명사는 복수 주어이므로 뒤에 복수 동사가 와야 합니다.

복수 가산 명사	The legal documents are on the lawyer's desk.	법률 문서들이 변호사의 책상 위에 있다.
	복수 가산 명사 복수 동사	

텝스 실전 확인 문제

PART 2 서술문에 들어갈 적절한 답 고르기

The enzymes in honeycomb _____ to have properties that offer therapeutic benefits.

(a) is discovered (b) discovering
(c) being discovered (d) were discovered

정답 p.9

2. 주어와 동사 사이에 수식어가 온 경우의 수 일치

① 수식어가 온 경우 주어와 동사의 수 일치

주어와 동사 사이에 수식어가 온 경우, 수식어는 주어와 동사의 수 일치에 영향을 주지 않습니다.

<u>A team</u> of runners (~~were~~, was) practicing for the marathon this morning.
단수 주어   수식어   복수 동사(X) 단수 동사(O)
달리기 선수 한 팀이 오늘 아침 마라톤 경주를 위해 연습하고 있었다.

<u>The guests</u> staying in room 303 (~~works~~, work) at the embassy.
복수 주어   수식어   단수 동사(X) 복수 동사(O)
303호에 묵고 있는 손님들은 대사관에서 일한다.

<u>A neighbor</u> who lives on my street (~~ride~~, rides) his bicycle on weekends.
단수 주어   수식어   복수 동사(X) 단수 동사(O)
나와 같은 거리에 사는 이웃은 주말에 자전거를 탄다.

<u>The place</u> to buy fresh vegetables (~~are~~, is) the market on Robson Street.
단수 주어   수식어   복수 동사(X) 단수 동사(O)
신선한 채소를 구매할 수 있는 장소는 Robson가에 있는 시장이다.

텝스 실전 확인 문제

PART 2 서술문에 들어갈 적절한 답 고르기

The foundation, which was created with the goal of promoting international ties, _____ financial aid to students studying abroad.

(a) provide (b) provides
(c) providing (d) are provided

정답 p.10

3. 주어가 and나 or로 연결된 경우의 수 일치

① 주어가 and로 연결된 경우의 주어와 동사의 수 일치

주어가 접속사 and로 연결되어 있으면 복수 주어로 취급되므로 뒤에 복수 동사가 와야 합니다.

<u>Alex and Martin</u> (drives, drive) to work together every day. Alex와 Martin은 매일 함께 차를 타고 출근한다.
　복수 주어　　　단수 동사(X) 복수 동사(O)

② 주어가 or로 연결된 경우의 주어와 동사의 수 일치

주어가 or로 연결되어 있을 때 or 다음에 나온 명사가 단수면 단수 동사가, 복수면 복수 동사가 와야 합니다.

Skis or <u>a snowboard</u> (are required, is required) for guests at the resort.
　　　　단수 명사　　　　복수 동사(X)　　단수 동사(O)
리조트에 있는 손님들을 위해 스키 또는 스노우 보드가 필요하다.

The manager or <u>his assistants</u> (is going to, are going to) hold the seminar on Friday.
　　　　　　　　복수 명사　　　　단수 동사(X)　　복수 동사(O)
그 관리자 또는 그의 보좌관들이 금요일에 세미나를 열 것이다.

텝스 실전 확인 문제

PART 1 대화에 들어갈 적절한 답 고르기

A: Do all of your relatives also have red hair?
B: No, my sister and my mother _____ black hair.

(a) have　　　　　　　　(b) has
(c) having　　　　　　　(d) to have

정답 p.10

4. 주어가 수량 표현을 포함한 경우의 수 일치

❶ '단수 / 복수 수량 표현' 주어와 동사의 수 일치

주어가 단수 취급하는 수량 표현을 포함한 경우에는 단수 동사가, 복수 취급하는 수량 표현을 포함한 경우에는 복수 동사가 와야 합니다.

단수 취급하는 수량 표현	each + 단수 명사 각각의 ~ one of + 명사 ~ 중 하나	every + 단수 명사 모든 ~ the number of + 명사 ~의 수
복수 취급하는 수량 표현	many + 복수 명사 많은 ~ few + 복수 명사 소수의 ~	several + 복수 명사 여러 개의 ~ a number of + 복수 명사 많은 ~

<u>Each flower</u> (~~produce~~, produces) a unique scent. 각각의 꽃은 독특한 향을 낸다.
  Each + 단수 명사   복수 동사(X)   단수 동사(O)

<u>Many cell phones</u> (~~connects~~, connect) to the Internet wirelessly.
    Many + 복수 명사   단수 동사(X) 복수 동사(O)
많은 휴대폰들은 무선으로 인터넷에 연결된다.

❷ 'all / some / any / none / percent / a lot + of + the 명사' 주어와 동사의 수 일치

'all / some / any / none / percent / a lot + of + the 명사'가 주어인 경우에는 the 다음에 온 명사가 단수면 단수 동사가, 복수면 복수 동사가 와야 합니다.

<u>Some of the fruit</u> at the market (~~are~~, is) imported from other countries.
       단수 명사   복수 동사(X) 단수 동사(O)
시장에 있는 과일 중 일부는 다른 나라에서 수입된다.

<u>All of the participants</u> for the convention (~~needs~~, need) to register at the information desk.
      복수 명사   단수 동사(X) 복수 동사(O)
회의의 모든 참가자들은 안내소에서 등록을 해야 합니다.

텝스 실전 확인 문제

PART 1 대화에 들어갈 적절한 답 고르기

A: Has your group had any difficulties preparing for the class presentation?
B: One of the biggest problems _____ getting everyone to agree on a topic.

(a) being
(b) are being
(c) has been
(d) have been

정답 p.10

HACKERS PRACTICE

빈칸에 들어갈 적절한 보기를 고르세요.

01 A citation of sources _____ essential for writers seeking to avoid plagiarism.
 (a) is (b) are

02 The employees at the café _____ to wear uniforms due to the dress code policy.
 (a) has (b) have

03 The music shop located downtown _____ new and used CDs.
 (a) sells (b) sell

04 Each employee of the company _____ an annual bonus.
 (a) receive (b) receives

05 The number of students who passed the civil servant exam _____ greater than last year.
 (a) is (b) are

06 Mr. Stephens and his wife _____ abroad frequently, since they are both self-employed.
 (a) travels (b) travel

틀린 부분을 찾아 바르게 고치세요.

07 Both coffee and tea contains a significant amount of caffeine.

08 Malaria, which is spread by mosquitoes, are one of the most common diseases in tropical countries.

09 Because of the depletion of natural vegetation, preserving land resources have become a national priority.

10 Few of the customers in the survey prefers the new soft drink over existing ones.

11 A dog or a cat take a significant amount of time and effort to raise properly.

12 Avoiding fatty foods are viewed as an effective strategy to reduce the risk of certain types of heart disease.

정답 p.10

HACKERS TEST

PART 1 대화에 들어갈 적절한 답을 고르세요.

01 A: Did you get the results from your X-ray?
B: Yes. The doctor said no fractures _____ found.

(a) were (b) have
(c) was (d) has

02 A: Do you know anyone else who owns a convertible?
B: One of my friends _____ the same model you have.

(a) have driven (b) drive
(c) drives (d) had driven

03 A: Are there many guests coming?
B: There _____ a big group of people arriving as we speak.

(a) are (b) is
(c) were (d) was

04 A: Do you think all of the guests _____ with the quality of the food?
B: I believe so.

(a) has satisfied (b) was satisfied
(c) being satisfied (d) were satisfied

PART 2 서술문에 들어갈 적절한 답을 고르세요.

05 The precious stones and gems acquired by our jewelry shop _____ from mines in Peru and Brazil.

(a) are extracted (b) is extracted
(c) extracts (d) extract

06 The US Bill of Rights _____ 10 constitutional amendments that deal with issues like free speech and religious liberties.

(a) include (b) includes
(c) has included (d) had included

07 The university only interviews applicants who _____ the entrance examination.

(a) have passed (b) has passed
(c) passing (d) to pass

08 A lot of evidence _____ that negative emotions increase the risk of heart disease.

(a) are indicated (b) is indicated
(c) indicates (d) indicate

09 To combat the problem of iron deficiency, adding iron supplements to infant formulas and cereals _____.

(a) being suggested
(b) are suggesting
(c) has been suggested
(d) having been suggested

10 The initial purpose of blue jeans, now a basic fashion item, _____ to be worn as protection by miners.

(a) was (b) were
(c) is (d) are

11 Each section of the report _____ reviewed by the accounting manager prior to publication.

(a) get (b) getting
(c) gets (d) gotten

12 Less than 50 percent of high school students at Mondrian Academy _____ the college entrance exam every year.

(a) is passed (b) passes
(c) pass (d) are passed

13 Expansion of the foundation's outreach program _____ on further donor contributions in the upcoming months.

(a) depend (b) depends
(c) depending (d) to depend

14 Cardiovascular surgeries, which make up 40 percent of cases handled by the hospital, _____ for $22 million annually.

(a) account (b) accounting
(c) to account (d) accounts

15 An example of a relationship that illustrates the concept of symbiosis _____ that between sea anemones and clownfish.

(a) are (b) is
(c) do (d) does

16 People who experience spinal injuries _____ a long time to recover.

(a) are taking (b) is taking
(c) takes (d) take

PART 3 대화 또는 지문에서 어법상 틀리거나 어색한 보기를 고르세요.

17 (a) A: Hi, my name is Craig Roberts and I reserved a single room for one person.
(b) B: I see. Here are the key to your room. You just need to swipe it to get in.
(c) A: Are there any dining facilities in the hotel, or will I have to go out to eat?
(d) B: We have two restaurants located on the second floor that are open until 10 pm.

18 (a) The chakra is a concept used in the practices of Hinduism and Tantric Buddhism. (b) Translated as "wheel" from Sanskrit, it refers to a vortex through which energy forces can permeate the physical body. (c) It is thought that bodily functions are maintained by several chakra points within the body. (d) This set of points comprise seven psychic energy centers located along the spinal cord.

19 (a) The Maslach Burnout Inventory is a research tool for assessing an individual's degree of burnout. (b) It states that emotional exhaustion, reduced personal accomplishment, and depersonalization is the criteria that define burnout. (c) The scale was initially designed to be used for human services professionals, like therapists and teachers. (d) Due to its reliability, it is now being applied in a number of business fields as well.

20 (a) Although Americans typically earn more money than people in other countries, their quality of life is declining. (b) Economic analysts say that while the cost of goods have doubled since 2000, American wages have not kept up. (c) In fact, real wages in the United States fell throughout the decade as inflation decreased the dollar's spending power. (d) Despite this, the lifestyle of the average American is still perceived as comfortable by global standards.

CHAPTER 04 시제

기본기 다지기

1 동사는 어느 시점의 동작이나 상태를 나타내는지에 따라 다른 형태를 가지며, 이것을 동사의 시제라고 합니다.

과거 시제　He walked to school yesterday.　　그는 어제 학교에 걸어갔다.
현재 시제　He walks to school every day.　　그는 매일 학교에 걸어간다.
미래 시제　He will walk to school tomorrow.　　그는 내일 학교에 걸어갈 것이다.

2 동사는 단순, 진행, 완료 시제로 쓰이며, 각 시제에 따라 다른 형태를 취합니다.

① 단순 시제는 특정 시점에 발생한 동작이나 상태를 나타내며, '동사(+ -s / -es)', '동사 + -ed', 'will + 동사' 형을 취합니다.

현재　I exercise every morning.　　나는 매일 아침 운동한다.
과거　I exercised this morning.　　나는 오늘 아침 운동했다.
미래　I will exercise tomorrow morning.　　나는 내일 아침에 운동을 할 것이다.

② 진행 시제는 특정 시점에 동작이 계속 진행되고 있는 것을 나타내며, 'be + -ing' 형을 취합니다.

현재진행　Liam is cooking.　　Liam은 요리하고 있다.
과거진행　Liam was cooking.　　Liam은 요리하고 있었다.
미래진행　Liam will be cooking.　　Liam은 요리하고 있을 것이다.

③ 완료 시제는 특정 시점 이전에 일어난 일이나, 기준 시점 이전부터 기준 시점까지 계속된 동작이나 상태를 나타내며, 'have + p.p.' 형을 취합니다.

현재완료　Nancy has gone.　　Nancy는 가고 없다.
과거완료　Nancy had gone to Mexico for her vacation.　　Nancy는 휴가차 멕시코에 갔었다.
미래완료　Nancy will have gone to Mexico twice by the end of this year.
　　　　　올해 말이면 Nancy는 멕시코를 두 번 다녀온 것이 될 것이다.

1. 현재 / 과거 / 미래

① 현재

반복되는 일이나 습관, 일반적인 사실을 표현할 때 씁니다. 특히 다음은 현재 시제와 함께 자주 쓰이므로 알아 둡니다.

| every + 시간 표현 ~마다 | usually 보통 |

반복되는 일   I pay electricity and gas bills every month. 나는 매달 전기 요금과 가스 요금을 낸다.

일반적인 사실   Plants release oxygen into the atmosphere. 식물은 대기로 산소를 배출한다.

② 과거

이미 끝난 과거의 동작이나 상태, 역사적인 사실을 표현할 때 씁니다. 특히 다음은 과거 시제와 함께 자주 쓰이므로 알아 둡니다.

| already 이미 | in + 과거 연도 ~에 | 시간 표현 + ago ~ 전에 | last + 시간 표현 지난 ~에 |

과거의 동작   I finished writing an essay about Shakespeare.
나는 셰익스피어에 대해 에세이 쓰는 것을 끝냈다.

역사적인 사실   William the Conqueror invaded England in the 11th century.
정복왕 William은 11세기에 영국을 침략했다.

③ 미래

미래의 상황에 대한 예상이나 의지를 표현할 때 씁니다. 특히 다음은 미래 시제와 함께 자주 쓰이므로 알아 둡니다.

| tomorrow 내일 | by + 미래 시간 표현 ~까지 |
| until + 미래 시간 표현 ~까지 | next + 시간 표현 다음 ~에 |

미래의 상황 예상   You will receive the shipment of desks tomorrow. 당신은 내일 책상 수송을 받을 것이다.

미래에 대한 의지   I will buy you lunch tomorrow. 제가 당신에게 내일 점심 식사를 사드리겠습니다.

텝스 실전 확인 문제

PART 1 대화에 들어갈 적절한 답 고르기

A: When was your class field trip?
B: It _____ last week, but I didn't go.

(a) is   (b) was
(c) will be   (d) has been

정답 p.13

2. 현재진행 / 과거진행 / 미래진행

① 현재진행 (am / are / is + -ing)

현재 진행 중인 일이나 동작 등을 표현할 때 씁니다. 특히 now(지금), right now(바로 지금)는 현재진행 시제와 자주 쓰이므로 알아 둡니다.

Robert **is finishing** the report for his manager <u>now</u>. Robert는 관리자에게 제출할 보고서를 지금 마무리하는 중이다.

② 과거진행 (was / were + -ing)

과거 특정한 시점에 진행되고 있었던 일이나 동작 등을 표현할 때 씁니다. 주로 과거 시점을 나타내는 시간 표현이 함께 나옵니다.

Sandy **was watching** a movie <u>when the doorbell rang</u>. 초인종이 울렸을 때 Sandy는 영화를 보고 있었다.

③ 미래진행 (will be + -ing)

미래 특정한 시점에 진행되고 있을 일이나 동작 등을 표현할 때 씁니다. 주로 미래 시점을 나타내는 시간 표현이 함께 나옵니다.

I **will be departing** for Brazil <u>next Tuesday</u>. 나는 다음 주 화요일에 브라질을 향해 출발하고 있을 것이다.

텝스 실전 확인 문제

PART 1 대화에 들어갈 적절한 답 고르기

A: Why aren't you going on vacation with your friends?
B: I _____ to buy a car, so I can't afford to.

(a) saved   (b) saving
(c) had saved   (d) am saving

정답 p.13

3. 현재완료 / 과거완료 / 미래완료

1 현재완료 (have / has + p.p.)

과거에 발생한 일이나 상태가 현재까지 계속되고 있는 것을 표현할 때 씁니다. 특히 다음의 표현은 현재완료 시제와 함께 자주 쓰이므로 알아 둡니다.

| for + 시간 표현 ~ 동안 | since + 과거 시간 표현 ~ 이래로 | over + 시간 표현 ~ 동안 |

He has worked as a radio announcer for nine years. 그는 라디오 아나운서로 9년 동안 일해 왔다.

2 과거완료 (had + p.p.)

과거의 어떤 시점을 기준으로 그보다 더 앞선 시간에 발생한 일을 표현할 때 씁니다.

The flight had been delayed for an hour before it departed. 비행기가 출발하기 전에 한 시간 동안 지연되었다.

3 미래완료 (will have + p.p.)

현재나 과거에 발생한 동작이 미래의 어떤 시점까지 완료될 것임을 표현할 때 씁니다. 특히 다음의 표현은 미래완료 시제와 함께 자주 쓰이므로 알아 둡니다.

| by next + 시간 표현 다음 ~까지 | by the end of + 시간 표현 ~ 말까지 |
| next + 시간 표현 다음 ~에 | tomorrow 내일 |

By next month, the rainy season will have ended. 다음 달이면, 장마철이 끝나 있을 것이다.

텝스 실전 확인 문제

PART 2 서술문에 들어갈 적절한 답 고르기

Upon seeing the long line of people waiting at the counter, Jim was glad that he _____ his ferry tickets well in advance.

(a) was booking (b) is booking
(c) had booked   (d) has booked

정답 p.13

4. 주절과 종속절의 시제 일치

① 주절의 시제가 현재일 경우의 시제 일치

주절의 시제가 현재일 경우, 종속절에는 현재, 과거, 미래 시제가 올 수 있습니다.

Jonathan carries a sports bag because he **goes** to the gym every day.
　　　　　주절(현재)　　　　　　　　　　　종속절(현재)
Jonathan은 매일 체육관에 가기 때문에 스포츠 가방을 들고 다닌다.

Brenda thinks she **left** the missing file on her desk.
　　　주절(현재)　　　　종속절(과거)
Brenda는 그녀가 잃어버린 파일을 그녀의 책상에 놓아 두었다고 생각한다.

Josh knows moving to Spain **will not be** possible until next year.
　　주절(현재)　　　　　　　　　　종속절(미래)
Josh는 스페인으로 이사하는 것이 내년까지는 불가능할 것임을 알고 있다.

② 주절의 시제가 과거일 경우의 시제 일치

주절의 시제가 과거일 경우, 종속절에는 과거나 과거완료 시제가 올 수 있습니다.

Barbara's editor asked her why she (~~will come~~, **came**) to work late.
　　　　주절(과거)　　　　　　　　　미래(X)　　과거(O)
Barbara의 편집장은 그녀에게 왜 늦게 출근했는지 물었다.

Rita claimed she (~~pays~~, **had paid**) her rent on time last month.
　　주절(과거)　　　　현재(X)　　과거완료(O)
Rita는 지난달에 집세를 제때 냈었다고 주장했다.

텝스 실전 확인 문제

PART 1 대화에 들어갈 적절한 답 고르기

A: You look surprised to see me.
B: Well, the secretary said you _____ coming in today.

(a) aren't　　　　　　　　(b) weren't
(c) won't　　　　　　　　(d) haven't been

정답 p.13

HACKERS PRACTICE

빈칸에 들어갈 적절한 보기를 고르세요.

01 One of your overseas clients _____ on the other line for you right now.
    (a) will wait   (b) is waiting

02 Lena _____ for hours before she gave her speech for the career seminar.
    (a) had practiced   (b) is practicing

03 We _____ a farewell party for Jim tomorrow at the Italian restaurant.
    (a) will hold   (b) hold

04 By the end of February, Lisa _____ the intermediate Italian course at her university.
    (a) have completed   (b) will have completed

05 We _____ our sales substantially over the past six weeks and expect the trend to continue.
    (a) have increased   (b) had increased

06 Mrs. Kensington was the one who _____ the conference last Thursday.
    (a) organizes   (b) organized

틀린 부분을 찾아 바르게 고치세요.

07 The ringing of my roommate's alarm is waking me up every morning.

08 The company has received many orders for its new product last week.

09 The public library had remained open until 10 pm on weekdays starting next month.

10 The manager estimates that the accountants have completed the audit by next week.

11 Margaret looked at the photos from the surgery that she has observed at the seminar.

12 Freddy has decided to quit his job well before he got word of the planned layoffs.

정답 p.13

HACKERS TEST

PART 1 대화에 들어갈 적절한 답을 고르세요.

01 A: When did you decide to pursue a law degree?
B: Just before I _____ my senior year in high school.
(a) enter
(b) entered
(c) was entering
(d) have entered

02 A: Who will come to your party next week?
B: Only my closest friends _____ attending.
(a) are
(b) is
(c) were
(d) was

03 A: Your guitar playing is really amazing.
B: Thanks! _____ ever since I was a teenager.
(a) I play
(b) I've been playing
(c) I'm playing
(d) I was playing

04 A: Is it OK if I call you back around 5?
B: No, _____ a meeting then.
(a) I had attended
(b) I'm attending
(c) I've attended
(d) I attended

05 A: How do you like your new laptop?
B: It was hard to set up because I _____ one before.
(a) don't use
(b) will never use
(c) had never used
(d) was never using

06 A: How long have you been teaching?
B: This June, _____ four years.
(a) it would have been
(b) it will have been
(c) it had been
(d) it was

07 A: Did you hear Adam's performance at the piano recital?
B: No, _____ playing by the time I got there.
(a) he is finishing
(b) he was finish
(c) he has finished
(d) he had finished

08 A: Do you still use your film camera?
B: Yes. I _____ the same one for ten years now.
(a) have been using
(b) had been using
(c) used
(d) had used

09 A: Pink lipstick would look nice on you.
B: Yeah, I think _____ that.
(a) I tried
(b) I was trying
(c) I'll try
(d) I try

10 A: What are your aspirations as an employee of this company?
B: If all goes well, _____ to senior manager in a few years.
(a) I'll have been promoted
(b) I had been promoted
(c) I had promoted
(d) I had been being promoted

PART 2 서술문에 들어갈 적절한 답을 고르세요.

11 Although Congress implemented a tax increase two months ago, debate over its necessity _____ to this day.
(a) continued
(b) had continued
(c) continuing
(d) continues

12 When Gina had her photograph taken, she _____ a long, blue dress and had a bow in her hair.

(a) was wearing (b) has worn
(c) is wearing (d) had been worn

13 The problems of adolescent smoking and underage drinking _____ prevalent in modern society.

(a) are remaining (b) is remaining
(c) remaining (d) remain

14 The Indian automobile industry _____ a long way since the economic reforms were implemented in the 1990s.

(a) progresses
(b) has progressed
(c) was progressed
(d) will have progressed

15 There was only one member of the firm who _____ the legal conflict well enough to act as a mediator.

(a) understands (b) has understood
(c) understood (d) will understand

16 The company has been tightening security measures since technicians _____ information of a possible data leak.

(a) is obtaining (b) had obtained
(c) obtained (d) obtains

17 The CEO is currently deliberating which of his employees _____ promoted next year.

(a) are (b) be
(c) were (d) will be

PART 3 대화 또는 지문에서 어법상 틀리거나 어색한 보기를 고르세요.

18 (a) A: Have you already picked up the dry cleaning?
(b) B: Not yet. I have a meeting to attend that's about to start.
(c) A: Would it help you if I picked it up instead?
(d) B: It's OK. I'll get as soon as I finish.

19 (a) A: Have you ever watched the Comedy Genius Awards on TV?
(b) B: I try to catch them every year. Do you have a favorite?
(c) A: Oh, it's the one that has featured Billy O'Leary as the host.
(d) B: That was the funniest awards ceremony I've ever seen.

20 (a) Built in 1927, the Customs House on the Bund has been one of the top architectural attractions in Shanghai. (b) The building, done in the Greek Neoclassical style, is characterized by a striking granite facade and massive columns. (c) It also has a lofty clock tower whose huge clock was modeled after London's Big Ben. (d) The Customs House is regarded as a symbol of the Bund, reflecting the street's historic character.

CHAPTER 05 능동태와 수동태

기본기 다지기

1 능동태는 '주어가 ~하다'라는 의미로 주어가 행위의 주체가 되며, 수동태는 '주어가 ~되다/당하다'라는 의미로 주어가 행위의 대상이 됩니다. 수동태 동사의 기본 형태는 'be + p.p.'입니다.

능동태　The manager signed the form.　그 관리자는 그 양식에 서명했다.

수동태　The form was signed by the manager.　그 양식은 그 관리자에 의해 서명되었다.

	기본형	진행형	완료형
능동태의 형태	동사의 현재/과거/미래형	be + -ing	have + p.p.
수동태의 형태	be + p.p.	be being + p.p.	have been + p.p.

2 능동태 문장의 목적어가 문장의 주어 자리로 오면 수동태 문장이 됩니다.

능동태　Davis scored the winning goal.　Davis가 결승골을 넣었다.
　　　　주어　능동태 동사　목적어

수동태　The winning goal was scored by Davis.　결승골은 Davis에 의해 넣어졌다.
　　　　주어　　　　수동태 동사　by + 행위의 주체

3 능동태 문장의 목적어가 수동태 문장의 주어가 되므로, 목적어를 갖는 타동사만이 수동태가 될 수 있고, 목적어를 갖지 않는 자동사는 수동태가 될 수 없습니다.

Your flight will (be departed, depart) in half an hour.
　　　　　　　　　수동태 (X)　　능동태 (O)
당신의 비행기가 30분 후에 출발할 것입니다.

1. 능동태와 수동태 구별

① 의미에 따른 능동태·수동태 구별

'주어가 ~하다'라는 의미이면 능동태가, '주어가 ~되다 / ~해지다'라는 의미이면 수동태가 옵니다.

능동태   Mr. and Mrs. Barnes (was celebrated, celebrated) their anniversary.
                              수동태(X)   능동태(O)
Barnes 부부는 그들의 기념일을 축하했다.

→ 'Barnes 부부가 축하했다'라는 의미가 되어야 하므로 능동태 celebrated가 와야 합니다.

수동태   An envelope (delivered, was delivered) to the legal assistant.
                       능동태(X)   수동태(O)
법률 사무소 직원에게 봉투 하나가 배달되었다.

→ '봉투 하나가 배달되었다'라는 의미가 되어야 하므로 수동태 was delivered가 와야 합니다.

② 동사 뒤의 목적어 유무에 따른 능동태·수동태 구별

동사 뒤에 목적어가 있으면 능동태가, 목적어가 없으면 수동태가 옵니다.

능동태   The customer (was purchased, purchased) a pair of rechargeable batteries.
                         수동태(X)   능동태(O)   목적어
그 손님은 충전지 한 쌍을 샀다.

수동태   The meeting (scheduled, is scheduled) for 2:00 pm this afternoon.
                      능동태(X)   수동태(O)
그 회의는 오늘 오후 두 시로 예정되어 있다.

텝스 실전 확인 문제

PART 1 대화에 들어갈 적절한 답 고르기

A: What are the IT team members working on now?
B: They _____ to upgrade the database.

(a) instructed   (b) have instructed
(c) were instructed   (d) are instructing

정답 p.17

2. 4형식·5형식 동사의 수동태

❶ 4형식 동사의 수동태

4형식 동사가 수동태로 바뀔 때 간접 목적어(~에게)가 주어로 가면, 수동태 동사 뒤에는 직접 목적어(~을)가 남습니다.

능동태   Mr. Forbes sent Elizabeth a card. Mr. Forbes는 Elizabeth에게 카드를 보냈다.
                          능동태 동사 간접 목적어(~에게) 직접 목적어(~을)

간접 목적어가 주어로 간 수동태   Elizabeth was sent a card. Elizabeth는 카드를 받았다.
                          주어   수동태 동사   직접 목적어(~을)

4형식 동사가 수동태로 바뀔 때 직접 목적어(~을)가 주어로 가면, 수동태 동사 뒤에는 간접 목적어(~에게)가 남고, 그 앞에 전치사를 써야 합니다.

능동태   Mr. Forbes sent Elizabeth a card. Mr. Forbes는 Elizabeth에게 카드를 보냈다.
                          능동태 동사 간접 목적어(~에게) 직접 목적어(~을)

직접 목적어가 주어로 간 수동태   A card was sent to Elizabeth. 카드는 Elizabeth에게 보내졌다.
                          주어   수동태 동사   전치사 + 간접 목적어(~에게)

❷ 5형식 동사의 수동태

5형식 동사가 수동태로 바뀔 때, 수동태 동사 뒤에는 목적격 보어가 남습니다.

능동태   He considers Mr. Brown a trustworthy advisor. 그는 Mr. Brown을 믿을 수 있는 조언자로 여긴다.
                   능동태 동사   목적어   목적격 보어

수동태   Mr. Brown is considered a trustworthy advisor. Mr. Brown은 믿을 수 있는 조언자로 여겨진다.
                   주어   수동태 동사   목적격 보어

텝스 실전 확인 문제

PART 2 서술문에 들어갈 적절한 답 고르기

Martin _____ a letter from the conference organizers last week asking him to give a presentation.

(a) sends   (b) sent
(c) was sent   (d) is sent

정답 p.17

HACKERS PRACTICE

해커스 텝스 중급 문법

빈칸에 들어갈 적절한 보기를 고르세요.

01 Maria _____ about the speech tomorrow night at the physics seminar.
(a) is concerned (b) concerns

02 Your financial background should _____ before you can receive a loan.
(a) check (b) be checked

03 Difficulties that _____ between employees were resolved with the help of the human resources manager.
(a) arose (b) were arosen

04 The moon _____ to be a smooth orb before Galileo's observations.
(a) had thought (b) had been thought

05 Jane _____ that she should take time off from work to see the world.
(a) recognized (b) was recognized

06 Long-term studies _____ to assess any possible side effects of the medication.
(a) needed (b) are needed

틀린 부분을 찾아 바르게 고치세요.

07 I impressed at how much you've finished in such a short time.

08 The first artificial satellite was launching into space in 1957.

09 A ceremony held at the Prince Hotel last week for the retiring executive.

10 She considered a highly influential and inspirational figure for her contributions to humanitarian causes.

11 The waiters were served various appetizers to the guests in attendance at the charity auction.

12 The "yellow dust" phenomenon is occurred annually when winds carry sand from China and Mongolia throughout East Asia.

정답 p.17

HACKERS TEST

PART 1 대화에 들어갈 적절한 답을 고르세요.

01 A: All of these CDs belonged to your ex-girlfriend?
B: Indeed. She _____ a fan of classical music.

(a) is happened to be
(b) is happened to
(c) happened to being
(d) happened to be

02 A: Have you heard about the new science competition?
B: Yes, the winner _____ to a cash prize of $10,000.

(a) has entitled   (b) was entitled
(c) is entitled   (d) entitled

03 A: What do you do as a highway patrolman?
B: My main duty is to ensure that traffic laws _____.

(a) observe   (b) are observed
(c) are observing (d) have observed

04 A: How long is the house lease for?
B: The contract _____ for five years.

(a) has been lasted (b) has lasted
(c) is lasted   (d) lasts

05 A: Did moving around often make it hard to find friends as a child?
B: Certainly. By age 12, I _____ in six different schools.

(a) have been enrolling
(b) am enrolling
(c) will enroll
(d) had been enrolled

PART 2 서술문에 들어갈 적절한 답을 고르세요.

06 Any team member caught cheating _____ immediately and banned from all future competitions.

(a) is disqualifying
(b) will disqualify
(c) will have disqualified
(d) will be disqualified

07 When using a credit card to shop online, be certain that the website _____ privacy safeguards.

(a) contains
(b) contained
(c) is contained
(d) has been contained

08 By appealing to the emotions of her viewers, Oprah Winfrey _____ to have revolutionized the modern talk show.

(a) having thought   (b) was thinking
(c) is thought   (d) thinking

09 The couple's personalities _____ one another perfectly.

(a) complement
(b) have been complemented
(c) complements
(d) are complemented

10 Despite featuring two popular actors, the TV series received poor reviews and _____ after only six episodes had aired.

(a) canceled   (b) has canceled
(c) was canceled   (d) had canceled

11 David Johnson has released his autobiography this month, and tales from his youth _____ the bulk of it.

(a) comprise
(b) is comprised
(c) was comprising
(d) have been comprised

12 In the last decade, the number of foreign tourists _____ due to the many natural attractions of the region.

(a) has surged
(b) has been surged
(c) had been surging
(d) have surged

13 Every year, the brightest members of each class _____ the school at the interscholastic quiz competition.

(a) represent   (b) represents
(c) is represented   (d) are represented

14 *Focus Weekly* provides updates on the latest events that _____ in the world of photography.

(a) occurs   (b) occur
(c) is occurred (d) are occurred

15 If you _____ to someone, try to spend time getting to know that person.

(a) attract   (b) attracted
(c) are attracted (d) have attracted

16 Specially molded helmets and changes in sleeping posture are two methods that can _____ in order to lower the risk of Positional Head Deformity.

(a) utilize   (b) be utilizing
(c) be utilized (d) have utilized

PART 3 대화 또는 지문에서 어법상 틀리거나 어색한 보기를 고르세요.

17 (a) A: I didn't hear from you last night. You said you'd call after your basketball tryout.
(b) B: Sorry. I was so exhausting when I got home that I went straight to bed.
(c) A: I figured that would be the case. So how was it, then?
(d) B: It went well. The coach said I have a good chance of making the team.

18 (a) A: What is the issue the two book publishers are fighting over?
(b) B: One is accusing the other of plagiarizing a recent publication.
(c) A: Is there any chance that the two parties will settle their conflict out of court?
(d) B: I'm afraid not, unless one of them relent, which I highly doubt.

19 (a) Toni Morrison is one of America's most celebrated contemporary writers. (b) Morrison's fifth work, *Beloved*, is acknowledged as her masterpiece. (c) All of Morrison's novels are depicted the experiences of African American females struggling in a male dominated society. (d) In 1988, Morrison received a Pulitzer Prize for Fiction, becoming the first African American woman to win the prestigious award.

20 (a) For thousands of years, people consumed coffee in its natural bean form. (b) It was in Yemen in the 13th century that coffee became the beverage we know. (c) At the time, worshippers needing to stay awake through long nighttime vigils began brewing ground beans. (d) As alcohol consumption considered taboo in Islam, coffee would later become the preferred social beverage in the Arab world.

CHAPTER 06 조동사

기본기 다지기

1 조동사는 동사 앞에 와서 동사를 돕는 역할을 합니다.

She plays the trombone.   그녀는 트롬본을 연주한다.

She can play the trombone.   그녀는 트롬본을 연주할 수 있다.

2 조동사는 시제나 태, 부정을 표현하는 것과 동사에 보조적인 의미를 더하는 것으로 나뉩니다.

① 조동사 be, have, do는 시제, 태, 부정을 표현합니다.

진행	Sam is cooking dinner for his family.	Sam이 그의 가족을 위한 저녁 식사를 준비하고 있다.
완료	Sam has cooked dinner for his family.	Sam은 그의 가족을 위한 저녁 식사 요리를 끝냈다.
수동	Dinner is cooked by Sam.	저녁 식사는 Sam에 의해 요리된다.
부정	Sam doesn't cook dinner every night.	Sam은 매일 밤 저녁 식사를 요리하지 않는다.

② 조동사 can, will, may, must, should는 동사에 보조적인 의미를 더합니다.

can	Tom can reserve a hotel room now.	Tom은 지금 호텔 객실을 예약할 수 있다.
will	Tom will reserve a hotel room.	Tom은 호텔 객실을 예약할 것이다.
may	Tom may reserve a hotel room later.	Tom은 나중에 호텔 객실을 예약할지도 모른다.
must	Tom must reserve a hotel room.	Tom은 호텔 객실을 예약해야만 한다.
should	Tom should reserve a hotel room.	Tom은 호텔 객실을 예약해야 한다.

1. 조동사 + 동사원형

① 조동사 + 동사원형

조동사 can, will, may, must, should 뒤에는 반드시 동사원형이 옵니다.

Customers can (~~selecting~~, select) a free drink with their meals.
　　　　　　　동사 + ing (X)　동사원형 (O)
손님들은 식사와 함께 무료 음료를 선택할 수 있다.

다음과 같이 조동사처럼 쓰이는 표현들 뒤에도 동사원형이 옵니다.

| be going to ~할 것이다 | be able to ~할 수 있다 | had better ~하는 게 좋겠다 |
| need to ~해야 한다 | have to ~해야 한다 | used to ~하곤 했다 |

My sister is going to (~~opened~~, open) her own hair salon. 내 여동생은 자신의 미용실을 개업할 것이다.
　　　　　　　　　　　과거 동사 (X)　동사원형 (O)

② (should +) 동사원형

제안·의무·요청을 나타내는 동사나 형용사가 주절에 나오면, 종속절에 'should + 동사원형'이 옵니다. 이때, should는 생략될 수 있습니다.

| 동사 | suggest 제안하다 | require 요구하다 | demand 요구하다 | request 요청하다 |
| 형용사 | imperative 필수적인 | necessary 필요한 | important 중요한 | crucial 결정적인 |

The manager suggests that we (~~are~~, be) cordial to all guests.
　　　　　　　　　　　　　　동사의 현재형 (X) 동사원형 (O)
우리가 모든 손님들에게 친절하게 대해야 한다고 그 관리자는 제안한다.

텝스 실전 확인 문제

PART 1 대화에 들어갈 적절한 답 고르기

A: When will I get my checkup results?
B: Our policy requires that patients _____ within seven days of their appointment.

(a) notified　　　　　　(b) be notified
(c) notify　　　　　　　(d) notifying

정답 p.20

2. 조동사 have · be · do

① have

조동사 have는 p.p. 앞에 쓰여 완료 시제(have + p.p.)를 만듭니다.

He <u>has</u> <u>applied</u> for a driver's license. 그는 운전 면허증을 신청했다.
    have   p.p.

② be

조동사 be는 -ing 앞에 쓰여 진행 시제(be + -ing)를 만듭니다.

He <u>is</u> <u>telling</u> the team about the upcoming project. 그는 팀에 곧 있을 프로젝트에 대해 말하고 있다.
   be   -ing

조동사 be는 p.p. 앞에 쓰여 수동태(be + p.p.)를 만듭니다.

The novels on display <u>were</u> <u>signed</u> by the author. 진열되어 있는 소설책들은 저자에 의해 서명되었다.
                       be   p.p.

③ do

조동사 do는 일반동사의 부정문을 만들며, 'do / does / did + not + 동사원형'으로 옵니다.

I <u>do</u> <u>not</u> <u>drink</u> coffee because I dislike the taste. 나는 커피의 맛을 싫어하기 때문에 커피를 마시지 않는다.
  do not 동사원형

조동사 do는 일반동사의 의문문을 만들며, 'do / does / did + 주어 + 동사원형'으로 옵니다.

<u>Did</u> the travel agency give you the flight itinerary? 여행사에서 당신에게 비행 일정표를 주었나요?
 do   주어   동사원형

텝스 실전 확인 문제

PART 1 대화에 들어갈 적절한 답 고르기

A: Is it OK to leave the car in this spot?
B: No, parking on this street _____ not permitted on weekdays.

(a) is   (b) are
(c) has   (d) have

정답 p.20

3. 조동사 can · will · may · must · should

1 can

can은 능력(~할 수 있다), 허가(~해도 된다), 가능성(~일 수 있다)의 의미를 더합니다.

- 능력: Janet can speak several foreign languages. Janet은 몇 가지 외국어를 말할 수 있다.
- 허가: Employees can use up to eight sick days per year. 직원들은 일 년에 8일까지 병가를 사용해도 된다.
- 가능성: It can snow up to four feet in the winter. 겨울에 4피트까지 눈이 내릴 수 있다.

2 will

will은 미래(~할 것이다), 의지(~할 것이다, ~하겠다)의 의미를 더합니다.

- 미래: A convention for artists will be held in May. 예술가들을 위한 총회가 5월에 열릴 것이다.
- 의지: When your train arrives, I will pick you up. 당신이 탄 기차가 도착할 때, 제가 마중을 나가겠습니다.

3 may

may는 불확실한 추측(~할지도 모른다), 허가(~해도 된다)의 의미를 더합니다.

- 불확실한 추측: The CEO may appoint a replacement soon. 최고 경영자가 곧 후임자를 지목할지도 모른다.
- 허가: All hotel guests may use the gym. 모든 호텔 손님들은 체육관을 이용하셔도 됩니다.

4 must

must는 의무(~해야 한다), 강한 확신(~함에 틀림없다)의 의미를 더합니다.

- 의무: You must submit the report by Friday. 당신은 금요일까지 보고서를 제출해야 합니다.
- 강한 확신: Bill must be busy preparing for the wedding. Bill은 결혼 준비하느라 바쁜 것임에 틀림없다.

5 should

should는 제안(~해야 한다)의 의미를 더합니다.

We should organize the files today. 우리는 오늘 그 파일을 정리해야 한다.

텝스 실전 확인 문제

PART 1 대화에 들어갈 적절한 답 고르기

A: The manager denied our request.
B: I'll see if I _____ talk him out of his decision.

(a) must (b) can
(c) would (d) may

정답 p.20

4. 조동사 + have p.p.

1 조동사 + have p.p.

조동사 could, should, must와 have p.p.가 함께 쓰인 표현을 알아둡니다.

could have p.p. ~할 수도 있었다 (그런데 하지 않았다)	**could not have p.p.** ~했을 리가 없다
should have p.p. ~했어야 했다 (그런데 하지 않았다)	**should not have p.p.** ~하지 말았어야 했다 (그런데 했다)
must have p.p. ~했음에 틀림없다	**must not have p.p.** ~하지 않았음에 틀림없다

Ms. Brant could have received a better deal on her furniture.
Ms. Brant는 가구에 대해 더 나은 대우를 받을 수도 있었다.
→ could는 have received와 함께 쓰여 '가구에 대해 더 나은 대우를 받을 수도 있었다'는 의미를 나타냅니다.

You should have asked for my opinion before making the decision about the designs.
당신은 디자인에 대해 결정하기 전에 제 의견을 물어봤어야 했어요.
→ should는 have asked와 함께 쓰여 '디자인에 대해 결정하기 전에 내 의견을 물어봤어야 했다'는 의미를 나타냅니다.

Justin must not have checked his email yet, since he hasn't responded.
답장을 하지 않은 걸 보니, Justin은 아직 메일을 확인하지 않았음에 틀림없다.
→ must not은 have checked와 함께 쓰여 '아직 메일을 확인하지 않았음에 틀림없다'는 의미를 나타냅니다.

텝스 실전 확인 문제

PART 2 서술문에 들어갈 적절한 답 고르기

The whole class _____ have studied hard for the exam, as every student received a passing score.

(a) must (b) should
(c) will (d) can

정답 p.20

HACKERS PRACTICE

빈칸에 들어갈 적절한 보기를 고르세요.

01 The weather forecaster stated that it might _____ nationwide tomorrow.
(a) rain (b) rained

02 Due to a staff shortage at work, Marjorie _____ return from her vacation.
(a) can (b) must

03 Doctors recommend that people _____ six to eight glasses of water on a daily basis.
(a) drink (b) drank

04 The baseball _____ signed by the star player.
(a) was (b) did

05 Henry felt bad after realizing he _____ such a valuable painting for so little.
(a) should not have sold (b) must not have sold

06 The new version of the operating system _____ replace the current one.
(a) will (b) does

틀린 부분을 찾아 바르게 고치세요.

07 Applicants for the reporter position need to submitting three unique sample articles.

08 Alice should have started exercising recently because she looks much thinner than before.

09 Memos have distributed to the staff once a month to update them on any policy changes.

10 It is company policy that all construction workers might wear hard hats to avoid being injured.

11 The shoe store has an exchange policy but it does offer not refunds.

12 The Secretary of State suggested that the President had signed the treaty.

HACKERS TEST

PART 1 대화에 들어갈 적절한 답을 고르세요.

01 A: When are the results for the exams coming out?
B: I'm not sure, but it _____ be as soon as this afternoon.
(a) will (b) had
(c) would (d) could

02 A: Make sure you don't come late to tomorrow's meeting.
B: OK, I promise I _____.
(a) won't (b) don't
(c) wasn't (d) can't

03 A: We're heading out for lunch soon.
B: _____ you? Can I come?
(a) Do (b) Are
(c) Have (d) Would

04 A: I can't believe how rude Al was.
B: Yes. He _____ have acted that way.
(a) might not (b) couldn't
(c) shouldn't (d) must not

05 A: What are the academic requirements to be on the football team?
B: The school requires that an athlete _____ passing grades to play on the varsity team.
(a) would maintain (b) maintained
(c) maintaining (d) maintain

06 A: Our team could have won had Mike not hurt his arm.
B: No one could have guessed how serious his injury _____ be.
(a) can (b) should
(c) must (d) would

PART 2 서술문에 들어갈 적절한 답을 고르세요.

07 Research suggests that chemicals in blue food dye _____ hold the key to treating spinal cord injuries.
(a) ought to (b) may
(c) must (d) should

08 The film premiere was a huge success, with critics saying it _____ have gone any better.
(a) might not (b) shouldn't
(c) may not (d) couldn't

09 In the early days of commercial flights, people _____ dress up to ride in an airplane.
(a) may (b) must
(c) would (d) should

10 Daily inhaler medication helps manage asthma in many cases, but it _____ worsen symptoms for some children.
(a) ought to (b) has to
(c) may (d) would

11 Doug Jones _____ have kept copies of his financial statements because he needs them to file his tax return.
(a) should (b) have to
(c) shall (d) can

12 Experts speculate that spending too much time on social media sites might _____ us more harm than we think.
(a) done
(b) have to do
(c) be doing
(d) have been done

13. Maine has passed a law mandating that motorcycle drivers _____ wear helmets.
    (a) must
    (b) could
    (c) might
    (d) can

14. The police force promises that it _____ take any information it receives about the case seriously.
    (a) will
    (b) may
    (c) must
    (d) would

15. The software _____ not have been properly installed because an icon did not appear on the desktop.
    (a) must
    (b) should
    (c) will
    (d) need

16. Scuba diving _____ be dangerous, which is why it is necessary to take a course and receive certification before attempting it.
    (a) shall
    (b) can
    (c) should
    (d) would

17. Valery worked hard on her application essay, but she _____ have spent more time preparing for the interview.
    (a) should
    (b) have to
    (c) would
    (d) can

18. Prior to the invention of credit and debit cards, people _____ use cash for everyday transactions.
    (a) had better
    (b) had to
    (c) do
    (d) can

PART 3 대화 또는 지문에서 어법상 틀리거나 어색한 보기를 고르세요.

19. (a) A: I'm amazed at how you always seem to improve with every game.
    (b) B: I owe it to my coach. He steered me in the right direction and pushed me to succeed.
    (c) A: He can be very motivating to inspire you to reach such great heights.
    (d) B: If it wasn't for him, I don't know if I would still be playing.

20. (a) The Smith University Student Council has been trying to promote personal and academic growth among the student body for years. (b) Recently, we decided to organize a series of projects that will not only improve academics but also encourage student participation in extracurricular activities. (c) We have requested that the school president heard our proposal for project funding. (d) With official support, we will have the means to launch several new initiatives on campus.

CHAPTER 07 가정법

기본기 다지기

1 가정법 문장은 현재나 과거의 상황을 반대로 가정해 보거나, 일어날 가능성이 희박한 일이 미래에 일어날 경우를 가정해 보는 문장입니다.

① 가정법 과거는 현재의 상황을 반대로 가정하여 표현할 때 씁니다.

If you studied more, your grades would be better.
만일 네가 공부를 더 한다면, 네 점수가 더 좋을 텐데.

② 가정법 미래는 실현 가능성이 희박한 일을 표현하거나, 현재나 미래의 일에 대한 강한 의심을 표현할 때 씁니다.

If I were to win the lottery, I would buy a mansion.
혹시라도 내가 복권에 당첨된다면, 나는 아주 큰 집을 살 것이다.

2 가정법은 대개 if로 시작하며, 특별한 시제를 사용합니다.

If I studied more, I would get a good grade.
　　　과거　　　　　　조동사의 과거형 + 동사원형
만일 내가 공부를 더 한다면, 좋은 학점을 받을 텐데.

If I had studied more, I would have gotten a good grade.
　　　과거완료　　　　　　조동사의 과거형 + have p.p.
만일 내가 공부를 더 했다면, 좋은 학점을 받았을 텐데.

3 가정법 문장은 if로 시작하는 직설법 문장과 구별해야 합니다.

가정법　If I were late to work, my boss would get angry.
　　　　만일 내가 업무 시간에 늦는다면, 나의 상사는 화를 낼 텐데.

직설법　If I am late to work, my boss gets angry.
　　　　내가 업무 시간에 늦으면, 상사는 화를 낸다.

→ 두 번째 문장과 같이 어떤 일을 실제 사실로 받아들이고 말하는 경우를 직설법이라 하며, 이때의 if절을 조건절이라고 합니다. 특별한 시제를 사용하는 가정법과 달리, 조건절에는 현재 표현에 현재 시제, 과거 표현에는 과거 시제를 씁니다.

1. 가정법 과거

① 가정법 과거

가정법 과거는 현재 사실을 반대로 가정하여, 현재 상황에 대한 안타까움을 나타낼 때 쓰며, 그 형태는 다음과 같습니다.

> If + 주어 + 과거 동사(be 동사는 were) ~, 주어 + would / should / could / might + 동사원형 ~
> if절 (만일 ~라면)   주절 (~할 텐데)

If Rita **had** vacation time, she **would visit** Sydney. 만일 Rita에게 휴가가 있다면, 그녀는 시드니를 방문할 텐데.
→ Rita에게 휴가가 없는 현재 상황에 대한 안타까움을 나타내기 위해 가정법 과거를 씁니다.

② if가 생략된 가정법 과거

가정법 과거에서 if가 생략될 때, if절의 동사 were가 주어 앞으로 옵니다.

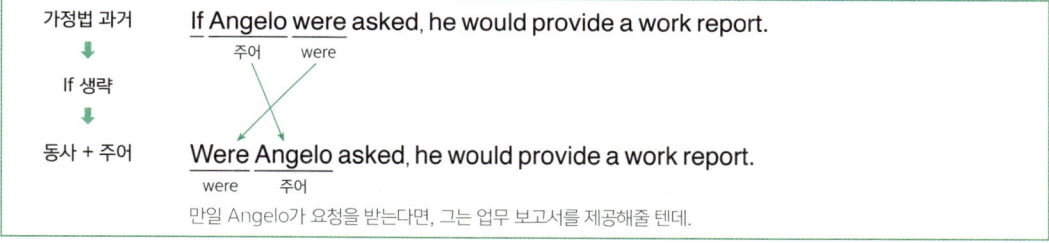

Were she more qualified, she (~~gets~~, **would get**) the management job.
　　　　　　　　　　　　　　　동사(X)　would + 동사원형(O)
만일 그녀가 자격을 더 갖추었다면, 관리직을 얻을 텐데.
→ If she were more qualified에서 If가 생략되고 동사 were가 주어 앞으로 왔으므로 would get을 씁니다.

텝스 실전 확인 문제

PART 2 서술문에 들어갈 적절한 답 고르기

Educational theorists believe that if classes had fewer students, the quality of instruction _____.

(a) increased (b) would increase
(c) have increased (d) would have increased

정답 p.24

Chapter 07 가정법 **65**

2. 가정법 과거완료

① 가정법 과거완료
가정법 과거완료는 과거 사실을 반대로 가정하여 과거 상황에 대한 아쉬움이나 후회를 나타낼 때 쓰며, 그 형태는 다음과 같습니다.

> **If** + 주어 + **had** + **p.p.** ~, 주어 + **would/should/could/might** + **have p.p.**~
> if절 (만일 ~했더라면) 　　　　　　　주절 (~했을 텐데)

If Gene **had brought** his receipt, he **would have returned** his new shoes.
만일 Gene이 영수증을 가져 왔더라면, 그는 새 신발을 환불했을 텐데.

➜ Gene이 영수증을 가져오지 않은 과거 상황에 대한 아쉬움을 나타내기 위해 가정법 과거완료를 씁니다.

② if가 생략된 가정법 과거완료
가정법 과거완료에서 if가 생략될 때, if절의 동사 had가 주어 앞으로 옵니다.

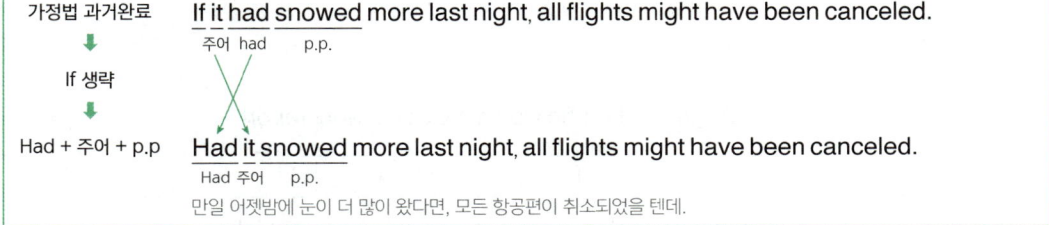

Had the concert **been** cheaper, we (~~might go~~, **might have gone**) to see it.
　　　　　　　　　　　　　　　　　　　동사원형 (X)　　have p.p. (O)
만일 그 콘서트 티켓이 더 저렴했더라면, 우리는 콘서트를 보러 갈 수 있었을 텐데.

➜ If the concert had been cheaper에서 If가 생략되고 동사 had가 주어 앞으로 왔으므로 might have gone을 씁니다.

텝스 실전 확인 문제

PART 1 대화에 들어갈 적절한 답 고르기

A: I didn't make it in time for my flight.
B: You _____ it if you had left sooner.

(a) made　　　　　　　　　(b) could make
(c) have made　　　　　　 (d) could have made

정답 p.24

3. 가정법 미래

1 가정법 미래

가정법 미래는 일어날 가능성이 적거나 거의 없는 미래의 상황을 가정할 때 쓰며, 그 형태는 다음과 같습니다.

> If + 주어 + should + 동사원형 ~, 주어 + will/can/may/would/should/could/might + 동사원형 ~
>   if절 (혹시라도 ~한다면)   주절 (~할 것이다)
>
> If + 주어 + were to + 동사원형 ~, 주어 + would/should/could/might + 동사원형 ~
>   if절 (혹시라도 ~한다면)   주절 (~할 것이다)

If the congressman **should** appear, the press **will interview** him.
혹시라도 그 국회의원이 나타난다면, 기자단이 그를 인터뷰할 것이다.
→ 그 국회의원이 나타난다는 일어날 가능성이 적은 미래의 상황을 표현하기 위해 가정법 미래를 씁니다.

If all glaciers **were to** melt, the earth **would be** flooded.
혹시라도 모든 빙하가 녹는다면, 지구는 물에 잠기게 될 것이다.
→ 모든 빙하가 녹는다는 일어날 가능성이 거의 없는 미래의 상황을 가정하기 위해 가정법 미래를 씁니다.

2 if가 생략된 가정법 미래

가정법 미래에서 if가 생략될 때, if절의 조동사 should가 앞으로 옵니다.

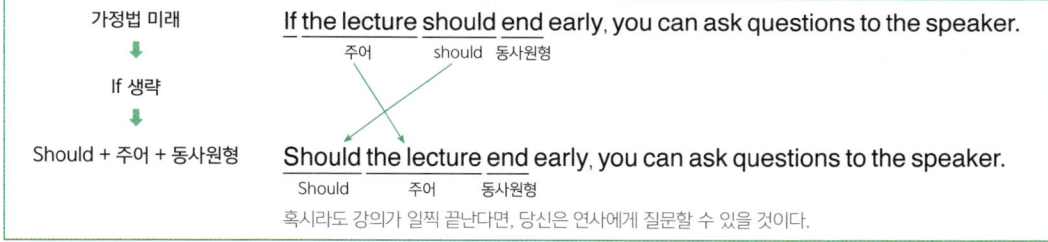

Should Jackie meet with the lawyer, they (~~finalize~~, may finalize) the contract today.
                                                                 동사(X)   may + 동사원형(O)
혹시라도 Jackie가 그 변호사와 만난다면, 그들은 오늘 그 계약을 마무리 지을지도 모른다.
→ If Jackie should meet with the lawyer에서 If가 생략되고 조동사 should가 앞으로 왔으므로 may finalize를 씁니다.

텝스 실전 확인 문제

PART 2 서술문에 들어갈 적절한 답 고르기

_____ a cleaner, cheaper, and more abundant source of energy, industries will no longer have to rely so heavily on coal and oil.

(a) Should scientists discover   (b) If scientists had discovered
(c) Scientists should discover   (d) Had scientists discovered

정답 p.24

4. 가정법 관련 표현

1 if가 생략된 가정법 관용 표현

if가 생략된 가정법의 관용적 표현을 알아둡니다.

가정법 과거	**Were it not for** ~, 주어 + would/should/could/might + 동사원형 ~가 없다면, ~할 텐데
가정법 과거완료	**Had it not been for** ~, 주어 + would/should/could/might + have p.p. ~가 없었더라면, ~했을 텐데

Were it not for the turbulence, the flight **would be** enjoyable.
난기류가 없다면, 비행이 즐거울 텐데.

Had it not been for the turbulence, the flight **would have been** enjoyable.
난기류가 없었더라면, 비행이 즐거웠을 텐데.

2 I wish 가정법

I wish로 시작하는 가정법 표현을 알아둡니다.

가정법 과거	**I wish** + 주어 + **과거 동사** ~하면 좋을 텐데
가정법 과거완료	**I wish** + 주어 + **had p.p.** ~했다면 좋을 텐데

I wish I **lived** in a warmer climate. 더 따뜻한 기후에서 산다면 좋을 텐데.

I wish I **had lived** in a warmer climate. 더 따뜻한 기후에서 살았었다면 좋았을 텐데.

텝스 실전 확인 문제

PART 1 대화에 들어갈 적절한 답 고르기

A: Congratulations on getting accepted to graduate school.
B: Thanks. _____ my professor's recommendation, I'm not sure I would've gotten in.

(a) Has it not been for
(b) It had not been for
(c) Had it not been for
(d) It has not been for

정답 p.24

HACKERS PRACTICE

빈칸에 들어갈 적절한 보기를 고르세요.

01 I just wish I _____ something to offer you in return for your help.
(a) had
(b) have

02 Had I enjoyed working at a restaurant, I _____ my job as a waiter.
(a) wouldn't quit
(b) wouldn't have quit

03 If the shop opened a branch in downtown, it _____ more customers.
(a) would attract
(b) would have attracted

04 If Frank _____ about the computer virus that infected the network, he would have informed the staff.
(a) has known
(b) had known

05 If Nathan _____ request a transcript from his university tomorrow, it might arrive by Friday.
(a) were to
(b) is to

06 I wish I _____ your birthday party last week, but I was completely occupied with my graduate thesis.
(a) attended
(b) had attended

틀린 부분을 찾아 바르게 고치세요.

07 If the weather were better, we went to the beach.

08 Had Paul achieved a slightly higher grade point average, he can receive a scholarship.

09 If the retailer had anticipated such great demand for the DVD, he sold twice as many copies.

10 If the storm should continue east at its current speed, the town faces danger.

11 Had not been for one mistake, the team would have won the gymnastics competition.

12 I wish I will study economics as my major instead of psychology.

정답 p.24

Chapter 07 가정법

HACKERS TEST

PART 1 대화에 들어갈 적절한 답을 고르세요.

01 A: It's a shame you won't be able to join us later.
B: Yeah, I really wish I _____.

(a) am (b) do
(c) will (d) were

02 A: Jim was only over for a few minutes.
B: If you hadn't told me, I would never _____ he was here.

(a) be known (b) have been known
(c) have known (d) be knowing

03 A: Can you look after my cat while I'm away?
B: Sure. I'll take care of it as if it _____ my own.

(a) is (b) were
(c) has been (d) had been

04 A: Did you finish your report on time?
B: I wouldn't have, _____.

(a) had not I come early in
(b) had I not come in early
(c) if had I not early come in
(d) if I had come in not early

05 A: Was it drizzling this morning?
B: No, the rain _____ by the time I left.

(a) is stopping (b) has stopped
(c) had stopped (d) stopping

PART 2 서술문에 들어갈 적절한 답을 고르세요.

06 Danielle made a donation to the charity but wished that she _____ do more to help.

(a) will (b) should
(c) must (d) could

07 _____ from recycling, landfills will grow at a much faster rate than governments are prepared to deal with.

(a) People should refrain
(b) If people had refrained
(c) Should people refrain
(d) Were people refrain

08 It's time we _____ offering our customers a wider range of products and services.

(a) had started (b) will start
(c) are starting (d) started

09 If _____ about the January discount on flights to Florida, Mel Tanner would have postponed her vacation until then.

(a) she knows (b) she had known
(c) she is knowing (d) she will know

10 It is not necessary to bring your own art materials to classes as the school _____ everything you need.

(a) supplied (b) supplies
(c) was supplying (d) had supplied

11 If Nepal were not situated on a seismic belt, earthquakes _____ less often in the country.

(a) will occur (b) would occur
(c) had occurred (d) occur

12 If it had not been for your offer to drive me today, I would _____ to the office on time.

(a) not have made it
(b) not have made
(c) not make it
(d) not make

13 _____ the minimum wage be raised, some small businesses may no longer be able to employ as many workers.

(a) Should   (b) Must
(c) Would   (d) Shall

14 Billy Conner _____ take next week off if he weren't so busy with an ongoing assignment.

(a) is   (b) was
(c) will (d) would

15 Had Adam purchased insurance for his rental car, he _____ to pay for the repairs after the accident last month.

(a) wouldn't have needed
(b) won't have needed
(c) wouldn't need
(d) won't need

16 Had the municipality of Spa not reinvented itself, its economy _____ due to a lack of tourism.

(a) would crush
(b) would be crushing
(c) would have crushed
(d) would have been crushed

PART 3 대화 또는 지문에서 어법상 틀리거나 어색한 보기를 고르세요.

17 (a) A: It's a shame that Sue couldn't join us for dinner tonight.
(b) B: If she doesn't have other commitments, she would surely come.
(c) A: What is she doing that's keeping her so busy?
(d) B: She's working on two design projects for different clients.

18 (a) A: I bought Kyle a pair of sneakers for his birthday, but I'm not sure whether they're the right size.
(b) B: As long as you have the receipt, the shoes can be exchanged if they can't fit.
(c) A: That's true, but it'd be an inconvenience for him. I don't want to make him go to the store.
(d) B: Everything will be fine. With birthday presents, it's the thought that counts, anyway.

19 (a) Among other things, Paul Strzelecki is famous for naming Australia's highest peak, Mount Kosciuszko. (b) He is also rumored to have been the first to discover gold in New South Wales. (c) Since New South Wales was a penal colony, Strzelecki was asked to keep the find secret to avoid unrest among the land's 45,000 convicts. (d) If the discovery was announced earlier, Strzelecki might have had a more significant impact on Australian history.

20 (a) The sinking of *the Titanic* is considered one of the worst maritime disasters in history. (b) On the night of April 14, 1912, the ship collided with an iceberg, rupturing the vessel's front compartments. (c) Water immediately filled the ship's bow and brought it further below the waterline. (d) Investigations revealed that a nearby ship could help the stricken vessel had its operator received the distress signals.

CHAPTER 08 to 부정사

기본기 다지기

1 to 부정사 (to + 동사원형)는 동사에서 나왔습니다. 그러나 문장에서 동사 역할이 아니라 명사, 형용사, 부사 역할을 합니다.

Rita likes <u>to eat</u>.   Rita는 먹는 것을 좋아한다.
　　　　　명사 역할

Rita ordered food <u>to eat</u>.   Rita는 먹을 음식을 주문했다.
　　　　　　　　　형용사 역할

Rita drove to the restaurant <u>to eat</u>.   Rita는 식사를 하기 위해 식당으로 운전해 갔다.
　　　　　　　　　　　　　부사 역할

2 to 부정사는 동사의 성질을 여전히 가지고 있어서, 목적어나 보어를 가질 수 있고 부사의 꾸밈을 받을 수 있습니다.

She hopes <u>to write novels</u>.   그녀는 소설을 쓰기를 원한다.
　　　　　　　　목적어

She hopes <u>to become a writer</u>.   그녀는 소설가가 되기를 원한다.
　　　　　　　　　　보어

She hopes <u>to write professionally</u>.   그녀는 전문적으로 글쓰기를 원한다.
　　　　　　　　　　부사

1. to 부정사 자리

1 to 부정사가 오는 자리

to 부정사는 문장에서 주어, 목적어, 보어, 수식어 자리에 옵니다.

주어 자리	**To raise a child** is a lot of work and effort. 아이를 양육하는 것은 많은 일과 노력이 든다.
목적어 자리	Someone needs **to change the light bulb**. 누군가 전구를 교체해야 한다.
보어 자리	Laura's decision is **to hire an assistant**. Laura의 결정은 조수를 고용하는 것이다.
수식어 자리	He went to the information desk **to ask for help**. 그는 도움을 요청하기 위해 안내소로 갔다.

2 to 부정사 자리에 올 수 없는 것

to 부정사가 와야 하는 자리에 동사는 올 수 없습니다.

They prefer (~~take~~, to take) the bus to the park. 그들은 버스를 타고 공원에 가는 것을 선호한다.
　　　　　동사(X)　to 부정사(O)

텝스 실전 확인 문제

PART 1 대화에 들어갈 적절한 답 고르기

A: Are you going to the airport in this snowstorm?
B: No. I decided not _____ for San Diego until tomorrow morning.

(a) leave 　　　　　(b) to leave
(c) left 　　　　　 (d) have left

정답 p.27

2. to 부정사의 역할

① 명사 역할

to 부정사는 명사처럼 주어, 목적어, 보어 역할을 하며, '~하는 것, ~하기'로 해석합니다.

주어 역할	**To stay indoors** is best on a rainy day. 실내에 머무르는 것이 비 오는 날에는 가장 좋다.
목적어 역할	Tom wanted **to sell his motorcycle**. Tom은 그의 오토바이를 팔기를 원했다.
보어 역할	Their plan is **to lease a larger office** next year when they hire new staff. 그들의 계획은 신입사원을 고용하는 때인 내년에 더 큰 사무실을 빌리는 것이다.

② 형용사 역할

to 부정사는 형용사처럼 명사 뒤에서 명사를 수식하며, '~해야 할, ~할'로 해석합니다.

명사 수식   Ms. Carlson has a document **to deliver** to a client.
                                    명사
           Ms. Carlson은 한 고객에게 전달해야 할 서류가 있다.

③ 부사 역할

to 부정사는 부사처럼 문장의 앞이나 동사 뒤에서 문장이나 동사를 수식하며, '~하기 위해서'로 해석합니다.

문장 수식   **To get to Houston Street**, you should take the green line.
                                                                    문장
           Houston가로 가기 위해서, 초록색 노선을 타야 합니다.

동사 수식   Joe travels over 200 kilometers each week **to meet with his clients**.
                   동사
           Joe는 그의 고객들과 만나기 위해서 매주 200킬로미터 이상을 다닌다.

텝스 실전 확인 문제

PART 1 대화에 들어갈 적절한 답 고르기

A: Did you check who was at the door?
B: Someone from your office dropped by _____ a package.

(a) deliver   (b) delivers
(c) to deliver   (d) to delivering

정답 p.28

3. to 부정사를 취하는 동사·명사·형용사

① 동사 + 목적어(to 부정사)

to 부정사를 목적어로 취하는 동사들을 주의해서 알아둡니다.

decide to ~하기로 결정하다	choose to ~하기로 선택하다	promise to ~하기를 약속하다
afford to ~할 수 있다	wish to ~하기를 바라다	want to ~하기를 원하다
fail to ~하지 못하다	offer to ~하기를 제안하다	hope to ~하기를 원하다

The professor chose to dismiss the class early. 교수는 수업을 일찍 끝내기로 선택했다.

② 동사 + 목적어 + 목적격보어(to 부정사)

to 부정사를 목적격 보어로 취하는 동사들을 주의해서 알아둡니다.

expect 목 to ~가 -하기를 기대하다	ask 목 to ~에게 -해 줄 것을 부탁하다
cause 목 to ~가 -하게 하다	allow 목 to ~가 -하게 두다
want 목 to ~가 -하기를 원하다	remind 목 to ~에게 -할 것을 상기시키다

Tim asked his boss to check his report. Tim은 상사에게 보고서를 확인해 줄 것을 부탁했다.

③ 명사 + to 부정사

to 부정사를 취하는 명사들을 주의해서 알아둡니다.

plan to ~할 계획	ability to ~할 능력	chance to ~할 기회	effort to ~하려는 노력

She has a plan to order new chairs. 그녀는 새 의자들을 주문할 계획을 가지고 있다.

④ 형용사 + to 부정사

to 부정사를 취하는 형용사들을 주의해서 알아둡니다.

be about to 막 ~하려 하다	be able to ~할 수 있다	be likely to ~할 것 같다	be willing to 기꺼이 ~하다

Luckily, the director was able to attend the meeting. 다행히, 이사는 회의에 참석할 수 있었다.

텝스 실전 확인 문제

PART 2 서술문에 들어갈 적절한 답 고르기

The fire department is reminding the public _____ its safety guidelines when holding an outdoor barbeque.

(a) follow
(b) followed
(c) to follow
(d) following

정답 p.28

4. 원형 부정사를 목적격 보어로 취하는 동사

① make, have, let + 목적어 + 원형 부정사

make, have, let을 쓸 때 '목적어가 ~하게 하다'라는 능동의 의미이면 목적격 보어로 원형 부정사가 옵니다.

Vance made the taxi driver (~~to wait~~, wait) for him while he went to the bank.
                                             to 부정사 (X) 원형 부정사 (O)

Vance는 그가 은행에 다녀오는 동안 택시 기사를 기다리게 했다.

→ '택시 기사를 기다리게 하다'라는 능동의 의미이므로 원형 부정사인 wait가 와야 합니다.

make, have, let을 쓸 때 '목적어가 ~되게 하다'라는 수동의 의미이면 목적격 보어로 과거분사가 옵니다.

The hotel director had the lobby (~~decorate~~, decorated) by a professional.
                                       원형 부정사 (X)   p.p. (O)

그 호텔 관리자는 전문가에 의해 로비가 장식되게 했다.

→ '로비가 장식되게 하다'라는 수동의 의미이므로 p.p.인 decorated가 와야 합니다.

② help + 목적어 + 원형 부정사 / to 부정사

help는 원형 부정사와 to 부정사를 모두 목적격 보어로 취할 수 있습니다.

Counselors help undergraduate students (to) choose their majors.
지도 교사들은 학부생들이 전공을 선택하는 것을 돕는다.

→ help는 원형 부정사인 choose나 to 부정사인 to choose를 목적격 보어로 취할 수 있습니다.

③ hear, see, watch + 목적어 + 원형 부정사 / 현재분사

hear, see, watch는 원형 부정사와 현재분사를 모두 목적격 보어로 취할 수 있습니다.

I heard the train approach from the distance. 멀리서 기차가 다가오는 소리를 들었다.

I heard the train approaching from the distance. 멀리서 기차가 다가오고 있는 소리를 들었다.

텝스 실전 확인 문제

PART 2 서술문에 들어갈 적절한 답 고르기

Judy always gives her input, so her manager didn't understand what made her _____ from expressing her opinion at Monday's meeting.

(a) refrain   (b) refrained
(c) to refraining   (d) to refrain

정답 p.28

HACKERS PRACTICE

빈칸에 들어갈 적절한 보기를 고르세요.

01 _____ a business takes good financial sense and planning, not to mention a reliable source of revenue.
(a) To run (b) Run

02 Three students failed _____ the deadline for their final paper, despite being given two months' notice.
(a) meeting (b) to meet

03 Customers should call the restaurant _____ a reservation.
(a) make (b) to make

04 Lindsay was not able _____ the computer file she accidentally deleted.
(a) to recover (b) to recovering

05 Susan hopes _____ her academic requirements next year.
(a) completing (b) to complete

06 Josh turned on the TV because his favorite show was about _____.
(a) to begin (b) begin

틀린 부분을 찾아 바르게 고치세요.

07 A fast connection is crucial for anybody who wants effectively use the Internet.

08 There being no concert tickets left for Friday, Jake chose buying a ticket for Saturday instead.

09 Jeremy asked his friends helping him move because he had a lot of furniture.

10 Melissa is looking forward to the chance presenting her report to her class.

11 Public universities have been working together provide bursaries for low-income students.

12 It was interesting to watch the artist to draw a portrait of my friend.

HACKERS TEST

PART 1 대화에 들어갈 적절한 답을 고르세요.

01 A: Can we really afford _____ so much on a direct flight to Hong Kong?
B: Considering the alternative is a seven-hour layover in Tokyo, it's the best option.

(a) spend (b) spent
(c) to spend (d) been spending

02 A: How come you're late to work?
B: There was an accident on the highway that made traffic _____.

(a) delaying (b) delayed
(c) delay (d) to delay

03 A: Do you know where Erin is?
B: I saw _____ five minutes ago.

(a) her walk into the library
(b) her into the library walk
(c) walk into the library
(d) walk her into the library

04 A: My friend is picking me up for dinner at seven.
B: You _____ get ready before he arrives.

(a) are going to (b) should
(c) would (d) may

05 A: Where will the VIP guests be seated for the performance?
B: The director wants them _____ ten.

(a) to sit in rows one through
(b) sit in through rows one to
(c) in rows one to sit through
(d) through one rows to sit in

06 A: I was surprised that Jean cut her hair short.
B: Yeah, it was odd _____ her with a different style.

(a) to see (b) seen
(c) being seen (d) to be seen

07 A: This store has an enormous selection of shoes.
B: I know. It has so many styles _____ from.

(a) to choose (b) chose
(c) have chosen (d) choose

08 A: How is Joey doing in his new school?
B: He seems _____ very well and has made a few friends.

(a) adjust (b) adjusting
(c) to adjusting (d) to be adjusting

PART 2 서술문에 들어갈 적절한 답을 고르세요.

09 Although I sometimes argue with those closest to me, _____.

(a) some friendship is the cherished thing
(b) there was cherished some friendship
(c) friendship is something to be cherished
(d) something is to be cherished friendship

10 The documentary is insightful and will definitely help people _____ the issues surrounding adoption.

(a) to understanding
(b) understands
(c) understood
(d) understand

11 Joyce confirmed that her coworker _____ her report before she left for Bermuda.

(a) submits
(b) will submit
(c) has submitted
(d) had submitted

12 Cleopatra is said to have drunk pearls dissolved in a cup of vinegar _____ a bet with Mark Antony.

(a) wins
(b) to winning
(c) win
(d) to win

13 First published in 1851, Herman Melville's novel *Moby-Dick* was largely ignored until the early 20th century, when its rediscovery by several critics made it _____ as one of the great American novels.

(a) respecting
(b) respected
(c) to respect
(d) having respected

14 Shawn Mulligan _____ to his office when the police pulled him over.

(a) was driving
(b) had driven
(c) has driven
(d) is driving

15 George Lucas is said to _____ his grand creation, *Star Wars*, after a 1958 film by Akira Kurosawa.

(a) patterned
(b) patterns
(c) have patterned
(d) have been patterned

16 For Mr. Smith, the decision to accept a position at another company was _____.

(a) a difficult to make one
(b) one to make a difficult
(c) a difficult one to make
(d) one a difficult to make

PART 3 대화 또는 지문에서 어법상 틀리거나 어색한 보기를 고르세요.

17 (a) A: Are you finished with your meal or are you still eating?
(b) B: Is it possible that I could have this sandwich wrapping?
(c) A: Sure, I'll be right back and I'll bring the check for you.
(d) B: I would appreciate that, since I have to get going soon.

18 (a) A: It sure has been a while since we last went out for lunch.
(b) B: Well, I know that you have some important news to share with me.
(c) A: I'm just glad you were able find the time to meet.
(d) B: Me too. I've been looking forward to this opportunity to catch up.

19 (a) A: How are the renovations of your house going?
(b) B: Oh, it's already done. The workers left last week.
(c) A: Wow, I didn't expect them finishing so soon. I hope everything went well.
(d) B: Yes, the renovations turned out just like my husband and I wanted them to.

20 (a) The Cabo Restaurant at the Villa Vez Resort offers casual poolside dining. (b) You can enjoy a gourmet meal while relaxing by the pool and taking in the view. (c) We also offer an array of in-room dining options for those who wish to dine privately. (d) Just call down to room service to have a delicious meal deliver to your room.

정답 p.29

CHAPTER 09 동명사

기본기 다지기

1. 동명사(동사원형 + -ing)는 동사에서 나왔습니다. 그러나 문장에서 동사 역할이 아닌 명사 역할을 합니다.

   The team practicing. [X]

   The team stopped practicing. [O] 그 팀은 연습하는 것을 멈추었다.
   　　　　　　　　명사 역할

2. 동명사는 동사의 성질을 여전히 가지고 있어서, 목적어나 보어를 가질 수 있고 부사의 꾸밈을 받을 수 있습니다.

   Having work experience is necessary for applicants.
   　　　　목적어
   근무 경력을 갖는 것은 지원자들에게 필요하다.

   Staying healthy requires good nutrition.   건강을 유지 하는 것은 충분한 영양 섭취를 필요로 한다.
   　　　보어

   She is known for working quickly.   그녀는 빨리 일처리 하는 것으로 알려져 있다.
   　　　　　　　　　　부사

1. 동명사 자리

① 동명사가 오는 자리

동명사는 명사 역할을 하므로 명사처럼 주어, 목적어, 보어 자리와 전치사 바로 뒤에 옵니다.

주어 자리	**Volunteering** is a beneficial experience for young people. 자원 봉사를 하는 것은 젊은이들에게 유익한 경험이다.
목적어 자리	Peter enjoys **instructing** students about physical fitness. Peter는 신체 건강에 대해 학생들을 가르치는 것을 즐긴다.
보어 자리	Janice's job is **designing websites**. Janice의 직업은 웹사이트를 제작하는 것이다.
전치사 뒤	Tim knows much about **taking photos**. Tim은 사진을 찍는 것에 대해서 많이 알고 있다.

② 동명사 자리에 올 수 없는 것

동명사가 와야 하는 자리에 동사는 올 수 없습니다.

(~~Determine~~, **Determining**) the cause of the network problem will take several hours.
   동사(X)   동명사(O)
네트워크 문제의 원인을 밝히는 데에는 몇 시간이 걸릴 것이다.

텝스 실전 확인 문제

PART 1 대화에 들어갈 적절한 답 고르기

A: How do you like the after-school sports club?
B: It's great. _____ soccer is so much fun.

(a) Play   (b) Played
(c) Plays   (d) Playing

정답 p.31

2. 동명사를 취하는 동사

1 동사 + 동명사

동명사를 목적어로 취하는 동사들을 주의해서 알아둡니다.

quit -ing ~을 그만두다	suggest -ing ~을 제안하다	enjoy -ing ~을 즐기다
finish -ing ~을 끝내다	consider -ing ~을 고려하다	keep -ing ~을 계속하다
avoid -ing ~을 피하다	allow -ing ~을 허락하다	deny -ing ~을 부인하다

Mr. Crane will quit working as an engineer. Mr. Crane은 엔지니어로 일하는 것을 그만둘 것이다.

2 동사 + 동명사 / to 부정사

목적어로 동명사를 취할 때와 to 부정사를 취할 때 의미가 같은 동사와 다른 동사를 구분해서 알아둡니다.

동명사 / to 부정사를 취할 때 의미가 같은 동사
begin 시작하다   start 시작하다   prefer 선호하다   like 좋아하다

I will begin taking courses on Roman history in June.
= I will begin to take courses on Roman history in June.
나는 6월에 로마 역사에 관한 수업을 수강하는 것을 시작할 것이다.

동명사 / to 부정사를 취할 때 의미가 다른 동사
remember -ing ~했던 것을 기억하다   forget -ing ~했던 것을 잊다
remember to ~해야 한다는 것을 기억하다   forget to ~할 것을 잊다
try -ing (시험 삼아) ~해보다   stop -ing ~하는 것을 그만두다
try to ~하려고 노력하다   stop to ~하기 위해 멈추다

The Robertsons remembered attending the neighborhood party last year.
Robertson 가족은 작년에 이웃의 파티에 참석했던 것을 기억했다.

The Robertsons remembered to attend the neighborhood party this year.
Robertson 가족은 올해 이웃의 파티에 참석해야 한다는 것을 기억했다.

텝스 실전 확인 문제

PART 1 대화에 들어갈 적절한 답 고르기

A: I think I owe Damon an apology.
B: Don't forget _____ first thing tomorrow.

(a) to speak to him   (b) speak him to
(c) spoke him to   (d) speaking to him

정답 p.31

HACKERS PRACTICE

해커스 텝스 중급 문법

빈칸에 들어갈 적절한 보기를 고르세요.

01 Paul made an effort to learn the country's native language by _____ in a course.
(a) enroll
(b) enrolling

02 Ronda said she will finish _____ the financial report tomorrow after she returns from a meeting.
(a) checking
(b) to check

03 Please review your tests when you get them back to avoid _____ the same mistakes again.
(a) to make
(b) making

04 My parents usually eat at home, but they enjoy _____ out for dinner on Fridays.
(a) to go
(b) going

05 After appearing in a highly praised film, the new actress started _____ noticed.
(a) getting
(b) get

06 He quit _____ two months ago and decided to exercise on a regular basis.
(a) drinking
(b) to drink

틀린 부분을 찾아 바르게 고치세요.

07 The journalist recognized how much of a stir she had caused by write about controversial issues.

08 You should consider to ask your boss for more responsibilities.

09 Many tourists enjoy walk along the river to admire the city's historic bridges.

10 I would prefer if you spoke a little softer, since I'm trying studying for an exam tomorrow.

11 Fred often works late so that he can avoid to drive home in rush hour traffic.

12 My job on the weekend is sell artwork at a gallery in the Soho area.

정답 p.31

Chapter 09 동명사

HACKERS TEST

PART 1 대화에 들어갈 적절한 답을 고르세요.

01 A: Are you going home now?
B: Yes. Please don't forget _____ the lights in the office before you leave.

(a) to turn off (b) turning off
(c) turned off (d) turn off

02 A: Do you like classic movies?
B: I definitely enjoy _____ them.

(a) watching (b) watched
(c) to watch (d) to have watched

03 A: What's your take on the new CEO?
B: She is known for aggressively _____ her own interests.

(a) be pursuing (b) pursuing
(c) to pursue (d) pursue

04 A: Are you still in touch with the people you met in Spain?
B: Yes. I've been writing to them since _____ from my trip.

(a) return (b) returned
(c) to return (d) returning

05 A: What _____ you have for breakfast?
B: Two pieces of toast and an omelet.

(a) was (b) has
(c) did (d) have

06 A: Who was responsible for the error in the report?
B: Unfortunately, each member of the team denies _____ the mistake.

(a) making (b) to make
(c) had made (d) having been made

PART 2 서술문에 들어갈 적절한 답을 고르세요.

07 The board of directors is considering _____ the company to a larger office next month to make room for incoming staff.

(a) relocate (b) relocating
(c) to relocate (d) to relocating

08 Spending just 20 minutes a day outdoors can _____ vitamin D levels in the blood.

(a) increase (b) to increase
(c) increasing (d) be increased

09 Now that the movie has finished _____, the production team will begin editing scenes and applying special effects.

(a) film (b) filming
(c) to film (d) to have filmed

10 Most people growing up in the 1950s remember _____ television in black and white until the mid-1960s.

(a) watched (b) to watch
(c) watch (d) watching

11 The smoke alarm keeps _____ because the batteries need to be changed.

(a) beeps (b) beeping
(c) have beeped (d) to beep

12 Out of all the activities available to campers at Fallhorn Lodge, the majority like _____.

(a) swimming mostly to
(b) to swimming them the most
(c) swimming the most
(d) mostly swimming them

13 _____ lakes and rivers from drying up is vital as they are the primary source of water for crop production.

(a) Protected
(b) Protects
(c) Protecting
(d) Protect

14 After analyzing the company's computer network, the consultant suggested _____ changes for its security system.

(a) to implement
(b) implementing
(c) implemented
(d) implement

15 The museum doesn't allow _____ pictures.

(a) take
(b) to take
(c) to taking
(d) taking

16 Scientists now recognize that faith may play an important role in _____ recovery from illness.

(a) facilitate
(b) facilitated
(c) facilitating
(d) to facilitate

17 Although "Native American" is an acceptable term, most indigenous groups prefer _____ by their specific tribal name.

(a) recognizing
(b) having recognized
(c) being recognized
(d) have recognized

18 Accessible online reviews make _____ out a new car quick and easy.

(a) pick
(b) picked
(c) having picked
(d) picking

PART 3 대화 또는 지문에서 어법상 틀리거나 어색한 보기를 고르세요.

19 (a) A: Do you get a lot of spam phone calls lately?
(b) B: You too? I seem to get one about once a week.
(c) A: It's getting to be too much, but I can't block them.
(d) B: Yeah. I wish I could get them to stop to call me.

20 (a) Go is a board game that has simple rules, yet requires great strategy and patience. (b) It is played by two opponents, who alternate placing black and white stones, called go-ishi, on the intersections of a Go board, or goban. (c) Stones stay on the board unless players are succeeded in capturing them by surrounding them with their own pieces. (d) A captured stone is worth one point of territory, and the player who controls more territory at the game's end wins.

CHAPTER 10 분사

기본기 다지기

1 분사(동사원형 + -ing / 동사원형 + -ed)는 동사에서 나왔습니다. 그러나 문장에서 동사 역할이 아니라 형용사 역할을 합니다.

She interesting book. [X]

She reads an <u>interesting</u> book. [O]   그녀는 재미있는 책을 읽는다.
　　　　　　형용사 역할

The book interesting. [X]

The book was <u>interesting</u>. [O]   그 책은 재미있었다.
　　　　　　형용사 역할

2 분사는 동사의 성질을 여전히 가지고 있어서, 목적어나 보어를 가질 수 있고 부사의 꾸밈을 받을 수 있습니다.

There is a long line of people buying <u>popcorn</u>.   팝콘을 사는 사람들의 긴 줄이 있다.
　　　　　　　　　　　　　　　　　　목적어

The child, feeling <u>tired</u>, closed his eyes.   피곤함을 느낀 그 아이는 눈을 감았다.
　　　　　　　보어

The employee typing <u>quickly</u> is the intern.   타이핑을 빨리 치고 있는 그 사원은 인턴이다.
　　　　　　　　　부사

3 분사구문은 문장에서 부사적 역할을 하는 수식어 거품입니다.

<u>Looking down the street</u>, Bob saw the bus approaching.
　　수식어 거품　　　　　　　보어　동사　목적어　목적격 보어
길 아래쪽을 쳐다 보았을 때, Bob은 버스가 다가오는 것을 보았다.

1. 분사 자리

① 분사가 오는 자리
분사는 형용사 역할을 하므로 형용사처럼 명사 앞이나 뒤, 보어 자리에 옵니다.

명사 앞   Brian went to see an entertaining musical with his friends.
          Brian은 친구들과 함께 재미있는 뮤지컬을 보러 갔다.

명사 뒤   The beverages provided by the hotel are complimentary.
          호텔에 의해 제공되는 음료들은 무료입니다.

보어 자리 This book about the history of Egypt is enlightening.
          이집트 역사에 관한 이 책은 유익하다.

② 분사 자리에 올 수 없는 것
분사가 와야 하는 자리에 동사는 올 수 없습니다.

Emily was (scare, scared) during her first flight. Emily는 첫 번째 비행기 여행 내내 겁에 질려 있었다.
       동사(X) 분사(O)

텝스 실전 확인 문제

PART 1 대화에 들어갈 적절한 답 고르기

A: Did you get my feedback on the report?
B: Yes. The _____ changes will be made immediately.

(a) request   (b) requested
(c) to requesting   (d) had requested

정답 p.34

2. 분사구문의 형태

1 분사구문의 형태

분사구문은 '(접속사 +) 분사'의 형태입니다. 이것은 '부사절 접속사 + 주어 + 동사 ~'로 되어 있는 부사절을 축약하여 '(접속사 +) 분사'의 형태로 바꾼 것입니다.

When they arrived at the hotel, they checked in at the front desk.
→ arrive + -ing = arriving

→ **Arriving** at the hotel, they checked in at the front desk.
   분사

호텔에 도착했을 때, 그들은 프런트에서 체크인을 했다.

After he was checked by the immigration officer, Josh went to his departure gate.
→ be + -ing = being

→ **(Being) Checked** by the immigration officer, Josh went to his departure gate.
   분사

출입국 관리자에게 검사를 받은 후, Josh는 출발 탑승구로 갔다.

➔ 분사구문 맨 앞에 Being이 올 경우, Being은 생략되고 Checked가 남습니다.

텝스 실전 확인 문제

PART 2 서술문에 들어갈 적절한 답 고르기

Cervical pillows are specially designed to give you comfort by supporting the natural curve of your neck while _____.

(a) to sleep   (b) sleep
(c) to sleeping   (d) sleeping

정답 p.34

3. 분사구문의 역할

1 분사구문의 역할

분사구문은 시간, 이유, 조건 등을 나타내는 부사절 역할을 합니다.

시간   Responding to a request, the waiter brought his customers more water.
      = After he responded to a request
      요구에 응한 뒤에, 그 웨이터는 손님들에게 물을 더 가져다 주었다.

이유   Made of titanium, this laptop cannot be easily broken.
      = Because it is made of titanium
      티타늄으로 만들어졌기 때문에, 이 노트북은 쉽게 부서질 리가 없다.

조건   Visiting the basement floor, guests can find a gymnasium.
      = If they visit the basement floor
      지하층을 방문하면, 손님들은 체육관을 찾을 수 있습니다.

2 분사구문 자리에 올 수 없는 것

분사구문에서 분사가 와야 하는 자리에 동사는 올 수 없습니다.

(Finish, Finishing) his painting, Andrew placed it in a frame.
 동사(X)   분사(O)
그림을 완성한 후에, Andrew는 그것을 액자에 넣었다.

텝스 실전 확인 문제

PART 1 대화에 들어갈 적절한 답 고르기

A: Did you and Bella go out last Saturday?
B: No. We just stayed home _____ books for the whole day.

(a) reads   (b) reading
(c) is reading   (d) had read

정답 p.34

4. 현재분사 vs. 과거분사

1 분사의 경우 현재분사 / 과거분사 구별

분사의 꾸밈을 받는 명사와 분사가, 능동의 의미인 '~하는 (명사)'로 해석되면 현재분사를, 수동의 의미인 '~된, ~해진 (명사)'로 해석되면 과거분사를 씁니다.

All visitors (~~parked~~, parking) in the garage must pay two dollars.
　명사　　　과거분사(X) 현재분사(O)
차고에 주차하는 모든 방문객들은 2달러를 내야 합니다.

→ 명사 All visitors와 분사가 능동의 의미인 '차고에 주차하는 모든 방문객들'로 해석되므로 현재분사 parking이 와야 합니다.

The televisions (~~selling~~, sold) in the Department Store are of high quality.
　　　명사　　　현재분사(X) 과거분사(O)
백화점에서 판매되는 텔레비전은 품질이 좋다.

→ 명사 The televisions와 분사가 수동의 의미인 '판매되는 텔레비전'으로 해석되므로 과거분사 sold가 와야 합니다.

2 분사구문의 경우 현재분사 / 과거분사 구별

주절의 주어와 분사구문이, 능동의 의미인 '(주어가) ~하다'로 해석되면 현재분사, 수동의 의미인 '(주어가) ~되다'로 해석되면 과거분사를 씁니다.

(~~Lived~~, Living) in Japan, I have achieved fluency in Japanese.
과거분사(X) 현재분사(O)　　　주절의 주어
일본에 살면서, 나는 유창한 일본어 실력을 성취했다.

→ 주절의 주어 I와 분사구문이 능동의 의미인 '내가 일본에 산다'로 해석되므로 현재분사 Living이 와야 합니다.

(~~Developing~~, Developed) by Pharmacare, the new vaccine will be available next week.
현재분사(X)　　　과거분사(O)　　　　　　　　　주절의 주어
Pharmacare사에 의해 개발된 새 독감 백신은 다음 주에 이용 가능할 것이다.

→ 주절의 주어 the new vaccine과 분사구문이 수동의 의미인 '새 백신이 개발되다'로 해석되므로 과거분사 Developed가 와야 합니다.

텝스 실전 확인 문제

PART 2 서술문에 들어갈 적절한 답 고르기

The heart functions as a pump, _____ the flow of blood throughout the body.

(a) to regulating　　　　　(b) regulated
(c) regulating　　　　　　(d) regulate

정답 p.34

HACKERS PRACTICE

빈칸에 들어갈 적절한 보기를 고르세요.

01 Diabetics should follow the strict diet plan _____ by the American Diabetes Association.
(a) suggest
(b) suggested

02 The _____ number of complaints from tenants shows that the building's heating system needs to be repaired.
(a) growing
(b) grown

03 Marty's _____ status in the world of architecture is helping him connect with clients.
(a) risen
(b) rising

04 _____ only household supplies, home owners can improve insulation in order to save on heating costs.
(a) Using
(b) Used

05 The people _____ the house are moving to Australia to set up their own business.
(a) selling
(b) sold

06 _____ "Dreams in Dream", the exhibit will feature pieces from noted photographers of the 20th century.
(a) Entitling
(b) Entitled

틀린 부분을 찾아 바르게 고치세요.

07 She was considered a respecting member of her local community.

08 Traveled around Europe, Lisa visited many famous cities and historic landmarks.

09 The travel agent will provide a confirm itinerary once your payment has been processed.

10 The professor submitted a revising edition of his textbook for publication.

11 Having read the books already, lending them is not a big deal.

12 Purchasing at a retailer in the city, the suit was imported from Paris.

정답 p.34

HACKERS TEST

PART 1 대화에 들어갈 적절한 답을 고르세요.

01 A: What does your husband do?
B: Well, he earns a living _____ Websites.

(a) designing (b) to designing
(c) designed (d) designs

02 The Aviation Regulation Act was revised in 2001, _____ airport personnel the authority to conduct more thorough inspections.

(a) grant (b) grants
(c) granted (d) granting

03 A: How do you feel about the upcoming trip?
B: _____ out of the country before, I'm both excited and nervous.

(a) Not traveling
(b) Not travel
(c) Not traveled
(d) Not having traveled

PART 2 서술문에 들어갈 적절한 답을 고르세요.

04 Generally _____ a lucky color in Chinese culture, red is said to represent happiness and good fortune.

(a) consider (b) considered
(c) to consider (d) considering

05 _____ disappointment, the former golf champion issued a brief statement regarding his defeat.

(a) Expressed (b) Express
(c) Expressing (d) Be expressed

06 A: What are your plans for the summer break?
B: My classes just _____, I'm going back to my hometown.

(a) finishing (b) had finished
(c) having finished (d) finishes

07 Ancient navigators had to make use of astronomy, _____ on the relative positions of stars for directional guidance.

(a) relying (b) to relying
(c) relied (d) rely

08 The naval unit _____ off the African coast is patrolling the sea for illegal activity.

(a) to station (b) station
(c) stationing (d) stationed

09 Aside from primates, the sea otter is the only mammal _____ to use tools to harvest food.

(a) known (b) know
(c) knowing (d) to knowing

10 Because it has a screening process _____ several steps, the company is confident in its evaluation of applicants.

(a) to involve (b) involving
(c) is involving (d) involves

11 _____ gasoline prices have encouraged more people to take advantage of public transportation.

(a) Increase (b) To increasing
(c) Increasing (d) To be increased

12 Meteorology is the science behind weather forecasts, _____ a basis for predictions of future conditions.

(a) provided
(b) providing
(c) have provided
(d) it provides

13 The oldest known mummy in Europe is named Ötzi the Iceman, _____ in the Italian Alps in September, 1991.

(a) discovered
(b) discovering
(c) discover
(d) has discovered

14 _____ to Cincinnati from Paris 11 hours nonstop, the woman was too exhausted to unpack her luggage.

(a) Having flown back
(b) Flying back
(c) She flies back
(d) Flown back

15 _____, Bill Gates now spends most of his time on charity work.

(a) His fortune assured
(b) Assured his fortune
(c) His fortune assuring
(d) Be his fortune assuring

16 _____ after months of physical therapy, Jerry could walk again without the aid of crutches.

(a) Improved his health
(b) His health had improved
(c) His health having improved
(d) Having his health improved

17 _____ a serious injury to his right knee, the athlete will never again be able to play professional basketball.

(a) Having suffered
(b) Had suffered
(c) To suffering
(d) Suffered

PART 3 대화 또는 지문에서 어법상 틀리거나 어색한 보기를 고르세요.

18 (a) A: You seem rather frustrated. Is anything the matter?
(b) B: While writing my essay, my computer froze and I lost the file.
(c) A: How far were you into the essay when your computer crashed?
(d) B: I had written about seven pages, but now I have to write them again.

19 (a) There are some activities and exercises typically recommending for pregnant women. (b) However, pregnant women should first consult their doctor before working out. (c) This is because certain conditions can make exercising hazardous for both mother and child. (d) For instance, pregnant women with high blood pressure or heart problems are advised to avoid strenuous physical activity.

20 (a) Musselburgh, located east of Edinburgh, Scotland, is known as "the cradle of golf". (b) The town boasts the Musselburgh Old Course, the golf course officially recognized as the world's oldest surviving course by the Guinness World Records. (c) Although the earliest recorded game played on the Musselburgh Old Course was in 1672, there is claims that Mary, Queen of Scots, played on the course in 1567. (d) The Musselburgh Old Course was originally a seven-hole course, but the eighth and ninth holes were added in 1838 and 1870, respectively.

CHAPTER 11 명사와 관사

기본기 다지기

1 명사는 사람이나 사물, 추상적인 개념 등을 나타내는 단어입니다.

> worker   fish   tree   Asia   happiness   oxygen   milk   dust

2 명사는 셀 수 있는 명사(가산 명사)와 셀 수 없는 명사(불가산 명사)로 나뉩니다.

① 가산 명사

보통명사	일반적인 사람, 사물의 이름·명칭	child, girl, student, pencil, bottle
집합명사	여러 개체가 모여 이룬 하나의 집합	people, police, audience, staff, class, family

② 불가산 명사

고유명사	특정한 사람이나 사물의 이름	Korea, Seoul, Jane, Peter
추상명사	실제 형태 없이 추상적으로 존재하는 개념	math, information, pleasure, peace, wisdom
물질명사	형태가 정해져 있지 않은 기체나 액체 등	air, oil, salt, water, coffee, grass, sugar, ice

3 관사는 명사 앞에 쓰여 명사의 의미를 한정하며 부정관사와 정관사로 나뉩니다.

① 부정관사(a/an)는 명사 앞에서 '정해지지 않은 하나'란 뜻으로 쓰입니다.

> There is <u>a</u> truck parked in the driveway.
>   부정관사 명사
> 차도에 주차되어 있는 트럭 한 대가 있다.

② 정관사(the)는 명사 앞에서 '이미 언급한', '특별히 정해진'이란 뜻으로 쓰입니다.

> Greg went back to <u>the</u> gift shop he visited yesterday.
>   정관사   명사
> Greg은 어제 방문했던 그 선물 가게에 다시 갔다.

1. 명사 자리

① 명사가 오는 자리

명사는 주어, 목적어, 보어 자리에 옵니다.

주어 자리	Water boils at 100 degrees Celsius. 물은 섭씨 100도에서 끓는다.
목적어 자리	James took his temperature this morning. James는 오늘 아침 자신의 체온을 쟀다.
보어 자리	Mr. Crawford is the owner of several buildings. Mr. Crawford는 빌딩 몇 채의 소유주이다.

명사는 주로 관사, 소유격, 형용사 뒤에 옵니다.

관사 뒤	The café closes at 10:30 pm on Sunday. 그 카페는 일요일에 오후 10시 30분에 문을 닫는다.
소유격 뒤	The couple invited many people to their wedding. 그 커플은 결혼식에 많은 사람들을 초대했다.
형용사 뒤	The manager has a special assignment for Jerry. 그 관리자는 Jerry에게 줄 특별한 임무가 있다.

② 명사 자리에 올 수 없는 것

명사 자리에 동사는 올 수 없습니다.

I was disappointed with the (~~conclude~~, conclusion) of the novel.
　　　　　　　　　　　　　　　 동사(X)　　　명사(O)

나는 그 소설의 결말에 실망했다.

텝스 실전 확인 문제

PART 1 대화에 들어갈 적절한 답 고르기

A: This is my first time skiing. What should I do?
B: A good _____ is to sign up for lessons.

(a) suggest to beginners
(b) suggestion for beginners
(c) suggested beginners
(d) suggest from beginners

정답 p.38

2. 가산 명사와 불가산 명사

1 가산 명사

가산 명사는 셀 수 있는 명사이므로 단수인지 복수인지를 반드시 표시해줘야 합니다. 단수일 때는 명사 앞에 관사 a / an을 쓰고, 복수일 때는 명사 뒤에 (e)s를 꼭 붙여야 합니다.

a / an + 가산   She found (wallet, a wallet) on the street. 그녀는 길에서 지갑을 발견했다.

가산 + (e)s   Lisa's hobby is fixing (car, cars). Lisa의 취미는 자동차를 수리하는 것이다.

2 불가산 명사

불가산 명사는 셀 수 없는 명사이므로 앞에 관사 a / an을 쓰거나, 뒤에 (e)s를 붙일 수 없습니다.

a / an + 불가산   They are carrying (an equipment, equipment) for mountain climbing.
그들은 등산용 장비를 들고 있다.

불가산 + (e)s   Ms. Perez didn't have (troubles, trouble) finding the hotel.
Ms. Perez는 그 호텔을 찾는 데 어려움이 없었다.

3 혼동하기 쉬운 가산 명사·불가산 명사

셀 수 없는 것처럼 보이는 가산 명사와 셀 수 있는 것처럼 보이는 불가산 명사를 잘 구별해야 합니다.

가산 명사	excuse 변명	disaster 재해, 실패	price 가격
불가산 명사	luggage 수하물, 짐 information 정보	baggage 수하물, 짐 trouble 어려움, 곤란	equipment 장비 advice 조언

Many travelers feel that (price, prices) for plane tickets are too expensive.
많은 여행객들이 비행기 티켓의 가격이 너무 비싸다고 느낀다.

Alex's job is unloading (a baggage, baggage) from planes.
Alex의 일은 비행기에서 수하물을 내리는 것이다.

텝스 실전 확인 문제

PART 2 서술문에 들어갈 적절한 답 고르기

Emily searched local thrift shops for _____ to put in her new apartment.

(a) furniture   (b) furnitures
(c) a furniture   (d) the furnitures

정답 p.38

3. 부정관사 a/an

1 부정관사가 오는 자리

부정관사 a/an은 단수 가산 명사 앞에만 오며, 복수 가산 명사나 불가산 명사 앞에는 올 수 없습니다.

a/an + 단수 가산
Kelly bought (~~shelf~~, a shelf) for the storage room.
Kelly는 창고에 둘 선반을 하나 샀다.

~~a/an~~ + 복수 가산
Stephen reserved (~~a seats~~, seats) for his friends at the stadium.
Stephen은 친구들을 위해 경기장 좌석을 예약했다.

~~a/an~~ + 불가산
The train is designed with many compartments for (~~a luggage~~, luggage).
그 기차는 수하물을 실을 많은 칸을 갖추도록 설계되었다.

2 부정관사 관련 관용 표현

부정관사를 포함하는 관용 표현을 알아둡니다.

> Let's take a walk. 산책하자.
> That's a shame! 정말 안타깝다!
> It's not a big deal. 별일 아니야.
> Can I ask you a favor? 부탁 하나 해도 될까요?

텝스 실전 확인 문제

PART 3 대화 또는 지문에서 어법상 틀리거나 어색한 보기 고르기

(a) A: Hi, could I stop by your office this Saturday to get some information on tour packages in Europe?
(b) B: We're closed on the weekend, but I can schedule you for next week if you let me know when you are available.
(c) A: I don't think I'll have any time next week because of workshop I have to attend.
(d) B: In that case, why don't you call me the following week to make an appointment?

정답 p.38

4. 정관사 the

1 정관사가 오는 자리

정관사 the는 단수 가산 명사, 복수 가산 명사, 불가산 명사 모두의 앞에 올 수 있습니다.

the + 단수 가산   **The students were told to read the book in three days.**
　　　　　　　　　　　　　　　　　　　　　　　　단수 가산 명사
　　　　　　　　학생들은 3일 안에 그 책을 읽으라는 말을 들었다.

the + 복수 가산   **The paintings hanging on the wall are by a well-known artist.**
　　　　　　　　　복수 가산 명사
　　　　　　　　벽에 걸려 있는 그 그림들은 잘 알려진 화가의 것들이다.

the + 불가산   **Customers in the store felt the music was too loud.**
　　　　　　　　　　　　　　　　　　　　　　　　불가산 명사
　　　　　　　　그 가게 안의 손님들은 음악 소리가 너무 크다고 느꼈다.

2 정관사와 함께 쓰이는 표현

정관사와 함께 쓰이는 표현을 알아둡니다.

the same 명사 똑같은 ~	John and Clara found out they work in the same building. John과 Clara는 그들이 똑같은 건물에서 일한다는 것을 알아차렸다.
by the 단위/수량 표현 ~ 단위로	Fruit and vegetables here are sold by the pound. 여기 과일과 야채는 파운드 단위로 팔린다.
the 서수 + 명사 ~ 번째	Alex picked up the phone the second time it rang. Alex는 전화가 두 번째 울렸을 때 수화기를 들었다.

3 정관사 관련 관용 표현

정관사를 포함하는 관용 표현을 알아둡니다.

What's the problem? 무슨 일이죠?
That's the spirit. 바로 그거야.
Do you have the time? 몇 시입니까?
I'm on the phone. 저는 통화 중입니다.

텝스 실전 확인 문제

PART 3 대화 또는 지문에서 어법상 틀리거나 어색한 보기 고르기

(a) A: Have you been to the restaurant that opened up on the corner?
(b) B: Yes. I really liked what I ordered and atmosphere was really excellent.
(c) A: Oh, then maybe I should make a reservation to go there this Friday.
(d) B: You should make the reservation early because the restaurant is popular.

정답 p.38

HACKERS PRACTICE

빈칸에 들어갈 적절한 보기를 고르세요.

01 Tamara sought _____ from her trainer regarding her exercise routine.
(a) an advice (b) advice

02 When Jessica looked at the picture, it brought back a _____ from her childhood.
(a) memory (b) memorize

03 The fine for overdue books is 10 cents _____ per item.
(a) a day (b) the day

04 My cat accidentally knocked over a vase of flowers, so I had to clean up _____.
(a) a mess (b) the mess

05 The team has to work late because they need _____ to finish their report.
(a) a time (b) time

06 That's _____ that you couldn't get tickets to the concert on Friday.
(a) a shame (b) the shame

틀린 부분을 찾아 바르게 고치세요.

07 That man in the café sitting across from the two businessmen looks exactly like famous actor.

08 Ms. Clark searched the library for an information on Picasso for the thesis paper she was writing.

09 Judy got up in the middle of the night to get herself glass of water.

10 In the US, the price of gasoline is measured by a gallon.

11 HeartStrings is concert organized every summer to raise money for charity.

12 Russia was a first nation to send a man into space in April 1961.

정답 p.39

HACKERS TEST

PART 1 대화에 들어갈 적절한 답을 고르세요.

01 A: Can I drop by at around 9 am to pick up my watch?
B: No problem. I'll be sure to open _____ early just in case.

(a) store (b) a store
(c) the store (d) stores

02 A: I heard Phil and his wife want to live in Florida.
B: They're thinking about getting _____ soon.

(a) the condominium
(b) a condominium
(c) some condominium
(d) condominium

03 A: I'm going to study my hardest this semester to boost my GPA.
B: That's _____ spirit!

(a) a (b) the
(c) this (d) very

04 A: Have you read any books by James Olberon?
B: Yes. I'm _____ fan of his work!

(a) any huge (b) the huge
(c) huge (d) a huge

05 A: It took us forever to finish this project.
B: Yeah. It seemed like there was no end to _____.

(a) the work (b) works
(c) a work (d) any work

PART 2 서술문에 들어갈 적절한 답을 고르세요.

06 To take _____ of your heart, doctors recommend exercising regularly and keeping cholesterol levels under control.

(a) the good care
(b) the good cares
(c) a good care
(d) good care

07 Newfield College is raising money to replace all of _____ in its science laboratories.

(a) equipment (b) equipments
(c) the equipment (d) an equipment

08 The satellites that were launched last month are believed to be lost, making the mission _____.

(a) disaster (b) disasters
(c) a disaster (d) the disaster

09 Looking for somewhere to store her _____ for a few hours, Jill was directed to the airport's locker rental facility on the first floor.

(a) luggage (b) luggages
(c) a luggage (d) the luggage

10 Switzerland's Elk Crescent Hotel consistently receives positive feedback on _____ of its staff.

(a) hospitality (b) a hospitality
(c) such hospitality (d) the hospitality

11 _____ about the public's lack of radio history knowledge, Jonathan Winter founded a museum to share his passion with others.

(a) Dismays (b) Dismayed
(c) Dismaying (d) To dismaying

12 A company's price-to-earnings ratio is _____ in evaluating its investment potential.

(a) useful tool (b) a useful tool
(c) the useful tool (d) some useful tool

13 _____ ought to be mowed regularly to keep out rodents and weeds.

(a) The grasses (b) A grass
(c) Grasses (d) Grass

14 Ian Scott hopes that his new novel will have _____ as the one he published two years ago.

(a) the same degree of success
(b) the same success of degree
(c) a degree of success same
(d) success of degree a same

15 Just as the city recovered from a blizzard, forecasters predicted _____ for the following week.

(a) the much larger storm
(b) any much larger storm
(c) a much larger storm
(d) much larger storm

16 With an automated enrollment system, the registrar's office rarely encounters _____.

(a) problems (b) problem
(c) the problem (d) the problems

PART 3 대화 또는 지문에서 어법상 틀리거나 어색한 보기를 고르세요.

17 (a) A: Why are you nervous about upcoming national elections?
(b) B: I haven't decided who among the eight candidates to vote for.
(c) A: You still have two weeks to make up your mind, so don't worry.
(d) B: Because they each have good points, I find hard it to make up my mind.

18 (a) A: Isn't that Mrs. Gruber waiting in line across the street?
(b) B: She seems kind of familiar, but I'm not sure I recognize her.
(c) A: She was our neighbor before we moved to our current apartment.
(d) B: Oh, you're right. Sometimes I have a difficulty remembering people's faces.

19 (a) The Panhellenic Games were the four foremost sporting festivals of ancient Greece. (b) Two of the festivals, the Olympic Games and the Nemean Games, were a tribute to Zeus, the ruler of the ancient Greek gods. (c) The other events were the Pythian Games, holding in honor of Apollo, and the Isthmian Games, which were dedicated to Poseidon. (d) There were no monetary or material rewards given at any of the events, but winners earned respect from their native cities.

20 (a) Dinah Washington was the best-selling African American female vocalist of the 1950s. (b) She spent her early years in Alabama, but moved to Chicago as a teenager and directed her church choir. (c) After winning a talent show at age 15, she went on tour and signed a record deal. (d) Washington recorded 25 top-ten hits and her vocal style continues to influence a contemporary music.

정답 p.40

CHAPTER 12 대명사

기본기 다지기

1 대명사는 앞서 나온 명사가 반복되는 것을 막기 위해 앞의 명사를 대신해서 사용됩니다. 따라서 대명사는 명사처럼 문장에서 주어, 목적어, 보어 역할을 합니다.

Jim called his mom. <u>She</u> answered the phone.
　　　　　　　　　　대명사
Jim은 그의 엄마에게 전화했다. 그녀는 전화를 받았다.

2 대명사는 쓰임에 따라 인칭대명사, 재귀대명사, 지시대명사, 부정대명사로 나뉩니다.

① 인칭대명사(I, you, she, he, it, they 등)는 사람이나 사물을 가리킵니다.

Brad bought a car after <u>he</u> passed the driving test.
운전 면허 시험을 합격한 이후에, Brad는 차를 한 대 샀다.

② 재귀대명사(myself, yourself, herself, himself, itself, themselves 등)는 인칭대명사에 -self(selves)를 붙여 '- 자신'을 뜻합니다.

재귀용법　Matthew cut <u>himself</u> while shaving.　　그는 면도하다가 베었다.

강조용법　Jullie <u>herself</u> assembled the new desk.　　Julie는 직접 새 책상을 조립했다.

③ 지시대명사(this/these, that/those)는 특정 사물을 가리켜 '이것(들)', '저것(들)'이라는 뜻을 나타냅니다. 또한, 명사 앞에서 '이 ~', '저 ~'와 같은 뜻의 지시형용사로 쓰이기도 합니다.

<u>That</u> is the public middle school.　　저것은 공립 중학교이다.
지시대명사

Gina goes to <u>that</u> school.　　Gina는 그 학교를 다닌다.
　　　　　지시형용사　명사

④ 부정대명사(some, any 등)는 막연한 사람, 사물, 수량 등을 나타냅니다. 또한 명사 앞에서 '어떤 ~', '몇몇의 ~' 등의 뜻을 가진 부정형용사로 쓰이기도 합니다.

<u>Some</u> of the rooms in this building are for offices.　　이 건물 안의 방들 중 몇몇은 사무실용이다.
부정대명사

<u>Some</u> trees were decorated for the holidays.　　몇몇 나무들은 연말연시를 위해 장식되었다.
부정형용사　명사

1. 인칭대명사

1 인칭대명사의 격에 따라 오는 자리

인칭대명사의 주격은 주어 자리, 목적격은 목적어 자리, 소유격은 명사 앞에 옵니다.

주격	He works at a bank downtown.	그는 시내에 있는 은행에서 일한다.
목적격	My mother sent me a package.	나의 어머니께서 내게 소포를 보내주셨다.
소유격	Their car can hold up to eight passengers.	그들의 차는 승객 8명까지 태울 수 있다.

(소유격 Their 아래 명사 car 표시: 명사)

2 소유대명사

소유대명사는 '~의 것'으로 해석하며 주어, 목적어, 보어 자리에 옵니다.

주어 자리	Your house is huge. Mine is too small.	당신의 집은 대단히 크네요. 제 것은 너무 작아요.
	주어 자리 (= My house)	
목적어 자리	I'm checking IDs, so please show me yours.	신분증을 검사하는 중이오니, 귀하의 것을 보여주십시오.
	목적어 자리 (= your ID)	
보어 자리	The car parked next to your car is hers.	당신 차 옆에 주차되어 있는 그 차는 그녀의 것이다.
	보어 자리 (= her car)	

3 재귀대명사

재귀대명사는 주어와 목적어가 같은 것을 가리킬 때 목적어 자리에 옵니다. 또한, 주어나 목적어를 강조하기 위해 재귀대명사를 쓰기도 하는데 이때는 생략 가능합니다. 때로는 전치사와 어울려 특정 표현으로도 쓰입니다.

주어 = 목적어	Carla inspected herself in the mirror.	Carla는 거울에 비친 그녀 자신을 살폈다.
	주어 / 목적어 (= Carla)	
강조	You yourself need to maintain your bike.	당신은 직접 자전거를 점검하며 유지해야 합니다.
	주어 / 주어 강조	
특정 표현	The students are planning the festival by themselves.	학생들은 스스로 축제를 계획하고 있다.
	by oneself (스스로, 혼자서)	

텝스 실전 확인 문제

PART 2 서술문에 들어갈 적절한 답 고르기

Brad drove to Pat's apartment in order to returen a book to _____.

(a) he (b) him
(c) his (d) it

정답 p.42

2. 지시대명사 / 지시형용사

① 지시대명사 that / those

지시대명사 that / those는 앞에 나온 명사를 대신해서 쓰이며, 반드시 뒤에서 꾸밈을 받습니다. that은 단수 명사를, those는 복수 명사를 대신합니다.

that   Our store's collection is better than that of our main competitor.
                                                         (= collection)
         우리 가게의 콜렉션은 우리의 주요 경쟁 상대의 것보다 더 좋다.

those   Europe's trains are faster than those in the US.
                                             (= trains)
         유럽의 기차들은 미국의 것들보다 빠르다.

those는 '~하는 사람들'이란 의미로도 쓰이며, 반드시 뒤에서 꾸밈을 받습니다.

Those arriving in France must declare all items.   프랑스에 도착하는 사람들은 반드시 모든 물품을 신고해야 한다.

② 지시형용사 this / these, that / those

지시형용사 this / these는 '이 ~'로, that / those는 '저 ~'로 해석하며 명사 앞에 옵니다. 이때 this와 that은 단수 명사 앞에, these와 those는 복수 명사 앞에 옵니다.

this + 단수 명사   **This** machine can make fresh coffee.   이 기계는 신선한 커피를 만들 수 있다.
                            단수 명사

that + 단수 명사   **That** restaurant serves healthy meals.   저 식당은 건강에 좋은 식사를 제공한다.
                            단수 명사

these + 복수 명사   **These** pencils belong to Cindy.   이 연필들은 Cindy의 것이다.
                            복수 명사

those + 복수 명사   **Those** paintings are copies.   저 그림들은 복제품들이다.
                            복수 명사

텝스 실전 확인 문제

PART 2   서술문에 들어갈 적절한 답 고르기

_____ requiring more time to complete the final exam may stay in the test room for an additional 15 minutes.

(a) Those   (b) That
(c) This   (d) These

정답 p.42

3. 부정대명사 / 부정형용사

1. some / any

some은 '몇몇(의), 약간(의)'을 의미하며 주로 긍정문에 쓰이고, any는 '어떠한, 몇몇(의), 누구든'을 의미하며 주로 부정문, 의문문, 조건문에 쓰입니다.

긍정문	Some of my plants need more water. 나의 식물들 중 몇몇은 더 많은 수분이 필요하다.
부정문	Jessie doesn't eat any meat. Jessie는 어떠한 고기도 먹지 않는다.
의문문	Does anyone have any suggestions? 어떠한 제안이 있으신 분 계십니까?
조건문	Let us know if you have any problems. 어떠한 문제가 있으시다면 저희에게 알려주세요.

2. one(s) / another / other(s)

one(s)은 앞에 나온 명사를 대신해서 쓰입니다. 이때 one은 단수 명사를, ones는 복수 명사를 대신합니다.

The 5 pm movie is sold out, but the later one isn't. 오후 5시 영화는 매진되었지만, 그 이후 영화는 아니다.
(= movie)

another는 '(이미 언급된 것 이외의) 다른 하나'를 의미하며 단수 명사 앞에 오거나 단수 명사를 대신해서 쓰입니다.

We should transfer to another train here. 우리는 여기서 다른 기차로 환승해야 한다.
단수 명사

Dale exchanged the defective TV for another. Dale은 결함이 있는 TV를 다른 것으로 교환했다.
(= TV)

other와 others는 '(이미 언급된 것 이외의) 다른 몇몇'을 의미합니다. 이때 other는 복수 명사 앞에 오고, others는 복수 명사를 대신해서 쓰입니다.

Cell phones have other functions besides calling. 휴대폰은 통화 기능 외에 다른 기능들도 갖고 있다.
복수 명사

Hardcover books are more expensive than others. 두꺼운 표지의 책은 다른 책들보다 비싸다.
(= other books)

텝스 실전 확인 문제

PART 1 대화에 들어갈 적절한 답 고르기

A: This room is really hot and stuffy.
B: OK, I'll open the window to let _____ air in.

(a) any   (b) some
(c) one   (d) that

정답 p.42

4. 대명사와 명사의 일치

① 대명사와 명사의 수 일치

명사가 단수이면 대명사도 단수, 명사가 복수이면 대명사도 복수여야 합니다.

Mary returned the lost dog to (theirs, its) owner. Mary는 길 잃은 개를 그 주인에게 돌려주었다.
  단수   복수(X) 단수(O)

Many young adults live by (itself, themselves). 많은 젊은이들은 혼자서 산다.
  복수   단수(X) 복수(O)

② 대명사와 명사의 성 일치

명사가 남성이면 대명사도 남성인 he, his, him, himself여야 하고, 여성이면 대명사도 여성인 she, her, herself 여야 합니다. 또한 대명사가 받는 명사가 중성이면 대명사도 중성인 it, its, itself여야 합니다.

Anthony prepared (her, his) speech for the conference. Anthony는 회의에서 할 그의 연설을 준비했다.
  남성   여성(X) 남성(O)

Alice moved back to (his, her) hometown last year. Alice는 작년에 그녀의 고향으로 돌아갔다.
  여성   남성(X) 여성(O)

The shoe store launched (her, its) new website. 그 신발 가게는 새 웹사이트를 열었다.
  중성   여성(X) 중성(O)

③ 대명사와 명사의 인칭 일치

명사가 1인칭이면 대명사도 1인칭, 2인칭이면 대명사도 2인칭, 3인칭이면 대명사도 3인칭이어야 합니다.

I can make (your, my) own tomato sauce. 나는 나만의 토마토 소스를 만들 수 있다.
 1인칭   2인칭(X) 1인칭(O)

You should keep (himself, yourself) healthy. 당신은 당신 자신을 건강하게 유지해야 합니다.
 2인칭   3인칭(X) 2인칭(O)

She got (myself, herself) a new jacket. 그녀는 그녀 자신에게 새 재킷을 사주었다.
 3인칭   1인칭(X) 3인칭(O)

텝스 실전 확인 문제

PART 3 대화 또는 지문에서 어법상 틀리거나 어색한 보기 고르기

(a) Mark Twain's *The Gilded Age* satirizes the materialism and corruption in America during the post-Civil War years. (b) Although not one of his more famous works, it is notable in that a historical era was named after the title of the book. (c) Many of Twain's contemporaries objected to the book and what they were attempting to portray. (d) However, the label "Gilded Age" stuck because historians found validity in Twain's account of the time.

정답 p.42

HACKERS PRACTICE

빈칸에 들어갈 적절한 보기를 고르세요.

01 The amusement park is closed because all of _____ rides are currently undergoing maintenance.
(a) that   (b) those

02 Leave the mixture to ferment for a week, after which you should filter _____ to remove any impurities.
(a) it   (b) them

03 Amy saw the man drop his wallet, so she picked it up to give it back to _____.
(a) him   (b) her

04 Hank watched a tutorial video before assembling the exercise machine _____.
(a) by himself   (b) of itself

05 Dana wanted to introduce some friends of _____ to her new boyfriend.
(a) she   (b) hers

06 After finishing the novel, Brian returned to the library to take out _____.
(a) other   (b) another

틀린 부분을 찾아 바르게 고치세요.

07 Technicians weren't able to solve the electrical problem, despite working on them for hours.

08 After comparing multiple flight services, it seems this airline's tickets cost less than that of its competitors.

09 Please give me the details of your order so I can check their status.

10 Jane looks exceptionally elegant in those business suit.

11 The receptionist left any documents on the director's desk while he was out.

12 Because of the new law in Irving, all residents must register its pets by June 15th.

HACKERS TEST

PART 1 대화에 들어갈 적절한 답을 고르세요.

01 A: How do you know Rick?
B: He's a classmate of _____ from grade school.
(a) mine (b) me
(c) my (d) I

02 A: Why did the university cancel the Chinese literature course?
B: It wasn't very popular. Hardly _____ students registered for it.
(a) no (b) few
(c) any (d) little

03 A: Do we have olive oil?
B: No, I need to buy _____ at the store.
(a) few (b) any
(c) ones (d) some

04 A: The oranges at this store don't seem that good.
B: Let's go to the market nearby to see if it has fresher _____.
(a) one (b) ones
(c) those (d) them

05 A: What's in that package?
B: It's from Teri. She sent us _____ from Brazil.
(a) gift (b) a gift
(c) the gift (d) some gift

06 A: Are you having difficulty remembering to take your medicine?
B: Yeah, I _____.
(a) keep reminding to have myself
(b) reminding myself have to keep
(c) have to keep reminding myself
(d) have myself to keep reminding

07 A: Excuse me. It seems my tickets are for these seats.
B: Oh, sorry about that. We thought they were _____.
(a) us (b) their
(c) them (d) ours

08 A: Do you know where I can buy a cheap sofa?
B: There's _____ at the thrift store nearby.
(a) that (b) any
(c) one (d) it

09 A: I've just been awarded a scholarship to study abroad for a year.
B: You're so lucky. I've never been provided _____.
(a) myself like that with an opportunity
(b) myself with an opportunity like that
(c) like that with an opportunity myself
(d) with an opportunity like that myself

10 A: Is the company in financial trouble?
B: There are _____ budget concerns, but nothing too serious.
(a) much (b) any
(c) some (d) a little

PART 2 서술문에 들어갈 적절한 답을 고르세요.

11 Nancy likes spending time with her close friends and often plays tennis with _____.
(a) that (b) those
(c) their (d) them

12 Patrick's sleep was disturbed when a loud bang awoke _____ last night.
(a) one (b) that
(c) it (d) him

13 Depending on the number and types of ingredients, some pasta dishes take longer to cook than _____.

(a) others
(b) other
(c) one
(d) another

14 The doctor told Rachel to visit his office to determine what kind of treatment, if _____, should be given for her cough.

(a) another
(b) those
(c) any
(d) some

15 The fossil found in Liaoning is _____ of Confuciusornis sanctus, which is the earliest beaked bird.

(a) this
(b) that
(c) these
(d) those

16 Unless young people strive to achieve success, they won't be able to reap the rewards that result from _____.

(a) them
(b) such
(c) one
(d) it

17 While it is important to be firm when negotiating, one must also be willing to listen to _____.

(a) the other person
(b) another person
(c) other person
(d) some other person

18 Forensic psychology combines police work and psychology, _____ the relationship between human behavior and crime.

(a) examine
(b) examined
(c) examining
(d) to examining

PART 3 대화 또는 지문에서 어법상 틀리거나 어색한 보기를 고르세요.

19 (a) A: How about we find other place to have lunch this afternoon?
(b) B: Sure. I'm getting rather tired of the food at the cafeteria.
(c) A: Great. I noticed a new burger joint opened the next block over.
(d) B: I hope the portions there are large, because I'm starving.

20 (a) The state of Utah is home to the largest salt lake in the western hemisphere, the Great Salt Lake. (b) Jim Bridger is said to have been the first non-Native American to sight the lake, mistaking it at first as the Pacific Ocean. (c) As early as the 18th century, the lake started appearing on maps created by explorers and animal trappers. (d) After the discovery of the lake, thousands of people traveled westward decided to visit the region.

정답 p.43

CHAPTER 13

형용사와 부사

기본기 다지기

1 형용사는 명사를 수식하여 한정하는 역할을 하거나, 보어로서 명사의 성질과 상태를 설명하는 역할을 합니다.

They wore <u>stylish</u> <u>jackets</u>. 그들은 멋진 재킷을 입었다.
     형용사 명사

Their <u>jackets</u> were <u>stylish</u>. 그들의 재킷은 멋졌다.
     명사   형용사

2 부사는 명사를 제외한 나머지 품사(형용사, 동사, 부사)를 수식하거나, 구, 절, 문장 전체를 수식하는 역할을 합니다.

Our pasta is <u>especially</u> <u>popular</u>. 우리의 파스타는 특히 인기가 있다.
            부사   형용사

Isabelle <u>quickly</u> <u>recovered</u> from her cold. Isabelle은 감기에서 빠르게 회복했다.
         부사   동사

He did <u>particularly</u> <u>well</u> on his math exam. 그는 수학 시험에서 특히 잘 했다.
       부사   부사

<u>Fortunately</u>, <u>the meeting ended on time</u>. 다행히도, 그 회의는 제시간에 끝났다.
 부사   문장

3 형용사는 주로 -able/-ible, -al, -tive, -ous, -ful, -y로 끝나고, 부사는 주로 '형용사 + ly'의 형태를 가집니다.

형용사	probable	magical	active	dangerous	successful	heavy
부사	probably	magically	actively	dangerously	successfully	heavily

그러나 -ly로 끝나는 형용사들이 있으므로 이들을 부사로 혼동하지 않도록 주의해야 하며, -ly로 끝나지 않는 부사들도 주의해서 익혀 두어야 합니다.

-ly로 끝나는 형용사	friendly	lovely	costly	elderly	lively	deadly
-ly로 끝나지 않는 부사	ahead	just	right	still	well	even

1. 형용사 자리

1 형용사가 오는 자리

형용사는 주로 명사 앞이나 보어 자리에 옵니다.

명사 앞   They prefer to shop for inexpensive jewelry. 그들은 비싸지 않은 보석을 사는 것을 더 좋아한다.
                                                                명사

보어 자리   The air is very humid here. 여기 공기가 매우 습하다.
                                  보어

2 형용사 자리에 올 수 없는 것

형용사 자리에 부사, 동사는 올 수 없습니다.

The students thought it was an (~~easily~~, easy) test. 학생들은 그것이 쉬운 시험이라고 생각했다.
                                     부사(X)   형용사(O)

Olive's lifestyle is very (~~activate~~, active). Olive의 생활 방식은 아주 활동적이다.
                               동사(X)   형용사(O)

텝스 실전 확인 문제

PART 3 대화 또는 지문에서 어법상 틀리거나 어색한 보기 고르기

(a) Pica is a condition characterized by a persistent pattern of eating non-food objects, such as dirt or clay. (b) The disorder is difficult to detect because a doctor must rely on the patient to report pica behavior if there are no obvious symptoms. (c) There are few studies on the prevalence of pica, so how common it is in the generally population is unknown. (d) Pica has been reported most frequently in pregnant women and the developmentally disabled.

정답 p.45

2. 수량 표현 형용사

1 가산 명사 앞에 쓰는 수량 표현 형용사

가산 명사인 단수 명사, 복수 명사와 함께 쓰이는 수량 표현 형용사를 알아둡니다.

단수 명사 앞		복수 명사 앞	
each 각각의	every 모든	many 많은	several 몇몇의
one 하나의	a/an 하나의	few 거의 없는	a few 적은
another 또 다른	either 어느 한쪽의	numerous 많은	a number of 많은

(~~Many~~, Each) coupon can be used once. 각각의 쿠폰은 한 번만 쓰일 수 있다.
　　　　　　　단수 명사

(~~Another~~, Several) dogs were barking last night. 지난 밤에 몇몇 개들이 짖고 있었다.
　　　　　　　　복수 명사

2 불가산 명사 앞에 쓰는 수량 표현 형용사

불가산 명사와 함께 쓰이는 수량 표현 형용사를 알아둡니다.

much 많은	less 더 적은	little 거의 없는	a little 적은

Running a marathon takes (~~many~~, much) energy. 마라톤을 뛰는 것은 많은 에너지가 필요하다.
　　　　　　　　　　　　　　　　불가산 명사

3 가산·불가산 명사 앞에 모두 쓸 수 있는 수량 표현 형용사

가산 명사, 불가산 명사와 함께 모두 쓰일 수 있는 수량 표현 형용사를 알아둡니다.

most 대부분의	some 얼마간의, 몇몇의	more 더 많은	other 다른
lots of 많은~	a lot of 많은~	plenty of 많은~	all 모든

The manager had some suggestions for her team. 팀장은 그녀의 팀을 위한 몇 가지 제안들을 했다.
　　　　　　　　　　　가산 명사

Most medicine should be prescribed by a doctor. 대부분의 약은 의사에 의해 처방된다.
　　　불가산 명사

텝스 실전 확인 문제

PART 1 대화에 들어갈 적절한 답 고르기

A: I heard the upcoming concert is nearly sold out.
B: Yeah. After I bought my tickets, I noticed there were just _____ seats left.

(a) much　　　　　　　(b) many
(c) a few　　　　　　　(d) a little

정답 p.45

3. 부사 자리

1 부사가 오는 자리

부사는 꾸밈을 받는 형용사, 부사, 동사 또는 문장 앞에 옵니다. 단, 동사를 수식하는 경우에는 동사 뒤에 올 수 있습니다.

형용사 앞　Mr. Williams was unexpectedly late to work this morning.
　　　　　Mr. Williams는 오늘 아침 예상외로 업무 시간에 늦었다.

부사 앞　　She unwrapped the sealed package very carefully.
　　　　　그녀는 밀봉된 상자를 매우 조심스럽게 풀었다.

동사 앞　　The technician calmly explained the problem to the hotel director.
　　　　　기술자는 호텔 관리인에게 문제를 차분하게 설명했다.

동사 뒤　　Janice listened to music quietly so as not to disturb her brother who was asleep.
　　　　　Janice는 잠들어 있던 그녀의 오빠를 방해하지 않으려고 조용히 음악을 들었다.

문장 앞　　Honestly, I didn't enjoy the theater production very much.
　　　　　솔직히, 저는 그 무대 공연이 그렇게 즐겁지 않았어요.

2 부사 자리에 올 수 없는 것

부사 자리에 형용사, 명사, 동사는 올 수 없습니다.

That bowl is (~~dangerous~~, dangerously) hot.　그 그릇은 위험할 정도로 뜨겁다.
　　　　　　　 형용사(X)　　　부사(O)　　　형용사

The child (~~cheer~~, cheerfully) opened her birthday presents.　그 아이는 자신의 생일 선물을 기분 좋게 열었다.
　　　　　 명사(X)　　부사(O)　　　동사

(~~Thank~~, Thankfully), it isn't supposed to rain today.　다행히, 오늘 비가 내리지 않을 예정이다.
　동사(X)　 부사(O)　　　　　　　문장

텝스 실전 확인 문제

PART 3 대화 또는 지문에서 어법상 틀리거나 어색한 보기 고르기

(a) A: You don't look so well today, Betty. Are you OK?
(b) B: I'm not sure, but I think I might be coming down with a fever.
(c) A: Why don't you take the afternoon off and get some rest?
(d) B: In that case, I'll go and see my doctor immediate.

정답 p.46

4. 강조 부사와 빈도 부사

1 강조 부사

강조 부사는 '매우', '너무' 등의 의미로 형용사, 부사를 앞에서 강조합니다.

very 매우	much 너무, 많이	even ~조차, 심지어 ~까지도
too (부정적 의미로) 너무	so (긍정적·부정적 의미로) 매우, 너무	much/even/still/far (비교급 앞에서) 훨씬
right 정확히, 바로	quite 꽤, 상당히	way (대화 표현에서) 너무, 훨씬

형용사 앞   She found his advice to be **very** useful. 그녀는 그의 조언이 매우 유용하다고 생각했다.

부사 앞   Pam had to write an essay **very** quickly. Pam은 에세이 한 편을 매우 빠르게 써야 했다.

2 빈도 부사

빈도 부사는 얼마나 자주 일이 발생하는지를 나타내며, 보통 일반동사 앞, 또는 be 동사나 조동사 뒤에 옵니다.

always 항상	often 자주	usually 보통	sometimes 때때로	never 결코 ~않다

일반동사 앞   The store **always** offers the best deals. 그 가게는 항상 최고의 거래를 제공한다.

be 동사 뒤   Professor Lim's classes are **usually** difficult. Lim 교수님의 수업들은 보통 어렵다.

조동사 뒤   A little stress can **sometimes** be healthy. 약간의 스트레스는 때때로 건강에 좋을 수 있다.

텝스 실전 확인 문제

PART 1 대화에 들어갈 적절한 답 고르기

A: Bree is uncomfortable talking about her mother's illness.
B: I know. I _____ about it.

(a) should have never asked her
(b) should have asked her never
(c) never should her have asked
(d) never have asked her should

정답 p.46

HACKERS PRACTICE

빈칸에 들어갈 적절한 보기를 고르세요.

01 My _____ routine after work is going to the gym in order to stay in shape.
(a) normally
(b) normal

02 The library had _____ information on reptiles than the researcher needed.
(a) less
(b) few

03 Having received little recognition during her lifetime, Frida Kahlo's artwork only became _____ decades after her death.
(a) respected widely
(b) widely respected

04 The engineer expressed _____ concern about the design of the building.
(a) some
(b) each

05 The store's prices for cameras were _____ more expensive than those of online retailers.
(a) far
(b) so

06 There is so _____ news in the paper these days about the current economic situation.
(a) many
(b) much

틀린 부분을 찾아 바르게 고치세요.

07 Her high public profile attracted remarkably attention from press all over the world.

08 Although the puffer fish is poisonously, it can be eaten if prepared by a trained chef.

09 The politician's failure to keep his promises put him in a difficult very position.

10 Even though it's 8 pm, Rita still has many work to finish before she can go home.

11 These provisionally rules for office conduct will remain in effect until the CEO reviews the new employee manual.

12 You can cancel always your reservation if you pay a small service fee.

HACKERS TEST

PART 1 대화에 들어갈 적절한 답을 고르세요.

01 A: Is caring for a goldfish easy?
B: Yes, as long as you are _____.

(a) enough responsible to feed it
(b) responsible enough to feed it
(c) to feed it enough responsibly
(d) responsibly to feed it enough

02 A: Can we catch the last train to Dublin?
B: Yes, we'll arrive _____ on time for it.

(a) quite (b) very
(c) right (d) really

03 A: Maybe she'll reconsider breaking up with Sam?
B: I doubt it. _____.

(a) She made already her decision
(b) Already her decision she made
(c) She already made her decision
(d) Her decision she already made

04 A: Your diet plan seems to be working.
B: Yes, it _____ so far.

(a) quite has gone well
(b) has gone quite well
(c) has well gone quite
(d) quite well has gone

05 A: Wow. I never realized you were so competitive.
B: Sorry. Sometimes I take games _____ too seriously.

(a) well (b) way
(c) such (d) pretty

06 A: Jake needs to stay in the hospital for a couple more months.
B: In that case, I'll visit him _____ week or so.

(a) every (b) most
(c) some (d) any

07 A: Are you sure you can balance your part-time job with your studies?
B: Yes. I've become _____ busy, but I need the money.

(a) much (b) such
(c) that (d) so

08 A: You've been out in the sun for hours. Can I get you a drink?
B: Yes, please. I'm _____ thirsty.

(a) really (b) ever
(c) yet (d) much

09 A: What kind of books do you read?
B: I _____ prefer sci-fi novels.

(a) the most (b) mostly
(c) almost (d) the mostly

10 A: Do you want to take a bus or a cab?
B: _____ one is fine with me.

(a) Either (b) Every
(c) Both (d) The

PART 2 서술문에 들어갈 적절한 답을 고르세요.

11 To ensure safety, _____ for wear and tear before traveling long distances.

(a) your check tires always
(b) always your tires check
(c) your tires always check
(d) always check your tires

12 Martha realized that her comment about Robin's singing was too _____.

(a) harsh (b) harshly
(c) harsher (d) harshest

13. Charles Dickens' *A Tale of Two Cities* is one of the most _____ read pieces of literature in the history of publishing.

    (a) heavy
    (b) heavier
    (c) heaviest
    (d) heavily

14. In a recent poll, half of the college students _____ said that they will graduate at least one semester later than originally planned.

    (a) surveyed
    (b) surveying
    (c) were surveyed
    (d) have surveyed

15. _____ needed to avoid dehydration in hot weather.

    (a) Too plenty are fluids of
    (b) Fluids of plenty are too
    (c) Fluids are plenty of
    (d) Plenty of fluids are

16. The theater on Houston Street holds a weekly auction for _____.

    (a) extremely antiques rare
    (b) antiques rare extremely
    (c) extremely rare antiques
    (d) rare extremely antiques

PART 3 대화 또는 지문에서 어법상 틀리거나 어색한 보기를 고르세요.

17. (a) A: What do you plan on writing your next article about?
    (b) B: My editor asked me to do a feature about *Sunset*, a book series that has become great popular.
    (c) A: You know, I've read the book, but to be honest, there was nothing interesting about it.
    (d) B: It's a romance story, so it appeals to readers who are looking for something dramatic.

18. (a) A: Has Dr. Braid reviewed our manuscript yet?
    (b) B: I talked to him yesterday. He said he still wasn't finished with it.
    (c) A: I see. How much more time does he need?
    (d) B: Only a couple more days. Dr. Braid said he'll send back no later than Friday.

19. (a) Discovered in 1970, the Sweet Track is a prehistoric footpath composed mostly of planks of oaks. (b) Tree-ring dating suggests it was built in 3807 BC or 3806 BC, presumably by Neolithic farmers. (c) Experts say that peat deposits covering the track preserved it secure beneath the wetlands of Somerset Levels. (d) This was thought to be the oldest known engineered road until an even earlier one, the Post Track, was found in 2009.

20. (a) Peeling off a sticker or tape from an item often leaves behind a gummy residue. (b) To remove this unsightly material, some common household items can come in handy. (c) For one, rubbing alcohol is usefully in getting rid of sticker stains on glass or mirrored surfaces. (d) Additionally, cooking oil effectivly removes adhesive residue from plastic.

CHAPTER 14 전치사

기본기 다지기

1 전치사는 명사 앞에 와서 시간, 장소 등을 나타냅니다.

John goes to the gym <u>in the evening</u>.   John은 저녁에 체육관에 간다.
                         명사

I was stuck in traffic because of an accident <u>on the highway</u>.
                                                      명사
그 고속도로에서의 사고 때문에 차가 막혀 꼼짝도 못했다.

2 전치사구는 명사를 수식하는 형용사 역할이나, 동사를 수식하는 부사 역할을 합니다.

<u>Those people</u> in the picture are my friends.   그 사진 속에 그 사람들은 내 친구들이다.
       명사

They <u>walked</u> for a mile.   그들은 1마일을 걸었다.
        동사

1. 전치사 자리

① 전치사가 오는 자리
전치사는 명사나 대명사 앞에 옵니다.

명사 앞   My brother has lived in Canada for two years. 우리 형은 캐나다에서 2년 동안 살았다.
                                명사

대명사 앞   They organized a birthday party for her. 그들은 그녀를 위해 생일 파티를 준비했다.
                                             대명사

② 전치사 뒤에 올 수 없는 것
전치사 뒤에 형용사나 동사는 올 수 없습니다.

Winning the first prize, Maria was overwhelmed with (happy, happiness).
                                                    형용사(X) 명사(O)
1등을 타서 Maria는 기쁨으로 벅차올랐다.

Ms. Jackson gave the assignment to her team without (explain, explanation).
                                                     동사(X)   명사(O)
Ms. Jackson은 설명 없이 그녀의 팀에게 과제를 주었다.

텝스 실전 확인 문제

PART 2 서술문에 들어갈 적절한 답 고르기

With the new stove, you can cook your meals to _____.

(a) perfect   (b) perfected
(c) perfectly   (d) perfection

정답 p.49

Chapter 14 전치사 **119**

2. 시간 전치사

1 at, on, in

at, on, in은 모두 '~(때)에'로 해석되지만, at은 시각 앞에, on은 날짜·요일 앞에, in은 연도·월·계절 앞에 옵니다.

at	시각·시점 앞	at five o'clock 5시에		at the start of the month 월초에
on	날짜·요일·특정한 날 앞	on March 15 3월 15일에	on Monday 월요일에	on Hallowen 핼러윈에
in	연도·월·시간(~후에) 오전/오후/저녁 앞 계절·세기	in 2018 2018년에 in the morning 오전에 in winter 겨울에	in June 6월에 in the afternoon 오후에 in the 21st century 21세기에	in five minutes 5분 후에 in the evening 저녁에

2 for, during

for와 during은 모두 '~ 동안에'로 해석되지만, for는 며칠이나 몇 년 등과 같이 기간을 나타내는 숫자 앞에, during은 휴가나 방학 등과 같이 특정 기간을 나타내는 표현 앞에 옵니다.

for + 기간(숫자)   The firm's lawyers had to work on a special report for six weeks.
                                                                    기간(숫자)
그 회사의 변호사들은 6주 동안 특별 보고 업무를 해야 했다.

during + 특정 기간   You should carry an umbrella with you during the rainy season.
                                                                   특정 기간
장마철 동안 당신은 우산을 가지고 다녀야 해요.

3 until, by

until과 by는 모두 '~까지'로 해석되지만, until은 상황이 계속되다가 그 시점에 종료되는 것을 나타내고, by는 마감이나 기한을 나타낼 때 씁니다.

Tickets will be available for purchase online until Friday.
표는 금요일까지 온라인으로 구매 가능할 것입니다.

→ 온라인으로 표를 구매할 수 있는 상황이 계속되다가 금요일에 종료되는 것을 나타내므로 전치사 until이 왔습니다.

Please call me back by 6:30 about the next appointment.
다음 약속에 대해서 6시 30분까지 저에게 다시 전화해 주세요.

→ 오늘 6시 30분까지 전화해야 한다는 기한을 나타내므로 전치사 by가 왔습니다.

텝스 실전 확인 문제

PART 1 대화에 들어갈 적절한 답 고르기

A: Why are you bringing a laptop to class?
B: So I can take down notes _____ the lecture.

(a) to   (b) during
(c) by   (d) since

정답 p.49

3. 장소·위치·방향 전치사

1 장소 전치사 at, on, in

at, on, in은 모두 '~(곳)에'로 해석되지만, at은 특정 지점 앞에, on은 표면 위에, in은 공간 내의 장소 앞에 옵니다.

at 특정 지점	at the crosswalk 횡단보도에서	at the mall 쇼핑몰에서
on 표면 위	on the bench 벤치 위에	on the table 탁자 위에
in 공간 내의 장소	in Ireland 아일랜드에	in the countryside 시골에

2 위치 전치사 between, among

between과 among은 모두 '~ 사이에'로 해석되지만, between은 둘 사이를 나타낼 때, among은 셋 이상 사이를 나타낼 때 씁니다.

A dry cleaner is located between two restaurants. 세탁소는 두 식당 사이에 있다.
　　　　　　　　　　　　　　　　둘 사이

There were several reporters among the celebrities. 유명 인사들 사이에 몇 명의 리포터들이 있었다.
　　　　　　　　　　　　　　　셋 이상 사이

3 방향 전치사 from, to

from은 '~로부터, ~에서', to는 '~에게, ~로'의 의미로 씁니다.

We got a bill from the electric company. 우리는 전력 회사로부터 청구서를 받았다.

Scott made a call to his friend in Moscow. Scott은 모스크바에 있는 친구에게 전화를 걸었다.

텝스 실전 확인 문제

PART 1 대화에 들어갈 적절한 답 고르기

A: Do you have more napkins?
B: Yes, they're _____ the cabinet on the right.

(a) at　　　　　　　　　　(b) in
(c) from　　　　　　　　　(d) toward

정답 p.49

4. 기타 전치사

1 for

for는 '~을 위해, ~에 비해서'의 의미로 쓰입니다.

The women picked out some gifts for their nephew. 여자들은 그들의 조카를 위해 선물을 몇 개 골랐다.

John is quite strong for his size. John은 체격에 비해서 꽤 힘이 세다.

2 about

about은 '~에 관하여'라는 의미로 쓰입니다.

The crew is currently filming a documentary about volcanoes.
그 팀은 현재 화산에 관한 다큐멘터리를 촬영하고 있다.

3 by

by는 '~에 의해, ~을 타고, ~만큼'의 의미로 쓰입니다.

***Pride and Prejudice* was written by Jane Austen.** '오만과 편견'은 Jane Austen에 의해 쓰여졌다.

Paula usually commutes to work by bicycle. Paula는 보통 자전거를 타고 출퇴근한다.

The price of milk increased by 30 cents last week. 우유 가격이 지난주에 30센트만큼 올랐다.

4 despite

despite은 '~에도 불구하고'라는 의미로 쓰입니다.

They played tennis outside despite the intense heat. 그들은 심한 더위에도 불구하고 밖에서 테니스를 쳤다.

텝스 실전 확인 문제

PART 1 대화에 들어갈 적절한 답 고르기

A: Your apartment is impressive.
B: It offers an amazing amount of luxury _____ a low price.

(a) on   (b) over
(c) in   (d) for

정답 p.49

HACKERS PRACTICE

빈칸에 들어갈 적절한 보기를 고르세요.

01 The delivery driver is expected to arrive _____ a few minutes.
(a) in (b) during

02 When Drew returned _____ the conference, he wrote a report for his supervisor.
(a) toward (b) from

03 Daniel Jacobs writes a weekly newsletter _____ collecting pottery.
(a) about (b) along

04 Tickets for the film sold poorly _____ many positive reviews.
(a) with (b) despite

05 A weekly gathering for art enthusiasts is having its first meeting _____ August 7, 2018.
(a) in (b) on

06 Patrons are asked not to consume food or beverages _____ the bookstore.
(a) in (b) on

틀린 부분을 찾아 바르게 고치세요.

07 Brittany found it hard to select one topic for her thesis between so many topics.

08 The cosmetics company's sales grew to almost 50 percent after the release of a successful new line of lotions.

09 You do not have to check out of the hotel room about 12:00 pm.

10 Renovations to the department store will take place on March and it will reopen the following month.

11 I met many interesting people for my vacation in France.

12 Almost any fruit can be made into wine, which comes as a surprise of many.

HACKERS TEST

PART 1 대화에 들어갈 적절한 답을 고르세요.

01 A: Henry may _____ to manager soon.
B: He deserves it. Everyone holds him in high regard.

(a) promote
(b) be promoting
(c) have been promoted
(d) be promoted

02 A: Has the ship reached the port of St. Louis yet?
B: No, it's still _____ sea.

(a) for
(b) by
(c) of
(d) at

03 A: Can we _____ to the show?
B: Sorry, but viewers must be over 18 to attend.

(a) bring with our children
(b) bring our children with
(c) bring our children
(d) with bring our children

04 A: Are you sure we can catch a bus _____ the airport at this time?
B: Yes. There's a shuttle that departs every hour on the hour.

(a) to
(b) with
(c) in
(d) on

05 A: It looks like flowers are starting to bloom.
B: That's odd. It's rather warm out _____ March.

(a) to
(b) for
(c) of
(d) by

PART 2 서술문에 들어갈 적절한 답을 고르세요.

06 The high-speed train left Beijing at 2 p.m. and arrived at Shanghai Station _____ five hours.

(a) for
(b) in
(c) by
(d) on

07 Working _____ home may sound ideal, but it can result in decreased productivity for many people.

(a) by
(b) for
(c) from
(d) in

08 _____ the first commercially viable light bulb, Thomas Edison is credited with patenting over 1,000 other inventions.

(a) Among
(b) Between
(c) Of
(d) Besides

09 Initiatives to boost the health of employees are becoming more popular _____ companies nationwide.

(a) at
(b) under
(c) against
(d) by

10 Worn _____ the fourth finger of the left hand, the wedding ring is believed to have originated about 4,800 years ago in Egypt.

(a) in
(b) on
(c) at
(d) to

11 According to the arena's Web site, general admission to the game costs $15, and _____ seats are available for $25.

(a) reserve
(b) reserves
(c) reserving
(d) reserved

12 With the landing of Apollo 11 in 1969, Neil Armstrong became the first person to step foot _____ the moon.

(a) over
(b) besides
(c) off
(d) on

13 An automobile manufacturer in California just unveiled its latest car, a sleek sedan _____ excellent fuel economy.

(a) through
(b) by
(c) from
(d) with

14 Dikes built along the riverbank keep the river from flooding _____ the rainy season.

(a) during
(b) at
(c) to
(d) off

15 _____ that was selected by a panel for the international film festival.

(a) Third production of hers was
(b) It was her third production
(c) Her third production was it
(d) It her third production was

16 Provided that eligibility requirements are met, Canadian citizenship may be granted _____ immigrants through the process of naturalization.

(a) from
(b) by
(c) to
(d) of

17 Adventurers seeking a glimpse _____ ancient Egypt are encouraged to take a cruise on the Nile River to the Pyramids of Giza.

(a) among
(b) for
(c) into
(d) about

PART 3 대화 또는 지문에서 어법상 틀리거나 어색한 보기를 고르세요.

18
(a) A: It's depressing that I can't seem to keep up with my literature class.
(b) B: Have you got any clue as to why you're lagging behind?
(c) A: Well, it would help a lot if I were a fast reader.
(d) B: I suggest you read during three hours every night in order to catch up.

19 (a) Laptop users prefer external hard drives designed to stand upright because they take up less space. (b) Unfortunately, this upright orientation is problematic, as it makes drives more prone to falling over. (c) This poses a huge risk because the moving parts inside hard drives are extremely fragile. (d) To reduce the risk of toppling, experts advise laying external hard drives on their sides when using it.

20 (a) Moats were constructs used most notably in medieval times to fortify building structures. (b) They are characterized by a ditch that surrounds the structure and is filled water. (c) Enemy invaders were not able to cross the moats because of how wide and deep they were. (d) Also, sometimes traps were placed in the water in case invaders considered wading through.

CHAPTER 15

등위 접속사와 상관 접속사

기본기 다지기

1 등위 접속사는 단어와 단어, 구와 구, 절과 절을 대등하게 연결합니다.

We need a projector and screen for the presentation.
　　　　　　단어　　　　　단어
우리는 발표를 위해 투사기와 스크린이 필요하다.

He arrived at the stadium early and saved three seats.
　　　　　　　　구　　　　　　　　　　　　구
그는 경기장에 일찍 도착했고 자리 세 개를 맡았다.

It was dark out, but there was a warm breeze.
　　　절　　　　　　　　　절
밖은 어두웠지만, 따뜻한 산들바람이 불었다.

2 상관 접속사는 둘 이상의 단어가 짝을 이루어 쓰이는 접속사로 단어와 단어, 구와 구, 절과 절을 대등하게 연결합니다.

Both children and students get a discount at the museum.
　　　단어　　　　　단어
아이들과 학생들 둘 다 박물관에서 할인을 받는다.

You can visit the exhibition either on Saturday or on Sunday.
　　　　　　　　　　　　　　구　　　　　　　구
당신은 토요일 또는 일요일에 전시회를 방문할 수 있습니다.

Neither how much he eats nor how little he exercises makes him gain weight.
　　　　　　절　　　　　　　　　　　절
얼마나 많이 먹는지와 얼마나 적게 운동하는지는 그를 살찌게 하지 않는다.

1. 등위 접속사

① 등위 접속사의 종류

등위 접속사에는 다음과 같은 종류가 있습니다.

| and 그리고 | or 또는 | but 그러나 | yet 그러나 | so 그래서 |

The director of sales **and** his staff had dinner together. 영업 이사와 그의 직원들은 함께 저녁 식사를 했다.

It started to rain, **so** Kenneth took out his umbrella. 비가 오기 시작해서 Kenneth는 우산을 꺼냈다.

② 등위 접속사의 쓰임

등위 접속사는 문맥에 맞는 것을 써야 합니다.

The repair store fixes computers (~~but~~, **and**) MP3 players.
그 수리점은 컴퓨터와 MP3 플레이어를 수리한다.

→ '컴퓨터와 MP3 플레이어를 수리한다'라고 해석하는 것이 자연스러우므로 '그리고'를 의미하는 and를 써야 합니다.

We needed a book about Greek mythology, (~~or~~, **but**) it wasn't in the library.
우리는 그리스 신화에 관한 책이 필요했으나 그 도서관에는 없었다.

→ '그리스 신화에 관한 책이 필요했으나 도서관에 없었다'라고 해석하는 것이 자연스러우므로 '그러나'를 의미하는 but을 써야 합니다.

텝스 실전 확인 문제

PART 2 서술문에 들어갈 적절한 답 고르기

Lara stopped by the mall _____ headed straight to the electronics section.

(a) and
(b) until
(c) or
(d) but

정답 p.52

Chapter 15 등위 접속사와 상관 접속사 **127**

2. 상관 접속사

1 상관 접속사의 종류

상관 접속사에는 다음과 같은 종류가 있습니다.

both A and B A와 B 둘 다	either A or B A 또는 B 중 하나
neither A nor B A도 B도 아닌	not only A but (also) B A뿐만 아니라 B도(= B as well as A)

I enjoy both skating and skiing.
나는 스케이트를 타는 것과 스키를 타는 것 둘 다 즐긴다.

The company will hire either Mr. John or Ms. Marty.
그 회사는 Mr. John 또는 Ms. Marty 중 한 명을 고용할 것이다.

2 상관 접속사의 쓰임

상관 접속사는 서로 짝이 맞는 것을 써야 합니다.

(~~Either~~, Neither) employees nor visitors may park here. 직원들과 방문객들 둘 다 여기에 주차할 수 없습니다.
→ nor와 짝이 맞는 Neither를 써야 합니다.

Her cooking is not only delicious (~~nor~~, but) healthy. 그녀의 요리는 맛있을 뿐만 아니라 건강에도 좋다.
→ not only와 짝이 맞는 but을 써야 합니다.

텝스 실전 확인 문제

PART 2 서술문에 들어갈 적절한 답 고르기

Our service representatives will not only come to your house to set up your new TV _____ also explain how to operate it.

(a) and (b) but
(c) or   (d) as

정답 p.52

HACKERS PRACTICE

빈칸에 들어갈 적절한 보기를 고르세요.

01 People who rollerblade should wear not only a helmet _____ also kneepads.
   (a) and   (b) but

02 Sarah felt she was perfectly qualified for the sales position, _____ she did not get the job.
   (a) for   (b) yet

03 This laptop is powerful enough to run _____ entertainment and business applications.
   (a) both   (b) either

04 You can pay for the groceries with cash or credit card, _____ checks are not accepted.
   (a) but   (b) or

05 We serve neither dinner _____ dessert after 11 pm, but the bar will remain open until 2 am.
   (a) or   (b) nor

06 Charles expected many friends to attend his party, _____ only a few of them were able to come.
   (a) but   (b) or

틀린 부분을 찾아 바르게 고치세요.

07 Either sun block nor an umbrella is recommended for beachgoers.

08 Lily is busy studying for her final exams next week, since she will join us another time.

09 For the apartment building on Fourth Street, the cost of rent includes both electricity nor gas.

10 The NGO not only improved healthcare for children, and also provided funding for research on vaccinations.

11 Passengers can take a train yet a bus from the airport to the city's central station.

12 The bank's ATMs are programmed to quickly process transactions but print out a receipt upon completion.

정답 p.52

HACKERS TEST

PART 1 대화에 들어갈 적절한 답을 고르세요.

01 A: Oh no, both the calculus class _____ the computer science class meet at 4 pm on Wednesdays.
B: Then I guess you'll have to choose one of them.

(a) but (b) and
(c) or (d) so

02 A: What do you feel like having?
B: I was thinking of getting either the chicken _____ a soup and salad.

(a) or (b) and
(c) but (d) for

03 A: That's all the time we have for this meeting.
B: OK. We made good progress today, _____ we still have much to go over tomorrow.

(a) so (b) yet
(c) since (d) therefore

04 A: I thought you were going to the library.
B: I decided _____ here instead, since the library's closing soon.

(a) study (b) to have studied
(c) studying (d) to study

05 A: Have you been to this café before?
B: Yes. _____ few weeks my husband and I come here.

(a) Some (b) Each
(c) Every (d) All

06 A: Did you find your keys yet?
B: No. I've searched everywhere in my house, _____ tomorrow I will check my office.

(a) or (b) so
(c) yet (d) nor

PART 2 서술문에 들어갈 적절한 답을 고르세요.

07 The exact purpose for the creation of Stonehenge remains unclear, _____ there is evidence that the area was used as a cemetery.

(a) since (b) so
(c) but (d) as

08 Management has to decide whether to hire new employees _____ to reduce the number of projects planned for next year.

(a) or (b) so
(c) but (d) then

09 Neither the bald eagle _____ the grey wolf is considered an endangered species anymore.

(a) but (b) and
(c) or (d) nor

10 The climate of much of the US is unsuitable for coffee cultivation, _____ most of Americans drink coffee imported from other countries.

(a) but (b) so
(c) since (d) yet

11. Andy Warhol's art style was hailed as "pop art" because he created it by using images _____ popular culture.

    (a) from   (b) at
    (c) under   (d) after

12. The hikers want to take more pictures from the summit of the mountain _____ it's getting dark and they should begin their descent.

    (a) and   (b) since
    (c) for   (d) but

13. South Africa was once the world's largest source of gold, _____ to half of its former output.

    (a) it has but reduced production
    (b) but production it has reduced
    (c) but it has reduced production
    (d) it but has reduced production

PART 3 대화 또는 지문에서 어법상 틀리거나 어색한 보기를 고르세요.

14. (a) A: Is this where I can pick up tickets for the opera that opens in two weeks?
    (b) B: This is the place where you can purchase them, but they're not on sale yet.
    (c) A: Can you tell me when they'll go on sale and how much they'll cost?
    (d) B: Sure. They go on sale starting on Thursday but the price per ticket is $50.

15. (a) To treat lower back pain, doctors recommend a very simple exercise. (b) All you need to do is to lie facedown on the bed, with your arms resting loosely at your sides, for three minutes. (c) While in this position, concentrate on complete relaxing the muscles in your back, buttocks, and legs. (d) This is very important, as releasing the tension in these areas will stretch your back and correct your spinal alignment.

정답 p.53

CHAPTER 16 명사절

기본기 다지기

1 명사절은 문장 내에서 명사 역할을 하는 절로 명사처럼 주어, 목적어, 보어 역할을 하는 필수 성분입니다.

<u>What the company needs</u> is more staff.   그 회사가 필요로 하는 것은 더 많은 직원이다.
주어

Cathy wondered <u>whether her mail had arrived</u>.
목적어
Cathy는 그녀의 메일이 도착했는지 안 했는지 궁금했다.

Jack's problem was <u>that he lost his passport</u>.   Jack의 문제는 여권을 잃어버렸다는 것이다.
보어

2 명사절은 '명사절 접속사 (+ 주어) + 동사'로 이루어집니다.

Can you tell me <u>where shovels are sold</u>?   어디에서 삽이 판매되는지 말씀해 주시겠어요?
명사절 접속사(where) + 주어(shovels) + 동사(are sold)

<u>What happened</u> last night was a severe thunderstorm.   어젯밤에 일어난 것은 심한 뇌우였다.
명사절 접속사(What) + 동사(happened)

1. 명사절 자리

① 명사절이 오는 자리

명사절은 문장에서 명사 역할을 하므로 명사처럼 주어, 목적어, 보어 자리와 전치사 뒤에 옵니다.

주어 자리	What my apartment lacks is a washing machine. 내 아파트에 없는 것은 세탁기이다.
목적어 자리	Samantha remembered who had called her earlier. Samantha는 누가 그녀에게 아까 전화했었는지 기억했다.
보어 자리	The point of the story is that love conquers all. 그 이야기의 요지는 사랑이 모든 것을 이긴다는 것이다.
전치사 뒤	Mary has to send her TV back to where it was made. Mary는 그녀의 TV를 그것이 만들어진 곳으로 돌려보내야 한다.

② 명사절 접속사 자리에 올 수 없는 것

명사절을 이끄는 명사절 접속사 자리에 대명사는 올 수 없습니다.

(It, When) passengers can board will be announced shortly.
대명사(X) 명사절 접속사(O)
승객분들께서 언제 탑승하실 수 있는지 곧 방송해 드리겠습니다.

→ 문장의 주어 자리에 온 절 passengers can board를 이끄는 명사절 접속사 자리에는 대명사 It이 아닌 명사절 접속사 When이 와야 합니다.

텝스 실전 확인 문제

PART 2 서술문에 들어갈 적절한 답 고르기

All airline employees have been properly trained and know _____ to do in case of emergency.

(a) those (b) what
(c) them   (d) him

정답 p.55

2. 명사절 접속사 (1): that · if / whether

① that

명사절 접속사 that이 이끄는 명사절은 확실한 사실을 전달할 때 쓰며 '~한 것'이라고 해석됩니다.

That the performance was canceled disappointed many fans.
　　　　확실한 사실 (공연이 취소된 것)
공연이 취소된 것이 많은 팬들을 실망시켰다.

Police found **that** the lock on the safe had been broken.
　　　　　　　확실한 사실 (금고의 자물쇠가 부서져 있는 것)
경찰은 금고의 자물쇠가 부서져 있는 것을 발견했다.

② if / whether

명사절 접속사 if나 whether가 이끄는 명사절은 불확실한 사실을 전달할 때 쓰며 '~인지 아닌지'라고 해석됩니다.

Judy is still deciding **if** she should change careers.
　　　　　　　　　　불확실한 사실 (직업을 바꿔야 하는지 말아야 하는지)
Judy는 직업을 바꿔야 하는지 말아야 하는지 아직 결정하는 중이다.

The director will decide **whether** the project requires more employees.
　　　　　　　　　　　　불확실한 사실 (그 프로젝트에 더 많은 직원이 필요한지 아닌지)
이사는 그 프로젝트에 더 많은 직원들이 필요한지 아닌지 결정할 것이다.

'whether or not'은 쓸 수 있지만 'if or not'은 쓸 수 없습니다.

The client wondered (~~if~~, **whether**) or not she could meet her real estate agent.
그 고객은 그녀가 부동산 중개인을 만날 수 있는지 없는지 궁금했다.

텝스 실전 확인 문제

PART 1 대화에 들어갈 적절한 답 고르기

A: Has the board of directors reached a decision?
B: No. They're still deliberating _____ they will sell the company or propose a merger.

(a) if only　　　　　　　　(b) even if
(c) while　　　　　　　　　(d) whether

정답 p.55

3. 명사절 접속사 (2): 의문사 · 복합관계대명사

1 의문사

명사절을 이끄는 의문사를 의미에 따라 구분하여 알아둡니다.

| who 누가 ~하는지 | how 어떻게 ~하는지 | when 언제 ~하는지 | what 무엇이(을) ~하는지, ~한 것 |
| where 어디서 ~하는지 | why 왜 ~하는지 | which 어느 것이(을) ~하는지 | |

(~~What~~, Who) will escort the ambassadors hasn't been decided.
누가 대사를 호위할지는 아직 정해지지 않았다.

→ '누가 대사를 호위할지'로 해석하는 것이 자연스러우므로 '누가 ~하는지'를 의미하는 Who가 와야 합니다.

She explained to the class (~~which~~, why) ice melts at room temperature.
그녀는 반 아이들에게 왜 얼음이 상온에서 녹는지 설명했다.

→ '왜 얼음이 상온에서 녹는지'로 해석하는 것이 자연스러우므로 '왜 ~하는지'를 의미하는 why가 와야 합니다.

2 복합관계대명사

명사절을 이끄는 복합관계대명사를 의미에 따라 구분하여 알아둡니다.

| who(m)ever ~하는 누구든 | whatever ~하는 무엇이든 | whichever ~하는 어느 것/사람이든 |

(~~Whatever~~, Whoever) left this umbrella yesterday hasn't come back to claim it.
어제 이 우산을 놓고 간 사람이 누구든 아직도 우산을 찾으러 오지 않았다.

→ '어제 이 우산을 놓고 간 사람이 누구든'으로 해석하는 것이 자연스러우므로 '~하는 누구든'을 의미하는 Whoever가 와야 합니다.

The hotel staff will bring you (~~whoever~~, whatever) you need.
호텔 직원들은 당신이 필요한 것이 무엇이든 가져다 드릴 겁니다.

→ '당신이 필요한 것이 무엇이든'으로 해석하는 것이 자연스러우므로 '~하는 무엇이든'을 의미하는 whatever가 와야 합니다.

텝스 실전 확인 문제

PART 1 대화에 들어갈 적절한 답 고르기

A: Have the police learned the identity of the burglar yet?
B: No. The thief, _____ it was, managed not to leave any evidence behind.

(a) which (b) what
(c) whoever (d) whatever

정답 p.55

4. what vs. that

① 명사절 접속사 what과 that 구별

what은 주어, 보어, 목적어와 같은 필수 성분이 빠진 불완전한 절을 이끕니다.

(T̶h̶a̶t̶, **What**) is necessary at work is punctuality and a good attitude.
　　　　　　동사　　보어

직장에서 필요한 것은 시간 엄수와 좋은 태도이다.

→ 명사절에 동사 is와 보어 necessary만 있고 주어가 빠졌으므로 불완전한 절을 이끄는 명사절 접속사 What이 와야 합니다.

Designing company logos is (t̶h̶a̶t̶, **what**) Adam does for his job.
　　　　　　　　　　　　　　　　　　　　　주어　동사

회사 로고를 디자인 하는 것은 Adam이 직업으로 하는 것이다.

→ 명사절에 주어 Adam과 동사 does만 있고 목적어가 빠졌으므로 불완전한 절을 이끄는 명사절 접속사 what이 와야 합니다.

that은 필수 성분을 모두 갖춘 완전한 절을 이끕니다.

Patricia said (w̶h̶a̶t̶, **that**) she would pay the bill.　Patricia는 그녀가 계산할 것이라고 말했다.
　　　　　　　　　　　　주어　동사　　목적어

→ 명사절에 주어 she, 동사 would pay, 목적어 the bill이 모두 갖추어져 있으므로, 완전한 절을 이끄는 명사절 접속사 that이 와야 합니다.

텝스 실전 확인 문제

PART 2 서술문에 들어갈 적절한 답 고르기

Jimmy's counselor explained _____ he would need to take in order to graduate.

(a) how
(b) what
(c) which
(d) that

정답 p.55

HACKERS PRACTICE

빈칸에 들어갈 적절한 보기를 고르세요.

01 _____ the client requested was a cost estimate for the yard work.
(a) That (b) What

02 The clerk printed out a map to show the tourists _____ they should visit.
(a) why (b) where

03 Melvin saw _____ the water was boiling, so he began to add the ingredients.
(a) that (b) what

04 Barry told his children _____ dinner would be ready, and that he wanted them to set the table first.
(a) whenever (b) when

05 The instructional video that shows employees _____ they can use the safety equipment is very useful.
(a) how (b) where

06 The technician was unable to determine _____ made Dan's monitor stop working.
(a) what (b) that

틀린 부분을 찾아 바르게 고치세요.

07 That the guest speaker will discuss can be found in the information packet.

08 Whichever didn't read the notice needs to do so before Thursday's renovations to the office.

09 Employees at the information booths can tell you which your flight departs.

10 Scientists found what a certain strain of mold was able to survive in extreme conditions.

11 The weatherman could not predict with certainty why or not the storm would pass through the area.

12 The phone receptionist could not determine who the furniture would be delivered.

HACKERS TEST

PART 1 대화에 들어갈 적절한 답을 고르세요.

01 A: Do you like the book I gave you as a gift?
B: I do. It's precisely _____ I wanted for my birthday.

(a) what
(b) that
(c) when
(d) how

02 A: Where are you going to college?
B: I still haven't decided _____ to study in my home country or overseas.

(a) and
(b) whether
(c) while
(d) how

03 A: I hope this rash clears up soon.
B: Make sure to follow _____ and it will.

(a) that the doctor advised
(b) that advised the doctor
(c) what the doctor advised
(d) what advised the doctor

PART 2 서술문에 들어갈 적절한 답을 고르세요.

04 The poet Rumi hailed from _____ is now the country of Tajikistan.

(a) where
(b) what
(c) why
(d) that

05 According to Danish lore, _____ gets the only almond in the Christmas rice pudding will be the next to marry.

(a) who
(b) which
(c) whoever
(d) whichever

06 The gradual increase in temperatures around the world due to industrialization is _____ scientists refer to as global warming.

(a) that
(b) which
(c) where
(d) what

07 The durability and versatility bamboo provides is _____ the wood is a popular construction material.

(a) how
(b) why
(c) where
(d) when

08 _____ the country is having economic problems is common knowledge.

(a) Once
(b) As
(c) That
(d) What

09 The work of Noam Chomsky and other linguists increased our understanding of _____.

(a) how do children learn language
(b) children how they learn language
(c) language how children learn them
(d) how children learn language

10 After returning from Mexico, Nancy met her friends to give them _____ she had bought as souvenirs during her trip.

(a) that
(b) what
(c) this
(d) those

11 Lenny loves tuning in to talk radio stations, but he's unsure how _____.

(a) much of what he hears is true
(b) much he hears of what is true
(c) true he hears of what is much
(d) true of what is much he hears

12 What _____ in the exhibit is only a small selection of the many paintings done by the artist.

(a) displays
(b) displayed
(c) is displayed
(d) is displaying

13 Employees at the technical support hotline must be ready to provide _____ assistance callers may need.

(a) that
(b) however
(c) which
(d) whatever

14 Because of an accounting error, John received a lower salary for September than _____.

(a) what was usually paid to him
(b) was to him what usually paid
(c) him what was paid to usually
(d) usually what him was paid to

15 He was smart enough to have graduated from _____ people say is the best engineering school in the country.

(a) how
(b) that
(c) what
(d) when

16 The law _____ smoking in public areas has encouraged some people to quit the habit.

(a) bans
(b) banned
(c) banning
(d) has banned

17 Most religions preach _____ people who have means should help the poor and oppressed.

(a) which
(b) what
(c) since
(d) that

PART 3 대화 또는 지문에서 어법상 틀리거나 어색한 보기를 고르세요.

18 (a) A: I'm thinking of donating $500 to charity this year.
(b) B: That's nice of you, but don't you think you're being too generous?
(c) A: No. I feel like I'm doing my duty to society by contributing.
(d) B: Sure. But frank, I am surprised that you are willing to give away so much money.

19 (a) A: Last week I took a flight and got bumped up to business class for free.
(b) B: Wow, I love where something like that happens.
(c) A: I know. They double-booked my seat, so they offered me a better one.
(d) B: It sounds like their mistake worked out in your favor.

20 (a) A great way to improve your writing is to write a book review. (b) Writing about the works of other authors helps you to discover that makes a book successful from the perspective of a reader. (c) Reviewing gives you the opportunity to examine an author's style and technique. (d) This will make you more conscious of your own writing style and help you figure out how to write effectively.

CHAPTER 17 부사절

기본기 다지기

1 부사절은 문장 내에서 이유, 시간 등을 나타내며 부사 역할을 하는 수식어 거품입니다.

Jenna commutes by bus <u>because it's convenient</u>.
　　　　　　　　　　　　　　부사절(이유)

버스가 편리하기 때문에 Jenna는 버스로 통근한다.

Maggie was already awake <u>when the sun rose</u>.　　해가 떴을 때 Maggie는 이미 깨어 있었다.
　　　　　　　　　　　　　　부사절(시간)

2 부사절은 '부사절 접속사 + 주어 + 동사'로 이루어집니다.

<u>When you arrive</u>, please call me.　　도착하면, 저에게 전화주세요.
부사절 접속사(When) + 주어(you) + 동사(arrive)

단, 부사절의 동사가 be동사일 경우, 부사절 접속사 뒤의 '주어 + 동사'를 생략할 수 있습니다.

He enjoyed studying algebra, <u>though (it was) difficult</u>.
비록 어려웠지만 그는 대수학을 공부하는 것을 즐겼다.

1. 부사절 자리

1 부사절이 오는 자리

부사절은 문장에서 주절의 앞이나 뒤에 옵니다. 주절의 앞에 올 때는 부사절 뒤에 쉼표(,)를 반드시 붙입니다.

주절 앞   **After you make a decision**, <u>please contact me</u>. 결정을 내리신 후에, 저에게 연락주세요.
                                                            주절

주절 뒤   <u>I will attend the party</u> **if I finish work early**. 일을 일찍 끝내면 나는 파티에 참석할 것이다.
                                  주절   부사절

2 부사절 접속사 자리에 올 수 없는 것

부사절을 이끄는 부사절 접속사 자리에 부사는 올 수 없습니다.

(~~Instead~~, **Though**) the restaurant was expensive, it was very popular.
   부사(X)   부사절 접속사(O)
비록 그 식당은 비쌌지만, 매우 인기가 있었다.

→ 부사절 the restaurant was expensive를 이끄는 부사절 접속사 자리에는 부사 Instead가 아닌 부사절 접속사 Though가 와야 합니다.

텝스 실전 확인 문제

PART 1 대화에 들어갈 적절한 답 고르기

A: Did you receive the flowers I sent you?
B: Yes, but _____, some of the stems were broken.

(a) when arrived   (b) when they arrived
(c) what arrived   (d) what they arrived

정답 p.58

2. 부사절 접속사 (1): 시간·조건

1 시간 접속사

시간을 나타내는 부사절 접속사를 의미에 따라 구분하여 알아둡니다.

before ~하기 전에	after ~한 후에	when ~할 때
until ~할 때까지	while ~하는 동안	since ~한 이래로

Martha took French classes (~~since~~, until) she became fluent.
Martha는 그녀가 유창해질 때까지 프랑스어 수업을 수강했다.

➜ 부사절을 '그녀가 유창해질 때까지'로 해석하는 것이 자연스러우므로 '~할 때까지'를 의미하는 until이 와야 합니다.

2 조건 접속사

조건을 나타내는 부사절 접속사를 의미에 따라 구분하여 알아둡니다.

if 만약 ~하다면	unless 만약 ~하지 않는다면	once 일단 ~하면	as long as ~하는 한

(~~If~~, Unless) you make an appointment, you can't meet with Mr. Cunningham.
만약 당신이 약속을 하지 않는다면, 당신은 Mr. Cunningham과 만날 수 없습니다.

➜ 부사절을 '만약 당신이 약속을 하지 않는다면'으로 해석하는 것이 자연스러우므로 '만약 ~하지 않는다면'을 의미하는 Unless가 와야 합니다.

텝스 실전 확인 문제

PART 2 서술문에 들어갈 적절한 답 고르기

Chocolate can actually lower the risk of heart failure _____ it is consumed moderately.

(a) as long as (b) by all means
(c) in case   (d) such that

정답 p.58

3. 부사절 접속사 (2): 양보·이유·결과와 목적

① 양보 접속사

양보를 나타내는 부사절 접속사를 의미에 따라 구분하여 알아둡니다.

| although / though / even though / even if 비록 ~하지만 | while ~한 반면에 |

(After, **Although**) difficult, these books are worth reading. 비록 어렵지만, 이 책들은 읽을 가치가 있다.

→ 부사절을 '비록 어렵지만'으로 해석하는 것이 자연스러우므로 '비록 ~하지만'을 의미하는 Although가 와야 합니다.

② 이유 접속사

이유를 나타내는 부사절 접속사를 의미에 따라 구분하여 알아둡니다.

| because ~하기 때문에 | since ~하기 때문에 | in that ~라는 점에서 |

(Once, **Because**) the new CD is popular, it is sold out. 그 새로 나온 CD는 인기가 많기 때문에 매진되었다.

→ 부사절을 '그 새로 나온 CD는 인기가 많기 때문에'로 해석하는 것이 자연스러우므로 '~하기 때문에'를 의미하는 Because가 와야 합니다.

③ 결과와 목적 접속사

결과와 목적을 나타내는 부사절 접속사를 의미에 따라 구분하여 알아둡니다.

결과	so that (~해서 그 결과) -하다	so/such ~ that 매우 ~해서 -하다
목적	so that ~하기 위해	

The car was so expensive (once, **that**) Lisa could not afford it. 그 차가 너무 비싸서 Lisa는 차를 살 수 없었다.

→ 부사절을 '그 차가 너무 비싸서 Lisa는 차를 살 수 없었다'로 해석하는 것이 자연스러우므로 so와 짝을 이루어 '~해서 -하다'를 의미하는 부사절 접속사 that이 와야 합니다.

Many people came (if, **so that**) they could watch the fireworks. 많은 사람들이 불꽃놀이를 보기 위해 왔다.

→ 부사절을 '불꽃놀이를 보기 위해'로 해석하는 것이 자연스러우므로 '~하기 위해'를 의미하는 부사절 접속사 so that이 와야 합니다.

텝스 실전 확인 문제

PART 2 서술문에 들어갈 적절한 답 고르기

_____ the round-tailed ground squirrel lives in the desert, plants are its primary water source.

(a) Since (b) While
(c) Once (d) Unless

정답 p.58

4. 부사절 접속사 (3): 복합관계대명사와 복합관계부사

① 복합관계대명사

복합관계대명사를 의미에 따라 구분하여 알아둡니다.

whatever 무엇이/무엇을 ~하든 상관없이	who(m)ever 누가/누구를 ~하든 상관없이
whichever 어느 것이/어느 것을 ~하든 상관없이	

(~~Whichever~~, **Whoever**) finds a missing watch, please return it to the front desk.
누가 잃어버린 시계를 찾든 상관없이, 안내 데스크로 돌려주시기 바랍니다.

→ 부사절을 '누가 잃어버린 시계를 찾든 상관없이'로 해석하는 것이 자연스러우므로 '누가 ~하든 상관없이'를 의미하는 Whoever가 와야 합니다.

② 복합관계부사

복합관계부사를 의미에 따라 구분하여 알아둡니다.

whenever 언제 ~하든 상관없이	wherever 어디를/어디에 ~하든 상관없이	however 어떻게 ~하든 상관없이

Travis works on a sculpture project (~~however~~, **whenever**) he has free time.
Travis는 언제 여가 시간이 있든 상관없이, 조각 프로젝트에 공을 들인다.

→ 부사절을 '언제 여가 시간이 있든 상관없이'로 해석하는 것이 자연스러우므로 '언제 ~하든 상관없이'를 의미하는 whenever가 와야 합니다.

텝스 실전 확인 문제

PART 2 서술문에 들어갈 적절한 답 고르기

It is unlikely that Candice will win the singing competition, _____ she may try.

(a) however   (b) as if
(c) whereas   (d) despite

정답 p.58

HACKERS PRACTICE

빈칸에 들어갈 적절한 보기를 고르세요.

01 _____ no one else in class knew the answer, Ned got it right on the first try.
 (a) Although   (b) Since

02 _____ the department store is renovated in May, it will open to the public.
 (a) Unless   (b) After

03 In Dr. Ross's waiting room, there are magazines for patients to read _____ they wait.
 (a) while   (b) once

04 The outdoor pool for hotel guests will stay open _____ the weather is warm.
 (a) before   (b) as long as

05 Sam is used to waking up at 8 am every day, _____ he doesn't have to work on the weekends.
 (a) even though   (b) since

06 Jeremy decided to go for a walk in the park _____ it was a nice day.
 (a) therefore   (b) because

틀린 부분을 찾아 바르게 고치세요.

07 The board of directors will not make any public statements since a decision about the proposed buyout is reached.

08 You can join me swimming this afternoon until you have nothing to do better.

09 Though the exchange rate is now favorable, many people are opting to travel abroad.

10 Whenever sent me the flowers that were delivered to my office this morning made me very happy.

11 Because of his extensive training, the long-distance runner never gets tired, wherever long he runs.

12 Kim found the test so that difficult she couldn't answer all of the questions.

HACKERS TEST

PART 1 대화에 들어갈 적절한 답을 고르세요.

01 A: Do you ever purchase clothes online?
B: No, I don't buy clothes _____ I can try them on and make sure they fit.

(a) than (b) while
(c) unless (d) if

02 A: Will you come by my place later?
B: Yes, _____ my shift is over.

(a) while (b) ever since
(c) so that (d) once

03 A: I think I'll get some wine for the party.
B: _____ you choose to buy, everyone will surely enjoy it.

(a) Whatever (b) However
(c) What (d) Which

04 A: I really want to watch that movie.
B: Well, _____ there are tickets available, let's go tonight.

(a) so that (b) as long as
(c) however (d) when

05 A: Who usually cooks dinner in your family?
B: My dad, _____ he gets home from work before my mom.

(a) since (b) unless
(c) until (d) while

06 A: Why is Redwood National Park considered to be impressive?
B: It's impressive _____ it contains some of the oldest and tallest trees in the world.

(a) in that (b) provided that
(c) even though (d) in case

07 A: What's it like living in a cottage?
B: _____ small, it is very comfortable.

(a) Because (b) Therefore
(c) While (d) As if

08 A: When will your brother get out of the hospital?
B: The doctor said it may be at least two weeks, _____ longer.

(a) as well as (b) much less
(c) even if (d) if not

PART 2 서술문에 들어갈 적절한 답을 고르세요.

09 Most automobile insurance policies cover the cost of medical care for injuries that occur _____ driving.

(a) in (b) for
(c) with (d) while

10 Please note that _____ leaves the office last is expected to turn off all the lights.

(a) which (b) whoever
(c) whichever (d) whom

11 _____ the trains are always slow is a reason for the city to improve the rail system.

(a) Once (b) As
(c) What (d) That

12 The guest of honor would like to say a few words _____ everyone departs for the night.

(a) before (b) in case
(c) once (d) if

13 The current price of oil is 30 percent lower than its price in 1982 when _____.

(a) inflation it was adjusted for
(b) inflation it was for adjusted
(c) it adjusted inflation for
(d) it was adjusted for inflation

14 _____ students should spend a lot of time studying, it is important to realize that they need to socialize with their friends as well.

(a) While   (b) Because
(c) Despite   (d) When

15 Foreign nationals intending to stay in the country over three months must visit immigration _____ they can get a residence certificate.

(a) as   (b) since
(c) so that   (d) only if

16 _____ of fabricating his job history, Raymond provided two signed letters from past employers.

(a) Having been suspecting
(b) Having suspected
(c) Suspecting
(d) Suspected

17 The company will go bankrupt _____ a buyer who can pay off its debt is found.

(a) in case   (b) since
(c) unless   (d) once

18 After hours of deliberation, the finance committee presented the annual budget, _____ several cuts were made.

(a) lest   (b) although
(c) sometimes   (d) despite

PART 3 대화 또는 지문에서 어법상 틀리거나 어색한 보기를 고르세요.

19 (a) A: Ted, I was wondering when I might see those plans I requested.
(b) B: Do you need them right away? I can have them for you by this afternoon.
(c) A: Great. I'd appreciate it while you could leave them with my secretary.
(d) B: OK, I'll make sure she gets them.

20 (a) Allowing women and children onto lifeboats first is a naval procedure often utilize when a ship must be abandoned. (b) The concept was made famous in 1852 by Lieutenant Colonel Alexander Seton and his troops during the sinking of the ship Birkenhead. (c) According to accounts, when everyone else was rushing the lifeboats, Seton and his men stood their ground to let the officers' wives and children proceed ahead. (d) As a result of the gallant act, all the women and children were saved.

CHAPTER 18 관계절

기본기 다지기

1 관계절은 문장 내에서 관계절 앞의 명사(선행사)를 꾸며주는 형용사 역할을 하는 수식어 거품입니다.

Emily rewarded the man who rescued her cat.
　　　　　　　　명사　　　　관계절
Emily는 그녀의 고양이를 구해준 남자에게 보답했다.

I read the book which you gave me.　　나는 네가 나에게 준 책을 읽었다.
　　　　　명사　　　관계절

2 관계절은 '관계대명사 (+ 주어) + 동사', '관계부사 + 주어 + 동사'로 이루어집니다.

The band released a song that became extremely popular.
　　　　　　　　　　　　　관계대명사(that) + 동사(became) ~ = 관계절
그 밴드는 매우 유명해진 노래를 발표했다.

The couple had dinner at the restaurant where they first met.
　　　　　　　　　　　　　　　　　　　　관계부사(where) + 주어(they) + 동사(met) ~ = 관계절
그 커플은 그들이 처음 만난 식당에서 저녁 식사를 했다.

3 관계절은 앞의 명사(선행사)를 한정하는 한정적 용법과, 앞의 명사에 대해 부가 설명을 하는 계속적 용법으로 쓰입니다.

　한정적 용법　This store sells air conditioners which cost $99.
　　　　　　　　이 가게는 99달러인 에어컨을 판다.

　계속적 용법　This store sells air conditioners, which cost $99.
　　　　　　　　이 가게는 에어컨을 파는데, 이 에어컨은 99달러이다.

→ 첫 번째 문장의 경우 This store에 99달러인 에어컨 외에 다른 에어컨이 있을 수 있는 반면, 두 번째 문장의 경우 This store에 있는 에어컨은 모두 99달러라는 의미 차이가 있습니다.

1. 관계절 자리

① 관계절이 오는 자리

관계절은 수식하는 명사 뒤에 옵니다.

The tenant who lives on the third floor is moving out next week.
　　　명사

3층에 사는 세입자는 다음주에 이사를 간다.

A hair salon has opened in the place where a gas station used to be.
　　　　　　　　　　　　　　　　　명사

주유소가 있던 장소에 미용실이 개업했다.

② 관계절 자리에 올 수 없는 것

관계절을 이끄는 관계사 자리에 대명사는 올 수 없습니다.

She read the brochure (~~them~~, that) she was given at the fair.　그녀는 박람회에서 받은 책자를 읽었다.
　　　　　명사　　　　대명사(X) 관계사(O)

→ 명사 brochure를 꾸며주는 절 she was given at the fair를 이끄는 관계사 자리에는 관계사 that이 와야 합니다.

텝스 실전 확인 문제

PART 1 대화에 들어갈 적절한 답 고르기

A: Is everything going well with your project?
B: The only thing _____ I'm concerned about is finishing on time.

(a) that　　　　　　　　(b) what
(c) whether　　　　　　(d) if

정답 p.61

2. 관계대명사

❶ who / which 구별

관계절의 선행사가 사람일 때는 관계대명사 who, 사물일 때는 which를 씁니다.

Reggie picked up the businessman who had arrived from London.
　　　　　　　　　　사람
Reggie는 런던에서부터 도착한 사업가를 태우러 갔다.

The books which I brought last weekend are in my bag.
　사물
지난주에 내가 가지고 왔던 책들은 내 가방 속에 있다.

❷ 주격 / 목적격 / 소유격 구별

관계절 안에 주어가 없으면 주격 관계대명사 who / which / that을 씁니다.

The student who takes attendance is one year older than his peers.
　　　　　　　　동사　목적어
출석을 확인하는 그 학생은 그의 또래들보다 한 살 더 많다.
→ 관계절 안에 동사 takes와 목적어 attendance만 있고 주어가 없으므로 주격 관계대명사 who를 씁니다.

관계절 안에 목적어가 없으면 목적격 관계대명사 who(m) / which / that을 쓰며, 이때 목적격 관계대명사는 생략 가능합니다.

The woman whom Angela invited works for a software company.
　　　　　　　주어　　동사
Angela가 초대했던 그 여자는 소프트웨어 회사에서 일한다.
→ 관계절 안에 주어 Angela와 동사 invited만 있고 목적어가 없으므로 목적격 관계대명사 whom을 씁니다.

관계대명사 바로 뒤에 명사가 오고 '~의'로 해석되면 소유격 관계대명사 whose / of which를 씁니다.

The restaurant whose seafood is the freshest is located on the pier.
　　　　　　　　　　명사
해산물이 가장 신선한 그 식당은 부두에 자리 잡고 있다.
→ 관계대명사 바로 뒤에 명사 seafood가 왔고 '~의 해산물'로 해석되므로 소유격 관계대명사 whose를 씁니다.

텝스 실전 확인 문제

PART 2 서술문에 들어갈 적절한 답 고르기

The man approached the tourists _____ were looking at their map.

(a) whom　　　　　　　(b) who
(c) which　　　　　　　(d) what

정답 p.61

3. 전치사 + 관계대명사

1 '전치사 + 관계대명사'의 형태

두 문장에서 공통되는 명사가 뒷문장에서 전치사 다음에 있는 경우, 공통되는 명사를 관계대명사로 바꾼 후 전치사를 관계사 앞으로 보낼 수 있습니다.

> I am the receptionist + You spoke with the receptionist.
>   공통 명사   전치사   공통 명사
> 저는 접수원입니다 + 당신은 그 접수원과 이야기했습니다.
> (두 문장에서 공통되는 명사는 the receptionist입니다.)
>
> ↓
>
> I am the receptionist whom you spoke with.
>   관계대명사
> (뒤 문장에서 공통되는 명사 the receptionist를 관계대명사 whom으로 바꿉니다.)
>
> ↓
>
> I am the receptionist with whom you spoke. 저는 당신과 이야기했던 접수원입니다.
>   전치사 + 관계대명사
> (전치사 with를 관계사 앞으로 보냅니다.)

2 '전치사 + 관계대명사'의 전치사

'전치사 + 관계대명사'에서 전치사는, 관계절의 동사와 전치사가 함께 어떻게 해석되는지에 따라 다른 것을 씁니다.

Maureen received the drink (about, for) which she had asked.
                                                                        동사
Maureen은 그녀가 요청한 음료를 받았다.
→ 관계절의 동사 had asked와 전치사 for가 함께 쓰여 '~에 대해 요청하다'는 의미가 되어야 자연스러우므로 for가 와야 합니다.

The tourists turned toward the sculpture (by, at) which the guide was pointing.
                                                                                                 동사
관광객들은 가이드가 가리키고 있던 조각상을 향해 돌아섰다.
→ 관계절의 동사 was pointing과 전치사 at이 함께 쓰여 '~을 가리키다'는 의미가 되어야 자연스러우므로 at이 와야 합니다.

텝스 실전 확인 문제

PART 2 서술문에 들어갈 적절한 답 고르기

Orson Welles made a film _____ the rise and fall of a wealthy business tycoon was depicted.

(a) what   (b) which
(c) in which   (d) from which

정답 p.62

4. 관계부사

① 관계부사 when / where / why / how 구별

관계절 앞에 나온 명사가 시간을 나타내면 when을 씁니다.

The <u>year</u> when I first drove a car was 2006. 내가 처음으로 운전을 한 해는 2006년도였다.
　　시간

관계절 앞에 나온 명사가 장소를 나타내면 where를 씁니다.

They went back to <u>the hotel</u> where they had stayed before. 그들은 그들이 전에 묵었던 호텔로 다시 갔다.
　　　　　　　　　　장소

관계절 앞에 나온 명사가 이유를 나타내면 why를 씁니다.

The driver explained <u>the reason</u> why he was late. 그 운전기사는 그가 왜 늦었는지 이유를 설명했다.
　　　　　　　　이유

관계절 앞에 나온 명사가 방법을 나타내면 how를 씁니다. 이때, 관계절 앞에 나온 명사가 the way일 경우 the way와 how 중 하나는 반드시 생략합니다.

The students were told (~~the way how~~, how) they should complete the assignment.
학생들은 어떻게 그 과제를 완성해야 하는지 들었다.

I was confused about (~~the way how~~, the way) the movie ended. 나는 영화가 끝난 방식에 대해 혼란스러워했다.

② 관계부사와 관계대명사 구별

관계부사 뒤에는 주어, 목적어, 보어 등 필수 성분을 모두 갖춘 완전한 절이 오는 반면, 관계대명사 뒤에는 필수 성분을 모두 갖추지 않은 불완전한 절이 옵니다.

Try to avoid the time (~~which~~, when) everyone rushes to work.
　　　　　　　　　관계대명사(X) 관계부사(O) 주어(everyone) + 자동사(rush) = 완전한 절
모두가 직장으로 서둘러 움직이는 시간은 피하도록 하세요.

We're looking for translators (~~when~~, who) speak multiple languages.
　　　　　　　　　　　　　　관계부사(X) 관계대명사(O) 동사(speak) + 목적어(multiple languages) = 주어가 빠진 불완전한 절
우리는 다양한 언어를 구사하는 통역사를 찾고 있다.

텝스 실전 확인 문제

PART 1 대화에 들어갈 적절한 답 고르기

A: Your manager gets very angry if you make a mistake.
B: That's the reason _____ I am stressed about my work.

(a) why　　　　　　　　(b) where
(c) what　　　　　　　　(d) when

정답 p.62

HACKERS PRACTICE

빈칸에 들어갈 적절한 보기를 고르세요.

01 The neighbors complained about the man _____ dog makes a lot of noise.
 (a) whom
 (b) whose

02 Every year, roughly 20,000 people visit the town _____ the famous actor grew up.
 (a) where
 (b) why

03 Julia bought the outfit _____ her favorite celebrity had worn on television recently.
 (a) what
 (b) that

04 Mathilde Anneke was a German social activist _____ moved to the United States in the mid-19th century.
 (a) who
 (b) which

05 The day _____ the board of directors will meet has been changed to the following week.
 (a) which
 (b) when

06 The key _____ opens the cabinet containing the copies of the financial data is on my desk.
 (a) which
 (b) who

틀린 부분을 찾아 바르게 고치세요.

07 Incoming students who native language is not English must take a language proficiency test.

08 Almost 3.7 million members of the country's working population are aged 55 to 64, many of whose are nearing retirement.

09 Students in need of financial aid can check the university's website to determine the type of scholarship in which they may qualify.

10 A thermometer is a device which doctors measure patients' body temperature.

11 I have a cousin which has started playing the drums and wants to buy a used drum set.

12 During his two-week vacation from work, Tom decided to visit the town which he grew up.

HACKERS TEST

PART 1 대화에 들어갈 적절한 답을 고르세요.

01 A: If you apply to graduate school, what kind of school will you be looking for?
B: I'd want one in a city _____ I might be able to find internship positions.

(a) when (b) where
(c) that (d) which

02 A: Will all my purchases arrive on the same day?
B: Sure. All the items _____ in your order will be delivered tomorrow.

(a) having included
(b) including
(c) to include
(d) included

03 A: How about meeting for lunch on Friday?
B: I have a checkup, after _____ I can meet you.

(a) this (b) which
(c) what (d) when

04 A: Are these gloves _____ the table yours?
B: No. I was wondering whose they were.

(a) on (b) among
(c) with (d) to

05 A: I heard you have a position open for an administrative assistant.
B: Yes. We're looking for someone _____ typing skills are excellent.

(a) to whom (b) what
(c) which (d) whose

PART 2 서술문에 들어갈 적절한 답을 고르세요.

06 Studies have shown that managers _____ compliment their employees improve office morale.

(a) who (b) which
(c) where (d) whose

07 There are over 100 volcanoes in Russia's Kuril Islands, seventeen of which _____ active.

(a) is (b) are
(c) was (d) were

08 At the film premiere were Darren Ayles and Mark Fenton, both of _____ were featured as heroes in the movie.

(a) that (b) who
(c) what (d) whom

09 Physician assistants are licensed to provide patients with services _____.

(a) doctors traditionally who render
(b) doctors who traditionally render
(c) traditionally doctors them rendered
(d) traditionally rendered by doctors

10 Professor Young published a total of 40 research papers during his tenure, which _____ two decades.

(a) lasted (b) is lasting
(c) was lasted (d) will last

11 Companies now depend on social networking technologies and online marketing for _____ new products.

(a) offer the unique opportunities they to promote
(b) the unique opportunities they offer to promote
(c) promote the unique opportunities they offer to
(d) to offer the unique opportunities they Promote

12 Carbon dioxide enters a plant's leaves, _____ it is converted into sugar through photosynthesis.

(a) how
(b) where
(c) what
(d) which

13 The Bobo doll experiment established that observational learning was a method _____ children learn behaviors.

(a) by which
(b) with whom
(c) that
(d) what

14 Applicants must provide proof of income before receiving approval for the loans for _____ they are applying.

(a) which
(b) what
(c) that
(d) this

15 A recent study done in the United States found that a strong link _____ diabetes and air pollution exists.

(a) on
(b) among
(c) between
(d) in

16 Voting is a right _____ everyone in a democratic society is entitled.

(a) which
(b) that
(c) to which
(d) to that

> **PART 3** 대화 또는 지문에서 어법상 틀리거나 어색한 보기를 고르세요.

17 (a) A: I see you're wearing a new pair of earrings.
(b) B: My friend which makes jewelry gave me these as a gift.
(c) A: How nice of her! Those blue studs bring out the color of your eyes perfectly.
(d) B: Thanks. She said that's the reason why she chose this color.

18 (a) A: I'd like to get rid of my acne scars, but I'm not keen on plastic surgery.
(b) B: Your scars are light, so I don't recommend surgical treatment. Dermabrasion would work fine.
(c) A: What exactly is dermabrasion? I've never heard of it.
(d) B: Simply put, it is a procedure which the skin is scrubbed to remove the top layer of scar tissue.

19 (a) A: Jake looks really stressed out lately, doesn't he?
(b) B: His boss expects him completing a large project in only a month.
(c) A: It's not right that he should be given such an unreasonable schedule.
(d) B: Well, he says that if he finishes this project, he'll probably be given a promotion.

20 (a) Nearly a third of the words used in the English language originated from Latin. (b) However, the forms of the words shifted from the original Latin form to produce new words with related meanings. (c) For example, the Latin word for "year" is "annus" from that the words "annual" and "anniversary" are derived. (d) Therefore, knowing the Latin roots can offer clues for deciphering English cognates of Latin words.

정답 p.63

CHAPTER 19 어순

기본기 다지기

1 문장 성분이나, 여러 가지 품사들이 일정한 순서대로 나열되어야 바른 문장이 되며, 이때의 일정한 순서를 '어순'이라고 합니다.

<u>Alice</u> <u>called</u> <u>her aunt</u>.   Alice는 그녀의 숙모에게 전화했다.
 주어   동사   목적어

I had <u>a</u> <u>very</u> <u>delicious</u> <u>meal</u>.   나는 정말 맛있는 식사를 했다.
     관사 부사   형용사   명사

2 문장은 종류에 따라 어순이 다릅니다.

① 평서문은 '주어 + 동사'를 기본 어순으로 합니다.

<u>Martin</u> <u>plays</u> the guitar.   Martin은 기타를 연주한다.
  주어   동사

② 명령문은 주어 You를 생략하고 동사원형으로 시작합니다.

(You) <u>Tell</u> me about your job.   당신의 직업에 대해 말해주세요.
       동사

③ 의문문은 조동사나 be동사가 주어 앞에 오고, 일반동사의 의문문은 do동사가 주어 앞에 오고, 주어 뒤에는 동사원형이 옵니다.

<u>Will</u> <u>you</u> let me know when you arrive?   당신이 언제 도착할지 저에게 알려 주시겠어요?
조동사 주어

<u>Are</u> <u>you</u> here to fix the electrical problem?   전기 문제를 고치러 여기 오셨나요?
be동사 주어

<u>Did</u> <u>Patricia</u> <u>move</u> to another department?   Patricia가 다른 부서로 이동했나요?
do동사   주어   동사원형

④ 감탄문에서는 '주어 + 동사' 앞에 'how/what + 감탄하는 내용'이 옵니다.

<u>How</u> <u>nice</u> <u>your parents</u> <u>are</u>!   당신의 부모님은 참 친절하군요!
How 형용사   주어   동사

3 수식하는 말은 수식받는 대상을 바로 앞뒤에서 수식합니다.

I went to a <u>very</u> <u>popular</u> <u>restaurant</u> <u>on the corner</u>.   나는 길모퉁이에 있는 매우 인기 있는 식당에 갔다.
            부사   형용사   명사   전치사구

1. 평서문·명령문의 어순

1 평서문의 어순

평서문은 문장의 다섯 가지 형식에 따라 문장 성분이 오는 순서가 다릅니다.

1형식: 주어 + 동사
The lecture began. 강의가 시작되었다.
　주어　　　동사

2형식: 주어 + 동사 + 보어
She is a singer. 그녀는 가수이다.
주어 동사　보어

3형식: 주어 + 동사 + 목적어
He writes poetry. 그는 시를 쓴다.
주어　동사　　목적어

4형식: 주어 + 동사 + 간접 목적어 + 직접 목적어
I gave you five dollars. 제가 당신에게 5달러를 드렸어요.
주어 동사 간접 목적어 직접 목적어

5형식: 주어 + 동사 + 목적어 + 목적격 보어
We think his plan a good idea. 우리는 그의 계획이 좋은 아이디어라고 생각해요.
주어　동사　목적어　　목적격 보어

2 평서문의 부정문 어순

평서문에 조동사가 있는 경우, 부정문은 '조동사 + not + 동사원형'의 순서로 옵니다.

The food may not be fully cooked yet. 음식이 아직 완전히 요리되지 않았을 수도 있다.
　　　조동사 + not + 동사원형

평서문에 일반동사가 있는 경우, 부정문은 'do / does / did + not + 동사원형'의 순서로 옵니다.

Brandon does not like to wear contacts. Brandon은 콘택트렌즈를 착용하는 것을 좋아하지 않는다.
　　　does + not + 동사원형

3 명령문의 어순

명령문은 주어 없이 동사원형으로 시작합니다.

Contact Mr. Williams at extension 52 for help with your account.
동사원형
귀하의 계정에 관한 도움을 받으시려면 내선 52번으로 Mr. Williams에게 연락하세요.

텝스 실전 확인 문제

PART 1 대화에 들어갈 적절한 답 고르기

A: Today's practice was tough. Is the coach punishing us for losing the last game?
B: _____ that's his intention.

(a) I not do think
(b) I think not do
(c) I think don't
(d) I don't think

정답 p.65

2. 의문문의 어순

1 의문문의 어순

조동사가 있는 의문문은 '(의문사 +) 조동사 + 주어 + 동사' 순서로 옵니다.

When does Maria finish work? Maria는 언제 일을 끝내나요?
의문사 조동사 주어 동사

Will you call me back after your rehearsal? 당신의 리허설이 끝난 뒤에 저에게 다시 전화해 주시겠어요?
조동사 주어 동사

조동사가 없는 의문문은 '(의문사 +) 동사 + 주어' 순서로 옵니다.

When is the match scheduled to begin? 언제 경기가 시작될 예정이죠?
의문사 동사 주어

Is Aaron your cousin on your mom's side? Aaron이 당신의 어머니 쪽 사촌인가요?
동사 주어

2 간접 의문문의 어순

간접 의문문은 직접 질문하지 않고 다른 문장 안에 포함되어 간접적으로 질문하는 의문문으로 '의문사 + 주어 + 동사' 순서로 옵니다.

Mr. Byron decided **when the conference would be held**. Mr. Byron은 언제 회의가 개최될지 결정했다.
의문사(when) + 주어(the conference) + 동사(would be held)

텝스 실전 확인 문제

PART 1 대화에 들어갈 적절한 답 고르기

A: Hi, I need someone to fix my computer.
B: OK, but can you first tell me _____?

(a) what is the problem concerning
(b) is the problem what concerning
(c) what the problem is concerning
(d) is what the problem concerning

정답 p.65

3. 감탄문의 어순

1 How 감탄문의 어순

How를 쓰는 감탄문은 'How + 형용사/부사 + 주어 + 동사' 순서로 옵니다.

How bright the sun is today! 오늘 태양이 매우 밝군요!
　How　형용사　주어　동사

How elegantly she dances! 그녀는 정말 우아하게 춤을 추네요!
　How　부사　주어　동사

2 What 감탄문의 어순

What을 쓰는 감탄문은 'What (+ a/an) + 형용사 + 명사 + 주어 + 동사' 순서로 옵니다.

What a cute puppy that is! 아주 귀여운 강아지네요!
　What　a　형용사　명사　주어 동사

What long hair she has! 그녀의 머리는 참 길군요!
　What　형용사　명사　주어　동사

텝스 실전 확인 문제

PART 1 대화에 들어갈 적절한 답 고르기

A: Ned seems depressed about getting laid off.
B: He's the family breadwinner, so I can imagine how _____.

(a) for it difficult he is
(b) he is difficult for it
(c) it is difficult for him
(d) difficult it is for him

정답 p.65

4. 명사를 수식하는 요소들의 어순

① (부사 +) 형용사 + 명사

부사, 형용사가 명사를 수식할 때에는 '(부사 +) 형용사 + 명사' 순서로 옵니다.

부사 + 형용사 + 명사   I like deliciously spicy food. 난 맛있게 매운 음식을 좋아한다.
                              부사   형용사 명사

형용사 + 명사   They are carrying a big crate. 그들은 큰 나무 상자를 옮기고 있다.
                                     형용사 명사

② 관사 / 소유격 / 지시형용사 (+ 부사) + 형용사 + 명사

관사 / 소유격 / 지시형용사가 부사, 형용사와 함께 명사를 수식할 때에는 '관사 / 소유격 / 지시형용사 (+ 부사) + 형용사 + 명사' 순서로 옵니다.

관사 (+ 부사) + 형용사 + 명사   That computer is a very old model.
                                                  관사 부사 형용사 명사
저 컴퓨터는 매우 오래된 모델이다.

소유격 (+ 부사) + 형용사 + 명사   John bought his new cell phone.
                                              소유격 형용사 명사
John은 그의 새 핸드폰을 샀다.

지시형용사 (+ 부사) + 형용사 + 명사   Just throw away those unused coupons.
                                                   지시형용사 형용사 명사
사용하지 않은 저 쿠폰들을 그냥 버리세요.

텝스 실전 확인 문제

PART 1 대화에 들어갈 적절한 답 고르기

A: Did you help Jacky move this weekend?
B: Yes. _____ is fantastic.

(a) Her new place   (b) Place her new
(c) New her place   (d) Her place new

정답 p.65

HACKERS PRACTICE

빈칸에 들어갈 적절한 보기를 고르세요.

01 How _____ Spanish!
(a) fluently he speaks
(b) he speaks fluently

02 With his skills as a pitcher, Keith could become _____.
(a) a very professional player
(b) a player very professional

03 _____ the printer if it won't cost that much to get it repaired?
(a) Why we should replace
(b) Why should we replace

04 The customers called over their waiter to ask why _____ late.
(a) their meals were
(b) were their meals

05 Ron drove to the airport quickly to _____ to spare before his flight boarded.
(a) give time himself
(b) give himself time

06 The Carlsbad Caverns are the site of _____ in southeastern New Mexico.
(a) a deep cave extremely
(b) an extremely deep cave

틀린 부분을 찾아 바르게 고치세요.

07 What clever jokes told he when he came to the party!

08 My teacher asked me when was the assignment going to be completed.

09 Security will let not visitors into the laboratory unless they have proper authorization.

10 They want to gauge how employee high morale is right now.

11 Mr. Porter said he had pretty a relaxing vacation when he went to the Bahamas last week.

12 Despite living in separate countries, Nathan considers a good friend Matthew.

HACKERS TEST

PART 1 대화에 들어갈 적절한 답을 고르세요.

01 A: Did your new GPS tracker help you when you went hiking?
B: Although I'm glad I brought it with me, _____.

(a) I not needed it
(b) I didn't need it
(c) I needed it not
(d) I needed not it

02 A: Let's go to the gym this afternoon.
B: Sure. I was thinking _____.

(a) about working out later today
(b) about later working out today
(c) working out later today about
(d) working out about later today

03 A: This gallery has a very peaceful atmosphere.
B: The lighting is what _____.

(a) very low key keeps it
(b) it keeps very low key
(c) low key it very keeps
(d) keeps it very low key

04 A: Do you know _____?
B: Go through the entrance and you'll find it just opposite the lobby.

(a) where is the souvenir shop
(b) the souvenir shop where is
(c) where the souvenir shop is
(d) the souvenir shop is where

05 A: I'm surprised Drew was able to fix the PC.
B: Well, he didn't seem _____ at first.

(a) how to go about it quite certainly
(b) certainly about it quite how to go
(c) quite certain about it how to go
(d) quite certain how to go about it

06 A: Why do you need me to leave my computer on when I'm done?
B: I will _____ after work.

(a) install computer programs a few
(b) install a few computer programs
(c) computer programs install a few
(d) a few computer programs install

07 A: _____ shame it is the speaker had to cancel.
B: Yes, and now we have to find a replacement.

(a) What real a
(b) How real a
(c) How a real
(d) What a real

08 A: I wish I _____ more free time to enjoy myself.
B: I agree. There's not nearly enough in the day.

(a) am
(b) have
(c) had
(d) will have

09 A: How is your company doing?
B: Not good. If profits don't improve soon, _____.

(a) end up the company in bankruptcy could
(b) the company could end up in bankruptcy
(c) could end up in bankruptcy the company
(d) in bankruptcy could end the company up

PART 2 서술문에 들어갈 적절한 답을 고르세요.

10 How best to interpret the American Constitution for the modern era is _____ among historians and analysts.

(a) a concern of great matter
(b) a great of matter concern
(c) a matter of great concern
(d) a matter of concern great

11 Success comes in time to _____.

(a) those who persevere in pursuing it
(b) it in persevering pursue those
(c) pursue it persevering in those
(d) persevere in those who pursuing it

12 While Vince is not very sociable, his coworkers have _____.

(a) always admired him for being hardworking
(b) always admired him be hardworking
(c) always admired him being for hardworking
(d) admired for him being always hardworking

13 The precautionary principle states that _____, it is better to do nothing if the possible outcome of an action is uncertain.

(a) causing harm to avoid
(b) causing to avoid harm
(c) to avoid causing harm
(d) to harm causing avoid

14 Missionaries from Europe had little influence _____.

(a) in Japan until the 16th century
(b) the 16th century until in Japan
(c) in the 16th century Japan until
(d) until in Japan the 16th century

15 The plaque is _____ for Marvin's 20 years of service to the company.

(a) an appreciation of token
(b) a token of appreciation
(c) a token appreciation of
(d) appreciation of a token

16 Much to the bewilderment of scientists, the Rocky Mountain locust, a once abundant insect, _____ in the late 1870s.

(a) became extinct totally
(b) became totally extinct
(c) totally extinct became
(d) extinct became totally

PART 3 대화 또는 지문에서 어법상 틀리거나 어색한 보기를 고르세요.

17 (a) A: I'm going to enroll in a driving school pretty soon.
(b) B: What a coincidence, so am I. When you are doing it?
(c) A: I'm thinking about registering next week. What about you?
(d) B: I plan to start by the end of this month.

18 (a) A: No matter what I do, I can't seem to improve my Spanish.
(b) B: Really? Well, I know a different few ways you could practice.
(c) A: Please tell me, because studying textbooks isn't working for me.
(d) B: One way is to watch Spanish TV shows and read the scripts.

19 (a) A: James, where are you heading off to in such a rush?
(b) B: The meeting. You didn't forget about it, did you?
(c) A: I didn't realize there one was until you brought it up.
(d) B: Oh, I feel sorry that I neglected to inform you about it.

20 (a) Mummies are icons of ancient history that have fascinated people for ages. (b) Although natural processes may result in accidental mummification, some ancient societies went to great lengths to ensure that the bodies of important individuals would not decay. (c) Generally, the preservation process involves the removal of moisture from the body, which is then in bandages wrapped and stored in an air-tight container. (d) Mummification is most common in regions with a dry, hot climate.

정답 p.67

CHAPTER 20 비교 구문

기본기 다지기

1 비교 구문은 둘 이상의 대상을 수량이나 성질 면에서 비교하는 구문이며, 다음 세 가지로 나뉩니다.

① 원급 구문은 두 대상이 동등함을 나타냅니다.
　　Harold is as fast as Nathan.　　Harold는 Nathan만큼 빠르다.

② 비교급 구문은 두 대상 중 하나가 우월함을 나타냅니다.
　　Donald is faster than Nathan.　　Donald는 Nathan보다 빠르다.

③ 최상급 구문은 셋 이상의 대상 중 하나가 가장 우월함을 나타냅니다.
　　Donald is the fastest runner on his team.　　Donald는 그의 팀에서 가장 빠른 달리기 주자이다.

2 원급, 비교급, 최상급에서 형용사와 부사는 각각 다른 형태를 가집니다.

① 1음절 단어 또는 -er, -y, -ow, -some으로 끝나는 2음절 단어

원급(일반형태)	비교급(원급 + er)	최상급(원급 + est)
small	smaller	smallest
busy	busier	busiest

② -able, -ful, -ous, -ive로 끝나는 2음절 단어 또는 3음절 이상의 단어

원급(일반형태)	비교급(more + 원급)	최상급(most + 원급)
beautiful	more beautiful	most beautiful
famous	more famous	most famous

③ 불규칙한 형태를 가지는 단어

원급	비교급	최상급
good/well	better	best
bad/ill	worse	worst
many/much	more	most
little	less	least
late	later/latter	latest/last

1. 원급·비교급·최상급

① 원급

원급 구문의 형태는 'as + 형용사/부사의 원급 + as'이며 '~만큼 -한'이라고 해석됩니다.

Chris finds biology as (~~more difficult~~, difficult) as algebra. Chris는 생물학이 대수학만큼 어렵다고 생각한다.
　　　　　　　　　　　비교급(X)　　원급(O)

② 비교급

비교급 구문의 형태는 '형용사/부사의 비교급 + than'이며 '~보다 -한'이라고 해석됩니다.

Hybrid cars are (~~efficient~~, more efficient) than regular cars.
　　　　　　　　원급(X)　　비교급(O)
하이브리드 자동차는 일반 자동차보다 더 효율적이다.

'훨씬 더'라는 의미로 비교급을 강조하는 부사에는 far, still, even, much가 있습니다.

Riding motorcycles is far more dangerous than driving cars.
　　　　　　　　　　　　　비교급
오토바이를 타는 것이 자동차를 타는 것보다 훨씬 더 위험하다.

③ 최상급

최상급 구문의 형태는 'the + 형용사/부사의 최상급 + of ~ / in ~ / that절'이며 '~에서 가장 -한'이라고 해석됩니다.

They are the (~~livelier~~, liveliest) children in the neighborhood. 그들은 이 근처에서 가장 활기가 넘치는 아이들이다.
　　　　　　　비교급(X)　최상급(O)

'단연코'라는 의미로 최상급을 강조하는 부사는 by far, quite가 있습니다.

The suite is by far the most expensive room in the hotel. 그 스위트룸은 단연코 그 호텔에서 가장 비싼 방이다.
　　　　　　　　　최상급

텝스 실전 확인 문제

PART 1 대화에 들어갈 적절한 답 고르기

A: It must be fun to work as a freelancer and be your own boss.
B: There definitely are benefits, but it's not as _____ as it sounds.

(a) easiest　　　　　(b) easier
(c) easily　　　　　 (d) easy

정답 p.69

2. 비교 구문을 포함한 표현

① 원급을 포함한 표현

원급을 포함한 표현을 알아둡니다.

> as quickly as possible 가능한 한 빨리(= as soon as possible)
> as ~ as can be 더없이 ~한

I will have your order shipped out as quickly as possible. 귀하의 주문 상품을 가능한 한 빨리 보내겠습니다.

Her parents are as nice as can be. 그녀의 부모님은 더없이 좋은 분들이다.

② 비교급을 포함한 표현

비교급을 포함한 표현을 알아둡니다.

> the + 비교급 + 주어 + 동사, the + 비교급 + 주어 + 동사 더 ~할수록, 더 ~하다

The earlier you go to sleep, the better you'll feel. 당신이 더 일찍 잠자리에 들수록, 기분이 더 나아질 것입니다.

③ 최상급을 포함한 표현

최상급을 포함한 표현을 알아둡니다.

> one of the + 최상급 가장 ~한 - 중 하나
> the world's + 최상급 세계에서 가장 ~한

Trains are one of the easiest ways to travel around Europe.
기차는 유럽 여행을 할 수 있는 가장 쉬운 방법 중 하나이다.

The electronics show is the world's largest event.
그 전자제품 쇼는 세계에서 가장 큰 행사이다.

텝스 실전 확인 문제

PART 2 서술문에 들어갈 적절한 답 고르기

The better the performance of its engine is, _____ a car will run.

(a) fast   (b) faster
(c) the faster   (d) it is faster

정답 p.69

HACKERS PRACTICE

빈칸에 들어갈 적절한 보기를 고르세요.

01 The weight of iron is significantly _____ than that of lead.
    (a) lighter   (b) light

02 The acclaimed director's new documentary is _____ his previous films.
    (a) as good as   (b) as better as

03 The east coast of the US is _____ than the west coast because of its climate.
    (a) windy   (b) windier

04 Having broken all previous records, Yu-Na Kim is considered the _____ female figure skater.
    (a) greater   (b) greatest

05 Miriam felt _____ healthier after she had completed her exercise program.
    (a) so   (b) much

06 One of the _____ forms of jazz is Ragtime.
    (a) earliest   (b) earlier

틀린 부분을 찾아 바르게 고치세요.

07 The more questions Silvia answered on the test, the most difficult they became.

08 The library is older building in Brunswick, having been built more than 200 years ago.

09 Most citizens in the coastal area agree that this winter was colder rather than usual.

10 Pachelbel's Canon is the world's more frequently played song at wedding ceremonies.

11 Guests are asked to arrive early as possible for the fashion show.

12 The faster the accountants finish their work, the sooner can they leave the office for the day.

HACKERS TEST

PART 1 대화에 들어갈 적절한 답을 고르세요.

01 A: How is your organic chemistry class?
B: It is my _____ favorite this semester.

(a) little (b) less
(c) lesser (d) least

02 A: I thought learning German would be difficult.
B: I know. It is _____ easier than I thought.

(a) much (b) very
(c) more (d) such

03 A: It seems like the amount of work this week keeps piling up.
B: I agree. Today was _____ yesterday.

(a) hectic rather than more
(b) more as hectic than
(c) more hectic than
(d) as hectic more than

04 A: I love that it's 8 pm and the sun's still out.
B: Yes, in the summer, it sets _____ later than it usually does.

(a) far (b) too
(c) such (d) very

05 A: I hear the power interruptions at work will last two more days.
B: But I hope we'll have _____ problems tomorrow than we had today.

(a) few (b) fewer
(c) the fewer (d) more fewer

06 A: The band's drummer is also the vocalist?
B: Yes. He's as well-known for singing _____ he is for playing the drums.

(a) so (b) for
(c) as (d) than

PART 2 서술문에 들어갈 적절한 답을 고르세요.

07 The exam lasted _____ the students expected.

(a) as long than (b) than longer
(c) longer than (d) more than long

08 During his vacation last summer, Ian _____ wake up early every day and jog along the beach.

(a) can (b) will
(c) might (d) would

09 _____ islands in the world, Bali is known for its rich culture and complex art forms.

(a) The one beautiful of most
(b) One of the most beautiful
(c) The most beautiful one of
(d) One most beautiful of the

10 In most temperate climates, the more humid the air becomes, _____ for rainfall to occur.

(a) it is the more likely
(b) it the more is likely
(c) the more likely it is
(d) more it likely is

11 The Great Pyramids of Giza in Cairo _____ to house the corpses of the rulers of ancient Egypt.

(a) will have been constructed
(b) will be constructed
(c) were constructed
(d) are constructed

12 The new notebook computer has a titanium case that is _____ than previous ones.

(a) more designed to be durable
(b) designed more to be durable
(c) durable to be more designed
(d) designed to be more durable

13 Fishermen contend that their job is _____ other occupations, despite much evidence to the contrary.

(a) more not risky than is
(b) no more risky than
(c) risky no more than is
(d) not risky more than

14 Kernel Crunchy markets several snack products, all _____ come in resealable packages.

(a) of which   (b) of whom
(c) that   (d) them

15 The big bang theory is the most popular explanation for the origin of the universe, _____ a single point from which the universe expanded.

(a) to be describe
(b) describing
(c) have described
(d) have been described

16 Palladium is _____ the metals that belong to the platinum group of elements.

(a) the least dense of
(b) of the least dense
(c) the dense least of
(d) dense least the of

17 The participants of the race found the winding, mazelike course as complicated _____.

(a) as can be   (b) as can be it
(c) it can be   (d) it can be as

PART 3 대화 또는 지문에서 어법상 틀리거나 어색한 보기를 고르세요.

18 (a) A: Have you picked up Amy Rossi's latest album yet?
(b) B: No. I haven't had enough time to visit the music store.
(c) A: You should hurry. It's selling fast than her previous album.
(d) B: Uh oh, I hope it doesn't sell out before I can get a copy.

19 (a) The mayor unveiled his plan to address the city's financial problems at a press conference this morning. (b) It includes most extensive cuts to the city budget than many analysts had originally predicted. (c) If the plan is approved by city council, the hours of operation for facilities such as libraries, community centers, and public parks will be reduced significantly. (d) In addition, it is likely that a large number of city employees will lose their jobs.

20 (a) Many of us make it a point to cultivate our own personal fashion style. (b) As I see things, it is never a good idea to fall prey to the fashion trends that come and go like clockwork every season. (c) Simple things like comfort and quality is much more important than following the latest fad. (d) If you simply buy clothes with a classic look, you can rest assured that you'll never be out of style.

CHAPTER 21 생략·대용/도치

기본기 다지기

1. 같은 어구가 반복될 때, 반복을 피하기 위해 반복되는 어구 자체를 삭제하는 것을 생략, 다른 말로 대신하는 것을 대용이라고 합니다.

   ① 생략: 반복되는 어구를 완전히 지웁니다.

   Lindsay joined the company before David joined the company.
   Lindsay는 David가 입사하기 전에 입사했다.

   → Lindsay joined the company before David. Lindsay는 David 전에 입사했다.

   ② 대용: 반복되는 어구를 하나의 다른 단어로 대신합니다.

   Nick expects that it'll rain soon, but I don't think that it'll rain soon.
   Nick은 곧 비가 올 것이라고 예상하지만, 나는 곧 비가 올 것이라고 생각하지 않는다.

   → Nick expects that it'll rain tomorrow, but I don't think so.
   Nick은 곧 비가 올 것이라고 예상하지만, 나는 그렇게 생각하지 않는다.

2. 주어와 동사의 위치가 바뀌는 현상을 도치라고 하며, 도치는 주로 특정 말을 강조하고자 문장의 맨 앞으로 이동시켰을 때 일어납니다.

   Janet was never hungrier than when she dieted.
   　주어　동사

   Never was Janet hungrier than when she dieted.
   　　　 동사　주어
   Janet은 다이어트했을 때보다 더 배고팠던 적이 없었다.

   조동사(have/be동사 포함)가 있는 경우 조동사는 주어 앞으로 나가지만, 조동사 없이 일반동사만 있을 경우에는 do동사(do/does/did)가 앞으로 나가고 그 자리에 있던 일반동사는 원형으로 바뀝니다.

   The train will depart only after the doors are closed. 문이 닫힌 이후에만 기차가 출발할 것이다.

   → Only after the doors are closed will the train depart.

   Katherine rarely gets mad. Katherine은 거의 화를 내지 않는다.

   → Rarely does Katherine get mad.

1. 동사와 to 부정사의 생략·대용

1 동사의 생략

조동사 뒤에서 앞에 나온 말이 반복되면, 조동사까지만 쓰고 반복되는 말은 생략합니다.

A: Do you drive to work? 운전해서 출근하시나요?

B: No, I don't drive to work. 아니요, 저는 운전해서 출근하지 않아요.
　　　조동사　　반복되는 말

→ No, I don't. 아니요, 그렇지 않아요.
　　　　조동사

➔ 조동사 don't 뒤에서 앞에 나온 drive to work가 반복되므로, don't까지만 쓰고 나머지는 생략합니다.

2 동사의 대용

일반동사 이하에서 앞에 나온 말이 반복되면, 동사는 do / does / did로, 동사 뒤에 나오는 말은 so로 대신합니다. 이 때 so는 생략할 수 있습니다.

Alex bought the shirt after his friend bought the shirt. Alex는 그의 친구가 그 셔츠를 산 후에 그 셔츠를 샀다.
　　　　　　　　　　　　　　　　　반복되는 말

→ Alex bought the shirt after his friend did (so). Alex는 그의 친구가 그렇게 한 후에 그 셔츠를 샀다.

➔ after절의 주어 his friend 다음의 일반동사 bought 이하에서 앞에 나온 the shirt가 반복되므로, 동사 bought는 did로, 동사 뒤에 나오는 the shirt는 so로 대신합니다. 이때, so는 생략할 수 있습니다.

3 to 부정사의 대용

to 부정사의 to 뒤에서 앞에 나온 말이 반복되면 to로 대신합니다.

A: How about playing tennis today? 우리 오늘 테니스 치는 건 어때요?

B: If I have time, I'd like to play tennis today. 만약 시간이 있다면, 오늘 테니스 치고 싶어요.
　　　　　　　　　to 부정사의 to　　반복되는 말

→ If I have time, I'd like to. 만약 시간이 있다면, 그러고 싶어요.

➔ to 부정사 to play의 to 뒤에서 앞에 나온 play tennis today가 반복되므로 to로 대신합니다.

텝스 실전 확인 문제

PART 1 대화에 들어갈 적절한 답 고르기

A: Let's hang out after school.
B: I'd _____, but I have to get home early to finish my essay.

(a) like　　　　　　　　　(b) like to
(c) like to do　　　　　　(d) like doing

정답 p.72

2. 절의 대용

1 절 대용

hope, think 등의 동사 뒤에서 앞에 나온 말이 that절로 반복될 때, that절이 긍정문이면 so로, 부정문이면 not으로 대신합니다.

A: Did the mailman come? 우편 집배원이 왔었나요?

B: I think that the mailman came. 우편 집배원이 왔다고 생각해요.
　　　　　　　긍정문
→ I think so. 그런 것 같아요.

➔ think 뒤의 that절에서 앞에 나온 the mailman came이 긍정문인 that절로 반복되므로, so로 대신합니다.

A: Did the mailman come? 우편 집배원이 왔었나요?

B: I think that the mailman did not come. 우편 집배원이 아직 안 왔다고 생각해요.
　　　　　　　부정문
→ I think not. 그러지 않은 것 같아요.

➔ think 뒤의 that절에서 앞에서 나온 the mailman did not come이 부정문인 that절로 반복되므로, not으로 대신합니다.

텝스 실전 확인 문제

PART 1 대화에 들어갈 적절한 답 고르기

A: How does the weather look for tomorrow's baseball game?
B: Well, I heard it's supposed to rain, but I really ＿＿＿＿＿＿.

(a) hope not　　　　　(b) don't hope it
(c) hope it not　　　　(d) hope not rain

정답 p.72

3. 조동사 도치 (1): 부정·제한의 부사구

1 부정을 나타내는 부사(구) + 조동사 + 주어 + 동사

부사 hardly, scarcely, little, never, nor, not until과 같은 부정을 나타내는 부사(구)가 강조되어 절의 맨 앞에 나올 때, 주어와 조동사는 도치되어 '부정을 나타내는 부사(구) + 조동사 + 주어 + 동사'의 어순이 됩니다.

<u>You will hardly feel</u> the cold when you start skiing.
　주어 조동사 부사 　동사

→ <u>Hardly you will feel</u> the cold when you start skiing. [X]
　　부사 　주어 조동사 동사

→ <u>Hardly will you feel</u> the cold when you start skiing. [O]
　　부사 조동사 주어 동사
　　스키를 타기 시작하면 당신은 거의 추위를 느끼지 못할 것이다.

➜ 부정을 나타내는 부사 Hardly가 강조되어 절의 맨 앞에 나왔으므로 주어 you와 조동사 will이 도치되어 Hardly will you feel의 순서로 와야 합니다.

2 제한을 나타내는 부사(구) + 조동사 + 주어 + 동사

only, not only와 같은 제한을 나타내는 부사(구)가 강조되어 절의 맨 앞에 나올 때, 주어와 조동사는 도치되어 '제한을 나타내는 부사(구) + 조동사 + 주어 + 동사'의 어순이 됩니다.

<u>The audience should applaud only after the performance</u>.
　주어 　　　조동사 　동사 　　　　　부사구

→ <u>Only after the performance the audience should applaud</u>. [X]
　　　　부사구 　　　　　주어 　　조동사 　동사

→ <u>Only after the performance should the audience applaud</u>. [O] 관객들은 공연 후에만 박수를 쳐야 한다.
　　　　부사구 　　　　　조동사 　　주어 　　동사

➜ 제한을 나타내는 부사구 Only after the performance가 강조되어 절의 맨 앞에 나왔으므로 주어 the audience와 조동사 should가 도치되어 Only after the performance should the audience applaud의 순서로 와야 합니다.

텝스 실전 확인 문제

PART 2 서술문에 들어갈 적절한 답 고르기

Cocktails were first invented in the early 19th century, but _____ been more popular than they are today.

(a) these drinks never have　　(b) have these drinks never
(c) never have these drinks　　(d) never these drinks have

정답 p.72

Chapter 21 생략·대용/도치　**173**

4. 조동사 도치 (2): so / neither

① So + 조동사 + 주어

긍정문에 대해 '~ 역시 그렇다'고 대답할 때, so가 절의 맨 앞에 오면 주어와 조동사는 도치되어 'So + 조동사 + 주어'의 어순이 됩니다.

A: I'll exercise regularly once the weather improves. 날씨가 좋아지기만 하면 전 규칙적으로 운동할 거예요.

B: <u>So I will.</u> [X]
    So 주어 조동사

  <u>So will I.</u> [O] 저도 역시 그래요.
    So 조동사 주어

→ 긍정문 I'll exercise regularly once the weather improves에 대해 '나도 역시 그렇다'라고 대답하면서 So가 절의 맨 앞에 왔으므로 주어 I와 조동사 will이 도치되어 So will I의 순서로 와야 합니다.

② Neither + 조동사 + 주어

부정문에 대해 '~ 역시 그렇다'고 대답할 때, neither가 절의 맨 앞에 오면 주어와 조동사가 도치되어 'Neither + 조동사 + 주어'의 어순이 됩니다.

A: I didn't have coffee today. 저는 오늘 커피를 안마셨어요.

B: <u>Neither I did.</u> [X]
    Neither 주어 조동사

  <u>Neither did I.</u> [O] 저도 역시 그래요.
    Neither 조동사 주어

→ 부정문 I didn't have coffee today에 대해 '나도 역시 그렇다'고 대답하면서 Neither가 절의 맨 앞에 왔으므로 주어 I와 조동사 did가 도치되어 Neither did I의 순서로 와야 합니다.

텝스 실전 확인 문제

PART 1 대화에 들어갈 적절한 답 고르기

A: I was never good at sports when I was a kid.
B: Really? _____.

(a) Neither was I   (b) Neither I was
(c) So was I   (d) So I was

정답 p.72

HACKERS PRACTICE

빈칸에 들어갈 적절한 보기를 고르세요.

01 Never _____ her son was capable of committing a crime.
(a) the mother did believe
(b) did the mother believe

02 Hanna did not appreciate the waiter's rudeness and _____.
(a) neither did I
(b) neither I did

03 Since I had spent all my money on the movie tickets, I'd hoped my friend would buy the popcorn, but he _____.
(a) didn't
(b) didn't buy

04 Jane is planning to graduate from law school in the fall and _____.
(a) so I am
(b) so am I

05 Greta doesn't know if she can attend the party tomorrow, but she _____.
(a) wants to
(b) wants to do

06 Only after the presentation _____ questions to the panelists.
(a) can people ask
(b) people asked

틀린 부분을 찾아 바르게 고치세요.

07 The company predicts sales will fall because of the product's poor reviews, but I hope it.

08 Cory thinks classical music is soothing, but Sandy doesn't so think, as she prefers jazz.

09 When the meeting began, the employees greeted the client after the CEO did greet.

10 Only with the flash off visitors are allowed to take photos of the museum's various exhibits.

11 Our store does not offer refunds, nor we allow customers to exchange items.

12 ProShot released a new digital camera after its competitor did release.

HACKERS TEST

PART 1 대화에 들어갈 적절한 답을 고르세요.

01 A: I'm worried about failing tomorrow's test.
B: I'm _____, so I plan to stay up all night studying.

(a) determined not to
(b) determined to do not
(c) determined not to do
(d) determined to not

02 A: What did you think of the movie last night?
B: I thought it was great. _____, too.

(a) So thought my husband
(b) My husband thought so
(c) So my husband thought
(d) Thought so my husband

03 A: Is your article going to appear in the newspaper?
B: I expect it _____ tomorrow.

(a) will be going   (b) will go
(c) will be   (d) will

04 A: Do you need to go to the library to do research for your essay?
B: I don't _____. I already found all the materials I need.

(a) have going   (b) have to do
(c) have to   (d) have

05 A: What did you think of the applicant?
B: _____ with honors, but he interned at a notable company.

(a) He only graduated not with
(b) Not only he graduated
(c) Not only did he graduate
(d) He graduated not only

06 A: I can't believe you tripped while walking onto the stage!
B: _____ than at that moment.

(a) Never have I been more embarrassed
(b) I have been more embarrassed never
(c) Never I have more been embarrassed
(d) I have never embarrassed been more

PART 2 서술문에 들어갈 적절한 답을 고르세요.

07 Some investors believe that the price of oil will stay above $65 a barrel, but many analysts _____.

(a) don't think so   (b) think don't so
(c) don't think   (d) think it don't

08 Most employees will never take advantage of company training programs, even though they really _____.

(a) should be   (b) should do
(c) should have   (d) should

09 The audience members seated in the back row could not see the stage very well, nor _____ they hear what the actors were saying.

(a) could have been   (b) could
(c) could be   (d) could do

10 _____ their tent at the campsite when it started to rain heavily.

(a) They had put up hardly
(b) Hardly they had put up
(c) They hardly put up had
(d) Hardly had they put up

11 The diplomat did not remove his shoes upon entering a traditional Japanese restaurant because he was unaware that he _____.

(a) needed to do
(b) needed to
(c) needed
(d) need

12 Ancient Greece played a large role in shaping Western civilization and so _____ the Roman Empire.

(a) did play
(b) did
(c) plays
(d) did too

13 Carl Jung did not fully agree with Sigmund Freud's theory on human behavior and _____ of Vienna's medical establishment.

(a) neither did many members disagree
(b) many members disagreed neither
(c) neither many members did
(d) neither did many members

14 _____ that her company would be bought out by a major competitor the following year.

(a) Little knew did Alexis
(b) Little did Alexis know
(c) Did Alexis know little
(d) Alexis little did know

15 Tonight's performance of the play was much better than _____.

(a) it was the last time
(b) was it the last time
(c) the last time it was
(d) it the last time was

16 The company president has yet to arrive at the meeting and _____.

(a) neither have his assistants
(b) his assistants have neither
(c) either have his assistants
(d) his assistants have either

17 The new Italian restaurant is receiving rave reviews due to its service being _____.

(a) than of nearby restaurants faster
(b) faster than that of nearby restaurants
(c) faster that of nearby restaurants than
(d) than nearby restaurants faster

18 Having no concerts planned for Thailand, the band stated that only if there were significant public demand _____.

(a) they performed there
(b) they would perform there
(c) would perform there
(d) would they perform there

PART 3 대화 또는 지문에서 어법상 틀리거나 어색한 보기를 고르세요.

19 (a) A: I'm not usually a big fan of hot spring resorts, but I'm amazed at how it is nice here.
(b) B: What I like most is that the springs are very large, unlike the others I have been to.
(c) A: Yeah. I read good reviews about this place, but I'm even more impressed than I expected to be.
(d) B: Be sure to thank my sister when we get back home, since she was the one who recommended this resort.

20 (a) The town of Sayville is known for its pristine image, with streets and parks kept clean and orderly. (b) However, tough economic times have caused the local government to impose budgetary restrictions. (c) Last year's budget cuts resulted in a lack of funds to continue maintaining Sayville's condition. (d) Only recently there has been an effort by the town council to solicit the help of volunteers.

정답 p.73

시험에 나올 문제를 미리
풀어보고 싶을 땐?

해커스텝스(HackersTEPS.com)에서
텝스 적중예상특강 보기!

해커스 텝스 중급 문법

ACTUAL TEST

DIRECTIONS
This part of the exam tests your grammar skills. You will have 15 minutes to answer 30 questions. Make sure to follow the directions given by the proctor.

Part I Questions 1~10

Choose the best answer for the blank.

1. A: Did Jim say whether he was coming to the party?
   B: I'm not sure. I don't remember him _____ so.
   (a) say
   (b) saying
   (c) to say
   (d) was saying

2. A: The ambience here is good, but the food is a bit bland.
   B: You're right. We _____ have eaten at another café instead.
   (a) should
   (b) would
   (c) must
   (d) will

3. A: How was your biology exam?
   B: It may have been the _____ test I've ever taken.
   (a) hardest
   (b) harder
   (c) hardly
   (d) most hardest

4. A: It looks like the new library is almost finished.
   B: Yes, but they expect it will take one week to complete _____ of the work.
   (a) rest
   (b) a rest
   (c) the rest
   (d) any rest

5. A: Have you gotten confirmation for your leave request yet?
   B: I _____ ask the manager this morning, but it's his day off.
   (a) have been planning to
   (b) was planning to
   (c) will be planning to
   (d) am planning to

6. A: I didn't see you at the meeting this morning.
   B: If _____ we were having one, I would have come earlier.
   (a) I know
   (b) I'll know
   (c) I've known
   (d) I'd known

7. A: That sure was a disappointing boxing match.
   B: It was certainly _____ the champion.
   (a) I didn't expect from that
   (b) that I didn't expect from
   (c) what I expected from not
   (d) not what I expected from

8. A: I enjoy reading Allison's blog.
   B: Me too. She always _____.
   (a) has a lot of interesting news to share
   (b) interesting news has to share a lot of
   (c) a lot of interesting has to share news
   (d) a lot of news interesting has to share

9. A: When do the new employee guidelines take effect?
   B: _____ the CEO has yet to review them, they are liable to change.
   (a) For
   (b) Since
   (c) With
   (d) As long as

10. A: You really ought to wear a warmer jacket.
    B: Everybody keeps saying that, but I don't _____.
    (a) need to
    (b) need to do
    (c) needs to
    (d) needs to do

Part II Questions 11~25

Choose the best answer for the blank.

11. Weighing over a thousand pounds, the Cape buffalo is _____ in Africa.
    (a) the one animals most of dangerous
    (b) one of the most dangerous animals
    (c) one animals of the most dangerous
    (d) the one of most dangerous animals

12. Located 300 miles _____ the outskirts of Los Angeles, Las Vegas is a common weekend destination.
    (a) through
    (b) beside
    (c) from
    (d) above

13. _____ helps enhance the flavor of tomato-based pasta dishes.
    (a) Red wine of the somewhat robust taste
    (b) The somewhat robust taste of red wine
    (c) The taste somewhat robust of red wine
    (d) Taste somewhat red wine robust of the

14. The board is happy to reveal that, after much deliberation, a decision _____ regarding the proposal.
    (a) has been made
    (b) was being made
    (c) had made
    (d) has made

15. Economists predict consumers will likely _____ more this holiday season than they did last year.
    (a) be spending
    (b) spent
    (c) have been spent
    (d) had spent

16. Sleeping deeply _____ brain activity, which may result in vivid dreams and rapid eye movement.
    (a) stimulate
    (b) stimulates
    (c) is stimulating
    (d) are stimulating

17. The company made calls to several customers to _____.
    (a) apologizing the delay
    (b) apologizing for the delay
    (c) apologize for the delay
    (d) apologize the delay

18. The team requested an extension to the deadline because they needed _____ several more tests.
    (a) conduct
    (b) conducts
    (c) to conduct
    (d) conducted

19. The graduate school's literature programs offer courses that are similar to _____ of its undergraduate program.
    (a) that
    (b) this
    (c) those
    (d) these

20. Only wealthy samurai could afford to wear the intricately _____ Japanese armor called O-yoroi.
    (a) design
    (b) designs
    (c) designed
    (d) designing

21. Flights to Denmark are currently cheaper than the cost of airfare to _____ destinations.

    (a) another
    (b) such other
    (c) the others
    (d) other

22. There is a debate among lawmakers as to _____ prisoners should have the right to vote.

    (a) whether
    (b) with which
    (c) whom
    (d) that

23. Modern espresso machines brew coffee beverages _____ decades ago.

    (a) in the same manner they did
    (b) they did in the same manner
    (c) in the same manner did they
    (d) did they in the same manner

24. The flat-four engine _____ in 1926 to provide automobiles with a balanced and easily cooled engine.

    (a) is designed
    (b) is being designed
    (c) had designed
    (d) was designed

25. Roger was disappointed that he _____ selected to receive a free business class upgrade on his flight.

    (a) is not being
    (b) has not been
    (c) had not been
    (d) was not being

Part III Questions 26~30

Identify the option that contains an awkward expression or an error in grammar.

26. (a) A: That's the front desk clerk which helped us when we checked in.
    (b) B: We're supposed to give him a tip for bringing our luggage upstairs, right?
    (c) A: Right. Do you think five dollars is fair, or is that not enough?
    (d) B: Since he was really helpful, I think we ought to give him a little more.

27. (a) A: Here's a list of things you'll need to bring on the weekend trip.
    (b) B: Thanks. I plan on getting all of my things organized this evening.
    (c) A: Also, be sure to arrive at the meeting place on time so that we can leave prompt at eight o'clock.
    (d) B: Don't worry, I'll get there early. I wouldn't want to hold up the trip.

28. (a) While exploring South Australia's Ediacara Hills in 1946, Reginald Sprigg found fossilized imprints of soft-bodied creatures. (b) The fossils represented some of the earliest known animal species, date back 570 million years. (c) Nowhere in the world had such an assemblage of fossils been found. (d) Because of Sprigg's discovery, the "Ediacaran Period" was added to the geologic time scale in 2004.

29. (a) The Kwakwaka'wakw is an indigenous group in British Columbia, Canada, comprising several tribes, the most famous of which is the Kwakiutl. (b) The Kwakiutl tribe is prominent because it was the subject of the ethnographic studies of anthropologist Franz Boas. (c) Being the subject of Boas' research, the Kwakiutl is said to have contributed much to the early development of anthropology as an academic discipline. (d) The Kwakiutl people traditionally live in isolated rural communities, but many have recently moved to large cities to benefit with better access to social services.

30. (a) Peanut allergies are a common type of food allergy. (b) Reactions in individuals with peanut allergies can vary, and symptoms may range from very mild to life-threatening. (c) Ingestion of peanuts and other products containing nuts is the most frequent case of allergy symptoms. (d) However, if severely allergic individuals inhaled peanut allergens, they may develop a reaction even without direct contact.

텝스 문법의 중급 학습서

해커스 텝스 중급 문법

개정 2판 12쇄 발행 2026년 1월 5일
개정 2판 1쇄 발행 2018년 5월 8일

지은이	David Cho ｜ 언어학 박사, 前 UCLA 교수
펴낸곳	(주)해커스 어학연구소
펴낸이	해커스 어학연구소 출판팀

주소	서울특별시 서초구 강남대로61길 23 (주)해커스 어학연구소
고객센터	02-537-5000
교재 관련 문의	publishing@hackers.com
동영상강의	HackersIngang.com

ISBN	978-89-6542-255-6 (13740)
Serial Number	02-12-01

저작권자 ⓒ 2018, David Cho
이 책의 모든 내용, 이미지, 디자인, 편집 형태에 대한 저작권은 저자에게 있습니다.
서면에 의한 저자와 출판사의 허락 없이 내용의 일부 혹은 전부를 인용, 발췌하거나 복제, 배포할 수 없습니다.

텝스 전문 포털,
해커스텝스(HackersTEPS.com)
해커스 텝스

- 매달 업데이트 되는 스타강사의 **텝스 무료 적중예상특강**
- 문법, 독해, 어휘, 청해 문제를 꾸준히 풀어보는 **매일 실전 텝스 문제**
- **텝스 보카 암기 TEST** 및 **텝스 단어시험지 자동생성기** 등 무료 학습 콘텐츠

외국어인강 1위,
해커스인강(HackersIngang.com)
해커스 인강

- 텝스를 분석 반영한 **온라인 실전모의고사**
- 텝스 시험에 나올 어휘를 정리한 **단어암기장**
- 해커스 스타강사의 **본 교재 인강**

[외국어인강 1위] 헤럴드 선정 2018년 대학생 선호브랜드 대상 '대학생이 선정한 외국어인강' 부문 1위

1위 해커스의 노하우가 담긴
해커스텝스 무료 학습 자료

[해커스어학원] 2015 대한민국 퍼스트브랜드 대상 외국어학원 부문(한국소비자포럼)

1 매일 업데이트되는 텝스 실전문제로 시험 대비
매일 텝스 풀기
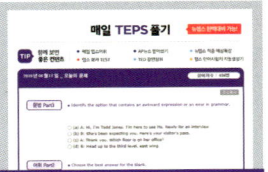

2 16년 연속 베스트셀러 1위 해커스텝스의 비법 수록
텝스 리딩 무료강의
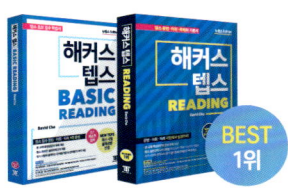

3 1위 해커스 스타 강사진의
텝스 적중예상특강으로 고득점 달성
텝스 적중예상특강

청해 강로사 문법 설미연 독해 손승미

4 텝스 필수 기출 어휘 학습
매일 텝스 어휘
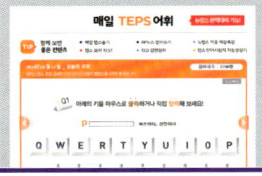

5 텝스 최신 기출 어휘를 꼼꼼하게 복습
해커스 텝스 기출 보카 TEST

[해커스 어학연구소] 알라딘 외국어 베스트셀러 텝스 Reading/Listening 분야 16년 연속 1위
(2008년 11월~2024년 9월, 월간 베스트 기준, READING 154회, LISTENING 191회, 구문독해 37회)

더 많은 텝스 무료자료는 해커스텝스 검색 에서 확인하세요. 해커스텝스 바로가기

텝스 문법의 중급 학습서

해커스
텝스
중급
문법

해설집

정답·해석·해설

해커스 텝스 중급 문법

해설집

정답·해석·해설

CHAPTER 01 주어·동사 / 목적어·보어 / 수식어

텝스 실전 확인 문제

1. 주어 자리 (c) p.19

해설 문장에 동사(will get)는 있지만 주어가 없으므로 빈칸은 주어 자리입니다. 따라서 주어 자리에 올 수 있는 동명사 (c) Exercising이 정답입니다.

해석 A: Jill이 이제부터 규칙적으로 운동하겠다고 결심했다는 것을 들었나요?
B: 그거 잘됐네요. 운동하는 것이 그녀를 건강하게 해줄 거예요.

어휘 regularly [régjulərli] 규칙적으로 in shape 건강하게

2. 동사 자리 (b) p.20

해설 Since가 있는 절에 주어(the medication)는 있지만 동사가 없으므로 빈칸은 동사 자리입니다. 따라서 동사 (b) induces가 정답입니다.

해석 그 약은 졸음을 유발하기 때문에, 사람들은 그것을 복용한 후에 운전하는 것을 피해야 한다.

어휘 medication [mèdəkéiʃən] 약 drowsiness [dráuzinis] 졸음
avoid [əvɔ́id] 피하다 induce [indjúːs] 유발하다

3. 목적어 자리 (c) p.21

해설 빈칸은 동사('m expecting)의 목적어 자리입니다. 따라서 목적어 자리에 올 수 있는 to 부정사 (c) to graduate이 정답입니다.

해석 A: 너는 몇 학기나 더 남았어?
B: 두 학기. 내년 봄에 졸업할 것으로 예상하고 있어.

어휘 semester [siméstər] 학기 graduate [grǽdʒuèit] 졸업하다

4. 보어 자리 (a) p.22

해설 빈칸은 동사(remain)의 보어 자리입니다. 따라서 보어 자리에 올 수 있는 형용사 (a) silent가 정답입니다.

해석 A: 제 두 친구가 지금 다투고 있는데 제가 뭘 해야 할지 모르겠어요.
B: 제 생각에 당신은 조용히 있으면서 그 둘이 그것을 해결하도록 두는 것이 최선이에요.

어휘 argue [áːrgjuː] 다투다 handle [hǽndl] 해결하다

5. 수식어 자리 (c) p.23

해설 주어(I), 동사(ripped), 목적어(them)를 갖춘 완전한 문장이 왔으므로 빈칸 이하(____ ~ fence)는 수식어 자리입니다. 따라서 수식어 자리에 올 수 있는 분사 (c) trying이 정답입니다. 동사인 (a), (b), (d)는 수식어 자리에 올 수 없으므로 오답입니다.

해석 A: 당신 청바지에 무슨 일이 있었던 거예요?
B: 담장에 오르려다가 바지가 찢어졌어요.

어휘 rip [rip] 찢다 climb [klaim] 오르다 fence [fens] 담장

6. 가짜 주어 구문 (c) p.24

해설 문맥상 '~할 시점이 있을 것이다'라는 의미가 되어야 하므로 '~이 있다'를 뜻하는 가짜 주어 there 구문이 와야 합니다. 따라서 '가짜 주어(there) + 동사(will be) + 진짜 주어(a point)'의 어순을 포함한 (c) there will be a point when이 정답입니다.

해석 A: 우리 딸은 너무 수줍음이 너무 많아서 걱정이에요.
B: 그 애가 좀 더 자신감이 있게 될 시점이 있을 거라 확신해요.

어휘 shy [ʃai] 수줍음이 많은, 부끄럼을 타는
confident [kánfədənt] 자신감 있는, 자신이 있는

HACKERS PRACTICE p.25

01 (b)   02 (a)   03 (b)   04 (a)   05 (a)
06 (a)   07 look → to look
08 easily → easy   09 exercise → to exercise
10 disagreement was → was disagreement
11 safely → safe   12 deliver → delivered

01

해설 빈칸은 동사(get)의 목적어 자리입니다. 따라서 목적어 자리에 올 수 있는 명사 (b) allowance가 정답입니다.

해석 Dave는 성적이 좋아질 때까지 용돈을 받지 못할 것이다.

어휘 grade [greid] 성적 allowance [əláuəns] 용돈

02

해설 문장에 주어(A hurricane)는 있지만 동사가 없으므로 빈칸은 동사 자리입니다. 따라서 동사 (a) leaves가 정답입니다

해석 폭풍은 종종 한 지역을 며칠 동안 물에 잠기게 한다.

어휘 flood [flʌd] 물에 잠기게 하다 several [sévərəl] 몇몇의
leave [liːv] (어떤 상태·장소 등에 계속) 있게 만들다

03

해설 문장에 동사(can be)는 있지만 주어가 없으므로 빈칸은 주어 자리입니다. 따라서 주어 자리에 올 수 있는 동명사 (b) Driving이 정답입니다.

해석 그 시간대에 교통량이 가장 많기 때문에, 교통이 혼잡한 시간에 운전하는 것은 매우 스트레스가 될 수 있다.

어휘 rush hour (출·퇴근시의) 혼잡한 시간
stressful [strésfəl] 스트레스가 되는, 스트레스가 많은

04

해설 빈칸은 동사(sounds)의 보어 자리입니다. 따라서 보어 자리에 올 수 있는 형용사 (a) familiar가 정답입니다.

해석 뚜렷하게 들리지는 않아도, 라디오에서 나오는 노래가 익숙하게 들린다.

어휘 clearly [klíərli] 뚜렷하게 familiar [fəmíljər] 익숙한

05
해설 주어(The team of electricians), 동사(is taking), 목적어(a break)를 갖춘 완전한 문장이 왔으므로 빈칸을 포함한 부분(____ on the elevators)은 수식어 자리입니다. 따라서 수식어 자리에 올 수 있는 분사 (a) working이 정답입니다.

해석 엘리베이터에 작업을 하고 있는 전기 기술자 팀은 점심 식사를 위해 휴식을 취하고 있다.

어휘 electrician[ilektríʃən] 전기 기술자   take a break 휴식을 취하다

06
해설 주어(Teresa), 동사(couldn't attend), 목적어(the party)를 갖춘 완전한 문장이 왔으므로 빈칸 이하(____ ~ employees)는 수식어 자리입니다. 따라서 수식어 자리에서 관계절을 이끄는 (a) that이 정답입니다.

해석 Teresa는 회사가 직원들에게 감사를 표현하기 위해 준비한 파티에 참석할 수 없었다.

어휘 organize[ɔ́ːrɡənàiz] 준비하다   appreciation[əprìːʃiéiʃən] 감사

07
해설 접속사(but) 다음에 주어(she), 동사(stays)를 갖춘 완전한 문장이 왔으므로 look after her children은 수식어 자리인데, 수식어 자리에 동사(look)가 와서 틀립니다. 따라서 동사 look은 수식에 자리에 올 수 있는 to 부정사 to look으로 바뀌어야 맞습니다.

해석 Sandra는 회사에 근무했지만, 요즘은 아이들을 돌보기 위해 집에 있다.

어휘 used to ~하곤 했다   nowadays[náuədèiz] 요즘
look after 돌보다

08
해설 동사(makes), 목적어(it) 다음의 목적격 보어 자리에 부사(easily)가 와서 틀립니다. 따라서 부사 easily는 보어 자리에 올 수 있는 형용사 easy로 바뀌어야 맞습니다.

해석 그 전화기의 터치 스크린은 사용자들이 전화기의 메뉴를 찾는 것을 쉽게 해준다.

어휘 navigate[nǽvəɡèit] 찾다, 돌아다니다

09
해설 가짜 주어 it 구문의 진짜 주어 자리에 동사(exercise)가 와서 틀립니다. 가짜 주어 it 구문에서 진짜 주어 자리에는 to 부정사를 쓰므로 동사 exercise는 to 부정사 to exercise로 바뀌어야 맞습니다.

해석 일주일에 최소 세 번 운동하는 것은 대부분의 의사들에 의해 권장되고 있다.

어휘 recommend[rèkəménd] 권장하다

10
해설 가짜 주어 There 다음에 동사(was)와 진짜 주어(disagreement)의 어순이 바뀌어서 틀립니다. 가짜 주어 there 구문은 'there + 동사 + 진짜 주어'의 형태로 쓰이므로 disagreement was는 was disagreement로 바뀌어야 맞습니다.

해석 예산안에 대해 몇몇 위원회 구성원들로부터 이견이 있었다.

어휘 disagreement[dìsəɡríːmənt] 이견, 의견 차이
board[bɔːrd] 위원회   budget[bʌ́dʒit] 예산

11
해설 동사(appear)의 주격 보어 자리에 부사(safely)가 와서 틀립니다. 주격 보어 자리에 올 수 있는 것은 부사가 아니라 형용사이므로 부사 safely는 형용사 safe로 바뀌어야 맞습니다.

해석 식료품 가게에서 팔리는 유전자 조작 식품은 안전해 보이는 듯하다.

어휘 genetically modified food 유전자 조작 식품

12
해설 주어(Malory), 동사(received), 목적어(her order)를 갖춘 완전한 문장이 왔으므로 deliver ~ Paris는 수식어 자리인데, 수식어 자리에 동사(deliver)가 와서 틀립니다. 따라서 동사 deliver는 수식어 자리에 올 수 있는 분사 delivered로 바뀌어야 맞습니다.

해석 Malory는 파리에 있는 상점으로부터 배송된 그녀의 수제 은제품 보석 주문품을 받았다.

어휘 handmade[hǽndméid] 수제의   deliver[dilívər] 배송하다
business[bíznis] 상점

HACKERS TEST   p.26

01 (b)	02 (d)	03 (a)	04 (c)	05 (a)
06 (a)	07 (c)	08 (c)	09 (b)	10 (a)
11 (c)	12 (a)	13 (b)	14 (b)	15 (a)
16 (d)	17 (b)	18 (d) taking → will take
19 (b) poisonously → poisonous
20 (b) make → made

01
해설 문장에 주어(It)는 있지만 동사가 없으므로 빈칸은 동사 자리입니다. 따라서 동사 (b) is progressing이 정답입니다.

해석 A: 그 프로젝트가 거의 끝났다니 믿을 수가 없어요!
B: 정말 그러네요. 제가 예상했던 것보다 빨리 진행되고 있어요.

어휘 No kidding. (동의의 뜻으로) 정말 그러네요.
progress[prəɡrés] 진행되다

02
해설 문장에 주어(The average price)는 있지만 동사가 없으므로 빈칸은 동사 자리입니다. 따라서 동사인 (c)와 (d)가 정답의 후보입니다. 주어(The average price)가 단수이므로 단수 동사 (d) is가 정답입니다.

해석 A: 요즘 컴퓨터 가격이 얼마예요?
B: 요즘 컴퓨터 평균 가격은 800달러예요.

어휘 average[ǽvəridʒ] 평균의

03
해설 빈칸은 동사(buy)의 목적어 자리입니다. 문맥상 '그것을 수리하는 데 필요한 도구들'이라는 의미가 되어야 자연스러우므로 명사(the tools)와 빈칸 뒤의 to repair it과 함께 명사를 뒤에서 수식하는 분사(needed)로 이루어진 (a) the tools needed가 정답입니다.

해석 A: 창고를 수리하기 위한 모든 적절한 준비품들을 우리가 가지고 있나요?
B: 아직 아니에요. 우리가 그것을 수리하는 데 필요한 도구들을 구입하러 가게에 가야 해요.

어휘 right [rait] 적절한   supply [səplái] 준비품   shed [ʃed] 창고, 헛간

04

해설 빈칸 이하(____ could be so hard)는 동사(thought)의 목적어 자리이며, 목적어 자리에 명사절이 온 형태입니다. 명사절(____ could be so hard) 내에 동사(could be)는 있지만 주어가 없으므로 빈칸은 주어 자리입니다. 따라서 주어 자리에 올 수 있는 명사(a parent)로 시작된 (a), (b)와 동명사 (c)가 정답의 후보입니다. 문맥상 '부모가 되는 것'이라는 의미가 되어야 하므로 동명사 (c) being a parent가 정답입니다.

해석 A: 부모가 되는 것이 그렇게 힘들 줄 전혀 생각 못했어요.
B: 저도 알아요. 정말 할 일이 많아요.

05

해설 빈칸을 포함한 부분(that my ____ everyday)은 동사(ensure)의 목적어 자리이며, 목적어 자리에 명사절이 온 형태입니다. 따라서 '주어(customers) + 동사(receive) + 목적어(excellent service)' 순서로 나온 (a) customers receive excellent service가 정답입니다.

해석 A: 당신 사업의 성공 비결이 무엇인가요?
B: 저는 반드시 고객들이 매일 우수한 서비스를 받을 수 있도록 합니다.

어휘 ensure [inʃúər] 반드시 ~하게 하다, ~을 보장하다

06

해설 접속사(but) 다음에 주어(he), 동사(wants), 목적어(to continue working)를 갖춘 완전한 문장이 왔으므로 빈칸에도 주어, 동사, 목적어나 보어를 갖춘 완전한 문장이 와야 합니다. 따라서 '가짜 주어(It) + 동사('s) + 진짜 주어(that he cannot afford to)'를 포함한 (a) It's not that he cannot afford to가 정답입니다.

해석 A: 왜 당신의 아버지는 아직 퇴직하고 싶어하지 않으시는 건가요?
B: 경제적인 여유가 없어서가 아니라, 아버지는 할 수 있는 한 그냥 계속 일하고 싶어 하세요.

어휘 as long as ~하는 한   afford to ~할 (경제적·시간적) 여유가 있다

07

해설 빈칸은 주어(The former National Security Advisor)를 꾸며 주는 관계절(who ~ Secretary of State) 내의 동사 자리입니다. 따라서 동사 (c) was appointed가 정답입니다.

해석 국무 장관직에 임명된 전 국가 안전 보장 담당 보좌관은 중동 내의 관계를 개선했다.

어휘 former [fɔ́ːrmər] 전의, 먼저의
National Security Advisor 국가 안전 보장 담당 보좌관
Secretary of State 국무 장관   improve [imprúːv] 개선하다
appoint [əpɔ́int] 임명하다

08

해설 문장에 동사(will keep ~ out)는 있지만 주어가 없으므로 빈칸은 주어 자리입니다. 따라서 주어 자리에 올 수 있는 동명사 (c) Sprinkling이 정답입니다.

해석 당신의 집 주변에 소금을 뿌리는 것은 개미가 집안으로 들어오지 못하게 할 것이다.

어휘 perimeter [pərímətər] 주변   keep out ~을 못 들어오게 하다
sprinkle [spríŋkl] (액체·분말 등을) 뿌리다

09

해설 빈칸 앞에 be 동사(is)가 있으므로 주격 보어 자리에 올 수 있는 to 부정사 (a), be 동사와 짝을 이루어 진행형을 만드는 (b)가 정답의 후보입니다. 문맥상 '타히니는 점점 인기가 많아지고 있다'라는 진행의 의미가 되어야 자연스러우므로 (b) becoming이 정답입니다.

해석 중동 요리의 전통 재료인 타히니는 서양에서도 점점 더 인기가 많아지고 있다.

어휘 tahini [təhíːni] 타히니 <참깨를 갈아서 갠 반죽>
ingredient [ingríːdiənt] (요리 등의) 재료
Middle Eastern 중동의   gradually [ɡrǽdʒuəli] 점점
popular [pɑ́pjulər] 인기 있는

10

해설 Since절에 주어(Roberto)는 있지만 동사가 없으므로 빈칸은 동사 자리입니다. 따라서 동사 (a) possessed가 정답입니다.

해석 Roberto는 아주 특별한 자질을 가지고 있었기 때문에, 해외 특파원 배정을 받는데 아무런 문제가 없었다.

어휘 exceptional [iksépʃənl] 특별한
qualification [kwὰləfikéiʃən] 자질   obtain [əbtéin] 받다, 얻다
correspondent [kɔ̀ːrəspándənt] 특파원
assignment [əsáinmənt] 배정   possess [pəzés] 가지다

11

해설 문장에 주어(The rugby player)는 있지만 동사가 없으므로 빈칸은 동사 자리입니다. 따라서 동사로 시작되는 (c)와 (d)가 정답의 후보입니다. 두 개의 동사(dodged, ran past)가 목적어(anyone)를 공통으로 취하는 구조를 올바르게 나타낸 (c) dodged and ran past anyone이 정답입니다.

해석 그 럭비 선수는 그가 가는 길에 방해가 되는 사람은 누구든지 재빨리 피하고 지나쳐 달렸다.

어휘 dodge [dɑdʒ] 재빨리 피하다

12

해설 빈칸은 동사(are)의 보어 자리입니다. 따라서 보어 자리에 올 수 있는 형용사(similar)로 시작된 (a) similar in that they are가 정답입니다.

해석 뼈와 연골은 모두 신체에 구조적인 지지를 제공하는 결합 조직이라는 점에서 유사하다.

어휘 cartilage [káːrtəlidʒ] 연골   connective tissue 결합 조직
structural [strʌ́ktʃərəl] 구조적인   support [səpɔ́ːrt] 지지, 지지대
in that ~이라는 점에서

13

해설 주어(The judiciary), 동사(is), 보어(the branch of government)를 갖춘 완전한 문장이 왔으므로 빈칸 이하(____ ~ legislature)는 수식어 자리입니다. 따라서 수식어 자리에 올 수 있는 분사 (b) implementing이 정답입니다.

해석 사법부는 입법부에 의해 통과된 법을 시행하는 정부 부처이다.
어휘 judiciary[dʒuːdíʃièri] 사법부　branch[bræntʃ] 부처, 분점
implement[ímpləmənt] 시행하다
legislature[lédʒislèitʃər] 입법부

14
해설 전체 문장의 주어 역할을 하는 명사절(What ~ trip) 내에 주어(the children)는 있지만 동사가 없으므로 빈칸은 동사 자리입니다. 따라서 동사(enjoyed)가 먼저 오고 '특히'라는 뜻을 나타내는 부사구(best of all)가 뒤이어 나온 (b) enjoyed best of all이 정답입니다.

해석 아이들이 그 여행에서 특히 즐거워했던 것은 공룡 박물관 방문이었다.

어휘 dinosaur[dáinəsɔ̀ːr] 공룡

15
해설 빈칸은 동사(wrote)의 목적어 자리입니다 문맥상 '그(성직자)의 경험을 이야기하는 책'이라는 의미가 되어야 하므로 목적어(a book) 다음에 목적어를 수식하는 분사(recounting his experiences)가 온 (a) a book recounting his experiences가 정답입니다.

해석 그 성직자는 우간다에서 선교 활동을 하며 얻은 자신의 경험을 이야기하는 책을 썼다.

어휘 priest[priːst] 성직자　missionary[míʃənèri] 선교의
recount[rikáunt] 이야기하다

16
해설 빈칸은 동사(are)의 보어 자리입니다. 따라서 보어 자리에 올 수 있는 형용사 (d) unusual이 정답입니다.

해석 금단 증상이나 심지어 원래 행동으로 돌아가는 것은 흡연 같은 중독성 행동을 끊는 과정에서 드물지 않다.

어휘 withdrawal symptom 금단 증상
relapse[rilǽps] (원래 습관으로) 되돌아감, (병의) 재발
quit[kwit] 끊다, 그만두다　addictive[ədíktiv] 중독성의

17
해설 문장에 동사(improves, helps)는 있지만 주어가 없으므로 빈칸은 주어 자리입니다. 따라서 주어 자리에 올 수 있는 동명사 (b) Taking이 정답입니다.

해석 비타민을 복용하는 것은 당신의 건강을 향상시킬 뿐 아니라, 당신이 체중을 감량하는데도 도움이 된다.

어휘 vitamin[váitəmiːn] 비타민
not only A but also B A뿐만 아니라 B도
lose weight 체중을 감량하다

18
해설 (d)에서 주어(He) 다음의 동사 자리에 '동사 + -ing' 형태(taking)가 와서 틀립니다. 동사 자리에는 '동사 + -ing'는 올 수 없고 동사만 올 수 있으므로 taking은 '휴가를 갈 것이다'라는 미래의 의미를 만드는 동사 will take로 바뀌어야 맞습니다.

해석 (a) A: 다음 주 회의 일정을 잡을까요?
(b) B: Greg은 참석하지 못할 거라서 그 다음 주에 회의를 해야 해요.
(c) A: 왜요? Greg이 참석하지 못할 거란 이야기는 전혀 듣지 못했어요.
(d) B: 그는 월요일부터 일주일간 휴가를 갈 거예요.

어휘 arrange[əréindʒ] 일정을 잡다, 준비하다
unavailable[ʌ̀nəvéiləbl] (사람이) 부재의
the week after 그 다음 주

19
해설 (b)에서 동사(is)의 주격 보어 자리에 부사(poisonously)가 와서 틀립니다. 주격 보어 자리에 나올 수 있는 것은 부사가 아니라 형용사이므로 부사 poisonously는 형용사 poisonous로 바뀌어야 맞습니다.

해석 (a) 철학자 소크라테스가 헴록의 물약을 마시고 죽었다고 전해지기 때문에 사람들은 종종 헴록을 독과 연관짓는다. (b) 실제로, 진짜 헴록은 전혀 유독하지 않다. (c) 소크라테스를 죽인 물질은 사실 독미나리로 파슬리 과에 속하는 풀이며, 헴록 나무와는 다른 과에 속한다. (d) 그 대신에, 헴록 나무는 소나무와 닮았고, 줄기로부터 아래쪽으로 둥글게 구부러진 가지를 가지고 있다.

어휘 link A with B A와 B를 연관짓다
hemlock[hémlàk] 헴록 <미나릿과의 독초>　poison[pɔ́izn] 독
philosopher[filásəfər] 철학자
potion[póuʃən] (한 번 마실 만큼의) 독약, 물약
substance[sʌ́bstəns] 물질　poison hemlock 독미나리
herb[həːrb] 풀　belong to ~에 속하다
family[fǽməli] (동물·식물) 과　resemble[rizémbl] ~과 닮다
pine[pain] 소나무　branch[bræntʃ] 가지
arch[ɑːrtʃ] 둥글게 구부러지다
downward[dáunwərd] 아래쪽으로　trunk[trʌŋk] 줄기

20
해설 (b)에서 주어(Her appointment), 동사(can be traced)를 갖춘 완전한 문장이 왔으므로 make ~ 1980은 수식어 자리인데, 수식어 자리에 동사(make)가 와서 틀립니다. 따라서 동사 make는 수식어 자리에 올 수 있는 분사 made로 바뀌어야 맞습니다.

해석 (a) Sandra Day O'Conner는 미국 대법원에서 근무한 최초의 여성이었다. (b) 그녀의 임명은 1980년에 Ronald Reagan에 의해 이루어진 선거 공약에서 그 기원을 찾을 수 있다. (c) 1981년에, Reagan 대통령은 그의 공약을 끝까지 지켰고 O'Conner를 연방 대법원 판사직의 후보로 지명했다. (d) Reagan의 몇몇 지지자들의 회의적인 태도에도 불구하고, O'Conner는 미국 상원에서 만장일치의 투표로 확정되었다.

어휘 Supreme Court 대법원　appointment[əpɔ́intmənt] 임명
campaign pledge 선거 공약
nominate[nάmənèit] (선거·임명의 후보자로서) 지명하다
Associate Justice 연방 대법원 판사
skepticism[sképtəsìzm] 회의적인 태도
confirm[kənfə́ːrm] (지휘·합의 등을) 정하다
unanimous[juːnǽnəməs] 만장일치의

CHAPTER 02 자동사와 타동사

텝스 실전 확인 문제

1. 자동사와 타동사 구별   (c) buy → buy them   p. 29

해설 (c)에서 타동사(buy) 다음에 목적어가 없어서 틀립니다. 문맥상 타동사 buy의 목적어 자리에는 앞에 나온 복수 명사 newspapers가 와야 하는데, newspapers는 이미 문장에서 언급되었으므로 대신에 대명사(them)를 써 줄 수 있습니다. 따라서 buy는 buy them으로 바뀌어야 맞습니다.

해석 (a) 신문 출판물은 지난 십 년 동안 독자들을 잃어 오고 있다. (b) 인터넷 접속의 용이함은 온라인 뉴스를 저렴하고 쉬운 정보원이 되도록 만들었다. (c) 신문들은 동일한 수준의 편리함을 제공할 수 없기 때문에, 많은 사람들이 더 이상 신문을 사지 않는다. (d) 몇몇 출판물들은 경쟁력이 있는 상태를 유지하기 위해 그들의 콘텐츠들을 온라인으로 옮기기로 선택했다.

어휘 publication [pʌ̀bləkéiʃən] 출판물, 발행
over the course of ~ 동안   decade [dékeid] 10년
ease [i:z] 용이함   access [ǽkses] 접속, 접근
convenience [kənví:njəns] 편리함   opt [ɑpt] 선택하다
competitive [kəmpétətiv] 경쟁력 있는

2. 4형식 동사와 5형식 동사   (b)   p. 30

해설 동사 make(made)가 '~를 -하게 만들다'라는 5형식의 의미로 쓰이면 'make + 목적어 + 목적격 보어'의 형태가 되어야 합니다. 문맥상 '그녀를 비서실장이 되게 만들었다'라는 의미가 되어야 하므로 made 다음에 목적어(her), 목적격 보어(an executive assistant)의 순서로 나온 (b) her an executive assistant가 정답입니다.

해석 Anna의 뛰어난 업무 능력 때문에 최고 경영자는 그녀를 비서 실장이 되게 했다.

어휘 executive assistant 비서 실장

HACKERS PRACTICE   p. 31

01 (a)   02 (b)   03 (a)   04 (a)   05 (b)
06 (b)   07 hadn't received → hadn't received it
08 examined of → examined
09 the fastest option it → it the fastest option
10 spoke → spoke to
11 commendable the officer's bravery →
    the officer's bravery commendable
12 several documents his assistant →
    his assistant several documents / several
    documents to his assistant

01

해설 동사 call이 '~를 -라고 부르다'라는 5형식의 의미로 쓰이면 'call + 목적어 + 목적격 보어'의 형태가 되어야 합니다. 문맥상 '그를 Bob이라고 부르다'라는 의미가 되어야 하므로 call 다음에 목적어(him), 목적격 보어(Bob)의 순서로 나온 (a) call him Bob이 정답입니다.

해석 그 관리자는 그의 모든 직원들에게 그를 Bob이라고 부르도록 요청했다.

02

해설 동사 respond(responded)는 자동사이므로 목적어(our proposal)를 가지려면 전치사가 있어야 합니다. 따라서 전치사(to)를 포함한 (b) responded to가 정답입니다.

해석 고객들은 비용을 줄이고자 하는 우리의 제안에 아직 답변을 하지 않았다.

어휘 client [kláiənt] 고객   proposal [prəpóuzəl] 제안
reduce [ridjú:s] 줄이다

03

해설 동사 discuss는 타동사이므로 전치사 없이 바로 목적어(suggestion)를 가집니다. 따라서 전치사가 없는 (a) discuss가 정답입니다.

해석 새 프로젝트를 위한 제안에 대해 토론하기 위해 직원들이 오후 4시에 회의에 참석할 것이다.

04

해설 동사 offer가 '~에게 -을 제공하다'라는 4형식의 의미로 쓰이면 offer + 간접목적어(~에게) + 직접목적어(~을/를)'의 형태가 되어야 합니다. 따라서 offer 다음에 간접 목적어(him), 직접 목적어(a free upgrade)의 순서로 나온 (a) offer him a free upgrade가 정답입니다.

해석 인터넷 공급회사 판매 대리인은 Harold에게 그의 현재 서비스에 대한 무료 업그레이드를 제공해주기 위해 전화를 했다.

어휘 representative [rèprizéntətiv] 판매 대리인
current [kə́:rənt] 현재의

05

해설 동사 make(made)가 '~를 -하게 만들다'라는 5형식의 의미로 쓰이면 'make + 목적어 + 목적격 보어'의 형태가 되어야 합니다. 따라서 made 다음에 목적어(Linda), 목적격 보어(late)의 순서로 나온 (b) made Linda late가 정답입니다.

해석 Linda는 일찍 떠나려 했었지만, 교통량이 그녀를 비즈니스 오찬에 늦게 만들었다.

어휘 luncheon [lʌ́ntʃən] 오찬, 점심

06

해설 동사 contact(contacted)는 타동사이므로 전치사 없이 바로 목적어(me)를 가집니다. 따라서 전치사가 없는 (b) contacted me가 정답입니다.

해석 Maureen은 그녀의 새 핸드폰 번호를 알려주기 위해 나에게 연락했다.

07

해설 타동사 receive(hadn't received) 다음에 목적어가 없어서 틀립니다. 문맥상 타동사 receive의 목적어 자리에는 앞에 나온 단수 명사 Joan's package가 와야 하는데, Joan's package는 이미 문장에서 언급되었

으므로 대신에 대명사(it)를 써 줄 수 있습니다. 따라서 hadn't received는 hadn't received it으로 바꾸어야 맞습니다.

해석 Joan의 소포가 도착하지 않아서, 그녀는 그것을 받지 못했다고 말하기 위해 회사에 전화를 걸었다.

어휘 package[pǽkidʒ] 소포

08

해설 타동사 examine(examined) 다음에 전치사(of)가 쓰여서 틀립니다. 타동사는 전치사 없이 바로 목적어(the necklace)를 가지므로 examined of는 examined로 바꾸어야 맞습니다.

해석 보석 세공사는 값을 결정하기 위해 그 목걸이를 주의 깊게 살펴보았다.

어휘 jeweler[dʒúːələr] 보석 세공사 determine[ditə́ːrmin] 결정하다

09

해설 5형식으로 쓰인 동사 find 다음에 목적어(it)와 목적격 보어(the fastest option)의 순서가 바뀌어서 틀립니다. 문맥상 '이것(버스 타는 것)을 가장 빠른 방법이라고 생각하다'라는 의미가 되어야 자연스러우므로 find 다음의 the fastest option it은 it the fastest option으로 바뀌어야 맞습니다.

해석 버스를 타고 가는 것이 가장 빠른 방법이라고 생각하기 때문에 나는 출근하기 위해 버스를 탄다.

10

해설 자동사 speak(spoke) 다음에 전치사(to) 없이 바로 목적어(the guidance counselor)가 오면 틀립니다. 따라서 spoke는 spoke to로 바꾸어야 맞습니다.

해석 Mr. Jones는 생활 지도 상담사에게 그의 아들의 성적과 성적을 올리는 방법에 대해 이야기했다.

어휘 guidance counselor 생활 지도 상담사

11

해설 5형식으로 쓰인 동사 think(thought) 다음에 목적어(the officer's bravery)와 목적격 보어(commendable)의 순서가 바뀌어서 틀립니다. 동사 think가 '~을 -이라고 생각하다'라는 5형식의 의미로 쓰이면 'think + 목적어 + 목적격 보어'의 형태가 되어야 합니다. 따라서 commendable the officer's bravery는 the officer's bravery commendable로 바꾸어야 맞습니다.

해석 불타는 빌딩에서 구출된 아이들의 부모들은 그 경관의 용기가 칭찬받을 만하다고 생각했다.

어휘 commendable[kəméndəbl] 칭찬받을 만한
bravery[bréivəri] 용기, 용감함

12

해설 동사 give(gave)가 '~에게 -을 주다'라는 4형식의 의미로 쓰이면 'give + 간접 목적어(~에게) + 직접 목적어(~을/를)'나 'give + 직접 목적어 + 전치사 + 간접 목적어'의 형태가 되어야 합니다. 따라서 several documents his assistant는 '간접 목적어(his assistant) + 직접 목적어(several documents)' 형태의 his assistant several documents나 간접 목적어(his assistant) 앞에 전치사(to)를 넣은 several documents to his assistant로 바꾸어야 맞습니다.

해석 편집장은 광고주에게 팩스로 보낼 여러 서류들을 그의 조수에게 주었다.

어휘 editor[édətər] 편집장 assistant[əsístənt] 조수
advertiser[ǽdvərtàizər] 광고주

HACKERS TEST   p.32

01 (a)	02 (a)	03 (c)	04 (d)	05 (b)
06 (d)	07 (c)	08 (c)	09 (b)	10 (a)
11 (a)	12 (c)	13 (b)	14 (a)	15 (d)
16 (d)	17 (d)	18 (a)		

19 (c) take on → take

20 (b) keep engaged students → students keep engaged

01

해설 동사 consider가 '~를 -라고 생각하다'라는 5형식의 의미로 쓰이면 'consider + 목적어 + 목적격 보어'의 형태가 되어야 합니다. 문맥상 '그녀를 좋은 친구라고 생각한다'라는 의미가 되어야 하므로 consider 다음에 목적어(her), 목적격 보어(a good friend)의 순서로 나온 (a) her a good friend가 정답입니다.

해석 A: 당신은 당신의 이웃과 잘 알고 지내나요?
B: 네, 전 그녀를 좋은 친구라고 생각하고 있어요.

어휘 be acquainted with ~를 잘 알다

02

해설 동사 rent는 타동사이므로 전치사 없이 바로 목적어(a car)를 가집니다. 따라서 '타동사 + 목적어' 형태인 rent a car를 포함한 (a) rent a car for가 정답입니다.

해석 A: 캘리포니아를 방문하면 무엇을 할 거예요?
B: 도시 여기저기를 여행하며 다니기 위해 일주일간 차를 빌릴 계획이에요.

어휘 travel around 여기저기 여행하고 다니다

03

해설 동사 leave(left)가 '~를 -한 상태로 놓아 두다'라는 5형식의 의미로 쓰이면 'leave + 목적어 + 목적격 보어'의 형태가 되어야 하므로 left 다음에 목적어(it), 목적격 보어(open)의 순서로 나온 (c) left it open이 정답입니다.

해석 A: 조금 춥네요. 창문 좀 닫아 주시겠어요?
B: 아, 죄송해요. 여기가 보통은 너무 답답해서 창문을 열어 놓고 있었어요.

어휘 stuffy[stʌ́fi] 답답한

04

해설 주어(she), 동사(moved)를 갖춘 완전한 문장이 왔으므로 빈칸 이하(____ university)는 수식어 자리입니다. 따라서 수식어 자리에 올 수 있는 분사 (c)와 (d)가 정답의 후보입니다. 동사 graduate는 전치사 from과 함께 '졸업하다'라는 의미로 쓰이므로 전치사 from을 포함한 (d) Having graduated from이 정답입니다.

해석 A: 당신의 딸은 아직 당신과 함께 사나요?
B: 이젠 아니에요. 대학을 졸업한 뒤 일자리를 찾기 위해 도시로 이사 갔어요.

어휘 move [muːv] 이사하다 look for 찾다
graduate [grǽdʒuèit] 졸업하다

05

해설 동사 have가 '~를 -하게 시키다'라는 5형식의 의미로 쓰이면 'have + 목적어 + 목적격 보어'의 형태가 되어야 합니다. 따라서 have 다음에 목적어(it), 목적격 보어(scheduled)의 순서로 나온 (b) have it scheduled right away가 정답입니다.

해석 A: 노동조합 대표와의 회의를 준비해 주시겠어요?
B: 네, 즉시 일정을 잡도록 하겠습니다.

어휘 organize [ɔ́ːrgənàiz] 준비하다, 구성하다 union [júːnjən] 노동조합
representative [rèprizéntətiv] 대표

06

해설 빈칸은 5형식 동사 force(forced)의 목적격 보어 자리입니다. 따라서 목적격 보어 자리에 올 수 있는 to 부정사 (d) to confess가 정답입니다.

해석 A: 그 은행에 침입한 사람이 결국 잡혔다고 들었어요.
B: 맞아요, 그리고 경찰이 그가 그의 범죄를 자백하게 만들었대요.

어휘 break into 침입하다 confess [kənfés] 자백하다

07

해설 동사 find(found)가 '~를 -라고 생각하다'라는 5형식의 의미로 쓰이면 'find + 목적어(the experience) + 목적격 보어(very gratifying)'의 형태가 되어야 합니다. 따라서 found 다음에 목적어(the experience), 목적격 보어(very gratifying)의 순서로 나온 (c) the experience very gratifying이 정답입니다.

해석 A: 한 학급 학생들을 가르친 수업 첫날이 어땠어요?
B: 전 그 경험이 아주 만족스러웠다고 생각해요.

어휘 gratifying [grǽtəfàiiŋ] 만족을 주는, 기분 좋은

08

해설 that절에 주어(you)는 있지만 동사가 없으므로 동사로 시작된 (c)와 (d)가 정답의 후보입니다. 동사 lend가 '~에게 -을 빌려주다'라는 4형식의 의미로 쓰이면 'lend + 간접 목적어(~에게) + 직접 목적어(~을/를)'나 'lend + 직접 목적어 + 전치사 + 간접 목적어'의 형태가 되어야 합니다. 따라서 lend 다음에 간접 목적어(me), 직접 목적어(your new jacket)의 순서로 나온 (c) lend me your new jacket이 정답입니다.

해석 A: 제가 당신의 하얀 와이셔츠를 빌릴 수 있을까요?
B: 네, 당신의 새 자켓을 빌려준다는 조건으로요.

어휘 on the condition that ~이라는 조건으로

09

해설 빈칸을 포함한 부분(the sound ____)은 동사(realize)의 목적어 자리이며, 목적어 자리에 명사절이 온 형태입니다. 이 명사절 내에 주어(the sound)는 있지만 동사가 없으므로 동사로 시작된 (a)와 (b)가 정답의 후보입니다. 동사 bother은 타동사이므로 전치사 없이 바로 목적어(you)를 가집니다. 따라서 전치사가 없는 (b) was bothering you가 정답입니다.

해석 A: 당신 집 TV 소리가 저희 아파트에서 또렷하게 들려서, 소리를 좀 낮춰 주셨으면 해요.
B: 아, 미안해요, 그 소리가 당신을 신경쓰이게 하고 있었는지 몰랐어요.

어휘 audible [ɔ́ːdəbl] 들리는
bother [báðər] 신경쓰이게 하다, 성가시게 하다, 괴롭히다

10

해설 문맥상 '아이들한테 도움이 되는 활동들을 구성한다'라는 의미가 되어야 자연스럽고, 동사 organize는 3형식 동사로 목적어를 하나만 갖습니다. 따라서 '동사(organize) + 목적어(activities) + 목적어를 꾸며주는 관계절(that help kids)'의 순서로 나온 (a) organize activities that help kids가 정답입니다.

해석 여름 캠프 지도자들은 아이들이 사회성을 발달시키는 데 도움이 되는 활동들을 준비한다.

어휘 camp counselor 캠프 지도자 social skill 사회성
organize [ɔ́ːrgənàiz] 준비하다

11

해설 동사 bring이 '~에게 -을 가져다 주다'라는 4형식의 의미로 쓰이면 'bring + 간접 목적어(~에게) + 직접 목적어(~을/를)'나, 'bring + 직접 목적어 + 전치사 + 간접 목적어'의 형태가 되어야 합니다. 따라서 bring 다음에 간접 목적어(them), 직접 목적어(their meals)의 순서로 나온 (a) them their meals가 정답입니다.

해석 식당 종업원들이 식사를 가져 오는 데 30분 이상이 걸려서, 식당 손님들이 굉장히 화가 났다.

어휘 diner [dáinər] 식당 손님, 식사하는 사람
furious [fjúəriəs] 굉장히 화가 난

12

해설 동사 account는 '~의 이유가 되다'라는 의미의 자동사로 쓰이면 뒤에 전치사(for)가 와야 하므로 account for를 포함한 (c)와 (d)가 정답의 후보입니다. 빈칸을 포함한 부분(which ____ ~ quarter)은 앞에 나온 명사(the marketing team's new advertisement)를 꾸며 주는 관계절이며, 관계절 내에 동사가 없으므로 동사 accounted로 시작된 (c) accounted for the increase가 정답입니다.

해석 그 관리자는 마케팅팀의 새 광고를 칭찬했는데, 이 광고가 3분기 매출 증가의 이유가 되었다.

어휘 account for ~의 이유가 되다, ~을 설명하다

13

해설 동사 prevent는 타동사이므로 목적어 자리에 올 수 있는 명사, 동명사로 시작된 (b), (c), (d)가 정답의 후보입니다. prevent는 전치사 from과 함께 쓰일 때 'prevent + 사람(people) + from + -ing(relying on)' 형태가 되어야 합니다. 따라서 이 형태를 따른 (b) people from relying on이 정답입니다.

해석 신경 질환인 안면 실인증은 사람들이 지인들을 알아볼 때 시각적 단서에 의지하는 것을 막는다.

어휘 face blindness 안면 실인증 <얼굴의 일부나 전체를 인식하지 못하는 상태>
neurological disorder 신경 질환 prevent [privént] 막다
acquaintance [əkwéintəns] 지인 rely on 의지하다

14

해설 주어(Newly launched magazines), 동사(require), 목적어(effective publicity campaigns)를 갖춘 완전한 문장이 왔으므로 빈칸은 수식어 자리입니다. 따라서 수식어 자리에 올 수 있는 to 부정사 (a)와 (b)가 정답의 후보입니다. 동사 ensure는 목적어로 절을 취하기도 하므로 ensure 다음에 주어(many readers)와 동사(subscribe)의 순서로 나온 (a) to ensure many readers subscribe to them이 정답입니다.

해석 새로 출간된 잡지들은 반드시 많은 독자들이 잡지를 구독할 수 있도록 하기 위한 효과적인 홍보 활동을 필요로 한다.

어휘 launch [lɔːntʃ] (책을) 출간하다 publicity [pʌblísəti] 홍보
ensure [inʃúər] 반드시 ~하게 하다
subscribe [səbskráib] 구독하다

15

해설 동사 leave가 '~를 -한 상태로 놓아 두다'라는 5형식의 의미로 쓰이면 'leave + 목적어 + 목적격 보어'의 형태가 되어야 합니다. 따라서 leave 다음에 목적어(the position of district attorney), 목적격 보어(vacant)의 순서로 나온 (d) the position of district attorney vacant가 정답입니다.

해석 곧 다가오는 Andy Floyd의 은퇴는 지방 검사 자리를 공석으로 남게 할 것이다.

어휘 impending [impéndiŋ] 곧 다가오는, 임박한
retirement [ritáiərmənt] 은퇴, 사퇴
vacant [véikənt] 공석의, 비어있는 district attorney 지방 검사

16

해설 동사 think(thought)가 '~을 -라고 생각하다'라는 5형식의 의미로 쓰이면 'think + 목적어 + 목적격 보어'의 형태가 되어야 합니다. 따라서 thought 다음에 목적어(it), 목적격 보어(better)의 순서로 나온 (d) thought it better to notify가 정답입니다.

해석 Jonas는 회의에 늦을 예정이었기 때문에, 고객들에게 미리 알리는 것이 더 낫다고 생각했다.

어휘 client [kláiənt] 고객 in advance 미리

17

해설 동사 compensate(compensates)은 'compensate for' 또는 'compensate + 사람 + for'의 형태로 쓰입니다. 따라서 'compensate for' 형태를 포함한 (d) compensates for its inability to fly가 정답입니다.

해석 타조는 포식 동물보다 빨리 달리는 긴 다리를 가짐으로써 날 수 없는 것을 보완한다.

어휘 ostrich [ɔ́ːstritʃ] 타조 outrun [àutrʌ́n] ~보다 빨리 달리다
predator [prédətər] 포식 동물
compensate [kámpənsèit] (결점 등을) 보완하다
inability [ìnəbíləti] 할 수 없음, 무능

18

해설 동사 guarantee가 '~에게 -을 보장해주다'라는 4형식의 의미로 쓰이면 'guarantee + 간접 목적어(~에게) + 직접 목적어(~을/를)'나, 'guarantee + 직접 목적어 + 전치사 + 간접 목적어'의 형태가 되어야 합니다. 따라서 guarantee 다음에 간접 목적어(them), 직접 목적어(a deluxe suit)의 순서로 나온 (a) them a deluxe suit at the hotel이 정답입니다.

해석 두 달 전 호텔 안내원이 Lisa와 Andrew에게 호텔의 디럭스 스위트룸을 보장해주었으나, 그 안내원은 그들의 예약 정보를 찾을 수가 없었다.

어휘 concierge [kɑ̀nsiέərʒ] 호텔 안내원
guarantee [gæ̀rəntíː] 보장해주다, 보장하다

19

해설 (c)에서 타동사 take 다음에 전치사(on)가 와서 틀립니다. 타동사는 전치사 없이 바로 목적어를 가지므로 take on은 take로 바뀌어야 맞습니다.

해석 (a) A: 저녁 식사 예약까지 우리에게 시간이 얼마나 있나요?
(b) B: 30분이요. 거기로 가는 가장 빠른 방법이 뭐죠?
(c) A: 제 생각에는 거기로 가려면 지하철을 타는 것이 최선일 것 같아요.
(d) B: 동의해요. 그러면, 서쪽으로 4블록을 가야 해요.

어휘 reservation [rèzərvéiʃən] 예약

20

해설 (b)에서 쓰인 동사 help(has helped)는 3형식 또는 5형식으로 쓸 수 있는 동사입니다. 동사 help가 '~를 돕다'라는 3형식의 의미로 쓰이면 'help + 목적어'의 형태가 되어야 합니다. 이때, 목적어로 나온 (to) keep의 경우 'keep + 목적어 + 목적격 보어'의 형태로 쓰이므로 keep engaged students가 keep students engaged로 바뀌어야 합니다. 동사 help가 '~를 -하도록 돕다'라는 5형식의 의미로 쓰이면 'help + 목적어 + 목적격 보어'의 형태가 되어야 합니다. 따라서 keep engaged students는 students keep engaged로 바뀌어야 맞습니다.

해석 (a) 많은 사람들은 정보 기술이 21세기 교육 분야의 중요한 부분이 될 것이라는 점에 동의한다. (b) 교육용 장치를 학습 과정에 포함시키는 것은 학생들이 계속 열중하도록 하는데 도움을 주었다. (c) 이러한 기술들은 학생들의 학습 필요에 맞춤화된 화상 회의와 온라인 평가 프로그램을 포함한다. (d) 교육자들은 기술을 수업에 통합시킨 후 주제에 대한 학생들의 이해에서의 큰 차이를 발견했다.

어휘 incorporate [inkɔ́ːrpərèit] 포함하다
instructional [instrʌ́kʃənl] 교육용의
video conferencing 화상 회의 assessment [əsésmənt] 평가
customize [kʌ́stəmàiz] 맞추다, 주문 제작하다
comprehension [kàmprihénʃən] 이해
subject matter 주제 integrate [íntəgrèit] 통합하다

CHAPTER 03 수 일치

텝스 실전 확인 문제

1. 단수·복수로 취급되는 주어와 동사의 수 일치 (d) p.35

해설 주어(The enzymes)가 복수이므로 복수 동사 (d) were discovered가 정답입니다.

해석 벌집 속 효소들은 치료상의 이익을 주는 특징을 갖고 있다고 밝혀졌다.

어휘 enzyme [énzaim] 효소 honeycomb [hʌ́nikòum] 벌집
property [prápərti] 특징 therapeutic [θèrəpjúːtik] 치료상의

2. 주어와 동사 사이에 수식어가 온 경우의 수 일치 (b) p.36

해설 주어(The foundation)가 단수이므로 단수 동사 (b) provides가 정답입니다. 참고로, 주어와 동사 사이의 which ~ ties는 수식어로, 주어와 동사의 수 일치에 영향을 주지 않는다는 점에 주의합니다.

해석 국제적인 유대 관계를 촉진시키는 것을 목표로 창설된 그 재단은 외국에서 공부하는 학생들에게 학자금 지원을 제공한다.

어휘 foundation [faundéiʃən] 재단
promote [prəmóut] 촉진하다, 홍보하다   tie [tai] 유대 관계
financial aid 학자금 지원

3. 주어가 and나 or로 연결된 경우의 수 일치 (a) p.37

해설 and로 연결된 주어(my sister and my mother)는 복수 주어로 취급되므로 복수 동사 (a) have가 정답입니다.

해석 A: 당신의 모든 친척들 역시 빨간색 머리카락을 가지고 있나요?
B: 아니요, 저의 여동생과 어머니는 검은색 머리카락을 가지고 있어요.

어휘 relative [rélətiv] 친척

4. 주어가 수량 표현을 포함한 경우의 수 일치 (c) p.38

해설 단수 취급하는 수량 표현 One of가 주어에 쓰였으므로 단수 동사 (c) has been이 정답입니다.

해석 A: 너희 조는 수업 발표 준비하면서 어려움이 있었니?
B: 가장 큰 문제들 중 하나는 하나의 주제에 대해 모든 사람들이 동의하도록 하는 것이었어.

어휘 prepare [pripɛ́ər] 준비하다   agree [əgríː] 동의하다

HACKERS PRACTICE p.39

01 (a)	02 (b)	03 (a)	04 (b)	05 (a)
06 (b)	07 contains → contain
08 are → is	09 have → has
10 prefers → prefer	11 take → takes
12 are → is

01
해설 주어(A citation)가 단수이므로 단수 동사 (a) is가 정답입니다.
해석 출처의 인용은 표절을 피하고자 하는 작가들에게 반드시 필요하다.
어휘 citation [saitéiʃən] 인용   source [sɔːrs] 출처
plagiarism [pléidʒərìzm] 표절

02
해설 주어(The employees)가 복수이므로 복수 동사 (b) have가 정답입니다.
해석 카페 직원들은 복장 규정 때문에 유니폼을 입어야 한다.
어휘 dress code 복장 규정

03
해설 주어(The music shop)가 단수이므로 단수 동사 (a) sells가 정답입니다.
해석 시내에 위치한 음반 가게는 최신 CD와 중고 CD를 판매한다.
어휘 downtown [dàuntáun] 시내에, 도심지에

04
해설 단수 취급하는 수량 표현 Each가 주어에 쓰였으므로 단수 동사 (b) receives가 정답입니다.
해석 회사의 각 직원은 연간 보너스를 받는다.
어휘 annual [ǽnjuəl] 연간의

05
해설 단수 취급하는 수량 표현 The number of가 주어에 쓰였으므로 단수 동사 (a) is가 정답입니다.
해석 공무원 시험을 통과한 학생의 수가 지난해보다 많다.
어휘 civil servant 공무원

06
해설 and로 연결된 주어(Mr. Stephens and his wife)는 복수 주어로 취급되므로 복수 동사 (b) travel이 정답입니다.
해석 Mr. Stephens와 그의 아내는 모두 자영업을 하기 때문에, 자주 해외 여행을 한다.
어휘 self-employed 자영업을 하는

07
해설 and로 연결된 주어(Both coffee and tea)는 복수 주어로 취급되므로 뒤에 복수 동사가 와야 하는데, 단수 동사(contains)가 와서 틀립니다. 따라서 단수 동사 contains는 복수 동사 contain으로 바뀌어야 맞습니다.
해석 커피와 차 둘 다 모두 상당한 양의 카페인을 함유하고 있다.
어휘 contain [kəntéin] 함유하다   significant [signífikənt] 상당한

08
해설 주어(Malaria)가 단수이므로 뒤에 단수 동사가 와야 하는데, 복수 동사(are)가 와서 틀립니다. 따라서 복수 동사 are는 단수 동사 is로 바뀌어야 맞습니다. 참고로, 주어와 동사 사이의 which ~ mosquitoes는 수식어로, 주어와 동사의 수 일치에 영향을 주지 않는다는 점에 주의합니다.
해석 모기에 의해 확산되는 말라리아는 열대 국가에서 가장 흔한 질병 중 하나이다.
어휘 malaria [məlɛ́əriə] 말라리아   spread [spred] (병 등을) 확산시키다
mosquito [məskíːtou] 모기   tropical [trápikəl] 열대의

09
해설 동명사 주어(preserving land resources)는 단수 취급하므로 뒤에 단수 동사가 와야 하는데, 복수 동사(have)가 와서 틀립니다. 따라서 복수 동사 have는 단수 동사 has로 바뀌어야 맞습니다.

해석 자연 식물의 고갈로 인해, 토지 자원을 보존하는 것이 국가적인 우선 과제가 되었다.

어휘 depletion[diplíːʃən] 고갈, 소모   vegetation[vèdʒətéiʃən] 식물
preserve[prizə́ːrv] 보존하다   priority[praiɔ́ːrəti] 우선 과제

10

해설 복수 취급하는 수량 표현 Few of가 주어에 쓰였으므로 뒤에 복수 동사가 와야 하는데, 단수 동사(prefers)가 와서 틀립니다. 따라서 단수 동사 prefers는 복수 동사 prefer로 바뀌어야 맞습니다.

해석 설문 조사에서 기존의 청량음료보다 새로 나온 것을 선호하는 고객들은 거의 없다.

어휘 survey[sə́rvéi] (설문) 조사   soft drink 청량음료
existing[igzístiŋ] 기존의, 현재 있는

11

해설 주어가 or로 연결되어 있으면 or 다음에 나온 명사에 수를 일치시키므로 or 다음에 나온 단수 명사(a cat)에 수 일치하는 단수 동사가 와야 하는데, 복수 동사(take)가 와서 틀립니다. 따라서 복수 동사 take은 단수 동사 takes로 바뀌어야 맞습니다.

해석 개나 고양이는 제대로 키우려면 상당한 시간과 노력이 든다.

어휘 properly[prápərli] 제대로

12

해설 동명사 주어(Avoiding)는 단수 취급하므로 단수 동사가 와야 하는데, 복수 동사(are)가 와서 틀립니다. 따라서 복수 동사 are는 단수 동사 is로 바뀌어야 맞습니다.

해석 지방이 많은 음식을 피하는 것은 특정 종류의 심장 질환 위험을 줄이는 데 효과적인 방법으로 여겨진다.

어휘 fatty[fǽti] 지방이 많은   effective[iféktiv] 효과적인
strategy[strǽtədʒi] 방법

HACKERS TEST   p. 40

01 (a)	02 (c)	03 (b)	04 (d)	05 (a)
06 (b)	07 (a)	08 (c)	09 (c)	10 (a)
11 (c)	12 (c)	13 (b)	14 (a)	15 (b)
16 (d)	17 (b) are → is			
18 (d) comprise → comprises		19 (b) is → are		
20 (b) have doubled → has doubled				

01

해설 주어(fractures)가 복수이므로 복수 동사 (a)와 (b)가 정답의 후보입니다. 주어 fractures(골절)과 동사 find(발견하다)가 '골절이 발견되다'라는 수동의 의미로 해석되므로 빈칸 뒤의 p.p. 형태(found)와 함께 수동태를 만드는 be 동사 (a) were가 정답입니다.

해석 A: X-ray 결과 받았어요?
B: 네. 의사 선생님이 골절은 발견되지 않았다고 하셨어요.

어휘 fracture[frǽktʃər] 골절

02

해설 단수 취급하는 수량 표현 One of가 주어에 쓰였으므로 단수 동사 (c) drives가 정답입니다.

해석 A: 컨버터블 승용차를 갖고 있는 다른 사람을 알고 있어요?
B: 제 친구 중 한 명이 당신이 보유한 모델과 똑같은 차를 운전해요.

어휘 convertible[kənvə́ːrtəbl] 컨버터블 <지붕을 접었다 폈다 할 수 있는 승용차>

03

해설 'There + 동사 + 진짜 주어' 구문에서 진짜 주어(a big group)가 단수이므로 단수 동사 (b)와 (d)가 정답의 후보입니다. '지금 말하는 사이에 많은 사람들이 오고 있다'라는 현재 상황을 나타내고 있으므로 현재 시제 (b) is가 정답입니다.

해석 A: 손님들이 많이 오실 건가요?
B: 바로 지금 많은 사람들로 이루어진 일행이 도착하고 있네요.

어휘 as we speak 바로 지금

04

해설 수량 표현 all of 뒤에 복수 명사(the guests)가 왔으므로 복수 동사 (d) were satisfied가 정답입니다.

해석 A: 모든 손님들이 음식의 질에 대해서 만족했다고 생각하시나요?
B: 저는 그렇다고 생각해요.

어휘 quality[kwáləti] 질

05

해설 and로 연결된 주어(The precious stones and gems)는 복수 주어로 취급되므로 복수 동사 (a)와 (d)가 정답의 후보입니다. 주어 The precious stones and gems(그 보석용 원석들과 보석들)와 보기의 extract(추출하다)가 '보석용 원석들과 보석들이 추출된다'라는 수동의 의미로 해석되므로 수동태 (a) are extracted가 정답입니다. 참고로, 주어와 동사 사이의 acquired ~ shop은 수식어로, 주어와 동사의 수 일치에 영향을 주지 않는다는 점에 주의합니다.

해석 우리 보석 가게가 획득한 보석용 원석들과 보석들은 페루와 브라질에 있는 광산에서 추출된다.

어휘 precious stone 보석용 원석

06

해설 주어(The US Bill)가 단수이므로 단수 동사 (b), (c)와 그리고 단·복수 구별 없이 쓰이는 과거완료 동사 (d)가 정답의 후보입니다. '미국의 권리 장전이 10개의 헌법 수정안을 담고 있다'는 일반적인 사실을 나타내고 있으므로 현재 시제 (b) includes가 정답입니다.

해석 미국의 권리 장전은 언론의 자유와 신앙의 자유 같은 쟁점을 다룬 10개 항목의 헌법 수정안을 포함하고 있다.

어휘 Bill of Rights 권리 장전   constitutional[kànstətjúːʃənl] 헌법의
amendment[əméndmənt] 수정안   deal with 다루다
free speech 언론의 자유   religious liberty 신앙의 자유

Chapter 03 수 일치   **11**

07

해설 주어(The university), 동사(interviews), 목적어(applicants)를 갖춘 완전한 문장이 나왔으므로 빈칸을 포함한 부분(who ___ the entrance examination)은 수식어 자리이며, 수식어 자리에 관계절이 나온 형태입니다. 이때 관계절 내의 동사는 앞에 나온 명사(applicants)에 수 일치시켜 주어야 합니다. 따라서 명사(applicants)가 복수이므로 복수 동사 (a) have passed가 정답입니다.

해석 그 대학은 입학 시험을 통과한 지원자만 면접을 본다.

어휘 applicant[ǽplikənt] 지원자 entrance[éntrəns] 입학

08

해설 수량 표현 A lot of 뒤에 불가산 명사(evidence)가 왔으므로 단수 동사 (b)와 (c)가 정답의 후보입니다. 주어 A lot of evidence(많은 증거)와 보기의 indicate(보여주다)가 '많은 증거가 보여준다'라는 능동의 의미로 해석되므로 능동태 (c) indicates가 정답입니다.

해석 부정적인 감정이 심장병의 위험을 증가시킨다는 것을 많은 증거가 보여준다.

어휘 heart disease 심장병 indicate[índikèit] 보여주다

09

해설 동명사 주어(adding iron supplements)는 단수 취급하므로 단수 동사 (c) has been suggested가 정답입니다.

해석 철분 부족 문제를 방지하기 위해, 유아용 분유와 시리얼에 철분 보충물을 첨가하는 것이 제안되어 왔다.

어휘 iron[áiərn] 철분 deficiency[difíʃənsi] 부족
supplement[sʌ́pləmənt] 보충물 infant formula 유아용 분유

10

해설 주어(The initial purpose)가 단수이므로 단수 동사 (a)와 (c)가 정답의 후보입니다. 과거에 청바지가 처음 만들어졌을 때의 용도에 대해 이야기하고 있으므로 과거 시제 (a) was가 정답입니다.

해석 지금은 기본적인 패션 소품인 청바지의 초기 용도는 광부들에 의해 보호책으로 착용되는 것이었다.

어휘 initial[iníʃəl] 초기의 purpose[pə́ːrpəs] 용도 blue jeans 청바지
protection[prətékʃən] 보호책, 보호 miner[máinər] 광부

11

해설 단수 취급하는 수량 표현 Each of가 주어에 쓰였으므로 단수 동사 (c) gets가 정답입니다.

해석 보고서의 각 부분은 발표되기 전 경리 부장에 의해 재검토된다.

어휘 accounting manager 경리 부장 prior to ~의 이전에

12

해설 수량 표현 50 percent of 뒤에 복수 명사(high school students)가 왔으므로 복수 동사 (c)와 (d)가 정답의 후보입니다. 주어 high school students(고등학생들)와 보기의 pass(통과하다)가 '학생들이 대학 입학 시험에 합격하다'라는 능동의 의미로 해석되므로 능동태 (c) pass가 정답입니다.

해석 Mondrian Academy에 다니는 고등학생들 중 50퍼센트 이하의 학생들이 매년 대학 입학 시험에 합격한다.

13

해설 주어(Expansion)가 단수이므로 단수 동사 (b) depends가 정답입니다

해석 그 재단의 구제 프로그램 확장은 다가오는 수개월 간의 기부자들의 추가 기부에 달려 있다.

어휘 expansion[ikspænʃən] 확장 outreach[àutríːtʃ] 구제
donor[dóunər] 기부자 contribution[kàntrəbjúːʃən] 기부
upcoming[ʌ́pkʌ̀miŋ] 다가오는 depend on ~에 달려 있다

14

해설 주어(Cardiovascular surgeries)가 복수이므로 복수 동사 (a) account가 정답입니다. 참고로, 주어 다음의 which ~ hospital은 수식어로 주어와 동사의 수 일치에 영향을 주지 않는다는 점에 주의합니다.

해석 병원에서 다뤄지는 사례 중 40퍼센트를 구성하고 있는 심장 혈관 수술은 매년 2천 2백만 달러의 비용을 차지한다.

어휘 cardiovascular[kàːrdiouvǽskjulər] 심장 혈관의
make up 구성하다 annually[ǽnjuəli] 매년
account for (부분·비율)을 차지하다

15

해설 주어(An example)가 단수이므로 단수 동사 (b)와 (d)가 정답의 후보입니다. 문맥상 '하나의 예는 말미잘과 클라운피시의 관계이다'라는 의미가 되어야 하므로 '~이다'를 뜻하는 (b) is가 정답입니다. (d) do는 '하다'라는 뜻으로 이 문맥에 어울리지 않아서 오답입니다.

해석 공생이라는 개념을 설명하는 관계의 한 예로 말미잘과 클라운피시 관계가 있다.

어휘 illustrate[íləstrèit] 설명하다 symbiosis[sìmbióusis] 공생
sea anemone 말미잘 clown fish 클라운피시, 말미잘 물고기

16

해설 주어(People)가 복수이므로 복수 동사 (a)와 (d)가 정답의 후보입니다. '척추 부상을 입은 사람은 회복하는 데 시간이 오래 걸린다'라는 일반적인 사실을 나타내고 있으므로 현재 시제 (d) take가 정답입니다.

해석 척추 부상을 겪은 사람은 회복하는 데 시간이 오래 걸린다.

어휘 spinal[spainl] 척추의 recover[rikʌ́vər] 회복하다
take a long time 오래 걸리다

17

해설 (b)에서 단수 주어(the key) 앞에 복수 동사(are)가 와서 틀립니다. 'Here + 동사 + 주어'의 형태에서 동사는 뒤에 나오는 주어에 수 일치시켜야 합니다. 따라서 뒤에 나오는 주어(the key)가 단수이므로 복수 동사 are는 단수 동사 is로 바뀌어야 맞습니다.

해석 (a) A: 안녕하세요, 제 이름은 Craig Roberts이고 한 사람을 위한 1인실을 예약했어요.
(b) B: 알겠습니다. 여기 손님 방 열쇠를 드리겠습니다. 그것을 그냥 카드 인식기에 대시고 들어가시면 됩니다.
(c) A: 호텔 내에 식당 시설이 있나요, 아니면 식사를 하려면 밖에 나가야 하나요?
(d) B: 2층에 10시까지 문을 여는 두 개의 식당이 있습니다.

어휘 swipe[swaip] (카드를 인식기에) 대다 facility[fəsíləti] 시설

18

해설 (d)에서 단수 주어(This set) 다음에 복수 동사(comprise)가 와서 틀립니다. 따라서 복수 동사 comprise는 단수 동사 comprises로 바뀌어야 맞습니다.

해석 (a) 차크라는 힌두교와 탄트라 불교의 수행에 사용되는 개념이다. (b) 산스크리트어로 '수레 바퀴'라고 번역되는 차크라는 에너지 힘이 육체에 스며들게 하는 소용돌이를 가리킨다. (c) 신체의 기능은 몸 안의 차크라 지점 몇 군데에 의해 유지된다고 여겨진다. (d) 이러한 차크라 지점들의 집합은 척추를 따라 자리 잡고 있는 일곱 군데의 심적 에너지 중심을 구성하고 있다.

어휘 **chakra**[tʃʌ́krə] 차크라 <요가 철학에서 인체의 에너지가 모이는 7군데의 혈>
Sanskrit[sǽnskrit] 산스크리트어 **vortex**[vɔ́ːrteks] 소용돌이
permeate[pə́ːrmièit] 스며들다 **bodily**[bádəli] 신체의
comprise[kəmpráiz] 구성하다 **psychic energy** 심적 에너지
spinal cord 척추

19

해설 (b)에서 and로 연결된 주어(emotional exhaustion ~ and depersonalization)는 복수 주어로 취급되므로 복수 동사가 와야 하는데, 단수 동사(is)가 와서 틀립니다. 따라서 단수 동사 is는 복수 동사 are 로 바뀌어야 맞습니다.

해석 (a) Maslach Burnout Inventory는 개인의 신경 쇠약 정도를 평가하기 위한 조사 도구이다. (b) 이 조사 도구는 감정의 고갈, 감소된 개인적 성취감, 그리고 인격 상실이 신경 쇠약을 특징짓는 기준임을 나타내고 있다. (c) 그 판단의 척도는 치료사와 교사 같이 사회 봉사 사업에 종사하는 전문가들을 대상으로 사용되기 위해 처음으로 만들어졌다. (d) 이 조사 도구에 대한 신뢰성 때문에, 이제 많은 사업 분야에도 이 조사 도구가 적용되고 있다.

어휘 **assess**[əsés] 평가하다 **burnout**[bə́ːrnaut] 신경 쇠약
state[steit] 나타내다 **exhaustion**[igzɔ́ːstʃən] 고갈
reduced[ridjúːst] 감소한
depersonalization[diːpəːrsənəlizéiʃən] 인격 상실
criteria[kraitíəriə] (criterion의 복수형) 기준
scale[skeil] (판단의) 척도 **initially**[iníʃəli] 처음에
human services 사회 봉사 사업 **therapist**[θérəpist] 치료사
reliability[rilàiəbíləti] 신뢰성

20

해설 (b)에서 단수 주어(the cost) 다음에 복수 동사(have doubled)가 와서 틀립니다. 따라서 복수 동사 have doubled는 단수 동사 has doubled 로 바뀌어야 맞습니다.

해석 (a) 미국인이 다른 나라 국민보다 일반적으로 돈을 더 많이 벌지만, 그들의 삶의 질은 떨어지고 있다. (b) 경제 분석가들은 2000년 이후로 상품의 가격은 두 배가 되었지만 미국인의 임금은 떨어졌다고 말한다. (c) 실제로, 물가 상승이 달러의 구매력을 감소시키면서 미국의 실질 임금은 지난 십 년간 하락했다. (d) 이러한 상황에도 불구하고, 평균 미국인들의 생활 방식은 세계 기준으로는 여전히 넉넉하다고 여겨진다.

어휘 **quality of life** 삶의 질 **decline**[dikláin] 떨어지다, 쇠퇴하다
analyst[ǽnəlist] 분석가 **goods**[gudz] 상품
double[dʌ́bl] 두 배가 되다 **keep up** 뒤떨어지지 않다
real wages 실질 임금 **inflation**[infléiʃən] 물가 상승
perceive[pərsíːv] 여기다 **global standard** 세계 기준

CHAPTER 04 시제

텝스 실전 확인 문제

1. 현재 / 과거 / 미래   (b)   p.43

해설 과거 시제와 함께 자주 쓰이는 'last + 시간 표현(week)'이 쓰였으므로 과거 시제 (b) was가 정답입니다.

해석 A: 너희 반 견학은 언제였어?
B: 견학은 지난주였는데, 나는 가지 않았어.

어휘 **field trip** 견학

2. 현재진행 / 과거진행 / 미래진행   (d)   p.44

해설 '차를 사기 위해 현재 저축하고 있는 중'이므로 현재진행 시제 (d) am saving이 정답입니다.

해석 A: 왜 당신은 친구들과 휴가를 가지 않나요?
B: 저는 자동차를 사려고 저축하는 중이라서, 휴가 갈 여유가 없어요.

어휘 **go on vacation** 휴가를 가다 **afford to** ~할 여유가 있다

3. 현재완료 / 과거완료 / 미래완료   (c)   p.45

해설 주절의 시제가 과거(was)이고 종속절에서 '그가 페리 탑승권을 예약한' 시점은 주절보다 더 이전입니다. 따라서 과거 특정 시점 이전에 일어난 일을 표현할 때 쓰는 과거완료 시제 (c) had booked가 정답입니다.

해석 판매대에서 기다리는 사람들의 긴 줄을 보고, Jim은 그가 페리 탑승권을 훨씬 전에 예약해 두었던 것이 기뻤다.

어휘 **book**[buk] 예약하다

4. 주절과 종속절의 시제 일치   (b)   p.46

해설 주절의 시제가 과거(said)이므로 종속절에는 과거나 과거완료 시제가 올 수 있습니다. 따라서 과거 시제 (b) weren't가 정답입니다.

해석 A: 저를 봐서 놀란 것 같군요.
B: 음, 비서가 당신이 오늘 오지 않을 거라고 말했거든요.

어휘 **secretary**[sékrətèri] 비서

HACKERS PRACTICE   p.47

01 (b)   02 (a)   03 (a)   04 (b)   05 (a)
06 (b)   07 is waking → wakes
08 has received → received
09 had remained → will remain
10 have completed → will have completed
11 has observed → observed / had observed
12 has decided → had decided

01
해설 현재진행 시제와 함께 자주 쓰이는 right now가 쓰였으므로 현재진행 시제 (b) is waiting이 정답입니다.

해석 당신의 해외 고객 중 한 분이 바로 지금 다른 전화선에서 기다리고 계십니다.

어휘 overseas[òuvərsíːz] 해외의

02
해설 'Lena가 강연을 한' 시점이 과거(gave)이고 강연을 위해 '연습을 한' 시점은 과거 이전입니다. 따라서 과거 특정 시점 이전에 일어난 일을 표현할 때 쓰는 과거완료 시제 (a) had practiced가 정답입니다.

해석 Lena는 진로 세미나를 위한 강연을 하기 전에 몇 시간 동안 연습했다.

어휘 speech[spiːtʃ] 강연, 연설 career[kəríər] 진로, 직업
practice[præktis] 연습하다

03
해설 미래 시제와 함께 자주 쓰이는 tomorrow(내일)가 쓰였으므로 미래 시제 (a) will hold가 정답입니다.

해석 우리는 내일 이탈리아 음식을 파는 식당에서 Jim을 위한 송별회를 열 것입니다.

어휘 farewell party 송별회

04
해설 미래완료 시제와 함께 자주 쓰이는 'by the end of + 시간 표현(February)'이 쓰였고, '2월 말까지 중급 이탈리아어 강좌를 끝마치게 될 것'이라는 의미가 되어야 자연스럽습니다. 따라서 이전에 시작된 일이 특정 미래 시점에 완료될 것을 표현할 때 쓰는 미래완료 시제 (b) will have completed가 정답입니다.

해석 2월 말까지, Lisa는 대학에서 중급 이탈리아어 강좌를 끝마치게 될 것이다.

어휘 intermediate[ìntərmíːdiət] 중급의, 중간의
complete[kəmplíːt] 끝마치다, 완료하다

05
해설 현재완료 시제와 함께 자주 쓰이는 'over + 시간 표현(the past six weeks)'이 쓰였고, '지난 6주 동안 판매량을 상당히 증가시켜 왔다'라는 의미가 되어야 자연스럽습니다. 따라서 과거에 발생한 일이 현재까지 계속되고 있는 것을 표현할 때 쓰는 현재완료 시제 (a) have increased가 정답입니다.

해석 저희는 지난 6주 동안 판매량을 상당히 증가시켜 왔으며 이 추세가 계속 이어질 것으로 예상합니다.

어휘 substantially[səbstænʃəli] 상당히

06
해설 과거 시제와 함께 자주 쓰이는 'last + 시간 표현(Thursday)'이 쓰였으므로 과거 시제 (b) organized가 정답입니다.

해석 Mrs. Kensington은 지난 목요일에 학회를 준비했던 사람이다.

어휘 conference[kánfərəns] 학회
organize[ɔ́ːrɡənàiz] (행사 등을) 준비하다

07
해설 '알람 소리가 매일 나를 깨우는 것'은 반복되는 일이므로 반복되는 일을 표현하는 현재 시제와 every morning이 함께 쓰여야 하는데, 현재진행 시제(is waking)가 와서 틀립니다. 따라서 현재진행 시제 is waking은 현재 시제 wakes로 바뀌어야 맞습니다.

해석 내 룸메이트의 알람 소리가 매일 아침 나를 깨운다.

어휘 roommate[rúːmmèit] 룸메이트 wake up 깨우다, 정신이 들게 하다

08
해설 'last + 시간 표현(week)'은 과거 시제와 함께 자주 쓰이는 표현인데, 현재완료 시제(has received)가 와서 틀립니다. 따라서 현재완료 시제 has received는 과거 시제 received로 바뀌어야 맞습니다.

해석 그 회사는 지난주에 신제품에 대한 많은 주문을 받았다.

09
해설 'next + 시간 표현(month)'은 미래 시제와 함께 자주 쓰이는 표현인데, 과거완료 시제(had remained)가 와서 틀립니다. 따라서 과거완료 시제 had remained는 미래 시제 will remain으로 바뀌어야 맞습니다.

해석 공공 도서관이 다음 달부터 주중에는 밤 10시까지 열려 있을 것이다.

10
해설 문맥상 '다음 주까지 회계 감사가 완료될 것'이라는 의미가 되어야 하므로 이전에 시작된 일이 특정 미래 시점에 완료될 것을 나타내는 미래완료 시제가 쓰여야 하는데, 현재완료 시제(have completed)가 쓰여서 틀립니다. 따라서 현재완료 시제 have completed는 미래완료 시제 will have completed로 바뀌어야 맞습니다.

해석 그 관리자는 회계사들이 다음 주까지 회계 감사를 마칠 것으로 추정하고 있다.

어휘 estimate[éstəmèit] 추정하다, 어림하다
accountant[əkáuntənt] 회계사 audit[ɔ́ːdit] 회계 감사

11
해설 주절의 시제가 과거(looked)이므로 종속절에는 과거나 과거완료 시제가 와야 하는데, 현재완료 시제(has observed)가 와서 틀립니다. 따라서 현재완료 시제 has observed는 과거 시제 observed나 과거완료 시제 had observed로 바뀌어야 맞습니다.

해석 Margaret은 그녀가 세미나에서 관찰했던 수술 사진들을 보았다.

어휘 surgical[sə́ːrdʒikəl] 수술의, 외과의 observe[əbzə́ːrv] 관찰하다

12
해설 '해고 통보를 받은' 과거 시점(got) 이전에 '일을 그만 두기로 결심했었다'라는 의미가 되어야 자연스러우므로 주절에 과거완료 시제가 와야 하는데, 현재완료 시제(has decided)가 와서 틀립니다. 따라서 현재완료 시제 has decided는 과거 특정 시점 이전에 일어난 일을 표현할 때 쓰는 과거완료 시제 had decided로 바뀌어야 맞습니다.

해석 Freddy는 예정되어 있던 해고 소식을 받기 훨씬 전에 일을 그만두기로 결심했다.

어휘 quit[kwit] 그만두다 layoff[léiɔ̀ːf] 해고

HACKERS TEST
p.48

01 (b)	02 (a)	03 (b)	04 (b)	05 (c)
06 (b)	07 (d)	08 (a)	09 (c)	10 (a)
11 (d)	12 (a)	13 (d)	14 (b)	15 (c)
16 (c)	17 (d)	18 (d) get → get it		
19 (c) has featured → featured				
20 (a) has been → is				

01
해설 A가 과거 시제(When did ~?)로 질문했으므로 이에 대한 대답도 과거 시제가 되어야 합니다. 따라서 과거 시제 (b) entered가 정답입니다. (c) 는 과거진행 시제로 '고학년이 되고 있었다'라는 어색한 의미가 되므로 오답입니다.

해석 A: 언제 법학 학위를 취득하기로 결심했나요?
B: 고등학교 고학년 올라가기 바로 전에요.

02
해설 A가 다음 주에 있을 파티에 대해 미래 시제(will come)로 질문했으므로 이에 대한 대답도 미래 시제가 되어야 합니다. 따라서 빈칸 뒤의 '-ing(attending)'와 함께 미래를 나타낼 수 있는 현재진행 시제를 완성하는 be동사 (a)와 (b)가 정답의 후보입니다. 주어(my closest friends)가 복수이므로 복수 동사 (a) are가 정답입니다.

해석 A: 다음 주 당신의 파티에 누가 올 건가요?
B: 저의 가장 친한 친구들만 참석할 거예요.

어휘 attend[əténd] 참석하다

03
해설 과거 시점인 '십대 때부터 지금까지 계속 연주해오고 있다'라는 의미가 되어야 자연스러우므로 과거에 시작된 일이 현재까지 계속 진행 중임을 표현할 때 쓰는 현재완료진행 시제 (b) I've been playing이 정답입니다.

해석 A: 당신의 기타 연주는 정말 놀라워요.
B: 고마워요! 십대 때부터 계속 기타를 연주해왔어요.

어휘 amazing[əméiziŋ] 놀라운

04
해설 A가 B에게 '5시 쯤 다시 전화해도 괜찮은지' 묻자, B가 '그때(then) 회의에 참석할 것'이라고 했으므로 B가 회의에 참석할 시점은 미래라는 것을 알 수 있습니다. 따라서 미래 시제를 나타내기도 하는 현재진행 시제 (b) I'm attending이 정답입니다.

해석 A: 5시 쯤 다시 전화해도 괜찮나요?
B: 아니요, 그때 회의에 참석할 거예요.

05
해설 B가 '노트북 컴퓨터를 설정하느라 힘들었던' 과거 시점(was) 이전에 '노트북 컴퓨터를 사용해 본 적이 없었다'라는 의미가 되어야 하므로 과거 특정 시점 이전에 일어난 일을 표현할 때 쓰는 과거완료 시제 (c) had never used가 정답입니다.

해석 A: 당신은 새 노트북이 마음에 드나요?
B: 이전에 사용해 본 적이 없어서 설정하는 게 어려웠어요.

어휘 set up (기계·장비를) 설치하다

06
해설 '이번 6월이 되면 교직에 있은 지 4년이 될 것이다'라는 의미가 되어야 하므로 이전에 시작된 일이 특정 미래 시점(This June)에 완료될 것을 표현할 때 쓰는 미래완료 시제 (b) it will have been이 정답입니다.

해석 A: 얼마나 오랫동안 교직에 있었나요?
B: 이번 6월이면, 4년이 됩니다.

07
해설 B가 '도착했던' 과거 시점(got) 이전에 '피아노 연주를 마쳤다'라는 의미가 되어야 하므로 과거 특정 시점 이전에 일어난 일을 표현할 때 쓰는 과거완료 시제 (d) he had finished가 정답입니다.

해석 A: 피아노 독주회에서 Adam의 연주를 들었나요?
B: 아니요, 제가 도착했을 때쯤에 그는 연주를 끝냈어요.

어휘 performance[pərfɔ́ːrməns] 연주 recital[risáitl] 독주회

08
해설 현재완료 시제와 함께 자주 쓰이는 'for + 시간 표현(ten years now)'이 쓰였으므로 현재완료진행 시제 (a) have been using이 정답입니다.

해석 A: 당신은 아직도 필름 카메라를 사용하세요?
B: 네. 같은 카메라를 지금까지 10년 동안 사용해오고 있어요.

09
해설 B가 '핑크색 립스틱을 한 번 시도해 봐야겠다'는 의지를 말하는 상황입니다. 따라서 미래에 대한 의지를 표현할 때 쓰는 미래 시제 (c) I'll try가 정답입니다.

해석 A: 핑크색 립스틱이 당신에게 잘 어울릴 것 같아요.
B: 네, 한 번 시도해 보려구요.

10
해설 '몇 년 후(in a few years)'라는 미래의 특정 시점에 '고위 간부로 승진이 되어 있을 것'이라는 의미가 되어야 하므로 미래의 특정 시점에 완료될 일을 표현할 때 쓰는 미래완료 시제 (a) I'll have been promoted가 정답입니다.

해석 A: 이 회사 사원으로서 당신의 포부는 무엇인가요?
B: 모든 일이 잘 되면, 저는 몇 년 후 고위 간부로 승진되어 있을 거예요.

어휘 aspiration[æspəréiʃən] 포부 senior manager 고위 간부

11
해설 '두 달 전 세금 인상의 필요성에 대한 논쟁이 지금까지도 계속되고 있다'라는 의미가 되어야 하므로 현재 시제 (d) continues가 정답입니다.

해석 국회가 세금 인상을 두 달 전에 실행했지만, 그것의 필요성에 대한 논쟁이 지금까지 계속되고 있다.

어휘 implement[ímpləmənt] 실행하다 tax increase 세금 인상
debate[dibéit] 논쟁 necessity[nəsésəti] 필요성
to this day 지금까지, 오늘날까지

Chapter 04 시제 15

12

해설 'Gina가 사진에 찍혔던' 특정 과거 시점(had)에 '파랗고 긴 드레스를 입고 있었던' 것이므로 과거의 특정 시점에 일어나고 있었던 일을 표현할 때 쓰는 과거진행 시제 (a) was wearing가 정답입니다.

해석 Gina가 사진에 찍혔을 때, 그녀는 긴 파란색 드레스를 입고 있었고 머리에 나비 모양 리본을 했다.

어휘 bow [bau] 나비 모양 리본

13

해설 '청소년 흡연과 미성년자 음주 문제가 널리 퍼져 있다'는 현재 상황의 일반적인 사실을 나타내고 있으므로 현재 시제 (d) remain이 정답입니다.

해석 청소년 흡연과 미성년자 음주 문제는 현대 사회에 여전히 널리 퍼져 있다.

어휘 adolescent [ǽdəlésnt] 청소년기의
underage [ʌ̀ndəréidʒ] 미성년의
prevalent [prévələnt] 널리 퍼져 있는, 일반적인

14

해설 현재완료 시제와 함께 자주 쓰이는 'since + 과거 시간 표현'(~ 이래로)이 쓰였으므로 현재완료 시제 (b) has progressed가 정답입니다.

해석 인도의 자동차 산업은 1990년대에 경제 개혁이 실시된 이래로 훨씬 발전해 왔다.

어휘 automobile industry 자동차 산업 (by) a long way 훨씬, 부쩍
economic reform 경제 개혁
implement [ímpləmənt] 실시하다, 이행하다
progress [prəgrés] 발달하다

15

해설 주절의 시제가 과거(was)이므로 종속절에는 과거나 과거완료 시제가 올 수 있습니다. 따라서 과거 시제 (c) understood가 정답입니다.

해석 중재인 역할을 할 수 있을 만큼 그 법적 분쟁을 충분히 이해했던 사람은 그 회사에서 오직 한 명 뿐이었다.

어휘 mediator [míːdièitər] 중재인

16

해설 'since + 과거 시간 표현'(~ 이래로)이 사용되었고 주절에 현재완료 시제가 왔으므로 since절에는 과거 시제가 와야 합니다. 따라서 과거 시제 (c) obtained가 정답입니다.

해석 기술자들이 자료가 유출될 가능성이 있다는 정보를 얻은 이후로, 그 회사는 보안 조치를 강화해오고 있다.

어휘 tighten [taitn] 강화하다   security [sikjúərəti] 보안, 안전
measure [méʒər] 조치, 대책   leak [liːk] 유출
obtain [əbtéin] 얻다

17

해설 미래 시제와 함께 자주 쓰이는 'next + 시간 표현(year)'이 쓰였으므로 미래 시제 (d) will be가 정답입니다.

해석 최고 경영자는 현재 자신의 직원들 중 누가 내년에 승진될 것인지에 대해 신중히 생각하고 있다.

어휘 deliberate [dilíbərèit] 신중히 생각하다

18

해설 (d)에서 타동사(get) 다음에 목적어가 없어서 틀립니다. 문맥상 get의 목적어 자리에는 앞에 나온 단수 명사 dry cleaning이 와야 하는데, dry cleaning은 이미 문장에서 언급되었으므로 대신에 대명사 it를 써 줄 수 있습니다. 따라서 get은 get it으로 바뀌어야 맞습니다.

해석 (a) A: 드라이클리닝한 세탁물을 벌써 찾았어요?
(b) B: 아직이요. 참석할 회의가 있는데, 그 회의가 이제 막 시작하려고 하거든요.
(c) A: 제가 대신 그걸 찾아오면 도움이 될까요?
(d) B: 괜찮아요. 끝나는 대로 제가 찾으러 갈게요.

어휘 dry cleaning 드라이클리닝한 세탁물

19

해설 (c)에서 이미 끝난 과거의 상태를 나타내는 문맥에 현재완료 시제(has featured)가 와서 틀립니다. 'Comedy Genius 시상식 중에 Billy O' Leary가 사회를 봤던' 방영분은 어느 해에 일어난 이미 끝난 과거의 사건이므로 현재완료 시제 has featured는 과거 시제 featured로 바뀌어야 맞습니다.

해석 (a) A: TV에서 Comedy Genius 시상식을 본 적이 있나요?
(b) B: 매년 보려고 하긴 해요. 특히 좋아하는 방영분이 있나요?
(c) A: 아, Billy O'Leary가 사회를 봤던 것이요.
(d) B: 그건 제가 봤던 것 중 제일 웃긴 시상식이었어요.

20

해설 (a)에서 'Customs House는 상하이에 있는 최고 건축 명소 중 하나이다'라는 일반적인 사실을 나타내는 현재 시제가 쓰여야 하는데, 현재완료 시제(has been)가 쓰여서 틀립니다. 따라서 현재완료 시제 has been은 현재 시제 is로 바뀌어야 맞습니다.

해석 (a) 1927년에 지어진 와이탄에 있는 Customs House는 상하이에 있는 최고 건축 명소 중 하나이다. (b) 그리스 신고전주의 양식으로 된 그 건물은 인상적인 화강암 외관과 육중한 기둥이 특징이다. (c) 그것에는 높은 시계 탑도 있는데, 그 탑의 거대한 시계는 런던의 빅 벤을 본떠 만들어진 것이다. (d) Customs House는 와이탄의 상징으로 여겨지며, 그 거리의 역사적인 특징을 반영하고 있다.

어휘 the Bund (상하이) 와이탄
architectural [ɑ̀ːrkətéktʃərəl] 건축, 건축학의
attraction [ətrǽkʃən] 명소
neoclassical [nìːouklǽsikəl] 신고전주의의
characterize [kǽriktəràiz] 특징지우다
striking [stráikiŋ] 인상적인   granite [grǽnit] 화강암
facade [fəsάːd] 외관, 건물의 정면   massive [mǽsiv] 육중한
column [kάləm] 기둥   lofty [lɔ́ːfti] 높은
model after ~을 본떠서 만들다   regard [rigάːrd] ~으로 여기다

CHAPTER 05 능동태와 수동태

텝스 실전 확인 문제

1. 능동태와 수동태 구별 (c)   p.51

해설 주어 They(그들)와 동사 instruct(지시하다)가 '그들은 지시받았다'라는 수동의 의미로 해석되므로 수동태 (c) were instructed가 정답입니다.

해석 A: IT팀 구성원들은 지금 무엇을 작업하고 있나요?
B: 그들은 데이터베이스를 업그레이드하라고 지시받았어요.

2. 4형식·5형식 동사의 수동태 (c)   p.52

해설 주어 Martin과 동사 send(보내다)가 'Martin은 받았다'라는 수동의 의미로 해석되므로 수동태 (c)와 (d)가 정답의 후보입니다. 문장에 과거를 나타내는 시간 표현 last week가 쓰였으므로 과거 시제 (c) was sent가 정답입니다.

해석 Martin은 지난주에 그에게 발표를 해달라고 요청하는 회의 주최자로부터 편지를 받았다.

어휘 conference [kάnfərəns] 회의

HACKERS PRACTICE   p.53

01 (a)   02 (b)   03 (a)   04 (b)   05 (a)
06 (b)   07 impressed → am impressed
08 was launching → was launched
09 held → was held
10 considered → is considered
11 were served → served
12 is occurred → occurs

01

해설 주어 Maria와 동사 concern(걱정스럽게 만들다)가 'Maria는 걱정하다'라는 수동의 의미로 해석되므로 수동태 (a) is concerned가 정답입니다.

해석 Maria는 내일 밤 물리학 세미나에서 할 연설에 대해 걱정한다.

어휘 physics [fíziks] 물리학

02

해설 주어 your financial background(당신의 재정 상태)와 동사 check(검토하다)가 '당신의 재정 상태가 검토되다'라는 수동의 의미로 해석되므로 수동태 (b) be checked가 정답입니다.

해석 대출을 받기 전에 당신의 재정 상태가 검토되어야 합니다.

어휘 financial [finǽnʃəl] 재정 의   loan [loun] 대출

03

해설 동사 arise(발생하다)는 자동사이므로 수동태가 될 수 없고 능동태로만 쓰이므로 능동태 (a) arose가 정답입니다.

해석 직원들 사이에 발생했던 문제들은 인사부 관리자의 도움으로 해결되었다.

어휘 human resources 인사부

04

해설 주어 The moon(달)과 동사 think(~으로 여기다)가 '달은 ~으로 여겨졌다'라는 수동의 의미로 해석되므로 수동태 (b) had been thought가 정답입니다.

해석 갈릴레오의 관측 이전에 달은 매끄러운 구로 여겨져 왔다.

어휘 smooth [smu:ð] 매끄러운   orb [ɔ:rb] 구, 구체
observation [ὰbzərvéiʃən] 관측

05

해설 주어 Jane과 동사 recognize(깨닫다)가 '그녀는 깨달았다'라는 능동의 의미로 해석되므로 능동태 (a) recognized가 정답입니다.

해석 Jane은 여행하며 경험을 쌓기 위해 일을 좀 쉬어야 한다는 것을 깨달았다.

어휘 see the world 여행하며 경험을 쌓다

06

해설 주어 Long-term studies(장기적인 연구)와 동사 need(요구하다)가 '장기적인 연구가 요구된다'라는 수동의 의미로 해석되므로 수동태 (b) are needed가 정답입니다.

해석 그 약의 발생 가능한 부작용들을 평가하기 위해 장기적인 연구가 요구된다.

어휘 long-term 장기적인   assess [əsés] 평가하다   side effect 부작용

07

해설 주어 I(나)와 동사 impress(감명을 주다)가 '나는 감명받았다'라는 수동의 의미로 해석되는데, 능동태(impressed)가 와서 틀립니다. 따라서 능동태 impressed는 수동태 am impressed로 바뀌어야 맞습니다.

해석 그렇게 짧은 시간에 당신이 얼마나 많이 완성해 놓았는지에 감명받았어요.

어휘 impress [imprés] 감명을 주다, 감동시키다
finish [fíni] 완성하다, 이루다

08

해설 주어 The first artificial satellite(최초의 인공위성)와 동사 launch(발사하다)가 '최초의 인공위성이 발사되었다'라는 수동의 의미로 해석되는데, 능동태(was launching)가 와서 틀립니다. 따라서 능동태 was launching은 수동태 was launched로 바뀌어야 맞습니다.

해석 최초의 인공위성이 1957년에 우주로 발사되었다.

어휘 artificial satellite 인공위성

09

해설 주어 A ceremony(행사)와 동사 hold(열다)가 '행사가 열렸다'라는 수동의 의미로 해석되는데, 능동태(held)가 와서 틀립니다. 따라서 능동태 held는 수동태 was held로 바뀌어야 맞습니다.

해석 퇴직하는 경영 간부를 위한 행사가 지난주 Prince 호텔에서 열렸다.

어휘 ballroom[bɔ́:lrù:m] 연회장 retiring[ritáieriŋ] 퇴직하는
executive[igzékjutiv] 경영 간부, 중역, 임원

10

해설 주어 She(그녀)와 동사 considrer(~이라고 여기다)가 '그녀는 ~이라고 여겨진다'라는 수동의 의미로 해석되는데, 능동태(considered)가 와서 틀립니다. 따라서 능동태 considered는 수동태 is considered로 바뀌어야 맞습니다.

해설 인도주의 운동에 대한 그녀의 공헌으로 그녀는 매우 영향력 있고 영감을 주는 인물로 여겨진다.

어휘 influential[ìnfluénʃəl] 영향력 있는
inspirational[ìnspəréiʃənl] 영감을 주는 figure[fígjər] 인물
contribution[kɑ̀ntrəbjú:ʃən] 공헌, 기여
humanitarian[hju:mæ̀nətɛ́:əriən] 인도주의적인
cause[kɔ:z] (사회적인) 운동, 주의

11

해설 주어 The waiters(웨이터들)와 동사 serve(제공하다)가 '웨이터들이 제공했다'라는 능동의 의미로 해석되는데, 수동태(were served)가 와서 틀립니다. 따라서 수동태 were served는 능동태 served로 바뀌어야 맞습니다.

해설 웨이터들은 자선 경매에 참여한 손님들에게 다양한 전채 요리를 제공했다.

어휘 appetizer[ǽpətàizər] 전채 요리 charity auction 자선 경매

12

해설 동사 occur(일어나다)는 자동사이므로 수동태가 될 수 없는데, 수동태(is occured)가 와서 틀립니다. 따라서 수동태 is occured는 능동태 occurs로 바뀌어야 맞습니다.

해설 바람이 중국과 몽골에서부터 동아시아 전역으로 모래를 옮길 때 매년 '황사' 현상이 발생한다.

어휘 yellow dust 황사

HACKERS TEST   p. 54

01 (d)	02 (c)	03 (b)	04 (d)	05 (d)
06 (d)	07 (a)	08 (c)	09 (a)	10 (c)
11 (a)	12 (a)	13 (a)	14 (b)	15 (c)

16 (c)   17 (b) was exhausting → was exhausted
18 (d) relent → relents
19 (c) are depicted → depict
20 (d) considered → was considered

01

해설 동사 happen(마침 ~하다)은 자동사로 수동태가 될 수 없고 능동태로만 쓰이므로 능동태 (c)와 (d)가 정답의 후보입니다. happen to에서 to는 to 부정사의 to이므로 그 다음에는 동사원형이 와야 합니다. 따라서 동사원형 be가 사용된 (d) happened to be가 정답입니다.

해석 A: 이 모든 CD가 당신의 예전 여자친구 거였나요?
B: 맞아요. 그녀는 마침 고전 음악의 팬이었지 뭐예요.

어휘 belong[bilɔ́:ŋ] ~의 소유이다, ~에 속하다

02

해설 동사 entitle(자격을 주다)의 수동태인 be entitled는 전치사 to와 함께 쓰여 '~할 자격이 있다'라는 뜻을 나타냅니다. 문맥상 '우승자는 1만 달러의 상금을 받게 된다(자격이 있다)'라는 수동의 의미로 해석되므로 수동태 (b)와 (c)가 정답의 후보입니다. '과학 경시대회의 우승자는 1만 달러의 상금을 받는다'라는 현재의 일반적인 사실을 나타내고 있으므로 현재 시제 (c) is entitled가 정답입니다.

해석 A: 그 새로운 과학 경시대회에 대해서 들었어요?
B: 네, 우승자는 1만 달러의 상금을 받게 된대요.

03

해설 주어 traffic laws(교통 법규)와 동사 observe(준수하다)가 '교통 법규가 준수되다'라는 수동의 의미로 해석되므로 수동태 (b) are observed가 정답입니다.

해석 A: 교통 경찰로서 어떤 일을 하나요?
B: 저의 주요 임무는 교통 법규가 반드시 준수되도록 하는 것입니다.

어휘 highway patrolman 교통 경찰 duty[djú:ti] 임무
ensure[inʃúər] 반드시 ~하게 하다

04

해설 동사 last(지속되다)는 자동사로 수동태가 될 수 없고 능동태로만 쓰이므로 능동태 (b)와 (d)가 정답의 후보입니다. '계약이 5년 동안 지속된다'라는 일반적인 사실을 나타내고 있으므로 현재 시제 (d) lasts가 정답입니다.

해석 A: 이 집은 임대 기간이 얼마나 되나요?
B: 계약은 5년 동안 지속됩니다.

어휘 lease[li:s] 임대 기간

05

해설 B가 '학교에 들어갔던' 시점은 특정 과거 시점(12살 때) 이전이므로 과거 특정 시점 이전에 일어난 일을 표현할 때 쓰는 과거완료 시제 (d) had been enrolled가 정답입니다.

해석 A: 이사를 자주 다닌 것이 어릴 때 친구를 사귀기 힘들게 했나요?
B: 그럼요. 12살 때까지 저는 6개의 각기 다른 학교에 들어갔었어요.

어휘 move around 자주 이사하다

06

해설 주어 Any team member(어떤 팀원)와 동사 disqualify(자격을 박탈하다)가 '어떤 팀원이라도 자격이 박탈될 것이다'라는 수동의 의미로 해석되므로 수동태 (d) will be disqualified가 정답입니다.

해설 부정행위로 적발되는 어떤 팀원이라도 즉시 자격이 박탈될 것이며 추후의 모든 경기 출전이 금지될 것이다.

어휘 cheat[tʃi:t] 부정행위를 하다 immediately[imí:diətli] 즉시
ban[bæn] 금지하다 competition[kɑ̀mpətíʃən] 경기, 시합

07

해설 주어 the website(그 웹사이트)와 동사 contain(포함하다)이 '그 웹사이트는 포함하고 있다'라는 능동의 의미로 해석되므로 능동태 (a)와 (b)가 정답의 후보입니다. '그 웹사이트가 개인 정보 보호 장치를 포함하고 있다'라는 일반적인 사실을 나타내고 있으므로 현재 시제 (a) contains가 정답입니다.

해석 온라인에서 쇼핑을 하기 위해 신용 카드를 사용할 때, 그 웹사이트가 개인 정보 보호 장치를 포함하고 있는지 확인하세요.

어휘 credit card 신용 카드 safeguard[séifgà:rd] 보호 장치

08

해설 문장에 주어(Oprah Winfrey)는 있지만 동사가 없으므로 동사 (b)와 (c)가 정답의 후보입니다. 주어(Oprah Winfrey)와 동사 think(~이라고 여기다)가 'Oprah Winfrey가 ~이라고 여겨진다'라는 수동의 의미로 해석되므로 수동태 (c) is thought가 정답입니다.

해석 Oprah Winfrey는 시청자들의 감정에 호소함으로써, 현대 토크쇼에 혁신을 일으킨 것으로 여겨진다.

어휘 appeal[əpí:l] ~에 호소하다 emotion[imóuʃən] 감정
viewer[vjú:ər] 시청자
revolutionize[rèvəlú:ʃənàiz] 혁신을 일으키다, 급속한 변화를 가져오다

09

해설 주어 The couple's personalities(그 커플의 성격)와 동사 complement(보완하다)가 '그 커플의 성격은 보완해준다'라는 능동의 의미로 해석되므로 능동태 (a)와 (c)가 정답의 후보입니다. 주어(The couple's personalities)가 복수이므로 복수 동사 (a) complement가 정답입니다.

해석 그 커플의 성격은 서로를 완벽하게 보완해준다.

어휘 personality[pə̀:rsənǽləti] 성격 one another 서로

10

해설 이 문장은 주어(the TV series)에 동사 2개(received, 보기의 cancel)가 접속사(and)로 연결되어 있는 형태입니다. 주어 the TV series(그 TV 시리즈)와 보기의 동사 cancel(취소하다)이 '그 TV 시리즈는 취소되었다'라는 수동의 의미로 해석되므로 수동태 (c) was canceled가 정답입니다.

해석 두 명의 유명한 배우를 주연으로 삼았음에도 불구하고, 그 TV 시리즈는 좋지 않은 평가를 받았고 고작 6회분이 방영된 후에 취소되었다.

어휘 despite[dispáit] ~에도 불구하고
feature[fí:tʃər] (배우를) 주연으로 삼다

11

해설 주어 tales(이야기)와 동사 comprise(차지하다)가 '이야기가 차지한다'라는 능동의 의미로 해석되므로 능동태 (a)와 (c)가 정답의 후보입니다. 주어(tales)가 복수이므로 복수 동사 (a) comprise가 정답입니다.

해석 David Johnson은 자서전을 이번 달에 출간했고, 그의 유년시절 이야기가 자서전의 대부분을 차지한다.

어휘 autobiography[ɔ̀:toubaiágrəfi] 자서전 bulk[bʌlk] 대부분

12

해설 동사 surge는 '급증하다'라는 의미로 쓰일 때 자동사이므로 수동태가 될 수 없고 능동태로만 쓰입니다. 따라서 능동태 (a), (c), (d)가 정답의 후보입니다. 주어에 단수 취급하는 수량 표현 the number of가 쓰였고, 지난 10년 간의 외국인 관광객 수 변화에 대해 말하고 있으므로 단수 동사의 현재완료 시제 (a) has surged가 정답입니다.

해석 지난 10년간, 그 지역의 많은 자연 명소 덕분에 외국인 관광객 수가 급증해 왔다.

어휘 decade[dékeid] 10년 attraction[ətrǽkʃən] 명소
region[rí:dʒən] 지역

13

해설 주어 The brightest members(가장 똑똑한 아이들)와 동사 represent(대표하다)가 '가장 똑똑한 아이들이 대표한다'라는 능동의 의미로 해석되므로 능동태 (a)와 (b)가 정답의 후보입니다. 주어(The brightest members)가 복수이므로 복수 동사 (a) represent가 정답입니다.

해석 매년 각 반의 가장 똑똑한 아이들이 학교 대항 퀴즈 대회에서 학교를 대표한다.

어휘 bright[brait] 똑똑한, 영리한
interscholastic[ìntərskəlǽstik] 학교 대항의
represent[rèprizént] 대표하다

14

해설 빈칸은 앞에 나온 명사(the latest events)를 수식하는 관계절(that __ in the world of photography) 내의 동사 자리이며, the latest events가 복수이므로 복수 동사 (b)와 (d)가 정답의 후보입니다. 동사 occur(발생하다)는 자동사로 수동태가 될 수 없고 능동태로만 쓰이므로 능동태 (b) occur가 정답입니다.

해석 'Focus Weekly'지는 사진계에서 일어나는 최근 사건들에 관련된 최신 정보를 제공한다.

어휘 update[ʌ́pdèit] 최신 정보 latest[léitist] 최근의, 최신의

15

해설 주어 you(당신)와 동사 attract(마음을 끌다)가 '당신 마음이 끌리다'라는 수동의 의미로 해석되므로 수동태 (c) are attracted가 정답입니다.

해석 만약 당신이 누군가에게 마음이 끌린다면, 그 사람을 알아가면서 시간을 보내려고 노력하세요.

16

해설 빈칸은 앞에 나온 명사(two methods)를 수식하는 관계절(that ____ ~ Positional Head Deformity) 내의 동사 자리입니다. two methods(두 가지 방법들)와 동사 utilize(이용하다)가 '두 가지 방법들이 이용되다'라는 수동의 의미로 해석되므로 수동태 (c) be utilized가 정답입니다.

해석 특수하게 만들어진 헬멧과 수면 자세의 변화는 자세성 두상 변형의 위험을 낮추기 위해 이용될 수 있는 두 가지 방법들이다.

어휘 mold[mould] (조각품의 형체를) 만들다 posture[pástʃər] 자세
risk[risk] 위험
Positional Head Deformity 자세성 두상 변형 <자세로 인한 머리 모양 변형>

17

해설 (b)에서 주어 I(나)와 동사 exhaust(지치게 하다)가 '나는 너무 지쳤다'라는 수동의 의미로 해석되는데, 능동태(was exhausting)가 와서 틀립니다. was exhausting은 was exhausted로 바뀌어야 맞습니다.

해석 (a) A: 어젯밤 너한테 연락을 못 받았네. 농구부 입단 시험이 끝나고 전화한다고 했었잖아.
(b) B: 미안해. 집에 도착했을 때 너무 지쳐서 바로 자버렸어.
(c) A: 그랬을 거라고 생각했어. 그래서, 입단 시험은 어땠어?
(d) B: 잘 됐어. 코치님은 내가 팀에 들어갈 가망이 있다고 하셨어.

어휘 tryout[tráiaut] (스포츠·팀) 입단 시험
figure[fígjər] ~이라고 생각하다   make the team 팀에 들어가다

18

해설 (d)에서 단수 취급하는 수량 표현 one of가 주어에 쓰였으므로 뒤에 단수 동사가 와야 하는데, 복수 동사(relent)가 와서 틀립니다. 따라서 복수 동사 relent는 단수 동사 relents로 바뀌어야 맞습니다.

해석 (a) A: 두 출판사가 서로 다투고 있는 쟁점이 무엇인가요?
(b) B: 한 쪽이 다른 한 쪽을 최근 출판물을 표절했다고 비난하고 있어요.
(c) A: 두 출판사가 소송에 이르지 않고 서로 합의하여 분쟁을 해결할 가능성이 있나요?
(d) B: 그럴 가능성은 없는 것 같아요. 그들 중 한 쪽의 마음이 누그러지지 않는다면요.

어휘 accuse[əkjúːz] 비난하다, 고소하다
plagiarize[pléidʒəràiz] 표절하다   settle[setl] 해결하다
conflict[kánflikt] 분쟁
out of court (소송에 이르지 않고) 서로 합의하여, 법정 밖에서
unless[ənlés] ~하지 않는 한   relent[rilént] 마음이 누그러지다

19

해설 (c)에서 주어 All of Morrison's novels(모리슨의 모든 소설들)와 동사 depict(묘사하다)가 '모리슨의 모든 소설들은 묘사한다'라는 능동의 의미로 해석되는데, 수동태(are depicted)가 와서 틀립니다. 따라서 수동태 are depicted는 능동태 depict로 바뀌어야 맞습니다.

해석 (a) 토니 모리슨은 미국에서 가장 유명한 현대 작가들 중 한 명이다. (b) 모리슨의 5번째 작품 'Beloved'는 그녀의 걸작으로 인정받는다. (c) 모리슨의 모든 소설들은 남성 중심적인 사회에서 투쟁하는 미국 흑인 여성들의 경험을 묘사한다. (d) 1988년에, 모리슨은 소설 부문에서 퓰리처상을 수상하면서, 명망있는 상을 받은 최초의 미국 흑인 여성이 되었다.

어휘 celebrated[séləbrèitid] 유명한
contemporary[kəntémpərèri] 현대의
acknowledge[æknálidʒ] ~이라고 인정하다
masterpiece[mǽstərpìːs] 걸작, 대작
prestigious[prestídʒəs] 명망있는

20

해설 (d)에서 주어 alcohol consumption(음주)과 동사 consider(~이라고 여기다)가 '음주는 (~이라고) 여겨졌다'라는 수동의 의미로 해석되는데, 능동태(considered)가 와서 틀립니다. 따라서 능동태 considered는 수동태 was considered로 바뀌어야 맞습니다.

해석 (a) 수천 년 동안, 사람들은 천연 원두 형태로 커피를 소비했다. (b) 커피가 우리가 알고 있는 음료가 된 것은 13세기에 예멘에서였다. (c) 그 당시, 긴 밤 철야 기도 내내 깨어 있어야 했던 예배자들이 갈아진 커피 콩을 끓이기 시작했다. (d) 이슬람에서 음주 소비는 금기로 여겨졌기 때문에, 커피는 후에 아랍계에서 선호되는 사회적 음료가 되었다.

어휘 thousands of 수천의   beverage[bévəridʒ] 음료
worshipper[wə́ːrʃipər] 예배자, 숭배자   vigil[vídʒəl] (철야) 기도
brew[bruː] (커피·차를) 끓이다, 우려나다   taboo[təbúː] 금기

CHAPTER 06 조동사

텝스 실전 확인 문제

1. 조동사 + 동사원형   (b)   p. 57

해설 주절에 요청을 나타내는 동사(requires)가 있으므로 종속절에 '(should +) 동사원형'이 와야 합니다. 따라서 동사원형 (b) be notified가 정답입니다.

해석 A: 언제 건강 검진 결과를 받을 수 있을까요?
B: 저희의 방침은 환자분들이 예약일 7일 내에 통지받으시도록 합니다.

어휘 checkup[tʃékʌ̀p] 건강 검진   result[rizʌ́lt] 결과
patient[péiʃənt] 환자   appointment[əpɔ́intmənt] 예약

2. 조동사 have·be·do   (a)   p. 58

해설 주어 parking ~ street(이 거리에 주차하는 것)와 동사 permit(허용하다)이 '이 거리에 주차하는 것은 허용되지 않는다'라는 수동의 의미로 해석됩니다. 따라서, p.p.(permitted) 앞에 와서 수동태를 만드는 be 동사 (a)와 (b)가 정답의 후보입니다. 동명사 주어(parking ~ spot)는 단수 취급하므로 단수 동사 (a) is가 정답입니다.

해석 A: 차를 이곳에 둬도 괜찮나요?
B: 아니요, 주중에는 이 거리에 주차하는 것이 허용되지 않습니다.

어휘 parking[páːrkiŋ] 주차

3. 조동사 can·will·may·must·should   (b)   p. 59

해설 '그의 결정대로 하지 않도록 설득할 수 있을지'라는 의미가 되어야 자연스럽습니다. 따라서 '~할 수 있다'를 뜻하면서 '능력'을 나타내는 조동사 (b) can이 정답입니다.

해석 A: 그 관리자가 우리의 요구를 거부했어요.
B: 그의 결정대로 하지 않도록 설득할 수 있을지 제가 알아볼게요.

어휘 deny[dinái] 거부하다, 허락하지 않다   request[rikwést] 요구, 요청
talk a person out of ~에게 -을 하지 않도록 설득하다

4. 조동사 + have p.p.   (a)   p. 60

해설 '학급 전체가 시험 공부를 열심히 했음에 틀림없다'라는 의미가 되어야 자연스럽습니다. 따라서 have p.p.와 함께 쓰여 '~했음에 틀림없다'라는 뜻의 must have p.p. 표현을 써야 하므로 (a) must가 정답입니다.

해석 모든 학생이 합격 점수를 받은 것을 보니, 학급 전체가 시험 공부를 열심히 했음에 틀림없다.

HACKERS PRACTICE
p. 61

```
01 (a)       02 (b)       03 (a)       04 (a)       05 (a)
06 (a)       07 submitting → submit
08 should have started → must have started
09 have → are        10 might → must/should
11 does offer not → does not offer
12 had signed → sign
```

01
해설 조동사(might) 다음에는 동사원형이 오므로 동사원형 (a) rain이 정답입니다.

해석 그 기상 캐스터는 내일 전국적으로 비가 올지도 모른다고 말했다.

어휘 weather forecaster 기상 캐스터, 일기 예보자
nationwide [néiʃənwàid] 전국적으로

02
해설 'Marjorie는 휴가에서 돌아와야 한다'라는 의미가 되어야 자연스럽습니다. 따라서 '~해야 한다'를 뜻하면서 '의무'를 나타내는 조동사 (b) must가 정답입니다.

해석 회사에 직원이 부족해서, Marjorie는 휴가에서 돌아와야 한다.

어휘 shortage [ʃɔ́ːrtidʒ] 부족

03
해설 주절에 요청을 나타내는 동사(recommend)가 있으므로 종속절에는 '(should +) 동사원형'이 와야 합니다. 따라서 동사원형 (a) drink가 정답입니다.

해석 의사들은 사람들이 매일 여섯 잔에서 여덟 잔의 물을 마시기를 권장한다.

04
해설 주어 The baseball(그 야구공)과 동사 sign(사인하다)가 '그 야구공은 사인되었다'라는 수동의 의미로 해석됩니다. 따라서 p.p.(signed) 앞에 와서 수동태를 만드는 be동사 (a) was가 정답입니다.

해석 그 야구공은 인기 선수에 의해 사인되었다.

05
해설 '그림을 그렇게 싼 값에 팔지 말았어야 했다'라는 의미가 되어야 자연스럽습니다. 따라서 '~하지 말았어야 했다(그런데 했다)'라는 뜻의 should not have p.p. 표현을 써야 하므로 (a) should not have sold가 정답입니다.

해석 Henry는 그토록 귀중한 그림을 그렇게 싼 값에 팔지 말았어야 했다는 것을 깨달은 후 기분이 좋지 않았다.

어휘 realize [ríːəlàiz] 깨닫다   valuable [vǽljuəbl] 귀중한, 가치 있는

06
해설 '그 새로운 버전의 운영 체제가 현재의 운영체제를 대체할 것이다'라는 의미가 되어야 자연스럽습니다. 따라서 '~할 것이다'를 뜻하면서 '미래'를 나타내는 조동사 (a) will이 정답입니다.

해석 그 새로운 버전의 운영 체제는 현재의 운영체제를 대체할 것이다.

어휘 operating system (컴퓨터) 운영 체제   replace [ripléis] 대체하다
current [kə́ːrənt] 현재의, 지금의

07
해설 조동사처럼 쓰이는 표현(need to) 다음에 동명사(submitting)가 와서 틀립니다. 조동사 다음에는 동사원형이 와야 하므로 동명사 submitting은 동사원형 submit으로 바뀌어야 맞습니다.

해석 기자 지원자들은 세 편의 독특한 샘플 기사를 제출해야 한다.

08
해설 'Alice가 운동을 시작했음에 틀림없다'라는 의미가 되어야 자연스러운데, '~했어야 했다(그런데 하지 않았다)'를 뜻하는 should have p.p.가 쓰여서 틀립니다. 따라서 should have started는 '~했음에 틀림없다'를 뜻하는 must have started로 바뀌어야 맞습니다.

해석 Alice가 예전보다 훨씬 말라 보이는 것을 보니, 최근에 운동을 시작했음에 틀림없다.

09
해설 '메모가 배포되다'라는 수동의 의미를 나타내려면 p.p.(distributed) 앞에 be 동사가 쓰여야 하는데, 조동사 have가 쓰여서 틀립니다. 따라서 조동사 have는 p.p.와 함께 쓰여 수동태를 만드는 be동사 are로 바뀌어야 맞습니다.

해석 모든 정책 변경에 대한 최신 정보를 직원들에게 알리기 위해 한 달에 한 번씩 직원들에게 메모가 배포된다.

어휘 distribute [distríbjuːt] 배포하다
update [ʌ̀pdéit] 최신 정보를 알려주다

10
해설 '모든 건설 작업자들이 안전모를 착용해야 한다'라는 '의무'를 나타내는 문맥이 되어야 하는데, '~일지도 모른다'를 뜻하는 조동사 might가 쓰여서 틀립니다. 따라서 might는 '~해야 한다'를 뜻하면서 '의무'를 나타내는 조동사 must나 should로 바뀌어야 맞습니다.

해석 모든 건설 작업자들이 부상을 입지 않도록 안전모를 착용해야 한다는 것이 회사의 방침이다.

어휘 policy [pɑ́ləsi] 방침   hard hat 안전모

11
해설 일반동사(offer)의 부정문은 'do/did/does + not + 동사원형(offer)'의 형태가 되어야 하는데, not과 동사원형(offer)의 순서가 바뀌어서 틀립니다. 따라서 does offer not은 does not offer로 바뀌어야 맞습니다.

해석 그 구두 가게에는 교환 방침은 있지만, 환불은 해주지 않는다.

어휘 exchange [ikstʃéindʒ] 교환   refund [rifʌ́nd] 환불

12
해설 주절에 제안을 나타내는 동사(suggested)가 있으므로 종속절에 '(should +) 동사원형'이 와야 하는데, 과거완료 시제(had signed)가 와서 틀립니다. 따라서 과거완료 시제 had signed는 동사원형 sign으로 바뀌어야 맞습니다.

해석 국무장관은 조약이 국가에 크게 도움이 되므로 대통령에게 조약에 서명해야 한다고 제안했다.

어휘 secretary of state 국무장관 treaty[tríːti] 조약
benefit[bénəfit] 도움이 되다; 혜택

HACKERS TEST
p.62

01 (d)	02 (a)	03 (b)	04 (c)	05 (d)
06 (d)	07 (b)	08 (d)	09 (c)	10 (c)
11 (a)	12 (c)	13 (a)	14 (a)	15 (a)
16 (b)	17 (a)	18 (b)		
19 (c) can → must		20 (c) heard → hear		

01
해설 I'm not sure, but(확실하진 않지만) 다음에는 어떤 일이 일어날 수 있다는 '가능성'을 나타내는 문맥이 되어야 자연스럽습니다. 따라서 '~일 수 있다'라는 뜻으로 '가능성'을 나타내는 조동사 (d) could가 정답입니다.

해석 A: 시험 결과가 언제 나올 예정인가요?
B: 확실하진 않은데, 오늘 오후에 바로 결과가 나올지도 몰라요.

02
해설 '늦지 않겠다'라는 미래의 일에 대한 '의지'를 나타내는 문맥이므로 '~하지 않겠다'를 뜻하면서 '의지'를 나타내는 조동사 (a) won't가 정답입니다.

해석 A: 내일 회의에 늦지 않도록 하세요.
B: 네, 늦지 않겠다고 약속해요.

03
해설 빈칸을 포함한 문장은 '당신들 곧 점심 먹으러 가는 건가요?'라는 뜻으로, A가 한 말이 맞는지 물어보는 내용이 오는 것이 자연스럽습니다. 이때, A에 진행 시제 'be + -ing(heading)'가 쓰였으므로, B의 빈칸에도 진행 시제를 만드는 be동사가 와야 합니다. 따라서 be 동사 (b) Are가 정답입니다.

해석 A: 저희 곧 점심 먹으러 갈 거예요.
B: 그래요? 저도 가도 되나요?

어휘 head out for ~에 가다, ~로 향하다

04
해설 A가 얼마나 무례했는지 믿기지 않는다는 말에 동의하며 덧붙이는 말로 '그는 그런 식으로 행동하지 말았어야 했다'라는 내용이 오는 것이 자연스럽습니다. 따라서 '~하지 말았어야 했다(그런데 했다)'를 뜻하는 shouldn't have p.p.를 써야 하므로 (c) shouldn't가 정답입니다.

해석 A: A이 그렇게 무례했다니 믿기지가 않아요.
B: 그러게요. 그는 그런 식으로 행동하지 말았어야 했어요.

어휘 rude[ruːd] 무례한, 버릇없는

05
해설 주절에 요청을 나타내는 동사(requires)가 있으므로 종속절에 '(should +) 동사원형'이 와야 합니다. 따라서 동사원형 (d) maintain이 정답입니다.

해석 A: 축구팀에 있기 위한 학교의 자격 요건이 무엇인가요?
B: 학교측은 선수가 대학 대표팀에서 경기를 하려면 합격 점수를 유지해야 한다고 요구하고 있어요.

어휘 requirement[rikwáiərmənt] 자격 요건, 필수 요건
athlete[ǽθliːt] (운동) 선수 passing grade 합격 점수
varsity[váːrsəti] 대학 대표팀 maintain[meintéin] 유지하다

06
해설 주절의 시제가 과거(could have guessed)이므로 종속절에는 과거나 과거완료 시제가 와야 합니다. 따라서 조동사 will의 과거 시제 (d) would가 정답입니다.

해석 A: Mike가 팔만 다치지 않았었다면, 우리 팀이 이길 수도 있었을 거야.
B: 그의 부상이 얼마나 심각할지 아무도 짐작할 수 없었을 걸.

07
해설 '화학물질이 척수 부상을 치료할 수 있는 열쇠를 쥐고 있을지 모른다'라는 '불확실한 추측'을 나타내는 문맥이므로 '~할지도 모른다'를 뜻하면서 '불확실한 추측'을 나타내는 조동사 (b) may가 정답입니다.

해석 연구 결과는 파란색 식용 색소에 있는 화학물질이 척수 부상을 치료할 수 있는 열쇠를 쥐고 있을지 모른다고 암시한다.

어휘 suggest[səgdʒést] 암시하다, 넌지시 비추다
chemical[kémikəl] 화학물질 dye[dai] 색소, 염료
treat[triːt] 치료하다 spinal cord 척수

08
해설 '영화가 이보다 더 잘될 수 없었다'라는 의미가 되어야 자연스럽습니다. 따라서 have p.p.와 함께 쓰여 '~했을 리가 없다'라는 뜻의 couldn't have p.p.를 써야 하므로 (d) couldn't가 정답입니다.

해석 그 영화의 개봉은 매우 성공적이었으며, 비평가들은 영화가 이보다 더 잘 될 수 없었을 것이라고 말했다.

어휘 premiere[primíər] (영화의) 개봉 critic[krítik] 비평가

09
해설 '사람들은 과거에 잘 차려 입곤 했다'라는 '과거의 습관'을 나타내는 문맥이므로 '~하곤 했다'를 뜻하면서 '과거의 습관'을 나타내는 조동사 (c) would가 정답입니다.

해석 상업 비행의 초창기 시절에, 사람들은 비행기를 타기 위해 잘 차려 입곤 했다.

어휘 commercial[kəmə́ːrʃəl] 상업의 dress up 잘 차려 입다

10
해설 '몇몇 아이들에게는 증상을 악화시킬 지도 모른다'라는 '불확실한 추측'을 나타내는 문맥이므로 '~할지도 모른다'를 뜻하면서 '불확실한 추측'을 나타내는 조동사 (c) may가 정답입니다.

해석 일일 흡입기 약물 치료는 많은 경우 천식을 다루는 데 도움이 되지만, 몇몇 아이들에게는 증상을 악화시킬지도 모른다.

어휘 inhaler[inhéilər] 흡입기 medication[mèdəkéiʃən] 약물 치료
asthma[金zmə] 천식 symptom[símptəm] 증상

11
해설 'Doug Jones는 그것들을 보관했어야 했다'라는 의미가 되어야 자연스럽습니다. 따라서 have p.p.와 함께 쓰여 '~했어야 했다(그런데 하지 않았다)'라는 뜻의 should have p.p.를 써야 하므로 (a) should가 정답입니다.

해설 Doug Jones는 재무제표 사본이 소득 신고서를 제출하기 위해 필요하기 때문에 그것들을 보관했어야 했다.

어휘 financial statements 재무제표 file[fail] 제출하다
tax return 소득 신고서

12
해설 빈칸이 조동사(might) 뒤에 있으므로 동사원형으로 시작한 (b), (c), (d)가 정답의 후보입니다. '소셜 미디어 사이트에 너무 많은 시간을 쓰는 것은 우리가 생각하는 것보다 더 많은 해를 끼치고 있을지도 모른다'라는 의미가 되어야 자연스럽습니다. 따라서 현재 진행되고 있는 일을 표현하는 현재진행 시제 (c) be doing이 정답입니다.

해설 전문가들은 소셜 미디어 사이트에 너무 많은 시간을 쓰는 것은 우리가 생각하는 것보다 더 많은 해를 끼치고 있을지도 모른다고 추측한다.

어휘 speculate[spékjulèit] 추측하다

13
해설 '오토바이 운전자는 반드시 헬멧을 착용해야 한다'라는 '의무'를 나타내는 문맥이므로 '~해야 한다'를 뜻하면서 '의무'를 나타내는 조동사 (a) must가 정답입니다.

해설 메인 주는 오토바이 운전자가 반드시 헬멧을 착용하도록 요구하는 법안을 통과시켰다.

어휘 mandate[mǽndeit] 요구하다, 명령하다

14
해설 '그 사건에 대해 받는 어떠한 정보라도 진지하게 받아들이겠다'라는 미래의 일에 대한 '의지'를 나타내는 문맥이므로 '~하겠다'를 뜻하면서 '의지'를 나타내는 조동사 (a) will이 정답입니다.

해설 경찰은 그 사건에 대해 받는 어떠한 정보라도 진지하게 받아들이겠다고 약속한다.

어휘 police force 경찰 case[keis] 사건, 경우

15
해설 '소프트웨어가 올바르게 설치되지 않았음에 틀림없다'라는 의미가 되어야 자연스럽습니다. 따라서 have p.p.와 함께 쓰여 '~하지 않았음에 틀림없다'라는 뜻의 must not have p.p.를 써야 하므로 (a) must가 정답입니다.

해설 아이콘이 데스크톱에 나타나지 않은 것을 보니, 그 소프트웨어는 올바르게 설치되지 않았음에 틀림없다.

어휘 properly[prápərli] 올바르게 install[instɔ́ːl] 설치하다
appear[əpíər] 나타나다 desktop[désktɑ̀p] 데스크톱 컴퓨터

16
해설 '스쿠버 다이빙이 위험할 수 있다'라는 '가능성'을 나타내는 문맥이므로 '~일 수 있다'를 뜻하면서 '가능성'을 나타내는 조동사 (b) can이 정답입니다.

해설 스쿠버 다이빙은 위험할 수 있기 때문에 시도하기 전에 강습을 받고 증명서를 받는 것이 필요하다.

어휘 certification[sə̀ːrtifikéiʃən] 증명서, 증명
attempt[ətémpt] 시도하다

17
해설 '그녀는 인터뷰를 준비하는 데 더 많은 시간을 보냈어야 했다'라는 의미가 되어야 자연스럽습니다. 따라서 have p.p.와 함께 쓰여 '~했어야 했다(그런데 하지 않았다)'라는 뜻의 should have p.p.를 써야 하므로 (a) should가 정답입니다.

해설 Valery는 그녀의 지원 에세이에 힘썼지만, 그녀는 인터뷰를 준비하는 데 더 많은 시간을 보냈어야 했다.

어휘 application[æ̀pləkéiʃən] 지원, 적용

18
해설 '사람들은 일상의 거래를 위해 현금을 사용해야 했다'라는 문맥이므로, '~해야 한다'를 뜻하는 조동사처럼 쓰이는 표현 have to가 와야 합니다. 따라서 have to의 과거형 (b) had to가 정답입니다. 참고로, '신용카드와 직불카드가 만들어지기 이전'에 대한 '과거' 상황을 이야기하고 있으므로 과거 시제가 와야 합니다.

해설 신용카드와 직불카드가 만들어지기 이전에, 사람들은 일상 거래를 위해 현금을 사용해야 했다.

어휘 prior to ~ 이전에, ~에 앞서 invention[invénʃən] 고안, 발명
credit card 신용카드 debit card 직불카드
transaction[trænzǽkʃən] 거래

19
해설 (c)에서 '코치가 동기를 부여했음에 틀림없다'라고 '추측'을 나타내는 문맥에 '능력, 허가, 또는 가능성'을 나타내는 조동사 can이 와서 틀립니다. 따라서 조동사 can은 '~함에 틀림없다'를 뜻하면서 '강한 확신'을 나타내는 조동사 must로 바꾸어야 맞습니다.

해설 (a) A: 당신이 매 게임마다 항상 발전하는 것 같아서 놀라워요.
(b) B: 다 제 코치님 덕택이에요. 코치님은 저를 올바른 방향으로 이끌어 주셨고 제가 성공할 수 있도록 지지해 주셨거든요.
(c) A: 당신의 코치는 당신이 그토록 대단한 위치에 오를 수 있도록 격려하기 위해 동기를 부여했음에 틀림없군요.
(d) B: 그가 아니었다면, 제가 여전히 경기를 하고 있을지 모르겠어요.

어휘 amazed[əméizd] 놀란 improve[imprúːv] 발전하다
owe[ou] ~의 덕택으로 알다 steer[stiər] (어떤 진로로) 이끌다
push[puʃ] 지지하다 succeed[səksíːd] 성공하다
motivating[móutəvèitiŋ] 동기를 부여하는
inspire[inspáiər] 격려하다, 고취하다 height[hait] 대단한 위치, 정점

20
해설 (c)에서 주절에 요청을 나타내는 동사(have requested)가 있으므로 종속절에 '(should +) 동사원형'이 와야 하는데, 과거 시제(heard)가 와서 틀립니다. 따라서 과거 시제 heard는 동사원형 hear로 바꾸어야 맞습니다.

해설 (a) Smith 대학교 학생 자치 위원회는 수년간 전교생의 개인적, 학문적 성

장을 증진시키기 위해 노력해 왔습니다. (b) 최근에, 저희는 대학을 향상시킬 뿐만 아니라, 학생들의 특별 활동 참여를 장려할 일련의 프로젝트를 구성하기로 결정했습니다. (c) 저희는 학장님께 프로젝트 재정 지원에 관한 저희의 제안을 들어주실 것을 요청드렸습니다. (d) 공식적인 지원이 있다면, 저희는 교내에서 몇몇 새로운 계획들에 착수할 수입을 갖게 될 것입니다.

어휘 student council 학생 자치 위원회 promote [prəmóut] 증진시키다
student body 전교생 not only A but also B A뿐만 아니라 B도
academic [ӕkədémik] 교수 participation [pɑːrtìsəpéiʃən] 참여
extracurricular activity 특별 활동, 과외 활동
request [rikést] 요청하다 proposal [prəpóuzəl] 제안
funding [fʌ́ndiŋ] 재정 지원, 자금 means [miːnz] 수입, 수단
launch [lɔːntʃ] 착수하다 initiative [iníʃiətiv] 계획

rely on ~에 의존하다

4. 가정법 관련 표현 (c) p. 68

해설 주절에 'would + have p.p.' 형태의 would've gotten이 왔으므로 if 절에는 이와 짝을 이루어 가정법 과거완료를 만드는 'If + 주어 + had + p.p.'가 와야 합니다. 보기 중 If가 생략되어 주어와 had가 도치된 'Had + 주어 + p.p.' 형태인 (c) Had it not been for가 정답입니다.

해석 A: 대학원에 합격한 것을 축하해요.
B: 고마워요. 저희 교수님의 추천이 없었더라면, 제가 합격할 수 있었을지 모르겠어요.

어휘 graduate school 대학원
recommendation [rèkəmendéiʃən] 추천, 추천서

CHAPTER 07 가정법

텝스 실전 확인 문제

1. 가정법 과거 (b) p. 65

해설 if절에 과거 동사 had가 왔으므로 주절에는 이와 짝을 이루어 가정법 과거를 만드는 'would + 동사원형'이 와야 합니다. 따라서 (b) would increase가 정답입니다.

해석 교육 이론가들은 학급에 더 적은 수의 학생들이 있다면, 교육의 질이 높아질 것이라고 믿는다.

어휘 educational [èdʒukéiʃənl] 교육의 theorist [θíːərist] 이론가
instruction [instrʌ́kʃən] 교육

2. 가정법 과거완료 (d) p. 66

해설 if절에 'had + p.p.' 형태의 had left가 왔으므로 주절에는 이와 짝을 이루어 가정법 과거완료를 만드는 'could + have p.p.'가 와야 합니다. 따라서 (d) could have made가 정답입니다.

해석 A: 저는 제 항공편 시간에 맞춰 도착하지 못했어요.
B: 당신이 조금 더 일찍 출발했더라면, 제시간에 도착할 수 있었을 텐데요.

어휘 make it 제시간에 도착하다

3. 가정법 미래 (a) p. 67

해설 주절에 'will + 동사원형' 형태의 will ~ have가 왔으므로 if절에는 이와 짝을 이루어 가정법 미래를 만드는 'If + 주어 + should + 동사원형'이 와야 합니다. 보기 중 If가 생략되어 주어와 should가 도치된 'Should + 주어 + 동사원형' 형태의 (a) Should scientists discover가 정답입니다.

해석 혹시라도 과학자들이 더 깨끗하고, 저렴하고, 풍부한 에너지원을 발견한다면, 산업은 더 이상 석탄과 석유에 그렇게 많이 의존하지 않아도 될 것이다.

어휘 abundant [əbʌ́ndənt] 풍부한 source [sɔːrs] 원, 자원
industry [índəstri] 산업 no longer 더 이상 ~하지 않다

HACKERS PRACTICE p. 69

01 (a) 02 (b) 03 (a) 04 (b) 05 (a)
06 (b) 07 went → could go
08 can receive → could have received
09 sold → could have sold
10 faces → can/could face
11 Had not → Had it not
12 will study → studied/had studied

01

해설 I wish 가정법 문장에는 과거 동사나 had p.p.가 와야 합니다. 따라서 과거 동사 (a) had가 정답입니다.

해석 당신의 도움에 대한 보답으로 당신에게 드릴 무언가가 있으면 좋을 텐데요.

어휘 in return 보답으로

02

해설 if가 생략된 절에 'Had + 주어 + p.p.' 형태의 Had I enjoyed가 왔으므로 주절에는 이와 짝을 이루어 가정법 과거완료를 만드는 'would + have p.p.'가 와야 합니다. 따라서 (b) wouldn't have quit이 정답입니다.

해석 내가 식당에서 일하는 것을 즐겼더라면, 웨이터 일을 그만두지 않았을 것이다.

어휘 quit [kwit] 그만두다

03

해설 If절에 과거 동사 opened가 왔으므로 주절에는 이와 짝을 이루어 가정법 과거를 만드는 'would + 동사원형'이 와야 합니다. 따라서 (a) would attract가 정답입니다.

해석 만약 그 상점이 시내에 지점을 연다면, 더 많은 고객을 끌 것이다.

어휘 branch [bræntʃ] 지점 harbor [hɑ́ːrbər] 항구
attract [ətrǽkt] 끌다, 유인하다

04

해설 주절에 'would + have p.p.' 형태의 would have informed가 왔으므로 If절에는 이와 짝을 이루어 가정법 과거완료를 만드는 'had p.p.'가 와야 합니다. 따라서 (b) had known이 정답입니다.

해석 만약 Frank가 네트워크를 감염시킨 컴퓨터 바이러스에 대해 알았더라면, 직원들에게 알렸을 것이다.

어휘 infect[infékt] 감염시키다

05

해설 주절에 'might + 동사원형' 형태의 might arrive가 왔으므로 If절에는 이와 짝을 이루어 가정법 과거를 만드는 과거 동사가 오거나, 가정법 미래를 만드는 should 또는 were to가 와야 합니다. 따라서 (a) were to가 정답입니다.

해석 혹시라도 Nathan이 내일 자신의 대학교에 성적 증명서를 요청한다면, 그것은 금요일쯤에 도착할 것이다.

어휘 transcript[trænskript] 성적 증명서

06

해설 '지난주의 생일 파티에 참석하지 못한' 과거 상황에 대한 아쉬움을 나타내는 문맥이므로 I wish 가정법 과거완료의 had p.p. 형태인 (b) had attended가 정답입니다.

해석 지난주에 당신의 생일 파티에 참석했다면 좋았을 텐데, 저는 졸업 논문 때문에 너무 바빴어요.

어휘 be occupied with ~하기에 바쁘다   thesis[θíːsis] 졸업 논문

07

해설 If절에 과거 동사 were가 왔으므로 주절에는 이와 짝을 이루어 가정법 과거를 만드는 'could + 동사원형'이 와야 하는데, 과거 동사(went)가 와서 틀립니다. 따라서 went는 could go로 바뀌어야 맞습니다.

해석 단약 날씨가 더 좋다면, 우리는 해변에 갈 수 있다.

08

해설 if가 생략된 절에 'Had + 주어 + p.p.' 형태의 Had Paul achieved가 왔으므로 주절에는 이와 짝을 이루어 가정법 과거완료를 만드는 'could + have p.p.'가 와야 하는데, 현재 동사(can receive)가 와서 틀립니다. 따라서 can receive는 could have received로 바뀌어야 맞습니다.

해석 만약 Paul이 조금 더 높은 평균 평점을 얻었다면, 그는 장학금을 받았을 수도 있다.

어휘 achieve[ətʃíːv] 얻다, 획득하다   grade point average 평균 평점   scholarship[skálərʃìp] 장학금

09

해설 If절에 'had p.p.' 형태의 had anticipated가 왔으므로 주절에는 이와 짝을 이루어 가정법 과거완료를 만드는 'could + have p.p.'가 와야 하는데, 과거 동사(sold)가 와서 틀립니다. 따라서 sold는 could have sold로 바뀌어야 맞습니다.

해석 소매업자가 DVD에 대한 그처럼 많은 수요를 예상했더라면, 두 배만큼 많은 양을 팔 수 있었을 것이다.

어휘 retailer[ríːteilər] 소매업자   anticipate[æntísəpèit] 예상하다   demand[dimænd] 수요

10

해설 If절에 'If + 주어 + should + 동사원형' 형태의 If the storm should continue가 왔으므로 주절에는 이와 짝을 이루어 가정법 미래를 만드는 'can / could + 동사원형'이 와야 하는데, 현재 동사(faces)가 와서 틀립니다. 따라서 faces는 could face로 바뀌어야 맞습니다.

해석 혹시라도 폭풍우가 현재의 속도로 계속 동쪽으로 향한다면, 그 마을은 위험에 직면할 수 있다.

어휘 current[kɔ́ːrənt] 현재의   face[feis] 직면하다, 향하다

11

해설 Had not been for는 If가 생략된 가정법의 관용 표현의 올바른 형태가 아니므로 틀립니다. 따라서 Had not been for의 Had not은 Had it not으로 바뀌어야 맞습니다.

해석 하나의 실수만 아니었어도, 그 팀은 체조 경기에서 우승했을 것이다.

어휘 gymnastics[dʒimnǽstiks] 체조

12

해설 I wish 가정법 문장에는 과거 동사나 had p.p.가 와야 하는데, 미래 동사(will study)가 와서 틀립니다. 따라서 will study는 studied 또는 had studied로 바뀌어야 맞습니다.

해석 내가 심리학 대신에 경제학을 전공으로 공부한다면 좋을 것이다.

어휘 economics[èkənámiks] 경제학   psychology[saikálədʒi] 심리학

HACKERS TEST   p.70

01 (d)	02 (c)	03 (b)	04 (b)	05 (c)
06 (d)	07 (c)	08 (b)	09 (b)	10 (b)
11 (b)	12 (a)	13 (a)	14 (d)	15 (a)
16 (d)	17 (b) doesn't → didn't			
18 (b) can't → don't	19 (d) was → had been			
20 (d) could help → could have helped				

01

해설 I wish 가정법 문장에는 과거 동사나 had p.p.가 와야 합니다. 따라서 과거 동사 (d) were가 정답입니다.

해석 A: 당신이 나중에 우리와 함께할 수 없다니 안타까워요.
B: 그러게요, 함께하면 정말 좋을 텐데요.

어휘 shame[ʃeim] 안타까운 일

02

해설 If절에 'had p.p.' 형태의 hadn't told가 왔으므로 주절에는 이와 짝을 이루어 가정법 과거완료를 만드는 'would + have p.p.'가 와야 합니다. 따라서 (c) have known이 정답입니다.

Chapter 07 가정법   25

해석 A: Jim은 단 몇 분간 있었을 뿐이에요.
B: 당신이 말해주지 않았다면, 그가 여기 있었는지 결코 몰랐을 거예요.

03

해설 as if 다음에도 가정법이 올 수 있습니다. '나의 고양이가 아니다'라는 현재 사실을 반대로 가정하고 있으므로 가정법 과거를 완성하는 과거 동사 (b) were가 정답입니다.

해석 A: 제가 잠시 없는 동안 제 고양이 좀 돌봐 주실래요?
B: 물론이죠. 마치 제 고양이인 것처럼 잘 보살펴 줄게요.

어휘 look after ~을 돌봐주다

04

해설 모든 보기에 had p.p.가 온 것으로 보아 올바른 가정법 과거완료 형태를 찾는 문제입니다. 따라서 if가 생략된 가정법 과거완료의 올바른 형태인 'had + 주어 + p.p.' 형태를 포함한 (b) had I not come in early가 정답입니다.

해석 A: 보고서를 제시간에 끝냈나요?
B: 일찍 오지 않았더라면, 제시간에 못 끝낼 뻔 했어요.

어휘 on time 제시간에, 시간에 맞추어

05

해설 B가 나갈 때쯤인 과거 시점(left) 이전에 비가 멈춘 것이므로 특정 과거 시점 이전에 발생한 일을 표현하는 과거완료 시제 (c) had stopped가 정답입니다.

해석 A: 오늘 아침에 이슬비가 내리고 있었나요?
B: 아니요, 제가 나갈 때쯤에 비가 그쳤어요.

어휘 drizzle [drizl] 이슬비가 내리다

06

해설 자선 단체에 기부를 한 상황에서 '도움이 되기 위해 더 할 수 있기를 바랐다'라는 내용이 오는 것이 자연스럽습니다. 따라서 '~할 수 있다'를 뜻하면서 '능력'을 나타내는 조동사 (d) could가 정답입니다.

해석 Danielle은 자선 단체에 기부를 했지만 도움이 되기 위해 더 할 수 있기를 바랐다.

어휘 donation [dounéiʃən] 기부

07

해설 주절에 'will + 동사원형' 형태의 will grow가 왔으므로 If절에는 이와 짝을 이루어 가정법 미래를 만드는 'If + 주어 + should + 동사원형'이 와야 합니다. 이때 If가 생략된 'Should + 주어 + 동사원형' 형태의 (c) Should people refrain이 정답입니다.

해석 혹시라도 사람들이 재활용하는 것을 그만둔다면, 쓰레기 매립지는 정부가 처리할 준비가 되어 있는 것보다 훨씬 빠른 속도로 커지게 될 것이다.

어휘 landfill [lǽndfìl] 쓰레기 매립지 refrain [rifréin] 그만두다

08

해설 '~을 해야 할 때이다'를 뜻하는 It's time 다음에도 가정법이 올 수 있습니다. '다양한 제품들과 서비스 제공을 시작하고 있지 않다'라는 현재 사실을 반대로 가정하고 있으므로 가정법 과거를 완성하는 과거 동사 (d) started가 정답입니다.

해석 우리의 고객에게 더 다양한 제품들과 서비스를 제공하기 시작할 때이다.

어휘 wide range of 다양한

09

해설 주절에 'would + have p.p.' 형태의 would have postponed가 왔으므로 If절에는 이와 짝을 이루어 가정법 과거완료를 만드는 'had p.p.'가 와야 합니다. 따라서 (b) she had known이 정답입니다.

해석 Mel Tanner는 플로리다로 가는 항공편의 1월 할인에 대해 알고 있었더라면, 그때까지 그녀의 휴일을 연기했을 것이다.

어휘 flight [flait] 항공편, 비행기 postpone [poustpóun] 연기하다, 미루다

10

해설 '학교가 당신에게 필요한 모든 것들을 제공한다'라는 일반적인 사실을 나타내므로 현재 시제 (b) supplies가 정답입니다.

해석 학교가 당신에게 필요한 모든 것들을 제공하기 때문에 당신의 미술 재료들을 수업에 가져올 필요가 없다.

어휘 necessary [nésəsèri] 필요한, 필수적인
material [mətíəriəl] 재료, 자료

11

해설 If절에 과거 동사 were가 왔으므로 주절에는 이와 짝을 이루어 가정법 과거를 만드는 'would + 동사원형'이 와야 합니다. 따라서 (b) would occur가 정답입니다.

해석 만약 네팔이 지진대 위에 위치해 있지 않다면, 그 나라에 지진이 덜 자주 일어났을 것이다.

어휘 situated [sítʃuèitid] ~에 위치해 있는 seismic belt 지진대

12

해설 If절에 'had p.p.' 형태의 had not been이 왔으므로 주절에는 이와 짝을 이루어 가정법 과거완료를 만드는 'would + have p.p.'가 와야 합니다. would 다음에 빈칸이 있으므로 'have p.p.' 형태의 (a)와 (b)가 정답의 후보입니다. '제시간에 도착하다'라는 관용 표현은 make it이므로 it을 포함한 (a) not have made it이 정답입니다.

해석 오늘 저를 차로 데려다 주겠다는 당신의 제안이 없었더라면, 저는 제시간에 사무실에 도착할 수 없었을 거예요.

어휘 make it 제시간에 도착하다

13

해설 문맥상 '혹시라도 최저 임금이 인상된다면'이라는 의미로 일어날 가능성이 적은 미래의 상황을 가정하고 있으므로 가정법 미래 'Should + 주어 + 동사원형(be raised)'을 완성하는 조동사 (a) Should가 정답입니다.

해석 혹시라도 최저 임금이 인상된다면, 몇몇 소기업들은 같은 수의 직원을 고용하는 것이 더 이상 불가능해질 수도 있다.

어휘 minimum wage 최저 임금 employ [implói] 고용하다

14

해설 If절에 과거 동사 were가 왔으므로 주절에는 이와 짝을 이루어 가정법 과거를 완성하는 (d) would가 정답입니다.

해석 Billy Conner는 진행 중인 업무로 바쁘지 않다면, 다음 주에 쉴 것이다.

어휘 ongoing[άngðuiŋ] 진행 중인   assignment[əsáinmənt] 업무, 과제

15

해설 if가 생략된 절에 'Had + 주어 + p.p.' 형태인 Had Adam purchased가 왔으므로 주절에는 이와 짝을 이루어 가정법 과거완료를 만드는 'would + have + p.p.'가 와야 합니다. 따라서 (a) wouldn't have needed가 정답입니다.

해석 Adam이 그의 임대 자동차를 위한 보험을 구매했다면, 그가 지난달 사고 후에 수리 비용을 지불할 필요가 없었을 것이다.

어휘 purchase[pə́ːrtʃəs] 구매하다   insurance[inʃúərəns] 보험

16

해설 if가 생략된 절에 'Had + 주어 + p.p.' 형태의 Had the municipality of Spa not reinvented가 왔으므로 주절에는 이와 짝을 이루어 가정법 과거완료를 만드는 'would + have p.p.'가 와야 합니다. 따라서 (c)와 (d)가 정답의 후보입니다. 주어 its economy(이 도시의 경제)와 동사 crush(붕괴시키다)가 '이 도시의 경제가 붕괴되다'라는 수동의 의미로 해석되므로 수동태 (d) would have been crushed가 정답입니다.

해석 Spa시가 개혁을 하지 않았다면, 이 도시의 경제는 관광 산업의 부진으로 인해 붕괴됐었을 것이다.

어휘 municipality[mjuːnìsəpǽləti] 시, 지방 자치체
reinvent[rìːinvént] 개혁하다, 다른 모습을 보여주다
crush[krʌʃ] 붕괴시키다

17

해설 (b)에서 주절에 'would + 동사원형' 형태인 would ~ come이 왔으므로 If절에는 이와 짝을 이루어 가정법 과거를 만드는 과거 동사가 와야 하는데 현재 동사(doesn't)가 와서 틀립니다. 따라서 doesn't를 didn't 로 바뀌어야 맞습니다.

해석 (a) A: Sue가 오늘 밤 저녁 식사에 우리와 함께할 수 없다니 안타까워요.
(b) B: 그녀가 다른 약속이 없다면, 분명히 여기에 왔을 거예요.
(c) A: 요즘 그녀는 무엇 때문에 그렇게 계속 바쁘게 지내요?
(d) B: 그녀는 서로 다른 고객을 대상으로 두 개의 디자인 프로젝트를 작업하는 중이에요.

어휘 commitment[kəmítmənt] 약속   keep busy 바쁘게 지내다
client[kláiənt] 고객

18

해설 (b)에서 '신발이 맞지 않으면'이라는 조건을 나타내는 문장에 '능력'을 나타내는 조동사 can't가 와서 틀립니다. 따라서 can't는 don't로 바뀌어야 맞습니다.

해석 (a) A: 생일 선물로 Kyle에게 주려고 운동화 한 켤레를 샀는데, 맞는 사이즈인지 잘 모르겠어요.
(b) B: 영수증을 가지고 있는 한, 신발이 맞지 않으면 교환할 수 있어요.
(c) A: 맞아요, 하지만 Kyle에게 귀찮은 일일 거예요. 저는 Kyle이 가게에 가도록 하고 싶진 않아요.
(d) B: 괜찮을 거예요. 생일 선물에 있어, 중요한 것은 어쨌든 마음이잖아요.

어휘 exchange[ikstʃéindʒ] 교환하다
inconvenience[ìnkənvíːnjəns] 귀찮은 일, 불편함

19

해설 (d)에서 주절에 'might + have p.p.' 형태의 might have had가 왔으므로 If절에는 이와 짝을 이루어 가정법 과거완료를 만드는 'had p.p.'가 와야 하는데 과거 동사(was)가 와서 틀립니다. 따라서 was는 had been으로 바뀌어야 맞습니다.

해석 (a) 다른 무엇보다도, Paul Strzelecki는 호주의 가장 높은 산인 코시우스코산의 이름을 지은 것으로 유명하다. (b) 그는 또한 뉴사우스웨일스 주에서 금을 발견한 최초의 사람이라는 소문이 있다. (c) 뉴사우스웨일스 주는 죄수 유배지였기 때문에, Strzelecki는 그 지역 4만 5천명의 죄수들 사이의 동요를 피하기 위해 그 발견을 비밀로 할 것을 요청받았다. (d) 만약에 그 발견이 좀 더 일찍 발표되었다면, Strzelecki는 호주의 역사에 더욱 상당한 영향을 미쳤을 것이다.

어휘 peak[piːk] 산, 봉우리   rumor[rúːmər] 소문 내다
penal colony 죄수 유배지   find[faind] 발견
unrest[ʌ̀nrést] 동요   convict[kɔnvíkt] 죄수, 재소자
discovery[diskʌ́vəri] 발견
significant[signífikənt] 상당한, 중요한

20

해설 (d)에서 if가 생략된 절에 'Had + 주어 + p.p.' 형태의 had its operator received가 왔으므로 주절에는 이와 짝을 이루어 가정법 과거완료를 만드는 'could have p.p.'가 와야 하는데 과거 동사(could help)가 와서 틀립니다. 따라서 could help는 could have helped로 바뀌어야 맞습니다.

해석 (a) '타이타닉 호'의 침몰은 역사상 최악의 해양 재난들 중 하나로 여겨진다. (b) 1912년 4월 14일 밤, 배가 빙산과 충돌하면서 선체의 객실 앞부분을 파괴했다. (c) 뱃머리는 즉시 물로 가득 채워졌고, 이것이 뱃머리를 수면 훨씬 아래로 가라앉게 했다. (d) 만약에 근처에 있던 배의 항해사가 조난 신호를 받았다면, 근처에 있던 배가 조난당한 타이타닉 호를 도왔을 수도 있었을 것이라고 조사 결과는 밝혔다.

어휘 sinking[síŋkiŋ] 침몰   maritime[mǽritàim] 해양의
collide[kəláid] 충돌하다   iceberg[áisbəːrg] 빙산
rupture[rʌ́ptʃər] 파괴하다, 파열시키다
compartment[kəmpάːrtmənt] (칸막이한) 객실
bow[bau] 뱃머리   investigation[invèstəgéiʃən] 조사
reveal[rivíːl] 밝히다   stricken[stríkən] (피해 등을) 당한
operator[άpərèitər] 항해사   distress signal 조난 신호

CHAPTER 08 to 부정사

텝스 실전 확인 문제

1. to 부정사 자리   (b)   p. 73

해설 빈칸은 동사 decide(decided)의 목적어 자리입니다. 따라서 목적어 자리에 올 수 있는 to 부정사 (b) to leave가 정답입니다.

해석 A: 이 눈보라 속에 공항에 갈 건가요?
B: 아니요. 내일 아침까지는 샌디에이고로 떠나지 않기로 결정했어요.

어휘 snowstorm[snóustɔːrm] 눈보라

2. to 부정사의 역할   (c)   p. 74

해설 주어(Someone), 동사(dropped by)를 갖춘 완전한 문장이 왔으므로 빈칸 이하(___ a package)는 수식어 자리입니다. 따라서 수식어 자리에서 문장을 수식하는 to 부정사 (c) to deliver가 정답입니다.

해설 A: 현관에 누가 있었는지 확인했어요?
B: 당신 사무실에서 온 사람이 소포를 배달하기 위해서 들렀어요.

어휘 drop by 들르다   package [pǽkidʒ] 소포

3. to 부정사를 취하는 동사·명사·형용사   (c)   p. 75

해설 동사 remind(is reminding)는 to 부정사를 목적격 보어로 취하므로 to 부정사 (c) to follow가 정답입니다.

해설 소방서는 사람들에게 야외 바비큐를 할 때 안전 수칙을 지킬 것을 상기시키고 있다.

어휘 fire department 소방서   public [pʌ́blik] 일반 사람들
outdoor [áutdɔ̀ːr] 야외의

4. 원형 부정사를 목적격 보어로 취하는 동사   (a)   p. 76

해설 동사 make(made)는 목적격 보어로 원형 부정사를 취하므로 원형 부정사 (a) refrain이 정답입니다.

해설 Judy는 항상 조언을 해주기 때문에, 그녀의 부장은 그녀가 월요일 회의에서 왜 의견 제시를 자제했는지 이해할 수 없었다.

어휘 input [ínpùt] 조언, 투입   refrain [rifréin] 자제하다

HACKERS PRACTICE   p. 77

01 (a)   02 (b)   03 (b)   04 (a)   05 (b)
06 (a)   07 wants → wants to
08 buying → to buy   09 helping → to help
10 presenting → to present
11 provide → to provide
12 to draw → draw / drawing

01
해설 문장에 동사(takes)는 있지만 주어가 없으므로 빈칸을 포함한 부분(___ a business)은 주어 자리입니다. 따라서 주어 자리에 올 수 있는 to 부정사 (a) To run이 정답입니다.

해설 사업을 운영하는 일은 확실한 수입원은 말할 것도 없고, 훌륭한 경제 관념과 계획을 필요로 한다.

어휘 not to mention ~은 말할 것도 없고   reliable [riláiəbl] 확실한
revenue [révənjùː] (정기적인) 수입   run [rʌn] 사업을 운영하다

02
해설 빈칸은 동사 fail(failed)의 목적어 자리입니다. 동사 fail은 to 부정사를

목적어로 취하므로 to 부정사 (b) to meet이 정답입니다.

해설 두 달 전에 공지를 받았음에도 불구하고, 세 명의 학생이 기말 보고서 제출 기한을 맞추지 못했다.

어휘 meet a deadline 제출 기한에 맞추다
despite [dispáit] ~에도 불구하고

03
해설 주어(All customers), 동사(must call), 목적어(the restaurant)를 갖춘 완전한 문장이 왔으므로 빈칸 이하(___ a reservation)는 수식어 자리입니다. 따라서 수식어 자리에 올 수 있는 to 부정사 (b) to make가 정답입니다.

해설 고객들은 예약하기 위해 식당에 전화해야 한다.

04
해설 형용사 able은 to 부정사를 취하므로 to 부정사 (a) to recover가 정답입니다.

해설 Lindsay는 잘못하여 삭제한 컴퓨터 파일을 복구할 수 없었다.

어휘 accidentally [æ̀ksədéntəli] 잘못하여   recover [rikʌ́vər] 복구하다

05
해설 빈칸은 동사 hope(hopes)의 목적어 자리입니다. 동사 hope는 to 부정사를 목적어로 취하므로 to 부정사 (b) to complete가 정답입니다.

해설 Susan은 내년에 그녀의 학과 이수 필수 조건을 충족하기를 희망한다.

어휘 requirement [rikwáiərmənt] 필수 조건

06
해설 형용사 about은 to 부정사를 취하므로 to 부정사 (a) to begin이 정답입니다.

해설 Josh는 그가 매우 좋아하는 쇼가 막 시작하려 했었기 때문에 TV를 켰다.

07
해설 동사 want(wants)는 to 부정사를 목적어로 취하는데, 동사원형(navigate)이 와서 틀립니다. 따라서 wants는 wants to로 바뀌어야 맞습니다.

해설 빠른 속도의 연결은 인터넷을 효과적으로 이용하고자 하는 사람 누구에게나 매우 중요하다.

어휘 crucial [krúːʃəl] 매우 중요한

08
해설 동사 choose(chose)는 to 부정사를 목적어로 취하는데, 동명사(buying)가 와서 틀립니다. 따라서 동명사 buying은 to 부정사 to buy로 바뀌어야 맞습니다.

해설 금요일 콘서트 표가 남아있지 않아서, 대신에 Jake는 토요일 표를 사기로 결정했다.

어휘 instead [instéd] 대신에

09
해설 동사 ask(asked)는 to 부정사를 목적어로 취하는데, 동명사(helping)가 와서 틀립니다. 따라서 동명사 helping은 to 부정사 to help로 바뀌

어야 맞습니다.

해석 Jeremy는 가구가 많아서 친구들에게 이사하는 것을 도와 달라고 부탁했다.

어휘 furniture[fə́ːrnitʃər] 가구

10

해석 명사 chance는 to 부정사를 취하는데, 동명사(presenting)가 와서 틀립니다. 따라서 동명사 presenting은 to 부정사 to present로 바뀌어야 맞습니다.

해석 Melissa는 그녀의 보고서를 수업 시간에 발표할 기회를 고대하고 있다.

어휘 look forward to (즐거운 마음으로) 고대하다, 기다리다
present[prizént] 발표하다, 제출하다

11

해석 주어(Public universities), 동사(have been working)를 갖춘 완전한 문장이 왔으므로 provide ~ students는 수식어 자리인데, 수식어 자리에 동사(provide)가 와서 틀립니다. 따라서 동사 provide는 수식어 자리에 올 수 있는 to 부정사 to provide로 바뀌어야 맞습니다.

해석 공립 대학들은 저소득 학생들을 위한 장학금을 제공하기 위해 협력해오고 있다.

어휘 public[pʌ́blik] 공립의   bursary[bə́ːrsəri] (대학의) 장학금

12

해석 동사 watch는 목적격 보어로 원형 부정사 또는 현재분사를 취하는데, 목적격 보어 자리에 to 부정사(to draw)가 와서 틀립니다. 따라서 to 부정사 to draw는 원형 부정사 draw 또는 현재분사 drawing으로 바뀌어야 닿습니다.

해석 그 화가가 내 친구의 초상화를 그리는 것을 지켜보는 것은 흥미로웠다.

어휘 portrait[pɔ́ːrtrit] 초상화

HACKERS TEST   p. 78

```
01 (c)      02 (b)      03 (a)      04 (b)      05 (a)
06 (a)      07 (a)      08 (d)      09 (c)      10 (d)
11 (d)      12 (d)      13 (b)      14 (a)      15 (c)
16 (c)      17 (b) wrapping → wrapped
18 (c) find → to find    19 (c) finishing → to finish
20 (d) deliver → delivered
```

01

해석 빈칸은 동사(afford)의 목적어 자리입니다. 동사 afford는 to 부정사를 목적어로 취하므로 to 부정사 (c) to spend가 정답입니다.

해석 A: 우리 정말 홍콩으로 가는 직항편에 그렇게 많은 돈을 지불할 여유가 있나요?
B: 다른 대안이 도쿄에서 7시간의 경유라는 것을 고려하면, 그것이 최선의 선택이에요.

어휘 direct flight 직항편   considering[kənsídəriŋ] ~을 고려하면

layover[léiðuvər] 경유

02

해석 빈칸은 동사 make(made)의 목적격 보어 자리입니다. 목적어 traffic (차량 통행)과 보기의 delay(지연시키다)가 '차량 통행이 지연되다'라는 수동의 의미로 해석되므로 과거분사 (b) delayed가 정답입니다.

해석 A: 왜 출근이 늦었나요?
B: 차량 통행을 지연시킨 사고가 고속도로에서 있었어요.

03

해석 동사 see(saw) 뒤에 '목적어 + 목적격 보어' 자리가 비어 있습니다. 동사 see는 원형 부정사나 현재분사를 목적격 보어로 취하므로 목적어로 her, 목적격 보어로 원형 부정사 walk가 온 (a) her walk into the library가 정답입니다.

해석 A: Erin이 어디에 있는지 알아?
B: 5분 전에 그녀가 도서관으로 걸어 들어가는 것을 보았어.

04

해석 문맥상 '준비를 해야 한다'라는 의미가 되어야 자연스럽습니다. 따라서 '~해야 한다'를 뜻하면서 '제안'을 나타내는 조동사 (b) should가 정답입니다.

해석 A: 제 친구가 저녁 식사를 위해 7시에 절 태우러 온대요.
B: 그가 도착하기 전에 준비를 해야겠네요.

05

해석 빈칸은 동사 want(wants)의 목적격 보어 자리입니다. 동사 want는 to 부정사를 목적격 보어로 취하므로 to 부정사 (a) to sit in rows one through가 정답입니다.

해석 A: 공연을 보기 위해 VIP 손님들은 어디에 앉을 건가요?
B: 감독님은 그들이 1열에서 10열까지 앉기를 원해요.

어휘 in rows 열을 지어서

06

해석 빈칸은 가짜 주어(it)에 대한 진짜 주어 자리이며, to 부정사 또는 that절이 진짜 주어 자리에 올 수 있습니다. 따라서 to 부정사 (a)와 (d)가 정답의 후보입니다. to 부정사가 들어갈 빈칸 뒤에 목적어 her가 있으므로 to 부정사의 능동형 (a) to see가 정답입니다.

해석 A: Jean이 머리를 짧게 잘라서 깜짝 놀랐어요.
B: 맞아요, 다른 헤어 스타일의 그녀를 보는 것이 이상했어요.

어휘 odd[ɑd] 이상한

07

해석 주어(It), 동사(has), 목적어(so many styles)를 갖춘 완전한 문장이 왔으므로 빈칸 이하(____ from)는 수식어 자리입니다. 따라서 수식어 자리에 올 수 있는 to 부정사 (a) to choose가 정답입니다.

해석 A: 이 가게는 선택 가능한 각종 신발들을 많이 가지고 있어요.
B: 맞아요. 선택할 수 있는 스타일이 많이 있어요.

어휘 selection[silékʃən] 선택 가능한 것들

08

해설 빈칸은 동사 seem(seems)의 보어 자리입니다. 동사 seem은 to 부정사를 보어로 취하므로 to 부정사 (d) to be adjusting이 정답입니다. 참고로, (c)는 to 부정사(to + 동사원형)가 아닌 '전치사 to + 동명사'의 형태이므로 오답입니다.

해석 A: Joey는 새로운 학교에서 어떻게 지내요?
B: 그는 아주 잘 적응하고 있는 것 같아 보이고 친구들도 몇 명 사귀었어요.

어휘 adjust [ədʒʌ́st] 적응하다

09

해설 Although ~ me는 수식어이므로 빈칸에는 주어와 동사를 갖춘 완전한 문장이 와야 합니다. 따라서 '우정은 소중히 여겨져야 하는 것이다'라는 자연스러운 의미를 만들면서 '주어(friendship) + 동사(is) + 보어(something) + 수식어(to be cherished)'의 올바른 형태를 가진 (c) friendship is something to be cherished가 정답입니다.

해석 비록 나는 가끔 나의 가장 친한 친구들과 말다툼을 하기는 하지만, 우정은 소중히 여겨져야 하는 것이다.

어휘 argue with ~와 말다툼하다 cherish [tʃériʃ] 소중히 하다

10

해설 빈칸은 동사 help의 목적격 보어 자리입니다. 동사 help는 원형 부정사나 to 부정사를 목적격 보어로 취하므로 원형 부정사 (d) understand가 정답입니다.

해석 그 다큐멘터리는 통찰력이 있고 사람들이 입양을 둘러싼 문제들을 이해하는 데 확실히 도움이 될 것이다.

어휘 insightful [ínsàitfəl] 통찰력이 있는 definitely [défənitli] 확실히 adoption [ədápʃən] 입양

11

해설 Joyce가 버뮤다로 떠난 과거 시점(left) 이전에 보고서를 제출했던 것이므로 특정 과거 시점 이전에 발생한 일을 표현할 때 쓰는 과거완료 시제 (d) had submitted가 정답입니다.

해석 Joyce는 버뮤다로 떠나기 전에 그녀의 동료가 보고서를 제출하였음을 확인했다.

어휘 submit [səbmít] 제출하다, 복종시키다

12

해설 주어(Cleopatra), 동사(is said)를 갖춘 완전한 문장이 왔으므로 빈칸 이하(___ ~ Mark Anthony)는 수식어 자리입니다. 따라서 수식어 자리에 올 수 있는 to 부정사 (d) to win이 정답입니다.

해석 클레오파트라는 안토니우스와의 내기에서 이기기 위해 식초 한 컵에 녹아 있는 진주를 마셨다고 전해진다.

어휘 dissolve [dizálv] 녹이다 vinegar [vínəgər] 식초 bet [bet] 내기

13

해설 빈칸은 동사 make(made)의 목적격 보어 자리입니다. 목적어 it(그것)과 목적격 보어의 respect(소중히 여기다)가 '그것이 소중히 여겨지다'라는 수동의 의미로 해석되므로 과거분사 (b) respected가 정답입니다.

해석 1851년에 최초로 출판된 허먼 멜빌의 소설 '모비딕'은 20세기 초반 대체로 무시되었는데, 이때 몇몇 비평가들에 의한 이것의 재발견은 이 소설을 위대한 미국 소설들 중의 하나로서 소중히 여겨지도록 만들었다.

어휘 largely [láːrdʒli] 대체로, 주로 ignore [ignɔ́ːr] 무시하다 rediscovery [rìːdiskʌ́vəri] 재발견

14

해설 경찰이 Shawn Mulligan의 차를 길가에 세우게 했던 과거 시점(pulled over)에 Mulligan은 운전을 하고 있던 중이었으므로 과거 특정 시점에 진행되고 있었던 일을 표현할 때 쓰는 과거진행 시제 (a) was driving이 정답입니다.

해석 Shawn Mulligan은 경찰이 그의 차를 길가에 세우라고 했을 때 사무실로 운전해 가는 중이었다.

어휘 pull over 차를 길가에 세우다

15

해설 '~라고 전해지다'라는 뜻의 'be said to'에서 to는 to 부정사의 to이므로, to 다음에는 동사원형이 나와야 합니다. 따라서 동사원형으로 시작한 (c)와 (d)가 정답의 후보입니다. 이 중 주어 George Lucas와 보기의 pattern(본떠서 만들다)이 '조지 루카스는 본떠서 만들었다'라는 능동의 의미로 해석되므로 능동태 (c) have patterned가 정답입니다.

해석 조지 루카스는 구로사와 아키라의 1958년 영화를 본떠서, 그의 위대한 작품인 '스타 워즈'를 만들었다고 전해진다.

어휘 grand [grænd] 위대한 pattern after ~을 본떠서 만들다

16

해설 빈칸은 동사(is)의 보어 자리이므로 보어 자리에 올 수 있는 명사로 시작한 (b), (c), (d)가 정답의 후보입니다. 문맥상 '하기(내리기) 어려운 것(결정)'이라는 의미가 되어야 자연스러우므로 이 의미가 '명사(a difficult one) + to 부정사(to make)'의 올바른 형태로 표현된 (c) a difficult one to make가 정답입니다.

해석 Mr. Smith에게 또 다른 회사의 직책을 수락하는 결정은 내리기 어려운 것이었다.

어휘 make a decision 결정하다

17

해설 (b)에서 동사(have)의 목적격 보어 자리에 현재분사(wrapping)가 와서 틀립니다. 목적어 this sandwich(이 샌드위치)와 목적격 보어의 wrap(포장하다)이 '이 샌드위치가 포장되다'라는 수동의 의미로 해석되므로 현재분사 wrapping은 과거분사인 wrapped로 바뀌어야 맞습니다.

해석 (a) A: 식사를 마치신 건가요, 아니면 아직 드시고 계신가요?
(b) B: 이 샌드위치를 포장하는 게 가능할까요?
(c) A: 물론이죠, 금방 돌아오겠으며 손님을 위해 계산서도 가져오겠습니다.
(d) B: 곧 가야 하니 그래 주시면 고맙겠습니다.

어휘 check [tʃek] 계산서 appreciate [əpríːʃièit] 고마워하다

18

해설 (c)에서 형용사 able은 to 부정사를 취하는데, 동사원형(find)이 와서 틀립니다. 따라서 동사원형 find는 to 부정사 to find로 바뀌어야 맞습니다.

해설 (a) A: 우리가 지난번에 같이 점심 식사를 하러 나간 이후로 꽤 되었네요.
(b) B: 음, 당신이 저랑 나눌 중요한 소식이 있다는 거 알아요.
(c) A: 저는 당신이 만날 시간을 낼 수 있었다는 게 그저 기뻐요.
(d) B: 저도 그래요. 당신과 그간의 이야기를 할 이 기회를 계속 기대하고 있었어요.

어휘 catch up (오랜만에 만난 사람과 소식·안부 등을) 이야기하다

19

해설 (c)에서 동사 expect(기대하다)는 목적격 보어로 to 부정사를 취하는데, 목적격 보어 자리에 동명사(finishing)가 와서 틀립니다. 따라서 동명사 finishing은 to 부정사 to finish로 바뀌어야 맞습니다.

해설 (a) A: 집 수리는 어떻게 되어 가고 있어요?
(b) B: 아, 벌써 끝났어요. 일하는 사람들은 지난주에 가셨고요.
(c) A: 우와, 그들이 그렇게 빨리 끝낼 줄 몰랐어요. 모든 것이 잘 되었으면 좋겠네요.
(d) B: 네, 수리가 제 남편과 제가 원하던 대로 잘 되었어요.

어휘 turn out (결과가 특정 방식으로) 되다, 되어 가다

20

해설 (d)에서 동사 have의 목적격 보어 자리에 동사원형(deliver)이 와서 틀립니다. 목적어 a delicious meal(맛있는 식사)과 목적격 보어의 deliver(배달하다)가 '맛있는 식사가 배달되다'라는 수동의 의미로 해석되므로 동사원형 deliver는 과거분사 delivered로 바뀌어야 맞습니다.

해설 (a) Villa Vez 리조트에 있는 Cabo 식당은 풀장 가장자리에서 편하게 식사를 하실 수 있습니다. (b) 여러분들은 풀장 옆에서 휴식을 취하고 경치를 감상하면서 고급 요리를 즐기실 수 있습니다. (c) 개인적으로 식사를 하시길 원하는 손님들을 위해 저희는 다양한 객실에서 식사하실 수 있는 서비스도 제공하고 있습니다. (d) 여러분의 객실까지 맛있는 식사가 배달되길 원하시면 룸 서비스로 전화주세요.

어휘 poolside [púːlsàid] 풀장 가장자리   dining [dáiniŋ] 식사
gourmet meal 고급 요리   an array of 다양한, 죽 늘어선

CHAPTER 09 동명사

텝스 실전 확인 문제

1. 동명사 자리 (d)   p. 81

해설 문장에 동사(is)는 있지만 주어가 없으므로 빈칸 이하(____ soccer)는 주어 자리입니다. 따라서 주어 자리에 올 수 있는 동명사 (d) Playing이 정답입니다.

해설 A: 방과 후 운동 동아리는 어때요?
B: 좋아요. 축구하는 것은 정말 재미있어요.

어휘 after-school 방과 후의

2. 동명사를 취하는 동사 (a)   p. 82

해설 빈칸은 동사(forget)의 목적어 자리이므로 목적어 자리에 올 수 있는 to 부정사 (a)와 동명사 (d)가 정답의 후보입니다. 문맥상 '그에게 이야기하는 것을 잊지 말라'는 의미가 되어야 자연스러우므로 forget 뒤에 와서 '~할 것을 잊다'를 뜻하는 to 부정사 (a) to speak to him이 정답입니다. forget 뒤에 동명사 (d)도 올 수 있지만 '내일 먼저 그에게 이야기했던 것을 잊지 말라'는 어색한 문맥을 만들기 때문에 오답입니다.

해설 A: 저 Damon에게 사과해야 할 것 같아요.
B: 내일 제일 먼저 그에게 이야기하는 것을 잊지 마세요.

어휘 owe [ou] ~해야 하다, 빚지다   apology [əpɑ́lədʒi] 사과
first thing 제일 먼저, 무엇보다도 먼저

HACKERS PRACTICE   p. 83

01 (b)	02 (a)	03 (b)	04 (b)	05 (a)
06 (a)	07 write → writing
08 to ask → asking	09 walk → walking
10 studying → to study
11 to drive → driving
12 sell → selling/to sell

01

해설 전치사(by) 다음이 비어 있으므로 전치사 다음에 올 수 있는 동명사 (b) enrolling이 정답입니다.

해설 Paul은 수업에 등록해서 그 나라의 모국어를 배우고자 노력했다.

어휘 make an effort 노력하다   native language 모국어
enroll [inróul] 등록하다

02

해설 동사 finish는 동명사를 목적어로 취하므로 동명사 (a) checking이 정답입니다.

해설 Ronda는 내일 회의에서 돌아온 후 재무 보고서 검토를 끝낼 것이라고 말했다.

어휘 financial report 재무 보고서

03

해설 동사 avoid는 동명사를 목적어로 취하므로 동명사 (b) making이 정답입니다.

해설 똑같은 실수를 반복하는 것을 피하기 위해 시험지를 돌려줄 때 검토하세요.

04

해설 동사 enjoy는 동명사를 목적어로 취하므로 동명사 (b) going이 정답입니다.

해설 저의 부모님께서는 주로 집에서 식사를 하시지만, 금요일 저녁에는 외식하는 것을 즐기신다.

05

해설 빈칸은 동사 start(started)의 목적어 자리입니다. 따라서 목적어 자리에 올 수 있는 동명사 (a) getting이 정답입니다.

해석 극찬받은 영화에 출연한 이후로, 그 신인 여배우는 주목받기 시작했다.

어휘 appear [əpíər] 출연하다   praise [preiz] 칭찬하다
notice [nóutis] 주목하다

06

해설 동사 quit은 동명사를 목적어로 취하므로 동명사 (a) drinking이 정답입니다.

해석 그는 두 달 전에 술을 끊었고 정기적으로 운동하기로 결심했다.

어휘 on a regular basis 정기적으로

07

해설 전치사(by) 다음에 동사(write)가 와서 틀립니다. 따라서 동사 write는 동명사 writing으로 바뀌어야 맞습니다.

해석 그 기자는 논란의 소지가 많은 쟁점들에 대해 글을 써서 자신이 얼마나 많은 동요를 야기시켰는지를 인정했다.

어휘 journalist [dʒə́:rnəlist] 기자   stir [stə:r] 동요
controversial [kàntrəvə́:rʃəl] 논란의 소지가 많은

08

해설 동사 consider는 동명사를 목적어로 취하는데, 목적어 자리에 to 부정사(to ask)가 와서 틀립니다. 따라서 to 부정사 to ask는 동명사 asking으로 바뀌어야 맞습니다.

해석 당신은 상사에게 더 많은 책임을 요청하는 것을 생각해봐야 해요.

어휘 boss [bɑs] 상사   responsibility [rispànsəbíləti] 책임

09

해설 동사 enjoy는 동명사를 목적어로 취하는데, 목적어 자리에 동사원형(walk)이 와서 틀립니다. 따라서 동사원형 walk는 동명사 walking으로 바뀌어야 맞습니다.

해석 많은 관광객들은 그 도시의 역사적인 다리들을 감상하기 위해 강을 따라 걷는 것을 즐긴다.

어휘 historic [histɔ́:rik] 역사적인

10

해설 동사 try 다음에 동명사 studying이 오면 '시험 공부하는 것을 시험 삼아 해보다'라는 어색한 의미가 되어 틀립니다. '시험 공부하려고 노력하다'라는 의미가 되어야 자연스러우므로 동명사 studying은 to 부정사 to study로 바뀌어야 맞습니다.

해석 제가 내일 있을 시험 때문에 공부하려고 노력하는 중이니까, 당신이 좀 더 조용히 얘기해줬으면 좋겠어요.

11

해설 동사 avoid는 동명사를 목적어로 취하는데, 목적어 자리에 to 부정사(to drive)가 와서 틀립니다. 따라서 to 부정사 to drive는 동명사 driving으로 바뀌어야 맞습니다.

해석 Fred는 교통이 혼잡한 시간에 집까지 운전해서 가는 것을 피하려고 종종 늦게까지 일한다.

12

해설 be 동사(is)의 보어 자리에 동사(sell)가 와서 틀립니다. 따라서 동사 sell은 보어 자리에 올 수 있는 동명사 selling이나 to 부정사 to sell로 바뀌어야 맞습니다.

해석 주말에 내가 하는 일은 소호 지역에 있는 화랑에서 미술품을 판매하는 것이다.

어휘 artwork [ɑ́:rtwə̀:rk] 미술품

HACKERS TEST   p. 84

01 (a)	02 (a)	03 (b)	04 (d)	05 (c)
06 (a)	07 (b)	08 (a)	09 (b)	10 (d)
11 (b)	12 (c)	13 (c)	14 (b)	15 (d)
16 (c)	17 (c)	18 (d)		

19 (d) to call → calling
20 (c) are succeeded → succeed

01

해설 빈칸은 동사(forget)의 목적어 자리이므로 목적어 자리에 올 수 있는 to 부정사 (a)와 동명사 (b)가 정답의 후보입니다. 문맥상 빈칸 앞의 don't forget과 결합하여 '불을 꺼야 하는 것을 잊지 않다'라는 의미가 되어야 자연스러우므로 forget 뒤에 와서 '~할 것을 잊다'를 뜻하는 to 부정사 (a) to turn off가 정답입니다.

해석 A: 지금 집에 가는 거예요?
B: 네, 나가기 전에 사무실 불을 끄는 것을 잊지 마세요.

02

해설 빈칸은 동사(enjoy)의 목적어 자리입니다. 동사 enjoy는 동명사를 목적어로 취하므로 동명사 (a) watching이 정답입니다.

해석 A: 고전 영화 좋아해요?
B: 저는 고전 영화 보는 것을 정말로 즐겨요.

어휘 definitely [défənitli] 정말로, 확실히

03

해설 전치사(for) 다음이 비어 있으므로 전치사 다음에 올 수 있는 동명사 (b) pursuing이 정답입니다.

해석 A: 새 최고 경영자에 대한 당신의 의견은 어떤가요?
B: 그녀는 자기 자신의 이익을 공격적으로 추구한다고 알려져 있어요.

어휘 take [teik] 의견   CEO(chief executive officer) 최고 경영자
aggressively [əgrésivli] 공격적으로   pursue [pərsú:] 추구하다

04

해설 전치사(since) 다음이 비어 있으므로 전치사 뒤에 올 수 있는 동명사 (d) returning이 정답입니다.

해석 A: 스페인에서 만났던 사람들과 아직도 연락해요?
B: 네, 여행에서 돌아온 뒤로 계속 그들에게 편지를 보냈어요.

어휘 in touch with ~와 연락을 하다

05
해설 '아침 식사로 뭘 먹었어요?'라는 의문문에 일반동사(have)가 왔으므로 일반동사의 의문문을 만드는 do 조동사의 과거형 (c) did가 정답입니다.

해석 A: 아침 식사로 뭘 먹었어요?
B: 토스트 두 조각하고 오믈렛이요.

06
해설 빈칸은 동사(deny)의 목적어 자리입니다. 동사 deny는 동명사를 목적어로 취하므로 동명사 (a)와 (d)가 정답의 후보입니다. 보기의 make(하다)와 목적어 the mistake(그 실수)가 '그 실수를 하다'라는 능동의 의미로 해석되므로 능동형 (a) making이 정답입니다.

해석 A: 이 보고서 상의 실수에 대해 누가 책임이 있나요?
B: 유감스럽게도, 팀원 모두가 그 실수를 한 것을 부인하고 있어요.

어휘 responsible [rispánsəbl] 책임이 있는
unfortunately [ʌnfɔ́ːrtʃənətli] 유감스럽게도 deny [dinái] 부인하다

07
해설 빈칸은 동사(consider)의 목적어 자리입니다. 동사 consider는 동명사를 목적어로 취하므로 동명사 (b) relocating이 정답입니다.

해석 이사회는 신입 직원을 위한 공간을 만들기 위해 다음 달에 더 큰 사무실로 회사를 이전하는 것을 고려하고 있다.

어휘 board of directors 이사회 relocate [rìːloukéit] 이전하다
incoming [ínkʌ̀miŋ] 신입의

08
해설 조동사 can 다음에는 동사원형이 와야 하므로 동사원형 (a) increase가 정답입니다. (d) be increased도 동사원형 be로 시작하지만 수동을 나타내는 문맥이 아니므로 오답입니다.

해석 하루에 단 20분이라도 밖에서 시간을 보내는 것은 혈중 비타민 D 지수를 증가시킬 수 있다.

09
해설 빈칸은 동사(finish)의 목적어 자리입니다. 동사 finish는 동명사를 목적어로 취하므로 동명사 (b) filming이 정답입니다.

해석 영화 촬영이 끝났으므로, 제작팀은 장면을 편집하고 특수 효과들을 적용하기 시작할 것이다.

어휘 scene [siːn] 장면, 장소 apply [əplái] 적용하다, 해당하다

10
해설 빈칸은 동사(remember)의 목적어 자리이므로 to 부정사 (b)와 동명사 (d)가 정답의 후보입니다. 문맥상 '텔레비전을 봤던 것을 기억하다'라는 의미가 자연스러우므로 remember 뒤에 와서 '~했던 것을 기억하다'를 뜻하는 동명사 (d) watching이 정답입니다.

해석 1950년대에 자란 대부분의 사람들은 1960년대 중반까지 흑백으로 텔레비전을 봤던 것을 기억한다.

11
해설 빈칸은 동사(keep)의 목적어 자리입니다. 동사 keep은 동명사를 목적어로 취하므로 동명사 (b) beeping이 정답입니다.

해석 그 화재경보기는 배터리가 교체되어야 하기 때문에 계속 울리고 있다.

어휘 smoke alarm 화재경보기 beep [biːp] 울리다, 삐 소리

12
해설 동사 like는 동명사 또는 to 부정사를 목적어로 취하므로 동명사를 포함한 (a), (c), (d)가 정답의 후보입니다. 동사 like와 빈칸이 결합하여 '가장 좋아하다'라는 의미가 되어야 자연스러우므로 '가장'을 뜻하는 the most를 포함한 (c) swimming the most가 정답입니다.

해석 Fallhorn Lodge에서 야영객들이 이용 가능한 모든 활동 중에서 대다수는 수영을 가장 좋아한다.

어휘 out of ~ 중에서 majority [mədʒɔ́ːrəti] 대다수

13
해설 문장에 동사(is)는 있지만 주어가 없으므로 빈칸 이하(___ lakes and rivers from drying up)는 주어 자리입니다. 따라서 주어 자리에 올 수 있는 동명사 (c) Protecting이 정답입니다.

해석 호수와 강이 작물 생산의 주된 물 공급원이기 때문에 바싹 마르지 않도록 보호하는 것이 중요하다.

어휘 dry up 바싹 마르다 vital [váitl] 중요한, 필수적인
primary [práimeri] 주된, 주요한

14
해설 빈칸은 동사(suggest)의 목적어 자리입니다. 동사 suggest는 동명사를 목적어로 취하므로 동명사 (b) implementing이 정답입니다.

해석 그 회사의 컴퓨터 네트워크를 분석한 후에, 그 고문은 보안 시스템의 변경을 실행할 것을 제안했다.

어휘 analyze [ǽnəlàiz] 분석하다 consultant [kənsʌ́ltənt] 고문
implement [ímpləmənt] 실행하다 security [sikjúərəti] 보안

15
해설 빈칸은 동사(allow)의 목적어 자리입니다. 동사 allow는 동명사를 목적어로 취하므로 동명사 (d) taking이 정답입니다.

해석 그 박물관은 사진 촬영하는 것을 허용하지 않는다.

16
해설 전치사(in) 다음이 비어 있으므로 전치사 뒤에 올 수 있는 동명사 (c) facilitating이 정답입니다.

해석 과학자들은 믿음이 병으로부터의 회복을 촉진하는 데 중요한 역할을 한다는 사실을 지금은 인정한다.

어휘 recognize [rékəgnàiz] 인정하다
play an important role in ~에서 중요한 역할을 하다
recovery [rikʌ́vəri] 회복 facilitate [fəsílətèit] 촉진하다

17
해설 빈칸은 동사(prefer)의 목적어 자리이므로 목적어 자리에 올 수 있는 동명사 (a), (b), (c)가 정답의 후보입니다. 주어 most indigenous groups

(대부분의 토착 부족)과 보기의 recognize(~으로 인식하다)가 '대부분의 토착 부족이 ~으로 인식되다'라는 수동의 의미로 해석되므로 수동형 (c) being recognized가 정답입니다.

해석 'Native American'이 받아들일 수 있는 용어이긴 해도, 대부분의 토착 부족은 그들의 명확한 부족 이름으로 인식되는 것을 선호한다.

어휘 acceptable [ækséptəbl] 받아들일 수 있는　term [tə:rm] 용어
indigenous [indídʒənəs] 토착의, 원산의
specific [spisífik] 명확한　tribal [tráibəl] 부족의

18

해설 빈칸은 동사(make)의 목적어 자리입니다. 따라서 목적어 자리에 올 수 있는 동명사 (d) picking이 정답입니다. (c) having picked도 동명사이지만 'having p.p.' 형태는 주절의 동사(make)보다 이전 시점을 나타낼 때 사용되므로 이 문맥에는 맞지 않아 오답입니다.

해석 쉽게 이용할 수 있는 온라인 후기는 신차를 고르는 것을 빠르고 쉽게 해준다.

어휘 accessible [æksésəbl] 쉽게 이용할 수 있는, 얻기 쉬운

19

해설 (d)에서 동사 stop 다음에 to 부정사 to call이 오면 '전화하기 위해 그만두다'라는 어색한 의미가 되어 틀립니다. '전화하는 것을 그만두다'라는 의미가 되어야 자연스러우므로 to 부정사 to call은 동명사 calling으로 바뀌어야 맞습니다.

해석 (a) A: 너 요즘 스팸 전화 많이 받아?
(b) B: 너도 그래? 난 일주일에 한 번 정도 받는 것 같아.
(c) A: 견디기 힘들 정도가 되어가고 있지만, 스팸 전화를 차단할 수가 없어.
(d) B: 맞아. 나한테 전화하는 것을 그만 두게 하면 좋을 텐데.

20

해설 (c)에서 동사 succeed는 '성공하다'라는 의미로 쓰이면 자동사이므로 수동태(are succeeded)를 쓰면 틀립니다. 자동사는 능동태로만 쓰일 수 있으므로 수동태 are succeeded는 능동태 succeed로 바뀌어야 맞습니다.

해석 (a) Go는 간단한 규칙을 가졌지만, 엄청난 전략과 인내를 필요로 하는 보드 게임이다. (b) 이 게임은 두 명의 상대에 의해 진행되는데, 이 둘은 go-ishi라고 불리는 검은색과 하얀색 돌을 Go 보드, 즉 goban의 교차점에 번갈아 가면서 놓는다. (c) 게임 참여자가 자신의 돌로 상대방의 돌을 둘러 싸서 붙잡는 데 성공하지 않는 한, 돌은 계속 보드에 남아있는다. (d) 붙잡힌 돌은 1점에 해당하는 영역의 가치가 있고, 게임이 끝났을 때 더 많은 영역을 장악한 사람이 게임에서 이기게 된다.

어휘 board game 보드 게임 <체스처럼 판 위에서 말을 움직여 노는 게임>
require [rikwáiər] 필요로 하다　strategy [strǽtədʒi] 전략
patience [péiʃəns] 인내　opponent [əpóunənt] 상대
alternate [ɔ́:ltərnèit] 번갈아 하다
intersection [ìntərsékʃən] 교차점
stay on 남아있다, 계속 머무르다　capture [kǽptʃər] 붙잡다
surround [səráund] 둘러싸다　worth [wə:rθ] ~의 가치가 있는
control [kəntróul] 장악하다　territory [térətɔ̀:ri] 영역

CHAPTER 10　분사

텝스 실전 확인 문제

1. 분사 자리　(b)　p. 87

해설 빈칸은 명사(changes) 앞의 형용사 자리이므로 형용사처럼 명사를 앞에서 수식할 수 있는 분사 (b) requested가 정답입니다.

해석 A: 그 보고서에 대한 제 피드백을 받았나요?
B: 네. 요청된 수정들이 즉시 이루어질 것입니다.

어휘 feedback [fí:dbæ̀k] 피드백, 의견　immediately [imí:diətli] 즉시

2. 분사구문의 형태　(d)　p. 88

해설 부사절 접속사(while) 다음이 비어 있으므로 부사절 접속사와 함께 분사구문을 만드는 분사 (d) sleeping이 정답입니다.

해석 목 베개는 자는 동안 여러분의 목의 본래 곡선을 유지시킴으로써 편안함을 드리기 위해 특별히 디자인되었습니다.

어휘 cervical [sə́:rvikəl] 목의　pillow [pílou] 베개
comfort [kʌ́mfərt] 편안함　specially [spéʃəli] 특별히

3. 분사구문의 역할　(b)　p. 89

해설 주어(We), 동사(stayed)를 갖춘 완전한 문장이 왔으므로 빈칸 이하(___ ~ day)는 수식어 자리입니다. 따라서 수식어 자리에 올 수 있는 분사 (b) reading이 정답입니다.

해석 A: 당신과 Bella는 지난 토요일에 외출했나요?
B: 아니요. 우리는 하루 종일 독서를 하면서 그냥 집에 있었어요.

어휘 go out 외출하다

4. 현재분사 vs. 과거분사　(c)　p. 90

해설 주어(The heart), 동사(functions)를 갖춘 완전한 문장이 왔으므로 빈칸은 수식어 자리입니다. 따라서 수식어 자리에 올 수 있는 분사 (b)와 (c)가 정답의 후보입니다. 주절의 주어 The heart(심장)와 보기의 regulate(조절하다)가 '심장이 조절한다'라는 능동의 의미로 해석되므로 현재분사 (c) regulating이 정답입니다.

해석 심장은 펌프 역할을 하여, 몸 전체의 혈액 순환을 조절한다.

어휘 function as ~ 역할을 하다　pump [pʌmp] 펌프

HACKERS PRACTICE　p. 91

01 (b)　02 (a)　03 (b)　04 (a)　05 (a)
06 (b)　07 respecting → respected
08 Traveled → Traveling

09 confirm → confirmed
10 revising → revised
11 Having → Since I have
12 Purchasing → Purchased

01
해설 주어(Diabetics), 동사(should follow), 목적어(the strict diet plan)를 갖춘 완전한 문장이 왔으므로 빈칸 이하(___ ~ American Diabetes Association)는 수식어 자리입니다. 따라서 수식어 자리에 올 수 있는 분사 (b) suggested가 정답입니다.

해석 당뇨병 환자들은 미국 당뇨병 협회에 의해 제안되는 엄격한 식이요법 계획을 따라야 한다.

어휘 diabetic[dàiəbétik] 당뇨병 환자 strict[strikt] 엄격한
diabetes[dàiəbíːtis] 당뇨병 association[əsòusiéiʃən] 협회

02
해설 꾸밈을 받는 명사 number(숫자)와 보기의 grow(증가하다)가 '증가하는 숫자'라는 능동의 의미로 해석되므로 현재분사 (a) growing이 정답입니다.

해석 세입자들의 증가하는 불만 건수는 그 건물의 난방 시스템이 수리될 필요가 있음을 보여준다.

어휘 tenant[ténənt] 세입자

03
해설 꾸밈을 받는 명사 status(입지)와 보기의 rise(떠오르다)가 '떠오르는 입지'라는 능동의 의미로 해석되므로 현재분사 (b) rising이 정답입니다.

해석 건축 분야에서 떠오르는 Marty의 입지는 그가 고객들과 관계를 맺는 데 도움을 주고 있다.

어휘 status[stéitəs] 입지, 상태 architecture[áːrkətèktʃər] 건축
connect[kənékt] 관계를 맺다, 연결하다

04
해설 주절의 주어 home owners(집주인들)와 보기의 use(사용하다)가 '집주인들이 사용하다'라는 능동의 의미로 해석되므로 현재분사 (a) Using이 정답입니다.

해석 오직 가정용품만을 사용하여, 집주인들은 난방 비용을 절감하기 위해 단열 처리를 개선할 수 있다.

어휘 improve[imprúːv] 개선하다, 향상시키다
insulation[ìnsəléiʃən] 단열 처리 save on ~을 절감하다

05
해설 꾸밈을 받는 명사 The people(그 사람들)과 보기의 sell(팔다)이 '파는 사람들'이라는 능동의 의미로 해석되므로 현재분사 (a) selling이 정답입니다.

해석 집을 파는 그 사람들은 그들만의 사업을 시작하기 위해 호주로 이사를 갈 것이다.

어휘 set up 시작하다

06
해설 주절의 주어 the exhibit(그 전시회)과 보기의 entitle(제목을 붙이다)이 '그 전시회에 제목이 붙여지다'라는 수동의 의미로 해석되므로 과거분사 (b) Entitled가 정답입니다.

해석 'Dreams in Dream'이라고 제목이 붙여진 그 전시회는 20세기의 유명한 사진 작가들의 작품을 크게 다룰 것이다.

어휘 exhibit[igzíbit] 전시회 piece[piːs] 작품 noted[nóutid] 유명한

07
해설 꾸밈을 받는 명사 member(구성원)와 이를 수식하는 분사의 respect(존경하다)가 '존경받는 구성원'이라는 수동의 의미로 해석되는데, 현재분사(respecting)가 와서 틀립니다. 따라서 현재분사 respecting은 과거분사 respected로 바뀌어야 맞습니다.

해석 그녀는 지역 사회에서 존경받는 인물로 여겨졌다.

어휘 community[kəmjúːnəti] 지역 사회

08
해설 주절의 주어 Lisa와 분사구문의 Traveled(여행하다)가 '여행을 하면서'라는 능동의 의미로 해석되는데 과거분사(Traveled)가 와서 틀립니다. 따라서 과거분사 Traveled는 현재분사 Traveling으로 바뀌어야 맞습니다.

해석 유럽을 여행하면서, Lisa는 여러 유명한 도시들과 역사적인 건조물들을 방문했다.

어휘 landmark[lǽndmàːrk] (문화재로 지정된) 역사적인 건조물

09
해설 뒤에 나온 명사(itinerary)를 꾸미는 자리에 동사(confirm)가 와서 틀립니다. 꾸밈을 받는 명사 itinerary(여행 일정표)와 분사의 confirm(확정하다)이 '확정된 여행 일정표'라는 수동의 의미로 해석되므로 동사원형 confirm은 과거분사 confirmed로 바뀌어야 맞습니다.

해석 그 여행사 직원은 귀하의 납입이 일단 처리되면 확정된 여행 일정표를 제공할 것입니다.

어휘 travel agent 여행사 직원 itinerary[aitínərèri] 여행 일정표
process[práses] 처리하다

10
해설 꾸밈을 받는 명사 edition(판)과 분사의 revise(개정하다)가 '개정된 판'이라는 수동의 의미로 해석되는데, 현재분사(revising)가 와서 틀립니다. 따라서 현재분사 revising은 과거분사 revised로 바뀌어야 맞습니다.

해석 그 교수는 출판을 위해 그의 교과서의 개정판을 제출했다.

어휘 edition[idíʃən] 판 publication[pÀbləkéiʃən] 출판

11
해설 이 문장에서 분사구문(Having ~ already)의 행위의 주체(I)와 주절의 주어(lending)가 다른데, 분사구문 앞에 의미상 주어가 없어서 틀립니다. 따라서 Having은 부사절 Since I have로 바뀌어야 맞습니다.

해석 나는 그 책들을 이미 다 읽었기 때문에, 그것들을 빌려주는 것은 큰 문제가 아니다.

어휘 lend[lend] 빌려주다

12

해설 주절의 주어 the suit(정장)와 분사구문의 purchase(구매하다)가 '구매된 정장'이라는 수동의 의미로 해석되는데 현재분사(Purchasing)가 와서 틀립니다. 따라서 현재분사 Purchasing은 과거분사 Purchased로 바뀌어야 맞습니다.

해석 시내의 소매상점에서 구매된 그 정장은 파리에서 수입된 것이다.

HACKERS TEST   p. 92

01 (a)	02 (d)	03 (d)	04 (b)	05 (c)
06 (c)	07 (a)	08 (d)	09 (a)	10 (b)
11 (c)	12 (b)	13 (a)	14 (a)	15 (a)
16 (c)	17 (a)			

18 (b) While writing → While I was writing
19 (a) recommending → recommended
20 (c) is → are

01

해설 주어(he), 동사(earns), 목적어(a living)를 갖춘 완전한 문장이 왔으므로 수식어 자리에 올 수 있는 분사 (a)와 (c)가 정답의 후보입니다. 주절의 주어 he와 보기의 design(디자인하다)이 '그가 디자인하다'라는 능동의 의미로 해석되므로 현재분사 (a) designing이 정답입니다.

해석 A: 당신 남편은 무슨 일을 해요?
B: 그는 웹사이트를 디자인하면서 생계를 꾸리고 있어요.

어휘 earn a living 생계를 꾸리다

02

해설 주어(The Aviation Regulation Act), 동사(was revised)를 갖춘 완전한 문장이 왔으므로 수식어 자리에 올 수 있는 분사 (c)와 (d)가 정답의 후보입니다. 주절의 주어 The Aviation Regulation Act(항공 규정법)와 보기의 grant(권한을 부여하다)가 '항공 규정법이 권한을 부여하다'라는 능동의 의미로 해석되므로 현재분사 (d) granting이 정답입니다.

해석 공항 직원들에게 보다 철저한 검사를 할 수 있는 권한을 부여한 항공 규정법이 2001년에 개정되었다.

어휘 aviation [èiviéiʃən] 항공   regulation [règjuléiʃən] 규정
act [ækt] 법   revise [riváiz] 개정하다
personnel [pə̀ːrsənél] (군대, 조직의) 직원
authority [əθɔ́ːrəti] 권한   thorough [θə́ːrou] 철저한

03

해설 주어(I), 동사('m), 보어(excited and nervous)를 갖춘 완전한 문장이 왔으므로 수식어 자리에 올 수 있는 분사 (a)와 (d)가 정답의 후보입니다. '해외 여행을 가본 적이 없는' 시점이 '신나기도 하고 걱정되기도 하는' 시점보다 이전이므로 주절의 시제보다 앞선 시점에 발생한 일을 나타낼 때 쓰는 분사의 완료형 (d) Not having traveled가 정답입니다.

해석 A: 다가오는 여행에 대해 어떻게 생각해요?
B: 이전에 해외로 여행을 가본 적이 없기 때문에, 신나기도 하고 걱정되기도 하네요.

어휘 upcoming [ʌ́pkʌ̀miŋ] 다가오는, 이번의

04

해설 주어(red), 동사(is said)를 갖춘 완전한 문장이 왔으므로 수식어 자리에 올 수 있는 분사 (b), (d)와 to 부정사 (c)가 정답의 후보입니다. 주절의 주어 red(빨간색)와 보기의 consider(~이라고 여기다)가 '빨간색은 ~ 이라고 여겨진다'라는 수동의 의미로 해석되므로 과거분사 (b) considered가 정답입니다.

해석 일반적으로 중국 문화에서 행운의 색으로 여겨지기 때문에, 빨간색은 행복과 행운을 상징한다고 전해진다.

어휘 generally [dʒénərəli] 일반적으로   represent [rèprizént] 상징하다

05

해설 주어(the former golf champion), 동사(issued), 목적어(a brief statement)를 갖춘 완전한 문장이 왔으므로 수식어 자리에 올 수 있는 분사 (a)와 (c)가 정답의 후보입니다. 주절의 주어 the former golf champion(전 골프 챔피언)과 보기의 express(표현하다)가 '전 골프 챔피언이 표현하다'라는 능동의 의미로 해석되므로 현재분사 (c) Expressing이 정답입니다.

해석 실망감을 표현하면서, 전 골프 챔피언은 그의 패배에 대해 간략한 성명을 발표했다.

어휘 disappointment [dìsəpɔ́intmənt] 실망   former [fɔ́ːrmər] 전의
statement [stéitmənt] 성명   defeat [difíːt] 패배

06

해설 주어(I), 동사('m going)를 갖춘 완전한 문장이 왔으므로 수식어 자리에 올 수 있는 분사 (a)와 (c)가 정답의 후보입니다. '학기가 끝난' 시점이 '고향으로 돌아갈' 시점보다 이전이므로 주절의 시제보다 앞선 시점에 발생한 일을 나타낼 때 쓰는 분사의 완료형 (c) having finished가 정답입니다. 참고로, 주절의 주어(I)와 분사구문의 주어(My classes)가 일치하지 않기 때문에 분사구문의 주어 My classes는 생략하지 않고 써준다는 것을 알아둡니다.

해석 A: 너의 여름 방학 계획이 뭐니?
B: 수업이 막 끝났으니까, 고향으로 돌아갈 예정이야.

07

해설 주어(Ancient navigators), 동사구(had to make use of), 목적어(astronomy)를 갖춘 완전한 문장이 왔으므로 수식어 자리에 올 수 있는 분사 (a)와 (c)가 정답의 후보입니다. 주절의 주어 Ancient navigators(고대의 항해사들)와 보기의 rely(의존하다)가 '고대의 항해사들이 의존했다'라는 능동의 의미로 해석되므로 현재분사 (a) relying이 정답입니다.

해석 고대의 항해사들이 방향을 잡는 길잡이로 별의 상대적인 위치에 의존했기 때문에, 그들은 천문학을 활용해야만 했다.

어휘 ancient [éinʃənt] 고대의   navigator [nǽvəgèitər] 항해사
make use of ~을 활용하다   astronomy [əstrɑ́nəmi] 천문학
relative [rélətiv] 상대적인   position [pəzíʃən] 위치
directional [dirékʃənl] 방향의   guidance [gáidns] 길잡이

08

해설 주어(The naval unit), 동사(is patrolling), 목적어(the sea)를 갖춘 완전한 문장이 왔으므로 수식어 자리에 올 수 있는 to 부정사 (a)와 분사 (c), (d)가 정답의 후보입니다. 명사 The naval unit(그 해군 부대)과 보

기의 station(주둔시키다)이 '주둔한 그 해군 부대'라는 수동의 의미로 해석되므로 과거분사 (d) stationed가 정답입니다.

해석 아프리카 해안에 주둔한 그 해군 부대는 불법 행위를 찾아 바다를 순찰하고 있다.

어휘 naval[néivəl] 해군의 unit[júːnit] 부대 coast[koust] 해안 patrol[pətróul] 순찰하다

09

해설 주어(the sea otter), 동사(is), 보어(the only mammal)을 갖춘 완전한 문장이 왔으므로 수식어 자리에 올 수 있는 분사 (a), (c)가 정답의 후보입니다. 꾸밈을 받는 명사 mammal(영장류)과 보기의 know(알다)가 '알려진 포유 동물'이라는 수동의 의미로 해석되므로 과거분사 (a) known이 정답입니다.

해석 영장류를 제외하고, 해달은 음식을 획득하기 위해 도구를 사용한다고 알려진 유일한 포유 동물이다.

어휘 aside from ~을 제외하고 primates[praiméitiːz] 영장류 sea otter 해달 mammal[mǽməl] 포유 동물 harvest[háːrvist] 획득하다

10

해설 꾸밈을 받는 명사 a screening process(심사 과정)와 보기의 involve(포함하다)가 '~을 포함하는 심사 과정'이라는 능동의 의미로 해석되므로 현재분사 (b) involving이 정답입니다. 참고로, to 부정사 (a)는 수식어 자리에 왔을 때 '~할/해야 하는' 또는 '~하기 위해서라는' 뜻으로 이 문맥에 맞지 않기 때문에 오답입니다.

해석 그 회사는 몇 단계를 포함하는 심사 과정을 갖고 있기 때문에, 지원자들의 평가에 자부심을 가지고 있다.

어휘 screening[skríːniŋ] 심사 confident[kánfədənt] 자부심이 강한 evaluation[ivæ̀ljuéiʃən] 평가

11

해설 빈칸은 뒤에 나온 명사(gasoline prices)를 앞에서 꾸미는 자리이므로 분사 (c) Increasing이 정답입니다.

해석 상승하는 휘발유 가격은 많은 사람들이 대중교통을 이용하도록 장려해왔다.

어휘 encourage[inkə́ːridʒ] 장려하다 take advantage of ~을 이용하다 public transportation 대중교통

12

해설 주어(Meteorology), 동사(is), 보어(the science)를 갖춘 완전한 문장이 왔으므로 수식어 자리에 올 수 있는 분사 (a)와 (b)가 정답의 후보입니다. 주절의 주어 Meteorology(기상학)와 보기의 provide(제공하다)가 '기상학이 제공하다'라는 능동의 의미로 해석되므로 현재분사 (b) providing이 정답입니다.

해석 미래 날씨 상황에 대한 예측의 근거를 제공해주는 기상학은 일기 예보 이면에 있는 과학이다.

어휘 meteorology[miːtiərálədʒi] 기상학 weather forecast 일기 예보 prediction[pridíkʃən] 예측

13

해설 주어(The oldest known mummy), 동사(is named)를 갖춘 완전한 문장이 왔으므로 수식어 자리에 올 수 있는 분사 (a)와 (b)가 정답의 후보입니다. 주절의 주어 The oldest known mummy(가장 오래된 것으로 알려진 미라)와 보기의 discover(발견하다)가 '가장 오래된 것으로 알려진 미라가 발견되다'라는 수동의 의미로 해석되므로 과거분사 (a) discovered가 정답입니다.

해석 유럽에서 가장 오래된 것으로 알려진 미라는 1991년 9월에 이탈리아 알프스 산맥에서 발견된 이후, Ötzi the Iceman이라고 이름 지어졌다.

14

해설 주절의 주어 the woman(그 여자)과 보기의 fly(비행기를 타고 가다)가 '그 여자가 비행기를 타고 가다'라는 능동의 의미로 해석되므로 현재분사 (a), (b)가 정답의 후보입니다. '비행기를 탄' 시점이 '오랜 시간 비행으로 지친' 시점보다 이전이므로 주절의 시제보다 앞선 시점에 발생한 일을 나타내는 분사의 완료형 (a) Having flown back이 정답입니다.

해석 파리에서 신시내티까지 돌아오는 비행기를 11시간 연속으로 탔기 때문에, 그 여자는 너무 지쳐서 짐을 풀 수 없었다.

어휘 nonstop[nànstáp] 연속으로 exhausted[igzɔ́ːstid] 지친 unpack[ʌ̀npǽk] 짐을 풀다

15

해설 주어(Bill Gates), 동사(spends), 목적어(most of his time)를 갖춘 완전한 문장이 왔으므로 수식어 자리에 올 수 있는 분사 (a), (b), (c)가 정답의 후보입니다. 보기에 제시된 단어들로 '그의 재산이 보장되어 있기 때문에'라는 의미의 절을 만들면 Because his fortune is assured라는 부사절이 됩니다. 이 부사절에서 부사절 접속사 Because를 생략하고 동사 is assured를 분사 being assured로 바꾸어 축약하면 His fortune being assured가 됩니다. 여기에서 being은 생략이 가능하므로 (a) His fortune assured가 정답입니다.

해석 그의 재산이 보장되어 있기 때문에, 빌 게이츠는 이제 그의 대부분의 시간을 자선 사업에 보내고 있다.

어휘 charity work 자선 사업

16

해설 주어(Jerry), 동사(could walk)를 갖춘 완전한 문장이 왔으므로 수식어 자리에 올 수 있는 분사 (a), (c), (d)가 정답의 후보입니다. '그의 건강이 좋아졌기 때문에'라는 의미가 되어야 자연스럽습니다. 이때 주절의 주어(Jerry)와 분사구문의 주어(His health)가 다르기 때문에 분사구문 앞에 주어 His health를 써주어야 합니다. 따라서 (c) His health having improved가 정답입니다.

해석 몇 달간의 물리 치료 끝에 그의 건강이 좋아졌기 때문에, Jerry는 목발의 도움 없이 다시 걸을 수 있었다.

어휘 physical therapy 물리 치료 crutch[krʌtʃ] 목발

17

해설 주어(the athlete), 동사(will be), 보어(able to play)를 갖춘 완전한 문장이므로 수식어 자리에 올 수 있는 분사 (a), (d)가 정답의 후보입니다. '부상을 입은' 시점이 '경기를 할 수 없는' 시점보다 이전이므로 주절의 시제보다 앞선 시점에 발생한 일을 나타내는 완료형 분사 (a) Having suffered가 정답입니다.

해석 오른쪽 무릎에 심각한 부상을 입었기 때문에, 그 운동 선수는 프로 농구에서 다시는 경기를 할 수 없을 것이다.

어휘 injury [índʒəri] 부상 athlete [ǽθliːt] 운동 선수

18

해설 (b)에서 분사구문(While writing my essay)의 행위의 주체(I)와 주절의 주어(my computer)가 다른데, 분사구문 앞에 의미상 주어가 없어서 틀립니다. 따라서 분사구문 While writing은 부사절 While I was writing으로 바뀌어야 맞습니다.

해석 (a) A: 약간 좌절한 것 같아 보이네요. 무슨 일이라도 있어요?
(b) B: 에세이를 쓰고 있는 동안에, 제 컴퓨터가 작동하지 않아서 파일을 잃어버렸어요.
(c) A: 컴퓨터가 멈췄을 때 에세이를 얼마만큼 진행시킨 상태였어요?
(d) B: 대략 7장 정도 썼는데, 이제 다시 써야 돼요.

어휘 frustrated [frʌ́streitid] 좌절한, 실망한
freeze [friːz] (기계 등이) 작동하지 않다
crash [kræʃ] (컴퓨터) 기능을 멈추다

19

해설 (a)에서 꾸밈을 받는 명사 some activities and exercises(몇 가지 활동과 운동들)와 분사의 recommend(추천하다)가 '추천되는 몇 가지 활동과 운동들'이라는 수동의 의미로 해석되는데, 현재분사(recommending)가 와서 틀립니다. 따라서 현재분사 recommending은 과거분사 recommended로 바뀌어야 맞습니다.

해석 (a) 임신한 여성들에게 전형적으로 추천되는 몇 가지 활동과 운동들이 있다. (b) 그렇지만, 운동을 하기 전에 임산부는 먼저 의사와 상의를 해야 한다. (c) 그 이유는 어떠한 특정 상황들은 운동을 하는 것이 산모와 아이 둘 다를 위험하게 할 수도 있기 때문이다. (d) 예를 들어, 고혈압이나 심장 질환을 가지고 있는 임산부는 격렬한 신체 활동을 피하도록 권고받는다.

어휘 typically [típikəli] 전형적으로 pregnant [prégnənt] 임신한
consult [kənsʌ́lt] 상의하다 work out 운동하다
hazardous [hǽzərdəs] 위험한 blood pressure 혈압
strenuous [strénjuəs] 격렬한 physical activity 신체 활동

20

해설 (c)에서 'there + 동사 + 진짜 주어' 구문에서 진짜 주어가 복수 (claims)인데 단수 동사(is)가 와서 틀립니다. there 구문에서 동사의 수는 진짜 주어에 일치시켜야 하므로 단수 동사 is는 복수 동사 are로 바뀌어야 맞습니다.

해석 (a) 스코틀랜드의 에든버러 동부에 위치한 Musselburgh는 '골프의 발상지'로 알려져 있다. (b) 그 마을은 기네스 세계 신기록에서 현존하는 가장 오래된 골프 코스라고 공식적으로 인정받는 Musselburgh Old Course를 자랑거리로 삼는다. (c) Musselburgh Old Course에서 치러졌다고 최초로 기록된 게임은 1672년에 있었지만, 스코틀랜드의 Mary여왕이 1567년에 그 코스에서 골프를 쳤다는 주장들도 있다. (d) Musselburgh Old Course는 원래 7개의 홀이 있는 코스였지만, 8번째 9번째 홀은 1838년과 1870년에 각각 추가되었다.

어휘 cradle [kreidl] (문화 등의) 발상지 boast [boust] 자랑거리로 삼다
officially [əfíʃəli] 공식적으로 recognize [rékəgnàiz] 인정하다
claim [kleim] 주장 originally [ərídʒənəli] 원래
respectively [rispéktivli] 각각

CHAPTER 11 명사와 관사

텝스 실전 확인 문제

1. 명사 자리   (b)   p.95

해설 동사(is)의 주어 자리에 오면서 형용사(good) 뒤에 올 수 있는 것은 명사이므로, 명사로 시작된 (b) suggestion for beginners가 정답입니다.

해석 A: 이번에 제가 처음 스키를 타요. 제가 무엇을 해야 할까요?
B: 초보자를 위한 좋은 제안을 드리면 강습에 등록하는 것이에요.

어휘 sign up 등록하다

2. 가산 명사와 불가산 명사   (a)   p.96

해설 보기에 주어진 명사 furniture는 불가산 명사이므로, 부정관사도 쓰지 않고 복수형으로도 쓰지 않은 (a) furniture가 정답입니다.

해석 Emily는 새 아파트에 들여 놓을 가구를 찾아 지역 내의 중고품 할인 판매점을 찾아 보았다.

어휘 thrift shop 중고품 할인 판매점 put in 들여 놓다

3. 부정관사 a/an   (c) workshop → a workshop   p.97

해설 (c)에서 workshop은 가산 명사이므로, 관사도 없고 복수형도 아니면 틀립니다. A가 말한 '워크숍(workshop)'에 대해서는 이전에 언급된 적이 없으므로 '정해지지 않은 하나'를 가리킬 때 쓰는 부정관사가 포함되어야 합니다. 따라서 workshop은 부정관사 a를 넣어 a workshop으로 바뀌어야 맞습니다.

해석 (a) A: 안녕하세요, 제가 유럽 여행 패키지에 대한 정보를 좀 얻기 위해 이번 주 토요일 당신의 사무실에 들르도 되나요?
(b) B: 저희는 주말에 문을 닫지만 언제 시간이 되시는지 알려주시면 다음 주로 일정을 잡아 드릴 수 있어요.
(c) A: 다음주는 제가 참석해야 하는 워크숍 때문에 시간이 없을 것 같아요.
(d) B: 그렇다면, 제게 그 다음 주에 전화를 주셔서 약속을 잡으면 어떨까요?

어휘 stop by 들르다 following [fálouiŋ] (시간상으로) 다음의

4. 정관사 the   (b) atmosphere → the atmosphere   p.98

해설 (b)에서 B가 말한 atmosphere(분위기)는 앞에서 언급한 '그 식당의 분위기'라는 의미이므로 '특별히 정해진 것'을 가리킬 때 쓰는 정관사 the가 포함되어야 합니다. 따라서 atmosphere는 the atmosphere로 바뀌어야 맞습니다.

해석 (a) A: 길모퉁이에 문을 연 식당에 가 본 적 있나요?
(b) B: 네, 제가 주문한 음식은 정말 좋았고 분위기도 정말 훌륭했어요.
(c) A: 오, 그렇다면 이번주 금요일에 거기에 가기 위해 예약을 해야겠네요.
(d) B: 그 식당은 인기가 있어서 빨리 예약해야 해요.

어휘 atmosphere [ǽtməsfìər] 분위기
make a reservation 예약하다 popular [pápjulər] 인기 있는

HACKERS PRACTICE   p.99

```
01 (b)    02 (a)    03 (a)    04 (b)    05 (b)
06 (a)    07 famous actor → a famous actor
08 an information → information
09 glass of water → a glass of water
10 by a gallon → by the gallon
11 concert → a concert
12 a first → the first
```

01
해설 보기에 주어진 명사 advice(조언)는 불가산 명사이므로 부정관사를 쓰지 않은 (b) advice가 정답입니다.
해석 Tamara는 그녀의 운동 일과에 관해서 그녀의 트레이너로부터 조언을 구했다.
어휘 regarding [rigá:rdiŋ] ~에 관해서

02
해설 관사 a 뒤에 올 수 있는 것은 명사이므로 명사 (a) memory가 정답입니다. (b)는 동사이므로 명사 자리에 올 수 없습니다.
해석 Jessica가 그 그림을 보았을 때, 그것이 그녀의 어린 시절 기억을 되살려 주었다.
어휘 bring back one's memory 기억을 되살리다
childhood [tʃáildhùd] 어린 시절

03
해설 빈칸은 '하루에'라는 의미가 되어야 자연스러우므로 '하나'를 가리킬 때 쓰는 부정관사 a를 포함한 (a) a day가 정답입니다.
해석 반납 기한이 지난 책의 연체료는 하루에 권당 10센트입니다.
어휘 fine [fain] 연체료   overdue [òuvərdjúː] (반납 등의) 기한이 지난
per [pər] ~당, ~마다

04
해설 보기에 주어진 명사 mess는 '고양이가 꽃병을 넘어뜨려서 어질러진 그 상태'를 가리킵니다. 따라서 '특별히 정해진'이라는 뜻으로 명사를 한정하는 정관사 the가 포함된 (b) the mess가 정답입니다.
해석 내 고양이가 실수로 꽃병을 넘어뜨려서 내가 어질러진 것을 치워야 했다.
어휘 accidentally [æ̀ksədéntəli] 실수로, 잘못하여, 우연히
knock over 넘어뜨리다   clean up 치우다, 청소하다
mess [més] 어질러진 (지저분한) 상태

05
해설 보기에 주어진 명사 time이 '시간'이라는 의미로 쓰이면 불가산 명사이므로 부정관사 a를 포함하지 않은 (b) time이 정답입니다.
해석 그 팀은 보고서를 완성하기 위한 시간이 필요하기 때문에 늦게까지 일해야 한다.
어휘 report [ripɔ́ːrt] 보고서

06
해설 '정말 안타깝다'라는 의미의 관용 표현 'That's a shame'을 완성하는 (a) a shame이 정답입니다.
해석 당신이 금요일 콘서트 표를 구할 수 없었다니 정말 안타까워요.

07
해설 명사 actor는 가산 명사이므로, 관사도 없고 복수형도 아니면 틀립니다. 특별히 정해진 famous actor를 말하는 것이 아니므로 '정해지지 않은 하나'를 가리킬 때 쓰는 부정관사가 포함되어야 합니다. 따라서 famous actor는 a famous actor로 바뀌어야 맞습니다.
해석 카페 안에 두 명의 회사원 맞은 편에 앉아 있는 저 남자는 꼭 유명한 배우처럼 생겼다.
어휘 exactly [igzǽktli] 꼭, 정확하게

08
해설 명사 information은 불가산 명사이므로 부정관사 an를 붙이면 틀립니다. 따라서 an information은 information으로 바뀌어야 맞습니다.
해석 Ms. Clark는 그녀가 작성하고 있었던 논문에 필요한 피카소 관련 정보를 얻기 위해 도서관에서 책을 찾았다.
어휘 search a library 도서관에서 책을 찾다   thesis [θíːsis] 논문

09
해설 명사 glass가 '잔'이라는 의미로 쓰이면 가산 명사이므로, 관사도 없고 복수형도 아니면 틀립니다. 문맥상 '물 한 잔'이라는 의미가 되어야 하므로 glass of water는 '정해지지 않은 하나'를 가리킬 때 쓰는 부정관사 a를 포함한 a glass of water로 바뀌어야 맞습니다.
해석 Judy는 물 한 잔을 마시려고 한밤중에 일어났다.
어휘 in the middle of the night 한밤중에

10
해설 단위/수량 표현은 정관사 the를 사용하여 'by + the + 단위/수량표현'의 형태로 쓰이므로 by a gallon은 by the gallon으로 바뀌어야 맞습니다.
해석 미국에서 석유 가격은 갤런 단위로 측정된다.

11
해설 명사 concert는 가산 명사이므로 부정관사도 없고 복수형도 아니면 틀립니다. 앞에 단수 동사(is)가 있으므로 concert는 '정해지지 않은 하나'를 가리킬 때 쓰는 부정관사 a를 포함한 a concert로 바뀌어야 맞습니다.
해석 HeartStrings는 자선 모금을 위해 매년 여름 개최되는 콘서트이다.
어휘 organize [ɔ́ːrgənàiz] (행사 등을) 개최하다
raise money 모금하다, 돈을 마련하다   charity [tʃǽrəti] 자선

12
해설 서수 first는 항상 정관사와 함께 명사를 수식하므로 a first는 the first로 바뀌어야 맞습니다.
해석 러시아는 1961년 4월에 사람을 우주로 보낸 최초의 국가이다.

HACKERS TEST   p.100

01 (c)	02 (b)	03 (b)	04 (d)	05 (a)
06 (d)	07 (c)	08 (c)	09 (a)	10 (d)
11 (b)	12 (b)	13 (d)	14 (a)	15 (c)
16 (a)	17 (d) find hard it → find it hard			
18 (d) a difficulty → difficulty			
19 (c) holding → held			
20 (d) a contemporary music → contemporary music			

01
해설 보기에 주어진 명사 store는 가산 명사이므로, 관사를 포함한 (b)와 (c), 복수형의 (d)가 정답의 후보입니다. 빈칸은 'B가 운영하는 가게'라는 특별히 정해진 가게를 가리키므로 '특별히 정해진'을 가리킬 때 쓰는 정관사 the를 포함한 (c) the store가 정답입니다.

해석 A: 제 시계를 찾으러 오전 9시쯤에 들러도 되나요?
B: 그럼요. 만약을 위해서 가게를 반드시 일찍 열겠습니다.

어휘 drop by ~에 들르다   just in case 만약을 위해서

02
해설 보기에 주어진 명사 condominium은 가산 명사이므로, 관사를 포함한 (a)와 (b), 가산 명사 앞에 올 수 있는 some을 포함한 (c)가 정답의 후보입니다. B가 말한 '아파트(condominium)'에 대해서는 이전에 언급된 적이 없으므로 '정해지지 않은 하나'를 가리킬 때 쓰는 부정관사 a를 포함한 (b) a condominium이 정답입니다.

해석 A: Phil과 그의 아내가 플로리다에서 살고 싶어 한다고 들었어요.
B: 그들은 곧 아파트를 얻을까 생각 중이에요.

03
해설 '바로 그거야'라는 의미의 관용 표현 'That's the spirit'을 완성하는 정관사 (b) the가 정답입니다.

해석 A: 이번 학기에 평점을 끌어올리기 위해 난 정말 열심히 공부할 거야.
B: 바로 그거야.

어휘 semester [siméstər] 학기   boost [buːst] 올리다
GPA(grade point average) 평점

04
해설 빈칸 뒤의 명사 fan은 가산 명사이므로, 가산 명사 앞에 쓸 수 있는 any를 포함한 (a)와 관사를 포함한 (b), (d)가 정답의 후보입니다. B가 말한 '팬(fan)'에 대해서는 이전에 언급된 적이 없으므로 '정해지지 않은 하나'를 가리킬 때 쓰는 부정관사 a를 포함한 (d) a huge가 정답입니다.

해석 A: James Olberon의 책을 읽어 본 적 있어요?
B: 네, 전 그의 작품의 엄청난 팬이에요!

어휘 work [wəːrk] 작품   huge [hjuːdʒ] 엄청난

05
해설 보기에 주어진 명사 work는 '일'이라는 의미로 쓰이면 불가산 명사이므로, 정관사 the를 쓴 (a)와 불가산 명사 앞에 올 수 있는 any를 포함한 (d)가 정답의 후보입니다. B가 말한 'work(일)'는 A가 이미 언급한 this project를 가리키므로, '특별히 정해진'이라는 뜻으로 명사를 한정하는 정관사 the가 포함된 (a) the work가 정답입니다.

해석 A: 우리가 이 프로젝트를 끝내는데 정말 오랜 시간이 걸렸네요.
B: 그래요. 그 일은 끝이 없는 것처럼 보였어요.

06
해설 보기에 주어진 명사 care는 불가산 명사이므로, 정관사 the를 쓰고 복수형이 아닌 (a)와 관사를 쓰지 않은 (d)가 정답의 후보입니다. 명사 '관리(care)'에 대해 이전에 언급된 적이 없으므로 정관사 the 없이 쓰인 (d) good care가 정답입니다.

해설 심장을 잘 관리하기 위해, 의사들은 규칙적으로 운동하는 것과 콜레스테롤 수치를 관리하는 것을 추천한다.

어휘 recommend [rèkəménd] 추천하다

07
해설 보기에 주어진 명사 equipment는 불가산 명사이므로, 관사를 쓰지 않은 (a)와 불가산 명사 앞에 올 수 있는 정관사 the를 포함한 (c)가 정답의 후보입니다. 명사 equipment는 뒤에서 전치사구 in its science laboratories의 수식을 받아 '과학 실험실에 있는 그 장비'를 가리킵니다. 따라서 '특별히 정해진'이라는 뜻으로 명사를 한정하는 정관사 the가 포함된 (c) the equipment가 정답입니다.

해설 Newfield 대학은 과학 실험실의 모든 장비를 바꾸기 위해 돈을 모금 중이다.

어휘 raise money 돈을 모금하다   laboratory [læbərətɔ̀ːri] 실험실

08
해설 보기에 주어진 명사 disaster는 가산 명사이므로, 복수형으로 쓰인 (b), 관사를 포함한 (c)와 (d)가 정답의 후보입니다. 'disaster(실패)'에 대해서 이전에 언급된 적이 없으므로 '정해지지 않은 하나'를 가리킬 때 쓰는 부정관사 a를 포함한 (c) a disaster가 정답입니다.

해설 지난달에 발사된 인공 위성이 실종된 것으로 여겨지면서, 임무를 실패로 만들었다.

어휘 satellite [sǽtəlàit] 인공 위성   launch [lɔːntʃ] 발사하다
disaster [dizǽstər] 실패, 재난

09
해설 보기에 주어진 명사 luggage는 불가산 명사이므로, 관사를 쓰지 않은 (a), 정관사 the를 쓴 (d)가 정답의 후보입니다. 'luggage(짐)'에 대해서 이전에 언급한 적이 없으므로 정관사 the 없이 쓰인 (a) luggage가 정답입니다.

해설 몇 시간 동안 그녀의 짐을 보관할 곳을 찾고 있던 Jill은 일층의 공항의 개인 물품 보관함 대여 시설로 안내받았다.

어휘 store [stɔːr] 보관하다, 저장하다   rental [réntl] 대여, 임대
direct [dirékt] 안내하다, 보내다

10
해설 보기에 주어진 명사 hospitality는 불가산 명사이므로, 관사를 쓰지 않은 (a)와 정관사 the를 쓴 (d)가 정답의 후보입니다. 명사 hospitality는 뒤에서 전치사구 of its staff의 수식을 받아 '그곳 직원들의 환대'를 가리키므로 '특별히 정해진'이란 뜻으로 명사를 한정하는 정관사 the가 포함된

(d) the hospitality가 정답입니다.

해석 스위스의 Elk Crescent 호텔은 지속적으로 그곳 직원들의 환대에 대한 긍정적인 피드백을 받고 있다.

어휘 consistently[kənsístəntli] 지속적으로, 시종일관하게
hospitality[hàspətǽləti] 환대, 대접

11

해설 주어(Jonathan Winter), 동사(founded), 목적어(a museum)를 갖춘 완전한 문장이 왔으므로 수식어 자리에 올 수 있는 분사 (b)와 (c)가 정답의 후보입니다. 주절의 주어 Jonathan Winter와 보기의 dismay(실망하게 하다)가 'Jonathan Winter는 실망했다'라는 수동의 의미로 해석되므로 과거분사 (b) Dismayed가 정답입니다.

해석 라디오 역사에 대한 대중들의 지식 부족에 실망해서, Jonathan Winter는 그의 열정을 다른 사람들과 나누기 위해 박물관을 설립했다.

어휘 knowledge[nálidʒ] 지식 found[faund] 설립하다

12

해설 보기에 제시된 명사 tool은 가산 명사이므로, 관사를 포함한 (b)와 (c), 가산 명사 앞에 올 수 있는 some을 포함한 (d)가 정답의 후보입니다. 명사 'tool(도구)'은 이전에 언급된 적이 없으므로 '정해지지 않은 하나'를 가리킬 때 쓰는 부정관사 a를 포함한 (b) a useful tool이 정답입니다. (d) some useful tool을 빈칸에 넣으면 '어떤 유용한 도구'라는 어색한 의미가 되어 오답입니다.

해석 회사의 주가 수익률은 투자 가능성을 평가하는 데 있어 하나의 유용한 도구이다.

어휘 price-to-earnings ratio 주가 수익률
evaluate[ivǽljuèit] 평가하다 potential[pəténʃəl] 가능성

13

해설 보기에 제시된 명사 grass는 불가산 명사이므로, 부정관사 a를 쓰지 않고 복수형도 아닌 (d) Grass가 정답입니다.

해석 설치류와 잡초가 없도록 하기 위해 정기적으로 잔디를 깎아야 한다.

어휘 mow[mou] (풀 등을) 깎다
rodent[róudnt] 설치류 <쥐, 토끼처럼 앞니가 날카로운 동물>
weed[wi:d] 잡초

14

해설 보기에 주어진 형용사 same은 정관사와 함께 쓰여 명사를 수식하므로 정관사 the를 포함한 (a)와 (b)가 정답의 후보입니다. '똑같은 정도의 성공'이라는 의미가 되기 위해서 형용사 same은 명사 degree를 앞에서 꾸며주어야 하므로 same 다음에 degree가 나온 (a) the same degree of success가 정답입니다.

해석 Ian Scott은 그의 신작이 그가 2년 전에 출간했던 것만큼의 똑같은 정도로 성공하길 바란다.

어휘 degree[digríː] 정도 success[səksés] 성공

15

해설 보기에 주어진 명사 storm은 가산 명사이므로, 관사를 포함한 (a)와 (c), 가산 명사 앞에 올 수 있는 any를 포함한 (b)가 정답의 후보입니다. 명사 '폭풍(storm)'에 대해서 이전에 언급된 적이 없으므로 '정해지지 않은 하나'를 가리킬 때 쓰는 부정관사 a를 포함한 (c) a much larger storm이 정답입니다. (b) any much larger storm을 빈칸에 넣으면 '어떤 훨씬 큰 폭풍'이라는 어색한 의미가 되어 오답입니다.

해석 그 도시가 눈보라의 피해로부터 막 복구되었을 때, 기상 캐스터는 그 다음 주에 훨씬 더 큰 폭풍이 있을 것이라고 예보했다.

어휘 recover[rikʌ́vər] ~에서 복구되다, 회복되다
blizzard[blízərd] 눈보라 forecaster[fɔ́ːrkæstər] 기상 캐스터

16

해설 보기에 주어진 명사 problem은 가산 명사이므로, 복수형이거나 정관사를 포함한 (a), (c), (d)가 정답의 후보입니다. 명사 'problem(문제)'에 대해서 이전에 언급된 적이 없으므로, 정관사 the 없이 쓰인 (a) problems가 정답입니다.

해석 자동 등록 시스템을 사용하면서 등기소는 문제에 부딪히는 일이 거의 없다.

어휘 automated[ɔ́ːtəmèitid] 자동화된 enrollment[inróulmənt] 등록
registrar[rédʒistràːr] 등기 공무원
encounter[inkáuntər] (반갑지 않은 일에) 부딪히다

17

해설 (d)에서 5형식으로 쓰인 동사 find 다음에 목적어(it)와 목적격 보어(hard)의 순서가 바뀌어서 틀립니다. 동사 find가 '~을 –라고 생각하다'라는 5형식의 의미로 쓰이면 'find + 목적어 + 목적격 보어'의 형태가 되어야 합니다. 따라서 find hard it은 find it hard로 바뀌어야 맞습니다.

해석 (a) A: 다가오는 그 총선에 대해 왜 걱정을 하시나요?
(b) B: 8명의 후보 중에서 누구에게 투표할지 아직 결정하지 못했거든요.
(c) A: 마음의 결정을 내리기까지 아직 2주가 남았으니까 걱정 말아요.
(d) B: 후보자 각각 장점을 갖고 있어서, 마음의 결정을 내리기 힘드네요.

어휘 upcoming[ʌ́pkʌ̀miŋ] 다가오는 national election 총선
candidate[kǽndidèit] 후보자 make up one's mind 결정을 하다

18

해설 (d)에서 '~을 하는 것이 힘들다'를 뜻하는 'have difficulty + -ing'는 관사 없이 쓰이는 관용 표현인데 부정관사 a를 써서 틀립니다. a difficulty는 difficulty로 바뀌어야 맞습니다.

해석 (a) A: 길 건너편에 줄 서서 기다리고 있는 사람이 Mrs. Gruber 아니에요?
(b) B: 낯익은 것 같긴 한데, 그녀인지 잘 모르겠어요.
(c) A: 우리가 지금의 아파트로 이사오기 전에 우리 이웃이었잖아요.
(d) B: 아, 맞아요. 전 가끔 사람들 얼굴을 기억하는 것이 힘들어요.

19

해설 (c)에서 주절의 주어 The other events(다른 행사들은)와 분사의 hold(열다, 개최하다)가 '다른 행사들은 열렸다'라는 수동의 의미로 해석되므로 현재분사 holding이 오면 틀립니다. 현재분사 holding은 과거분사 held로 바뀌어야 맞습니다.

해석 (a) 범그리스 경기 대회는 고대 그리스의 4개의 주요 스포츠 축제이다. (b) 그 중 두 개의 축제인 국제 올림픽 대회와 네메아 제전 경기는 고대 그리스 신들의 통치자인 제우스에게 바치는 것이었다. (c) 다른 행사들은 아폴로에게 경의를 표하여 열리는 피시아 경기와 포세이돈에게 바쳐진 코린트 지협 경기 대회였다. (d) 어떤 행사에도 금전적이거나 물질적인 보상은 없었지만 우승자들은 그들의 고향에서 존경을 받았다.

어휘 Panhellenic[pæ̀nhəlénik] 범그리스의

foremost [fɔ́:rmòust] 주요한
tribute [tríbju:t] (경의의 표시로) 바치는 것
dedicate [dédikèit] 바치다   monetary [mánətèri] 금전의, 화폐의
material [mətíəriəl] 물질적인

20

해설 (d)에서 music(음악)은 불가산 명사이므로, 부정관사 a와 함께 쓰여서 틀립니다. a contemporary music은 contemporary music으로 바뀌어야 맞습니다.

해석 (a) Dinah Washington은 1950년대에 음반을 가장 많이 판매한 아프리카계 미국인 여성 가수였다. (b) 그녀는 앨라배마에서 어린 시절을 보냈지만, 10대 때 시카고로 이사해서 교회 성가대를 지휘했다. (c) 15살에 탤런트 쇼에서 우승을 한 뒤, 그녀는 투어를 시작했고 음반 계약을 체결했다. (d) Washington은 10위권 내 히트곡을 25개 기록하였으며, 그녀의 창법은 현대 음악에 계속해서 영향을 미치고 있다.

어휘 church choir 교회 성가대
talent show 탤런트 쇼 <아마추어 연예인들이 연예계 진출을 위해 하는 공연>
influence [ínfluəns] 영향을 미치다
contemporary [kəntémpərèri] 현대의

4. 대명사와 명사의 일치   (c) they were → it was   p. 106

해설 (c)에서 what절(what they were attempting to portray)에, 단수 명사 the book을 대신하는 대명사로 복수 대명사 they와 복수 동사 were가 와서 틀립니다. 따라서 they were는 it was로 바뀌어야 맞습니다.

해석 (a) 마크 트웨인의 '도금 시대'는 남북전쟁 이후의 기간 동안 미국에서의 물질주의와 부패를 풍자한다. (b) 비록 그의 더 유명한 작품들 중 하나는 아니지만, 하나의 역사적인 시대가 그 책 제목의 이름을 따서 붙여졌다는 점에서 주목할 만하다. (c) 트웨인의 동시대 인물들 중 많은 사람들이 그 책과 그 책이 묘사하고자 시도했던 것에 반대했다. (d) 그러나, '도금 시대'라는 이름표는 역사가들이 그 시대에 대한 트웨인의 설명의 타당성을 발견했기 때문에 받아들여졌다.

어휘 satirize [sǽtəràiz] 풍자하다
materialism [mətíəriəlìzm] 물질주의
corruption [kərʌ́pʃən] 부패, 타락   Civil War (미국의) 남북전쟁
notable [nóutəbl] 주목할 만한   era [íərə] 시대
name after ~의 이름을 따서 붙이다.
contemporary [kəntémpərèri] 동시대 인물
object [əbdʒikt] 반대하다   attempt [ətémpt] 시도하다
portray [pɔːrtréi] 묘사하다, 그리다   stick [stik] 받아들여지다
validity [vəlídəti] 타당성   account [əkáunt] 설명

CHAPTER 12 대명사

텝스 실전 확인 문제

1. 인칭대명사   (b)   p. 103

해설 전치사 to의 목적어 자리가 비어 있고, '그(Pat)에게 책을 돌려주다'라는 의미가 되어야 합니다. 따라서 Pat을 대신하는 (b) him이 정답입니다. 참고로 소유대명사 (c) his도 목적어 자리에 올 수 있으나, '그의 것에게 책을 돌려주다'라는 어색한 의미가 되므로 (c)는 오답입니다.

해석 Brad는 그에게 책을 돌려주기 위해 Pat의 아파트로 운전해서 갔다.

2. 지시대명사 / 지시형용사   (a)   p. 104

해설 뒤에 있는 분사구(requiring ~ exam)의 꾸밈을 받아 '기말 고사 시험을 마치기 위해 시간이 더 필요한 사람들'이라는 의미를 만드는 대명사 (a) Those가 정답입니다.

해석 기말 고사 시험을 마치기 위해 시간이 더 필요한 사람들은 추가 15분 동안 고사실에 머무를 수 있다.

3. 부정대명사 / 부정형용사   (b)   p. 105

해설 '약간의 공기가 들어오도록 창문을 열겠다'라는 의미가 되어야 하고 주어진 문장이 긍정문이므로, '약간의'를 뜻하면서 긍정문에 쓰이는 부정형용사 (b) some이 정답입니다.

해석 A: 이 방은 정말 덥고 답답해요.
B: 알겠어요, 공기가 좀 들어오도록 제가 창문을 열게요.

어휘 stuffy [stʌ́fi] 답답한   let in ~을 들어오게 하다

HACKERS PRACTICE   p. 107

01 (b)	02 (a)	03 (a)	04 (a)	05 (b)
06 (b)	07 them → it		08 that → those	
09 their → its		10 those → that		
11 any → some		12 its → their		

01

해설 복수 명사 rides 앞에서 복수 명사를 꾸며줄 수 있는 지시형용사 (b) those가 정답입니다.

해석 저 모든 놀이 기구들이 현재 정비를 받고 있기 때문에 놀이 공원은 문을 닫았다.

어휘 amusement park 놀이 공원   ride [raid] 놀이 기구
currently [kə́:rəntli] 현재   undergo [ʌ̀ndərgóu] 받다
maintenance [méintənəns] 정비

02

해설 '그것을 여과시키다'라는 의미가 되어야 하므로 앞에 나온 단수 명사 the mixture를 대신하는 단수 대명사 (a) it이 정답입니다.

해석 그 혼합물이 발효되도록 일주일 동안 놔두고, 그 다음엔 그것을 여과시켜 어떠한 불순물이든 제거하세요.

어휘 ferment [fərmént] 발효하다   filter [fíltər] 여과하다
impurity [impjúərəti] 불순물

03

해설 전치사(to)의 목적어 자리에 올 수 있고 앞에 나온 the man을 대신하는 목적격 인칭대명사 (a) him이 정답입니다.

해석 Amy는 그 남자가 지갑을 떨어뜨리는 것을 봐서, 그에게 돌려주기 위해 그 지갑을 주웠다.

04

해설 '그가 스스로 운동 기구를 조립했다'라는 의미가 되어야 하므로 '스스로'를 뜻하는 (a) by himself가 정답입니다.

해석 Hank는 운동 기구를 스스로 조립하기 전에 사용지침 비디오를 보았다.

어휘 assemble[əsémbl] 조립하다, 모으다
tutorial[tju:tɔ́:riəl] 사용지침서

05

해설 '그녀의 친구들 중 몇 명'이라는 의미가 되어야 하므로 '그녀의 친구들 (her friends)'을 의미하는 소유대명사 (b) hers가 정답입니다.

해석 Dana는 그녀의 새 남자 친구에게 그녀의 친구들 중 몇 명을 소개하고 싶어했다.

06

해설 '그 소설 외에 또 다른 책'이라는 의미가 되어야 하므로 '이미 언급된 것 이외의 다른 하나'를 나타내는 부정대명사 (b) another가 정답입니다.

해석 그 소설을 다 읽은 후에, Brian은 다른 책을 대출하기 위해 도서관으로 돌아갔다.

어휘 take out 대출하다

07

해설 단수 명사 the electrical problem을 대신하는 대명사로 복수 대명사 them이 와서 틀립니다. 복수 대명사 them은 단수 대명사 it으로 바뀌어야 맞습니다.

해석 기술자들이 전기 문제에 관해 몇 시간이나 작업했음에도 불구하고, 그 문제를 해결할 수 없었다.

어휘 technician[tekníʃən] 기술자 solve[sɑlv] 해결하다

08

해설 복수 명사 tickets을 대신하는 대명사로 단수 대명사 that이 와서 틀립니다. 단수 대명사 that은 복수 대명사 those로 바뀌어야 맞습니다.

해석 많은 항공 서비스들을 비교해 본 결과, 이 항공사의 티켓들이 경쟁사들의 티켓들보다 비용이 적게 드는 것 같다.

어휘 multiple[mʌ́ltəpl] 많은 competitor[kəmpétətər] 경쟁자

09

해설 단수 명사 your order를 대신하는 대명사로 복수 대명사의 소유격 their가 와서 틀립니다. 복수 대명사의 소유격 their는 단수 대명사의 소유격 its로 바뀌어야 맞습니다.

해석 제가 귀하의 주문 상황을 확인할 수 있도록 주문의 세부 사항을 제게 알려 주십시오.

어휘 detail[dí:teil] 세부 사항 status[stéitəs] 상황, 상태

10

해설 단수 명사 business suit 앞에 복수 지시형용사 those가 와서 틀립니다. 복수 지시형용사 those는 단수 지시형용사 that으로 바뀌어야 맞습니다.

해석 Jane은 저 비즈니스 정장을 입었을 때 유난히 우아해 보인다.

어휘 exceptionally[iksépʃənəli] 유난히, 특별히
elegant[éligənt] 우아한

11

해설 주어진 문장은 긍정문인데, 부정문에서 주로 쓰이는 any가 와서 틀립니다. any는 긍정문에 주로 쓰이는 some으로 바뀌어야 맞습니다.

해석 접수원은 이사가 외출한 동안 몇몇 서류들을 그의 책상 위에 두었다.

어휘 receptionist[risépʃənist] 접수원

12

해설 복수 사람 명사 all residents를 대신하는 대명사로 사물을 가리키는 단수 대명사 its가 와서 틀립니다. 단수 대명사의 소유격 its는 사람을 가리키는 복수 대명사의 소유격 their로 바뀌어야 맞습니다.

해석 어빙의 새로운 법 때문에, 모든 주민들은 6월 15일까지 그들의 애완 동물을 등록해야 한다.

어휘 resident[rézədent] 주민

HACKERS TEST   p. 108

01 (a)	02 (c)	03 (d)	04 (b)	05 (b)
06 (c)	07 (d)	08 (c)	09 (d)	10 (c)
11 (d)	12 (d)	13 (a)	14 (c)	15 (b)
16 (d)	17 (a)	18 (c)		

19 (a) other place → another place
20 (d) traveled → traveling

01

해설 '저의 반 친구들 중 한 명'이라는 의미가 되어야 하므로 저의 반 친구들 (my classmates)을 의미하는 소유대명사 (a) mine이 정답입니다.

해석 A: 당신은 Rick을 어떻게 알고 있나요?
B: 그는 초등학교에서 저의 반 친구들 중 한 명이었어요.

어휘 grade school (미국의 6년제 또는 8년제의) 초등학교

02

해설 '어떠한 학생들도 거의 등록하지 않았다'라는 의미가 되어야 하며 Hardly가 쓰인 부정문이므로 '어떠한'을 뜻하면서 부정문에 주로 쓰이는 부정 형용사 (c) any가 정답입니다.

해석 A: 학교가 중국 문학 수업을 왜 폐강했나요?
B: 매우 인기가 있진 않았거든요. 어떠한 학생들도 거의 등록하지 않았어요.

어휘 register[rédʒistər] 등록하다

03

해설 '올리브유를 약간 사야 해요'라는 의미가 되어야 하고, 빈칸이 포함된 문장이 긍정문이므로, '약간'을 뜻하면서 긍정문에 주로 쓰이는 부정대명사 (d) some이 정답입니다.

해석 A: 우리 올리브유 있나요?
B: 아니요, 가게에서 약간 사야 해요.

04

해설 '더 신선한 것들이 있는지 보러 가다'라는 의미로, 앞에 나온 복수 명사 oranges를 대신하면서 정해지지 않는 대상을 가리키는 부정대명사 (b) ones가 정답입니다.

해석 A: 이 가게의 오렌지들은 그렇게 좋아 보이지 않아요.
B: 더 신선한 것들이 있는지 보러 근처에 있는 시장에 가요.

어휘 nearby[níərbài] 근처에

05

해설 gift(선물)는 가산 명사이므로 관사를 포함한 (b), (c)와 가산 명사 앞에 올 수 있는 some을 포함한 (d)가 정답의 후보입니다. 대화 상황에서 Teri가 보낸 선물은 특별히 정해지지 않은 것이므로 '정해지지 않은 하나'를 뜻하는 부정관사 a를 포함한 (b) a gift가 정답입니다. (d)의 some은 가산 명사와 함께 쓰일 때 복수 형태이어야 하므로 오답입니다.

해석 A: 그 소포 안에 뭐가 들어 있나요?
B: Teri에게서 온 거예요. 그녀가 브라질에서 우리에게 선물을 보냈어요.

06

해설 주어(I)는 있지만 동사가 없으므로, 동사로 시작된 (a), (c), (d)가 정답의 후보입니다. 보기에 제시된 단어들이 '나 자신을 계속 상기시켜야 한다'는 의미가 되어야 하며, '나 자신을 상기시키다'를 영어로 표현할 때는 재귀대명사 myself를 목적어로 써서 remind myself라고 합니다. 따라서 이 표현을 포함한 (c) have to keep reminding myself가 정답입니다.

해석 A: 약 챙겨 먹는 것을 기억하기 힘든가요?
B: 네, 저는 제 자신에게 계속 상기시켜야 해요.

어휘 have difficulty (in) -ing ~하는데 힘이 들다
medicine[médəsin] 약

07

해설 '이 좌석들이 우리의 것인 줄 알았다'라는 의미가 되어야 하므로 '우리의 것'을 의미하는 소유대명사 (d) ours가 정답입니다.

해석 A: 실례합니다. 제 티켓들이 이 자리들로 발급된 것 같아서요.
B: 오, 죄송해요. 저희는 이 좌석들이 저희의 것인 줄 알았어요.

08

해설 '저렴한 것'이라는 의미로, 단수 명사 a cheap sofa를 대신하면서 정해지지 않은 대상을 가리키는 부정대명사 (c) one이 정답입니다.

해석 A: 어디에서 저렴한 소파를 살 수 있는지 아시나요?
B: 근처 중고품 할인 판매점에 저렴한 것이 있어요.

어휘 thrift store 중고품 할인 판매점

09

해설 B의 말이 '나는 그와 같은 기회를 제공받은 적이 전혀 없다'는 의미이므로, 보기에 포함된 재귀대명사 myself가 I를 '강조'하기 위해 쓰인 것임을 알 수 있습니다. 이 경우 재귀대명사는 강조하는 대상(I) 바로 뒤나 문장 맨 뒤에 쓰여야 하는데, I 바로 다음에 빈칸이 없으므로, 재귀대명사 myself는 문장 맨 뒤에 와야 합니다. 따라서 (d) with an opportunity like that myself가 정답입니다.

해석 A: 나 방금 1년 동안 해외에서 공부할 수 있는 장학금을 받았어.
B: 너 정말 운이 좋구나. 나는 그와 같은 기회를 제공받은 적이 전혀 없었거든.

10

해설 '예산에 대한 약간의 우려가 있다'라는 의미가 되어야 하고, 빈칸이 포함된 문장이 긍정문이므로 '약간의'를 뜻하면서 긍정문에 주로 쓰이는 부정형용사 (c) some이 정답입니다.

해석 A: 그 회사가 재정적인 어려움에 처해 있나요?
B: 예산에 대해 약간의 우려가 있긴 하지만, 너무 심각한 것은 아니에요.

어휘 financial[finǽnʃəl] 재정의 budget[bʌ́dʒit] 예산
concern[kənsə́ːrn] 우려, 관심 serious[síəriəs] 심각한

11

해설 '그녀의 친구들과 테니스를 친다'라는 의미가 되어야 하므로 앞에 나온 복수 사람 명사 her close friends를 가리키면서, 전치사(with) 다음의 목적어 자리에 나올 수 있는 목적격 (d) them이 정답입니다.

해석 Nancy는 친한 친구들과 시간을 보내는 것을 좋아하고 종종 그들과 테니스를 친다.

12

해설 '크게 쾅하는 소리가 그를 깨웠다'라는 의미가 되어야 하므로 앞에 나온 Patrick을 대신하는 인칭대명사 (d) him이 정답입니다.

해석 지난밤 크게 쾅하는 소리가 그를 깨웠을 때 Patrick은 수면에 방해를 받았다.

어휘 disturb[distə́ːrb] (작업·수면 등을) 방해하다
bang[bæŋ] 쾅하는 소리

13

해설 '다른 것들보다 요리하는데 시간이 더 오래 걸린다'라는 의미가 되어야 하므로 이미 언급한 some pasta dishes 이외의 다른 몇몇을 나타내는 부정대명사 (a) others가 정답입니다.

해석 재료의 가지 수와 종류에 따라 어떤 파스타 요리는 다른 것들보다 요리하는데 시간이 더 오래 걸린다.

14

해설 빈칸 앞의 if와 결합하여 '만약 어떠한 치료법이 있다면'이라는 의미가 되어야 하므로 '어떠한'을 의미하면서 조건문에 주로 쓰이는 부정대명사 (c) any가 정답입니다.

해석 의사 선생님은 Rachel에게 그녀의 기침에 만약 어떠한 치료법이 있다면, 어떤 종류의 치료법이 사용되어야 할지 결정하기 위해 자신의 진료실을 방문하라고 말했다.

어휘 determine[ditə́ːrmin] 결정하다 treatment[tríːtmənt] 치료법

15

해설 빈칸 뒤의 전치사구(of Confuciusornis sanctus)의 수식을 받아 'Confuciusornis sanctus의 화석'이라는 의미가 되어야 하므로 앞에 나온 단수 명사 The fossil을 대신하는 단수 대명사 (b) that이 정답입니다.

해석 랴오닝성에서 발견된 화석은 Confuciusornis sanctus의 화석인데, 이것은 부리가 있는 최초의 새이다.

어휘 fossil[fάsəl] 화석 beaked[bi:kt] 부리가 있는

16

해설 '이것의 결과로 생기는 보상'이라는 의미가 되어야 하므로 앞에 나온 단수 명사 success를 대신하는 단수 대명사 (d) it이 정답입니다.

해석 젊은이들이 성공을 이루기 위해 노력하지 않는다면, 그들은 이것의 결과로 생기는 보상을 거두지 못할 것이다.

어휘 unless[ənlés] ~하지 않는다면 strive[straiv] 노력하다
reap[ri:p] (특히 좋은 결과 등을) 거두다, 수확하다
reward[riwɔ́:rd] 보상

17

해설 '한 사람이 다른 한 사람의 이야기에 귀를 기울여야 한다'라는 의미가 되어야 하므로 '(둘 중의) 다른 하나'를 나타내는 the other를 포함한 (a) the other person이 정답입니다.

해석 협상을 할 때 소신을 굽히지 않는 것이 중요한 반면, 한 사람이 다른 한 사람의 이야기에 기꺼이 귀를 기울이기도 해야 한다.

어휘 confide in ~에게 비밀을 털어놓다 willing[wíliŋ] 기꺼이 ~하는

18

해설 주어(Forensic psychology), 동사(combines), 목적어(police work and psychology)를 갖춘 완전한 문장이 왔으므로, 수식어 자리에 올 수 있는 분사 (b)와 (c)가 정답의 후보입니다. 주절의 주어 Forensic psychology(법심리학)와 보기의 examine(연구하다)이 '법심리학이 연구하다'라는 능동의 의미로 해석되므로 현재분사 (c) examining이 정답입니다.

해석 법심리학은 인간의 행위와 범죄 사이의 관계를 연구함으로써, 경찰의 업무와 심리학을 결합시킨다.

어휘 forensic psychology 법심리학 combine[kəmbáin] 결합시키다
psychology[saikάlədʒi] 심리학 relationship[riléiʃənʃìp] 관계

19

해설 (a)에서 복수 명사 앞에 쓰이는 부정형용사(other)가 단수 명사(place) 앞에 와서 틀립니다. '(구내 식당 이외의) 또 다른 한 장소'라는 의미가 되어야 하므로 other place는 '(이미 언급된 이외의) 다른 하나'를 의미하는 another를 포함한 another place로 바뀌어야 맞습니다.

해석 (a) A: 오늘 오후에 점심 식사를 할 다른 장소를 찾아보는 건 어때요?
(b) B: 좋아요, 전 구내 식당의 음식에 좀 질리고 있거든요.
(c) A: 잘됐네요. 다음 블록에 새로운 햄버거 가게가 개업한 것을 봤어요.
(d) B: 그곳의 1인분의 양이 많으면 좋겠어요. 왜냐하면 배가 몹시 고프거든요.

어휘 rather[rǽðər] 좀, 다소 get tired of ~에 질리다
cafeteria[kæ̀fətíəriə] 구내 식당 joint[dʒɔint] 음식점
portion[pɔ́:rʃən] (음식의) 1인분 starve[sta:rv] 배가 몹시 고프다

20

해설 (d)에서 꾸밈을 받는 명사 people(사람들)과 이를 수식해주는 분사의 travel(여행하다)이 '여행하는 사람들'이라는 능동의 의미로 해석되는데 과거분사(traveled)가 와서 틀립니다. 따라서 과거분사 traveled는 현재 분사 traveling으로 바뀌어야 맞습니다.

해석 (a) 유타주는 서반구에서 가장 큰 염수호인 그레이트 솔트 호의 본고장이다. (b) Jim Bridger는 그 호수를 발견한 최초의 비토착 미국인이라고 전해지는데, 그는 처음에 그 호수를 태평양으로 착각했었다고 한다. (c) 일찍이 18세기쯤에, 그 호수는 탐험가들과 몇 사냥꾼들에 의해 제작된 지도에 나타나기 시작했다. (d) 그 호수를 발견한 이후에, 서쪽으로 여행하는 수천 명의 사람들은 그 지역을 방문하기로 결정했다.

어휘 home[houm] 본고장 salt lake 염수호
western hemisphere 서반구 sight[sait] 발견하다
trapper[trǽpər] 덫 사냥꾼 region[ríːdʒən] 지역

CHAPTER 13 형용사와 부사

텝스 실전 확인 문제

1. 형용사 자리   (c) generally → general   p. 111

해설 (c)에서 명사(population)를 부사(generally)가 수식하면 틀립니다. 명사를 수식하는 것은 형용사이므로 부사 generally는 형용사 general로 바뀌어야 맞습니다.

해석 (a) 이식증은 흙이나 진흙과 같이 음식이 아닌 것을 먹는 지속적인 행동 패턴이 특징인 질환이다. (b) 이 장애는 발견하기 쉽지 않은데, 분명한 증상이 없다면 의사는 환자가 이식증 행동이 있다고 말하는 것에 의존할 수밖에 없기 때문이다. (c) 이식증의 발병률에 대한 연구가 거의 없어서, 일반인들 사이에서 이식증이 얼마나 흔한지는 알려져 있지 않다. (d) 이식증은 임신한 여성과 발달 장애를 가진 사람들에게서 가장 빈번하게 보고되어 왔다.

어휘 pica[píkə] 이식증 <분필·흙 따위 음식이 될 수 없는 것을 먹고 싶어하는 도착 식욕> characterize[kǽriktəràiz] 특징짓다
persistent[pərsístənt] 지속적인 disorder[disɔ́:rdər] 장애
detect[ditékt] 발견하다 rely on 의존하다
obvious[άbviəs] 분명한 symptom[símptəm] 증상
prevalence[prévələns] 발병률, 유행, 널리 퍼짐
developmentally[divèləpméntli] 발달적으로, 발육상으로
disabled[diséibld] 장애를 가진

2. 수량 표현 형용사   (c)   p. 112

해설 빈칸 뒤의 복수 명사 seats와 함께 쓰일 수 있는 수량 표현 형용사 (b)와 (c)가 정답의 후보입니다. 문맥상 '적은 수의 좌석들이 남아있다'는 의미가 되어야 자연스러우므로 '적은'을 뜻하는 (c) a few가 정답입니다.

해석 A: 곧 있을 콘서트가 거의 매진이라고 들었어요.
B: 네, 저도 표를 사고 나서, 좌석이 몇 자리밖에 남지 않은 것을 알게 됐어요.

어휘 upcoming[ʌ́pkʌ̀miŋ] 곧 있을, 다가오는 sell out 매진되다

3. 부사 자리   (d) immediate → immediately   p. 113

해설 (d)에서 동사(go and see)를 형용사(immediate)가 수식하면 틀립니다. 동사를 수식하는 것은 부사이므로 형용사 immediate는 부사 immediately로 바뀌어야 맞습니다.

해석 (a) A: 오늘 안색이 안 좋아 보여요, Betty. 괜찮아요?
(b) B: 확실하진 않지만, 열이 좀 나려는 것 같기도 해요.
(c) A: 오후에 조퇴를 하고 좀 쉬는 게 어때요?
(d) B: 그렇다면, 가서 바로 진료를 받아 볼게요.

어휘 come down with (병이) 들다, 걸리다   fever [fíːvər] 열

4. 강조 부사와 빈도 부사   (a)   p. 114

해설 보기 중 빈도 부사 never가 조동사 should와 have 뒤, 일반동사 asked 앞에 온 (a) should have never asked her가 정답입니다.

해설 A: Bree는 그녀 어머니의 병에 대해 이야기하는 것을 불편해 하네요.
B: 알아요. 그녀에게 그것에 관해 절대 물어보지 말았어야 했어요.

어휘 uncomfortable [ʌnkʌ́mfərtəbl] 불편한

HACKERS PRACTICE   p. 115

01 (b)   02 (a)   03 (b)   04 (a)   05 (a)
06 (b)   07 remarkably → remarkable
08 poisonously → poisonous
09 difficult very → very difficult
10 many → much
11 provisionally → provisional
12 can cancel always → can always cancel

01

해설 명사(routine)를 수식하는 것은 형용사이므로 형용사 (b) normal이 정답입니다.

해석 퇴근 후 나의 보통 일과는 건강하게 지내기 위해 헬스장에 가는 것이다.

어휘 routine [ruːtíːn] 일과   in shape 건강하게, 호조로
normal [nɔ́ːrməl] 보통의

02

해설 빈칸 뒤의 불가산 명사 information과 함께 쓰일 수 있는 수량 표현 (a) less가 정답입니다.

해설 그 도서관은 연구원이 필요로 하는 것보다 파충류에 관해 더 적은 정보를 보유하고 있었다.

어휘 reptile [réptil] 파충류   researcher [risə́ːrtʃər] 연구원

03

해설 부사(widely)는 수식을 받는 형용사(respected) 앞에 오므로 부사가 형용사 앞에 나온 (b) widely respected가 정답입니다.

해설 일생 동안 거의 인정을 받지 못했지만, Frida Kahlo의 예술 작품은 그녀가 죽은 지 수십 년이 지나서야 널리 인정받게 되었다.

어휘 recognition [rèkəgníʃən] 인정   lifetime [láiftàim] 일생
decade [dékeid] 10년

04

해설 빈칸 뒤에 불가산 명사(concern)가 있으므로 불가산 명사 앞에 오는 수량 표현 (a) some이 정답입니다.

해설 엔지니어는 빌딩의 디자인에 대해 약간의 우려를 표했다.

05

해설 빈칸 뒤에 비교급(more expensive)이 있으므로 비교급을 강조하는 부사 (a) far가 정답입니다.

해설 그 가게의 카메라 가격은 온라인 소매점의 카메라 가격보다 훨씬 더 비싸다.

어휘 retailer [ríːteilər] 소매점

06

해설 빈칸 뒤에 불가산 명사(news)가 있으므로 불가산 명사 앞에 오는 수량 표현 (b) much가 정답입니다.

해설 요즘 신문에는 현재 경제 상황에 대한 뉴스가 아주 많다.

어휘 current [kə́ːrənt] 현재의   economic [èkənámik] 경제의
situation [sìtʃuéiʃən] 상황, 현상, 사정

07

해설 명사(attention)를 부사(remarkably)가 수식하면 틀립니다. 명사를 수식하는 것은 형용사이므로 부사 remarkably는 형용사 remarkable로 바뀌어야 맞습니다.

해설 그녀의 높은 대중적인 인지도는 전세계 언론으로부터 놀랄만한 관심을 이끌어 냈다.

어휘 profile [próufail] 인지도, (대중의) 주목   attract [ətrǽkt] 끌다
attention [əténʃən] 관심   press [pres] 언론

08

해설 동사 is의 주격 보어 자리에 부사(poisonously)가 오면 틀립니다. 주격 보어 자리에 올 수 있는 것은 부사가 아니라 형용사이므로 부사 poisonously는 형용사 poisonous로 바뀌어야 맞습니다.

해설 복어는 독성이 있지만, 훈련된 요리사에 의해 조리되면 먹을 수 있다.

어휘 puffer fish 복어   poisonous [pɔ́izənəs] 독성이 있는

09

해설 부사(very)가, 수식을 받는 형용사(difficult) 뒤에 와서 틀립니다. 부사는 수식을 받는 형용사 앞에 오므로 difficult very는 very difficult로 바뀌어야 맞습니다.

해설 그 정치인의 약속 불이행은 그를 난국에 처하게 했다.

어휘 politician [pàlətíʃən] 정치인   supporter [səpɔ́ːrtər] 지지자

10
해설 불가산 명사(work) 앞에 복수 가산 명사와 함께 쓰이는 수량 표현 many가 와서 틀립니다. many는 much로 바뀌어야 맞습니다.

해설 저녁 8시이지만 Rita에겐 여전히 집에 갈 수 있기 전까지 끝내야 할 일이 많다.

11
해설 명사(rules)를 부사(provisionally)가 수식하면 틀립니다. 명사를 수식하는 것은 형용사이므로 부사 provisionally는 형용사 provisional로 바뀌어야 맞습니다.

해설 최고 경영자가 신입 사원 지침서를 검토할 때까지 사무실 운영을 위한 이 임시 규칙들이 유효할 것이다.

어휘 provisional[prəvíʒənl] 임시의   conduct[kándʌkt] 운영, 관리
in effect 유효한, 효력이 있는

12
해설 빈도 부사 always가 일반동사 cancel 뒤에 와서 틀립니다. 빈도 부사는 일반동사(cancel) 앞에, 조동사(can) 뒤에 오므로 can cancel always는 can always cancel로 바뀌어야 맞습니다.

해설 소액의 서비스 요금을 내시면, 언제든지 예약을 취소하실 수 있습니다.

어휘 cancel[kǽnsəl] 취소하다   reservation[rèzərvéiʃən] 예약

HACKERS TEST   p. 116

01 (b)	02 (c)	03 (c)	04 (b)	05 (b)
06 (a)	07 (d)	08 (a)	09 (b)	10 (a)
11 (d)	12 (a)	13 (d)	14 (a)	15 (d)
16 (c)	17 (b) great → greatly
18 (d) send → send it
19 (c) secure → securely
20 (c) usefully → useful

01
해설 빈칸은 be 동사(are)의 보어 자리이므로, 보어 자리에 올 수 있는 형용사(responsible)를 포함한 (a)와 (b)가 정답의 후보입니다. enough는 형용사를 수식할 때 '형용사 + enough'의 어순으로 와야 하므로 이 어순을 따른 (b) responsible enough to feed it이 정답입니다.

해설 A: 금붕어를 돌보는 일이 쉬운가요?
B: 네, 당신이 금붕어에게 먹이를 줄 만큼 충분히 책임감이 있기만 하다면요.

어휘 goldfish[góuldfiʃ] 금붕어   responsible[rispánsəbl] 책임감 있는
feed[fi:d] 먹이를 주다

02
해설 부사구 on time을 강조하여 '정확히 시간에 맞게'라는 의미를 만드는 부사가 필요하므로 '정확히'를 뜻하는 강조 부사 (c) right가 정답입니다.

해설 A: 우리가 더블린으로 가는 마지막 기차를 탈 수 있나요?
B: 네, 우리는 정확히 그 시간에 맞게 도착할 거예요.

어휘 on time 시간에 맞게, 제시간에

03
해설 문장 전체가 빈칸이므로 '주어 + 동사 + 목적어' 순서로 온 (a)와 (c)가 정답의 후보입니다. 부사는 동사를 수식할 때 동사 앞이나 뒤에 옵니다. 그리고 동사가 목적어와 함께 온 경우, 부사는 '동사 + 목적어' 앞이나 뒤에 와야 합니다. 따라서 부사(already)가 '동사(made) + 목적어(her decision)' 앞에 온 (c) She already made her decision이 정답입니다.

해설 A: 그녀가 혹시 Sam과 헤어지는 걸 다시 생각해 볼까요?
B: 글쎄요. 그녀는 이미 결정을 내렸어요.

어휘 reconsider[rì:kənsídər] 다시 생각하다   break up 헤어지다
make a decision 결정을 하다

04
해설 주어(it)는 있지만 동사는 없으므로 동사(has gone)로 시작하면서 부사(quite well)가 동사를 뒤에서 수식한 (b) has gone quite well이 정답입니다.

해설 A: 당신의 다이어트 계획이 꽤 효과가 있는 것 같아요.
B: 네, 지금까지 상당히 잘 되었어요.

어휘 work[wə:rk] 효과가 있다   so far 지금까지

05
해설 too와 함께 쓰여 '너무'를 뜻하는 강조 부사 (b) way가 정답입니다. way too(너무)를 하나의 표현처럼 익혀두면 답을 쉽게 찾을 수 있습니다.

해설 A: 와, 네가 그렇게 경쟁심이 강한지 전혀 몰랐어.
B: 미안해, 가끔 난 게임을 너무 진지하게 받아들이거든.

어휘 competitive[kəmpétətiv] 경쟁심이 강한

06
해설 보기 중 단수 명사(week) 앞에 올 수 있는 수량 표현 (a) every가 정답입니다.

해설 A: Jake는 두어 달 더 입원해 있어야 해요.
B: 그런 경우에는, 제가 거의 매주 그에게 들릴게요.

어휘 in that case 그런 경우에는   or so 거의, ~쯤

07
해설 형용사 busy를 앞에서 강조하여 '매우 바쁜'이라는 의미를 만드는 부사가 필요하므로 '매우'를 뜻하는 강조 부사 (d) so가 정답입니다. (a) much는 동사나 과거분사, 비교급이나 최상급을 주로 수식하거나 강조하므로 오답입니다.

해설 A: 너는 정말 아르바이트와 학업 사이에서 균형을 유지할 수 있니?
B: 응, 매우 바빠지긴 했지만, 돈이 필요하거든.

어휘 balance[bǽləns] 균형을 유지하다

08

해설 형용사 thirsty를 앞에서 수식하여 '정말 목이 마르다'라는 의미를 만드는 부사가 필요하므로 '정말'을 뜻하는 부사 (a) really가 정답입니다.

해석 A: 당신은 햇볕 속에서 몇 시간 동안 밖에 있었어요. 마실 것을 좀 가져다 드릴까요?
B: 네, 주세요. 정말 목이 마르네요.

어휘 thirsty[θə́ːrsti] 목이 마른

09

해설 '주로 공상 과학 소설을 좋아한다'는 의미가 되어야 하므로 '주로'를 뜻하는 부사 (b) mostly가 정답입니다.

해석 A: 당신은 어떤 종류의 책을 읽나요?
B: 전 주로 공상 과학 소설을 좋아해요.

어휘 sci-fi novel 공상 과학 소설

10

해설 빈칸 뒤에 단수 명사(one)가 있으므로 단수 명사 앞에 올 수 있는 수량 표현인 (a)와 (b), 정관사 (d)가 정답의 후보입니다. '어느 쪽이든 괜찮다'라는 의미가 되는 것이 자연스러우므로 '어느 한쪽의'를 뜻하는 수량 표현 (a) Either가 정답입니다.

해석 A: 버스와 택시 중 어떤 것을 타고 싶나요?
B: 어느 쪽이든 괜찮아요.

11

해설 빈도 부사(always)가 일반동사(check) 앞에 온 (c)와 (d)가 정답의 후보입니다. 이 중 동사(check) 다음에 목적어가 온 (d) always check your tires가 정답입니다.

해석 안전을 보장하기 위해, 장거리 여행을 하기 전에 타이어의 마모를 항상 점검하세요.

어휘 ensure[inʃúər] 보장하다   wear and tear 마모
long distance 장거리

12

해설 빈칸은 be 동사(was)의 보어 자리이므로 보어 자리에 올 수 있으면서 강조 부사(too)의 수식을 받을 수 있는 형용사 (a) harsh가 정답입니다.

해석 Martha는 Robin의 노래에 대한 자신의 의견이 너무 가혹했다는 것을 깨달았다.

어휘 comment[kάment] 의견, 논평   harsh[hɑːrʃ] 가혹한

13

해설 형용사 역할을 하는 분사(read)를 수식할 수 있는 것은 부사이므로 부사 (d) heavily가 정답입니다.

해석 찰스 디킨스의 책 '두 도시 이야기'는 출판업계 역사상 가장 많이 읽힌 문학 작품 중 하나이다.

어휘 piece[piːs] 작품   literature[lítərətʃər] 문학
publishing[pʌ́bliʃiŋ] 출판업계

14

해설 주어(half of the college students), 동사(said), 목적어(that ~ planned)를 갖춘 완전한 문장이 왔으므로 빈칸은 수식어 자리입니다. 보기 중 수식어가 될 수 있는 분사 (a)와 (b)가 정답의 후보입니다. 꾸밈을 받는 명사 students(학생들)와 보기의 survey(조사하다)가 '조사를 받은 학생들'이라는 수동의 의미로 해석되므로 과거분사 (a) surveyed가 정답입니다.

해석 최근의 한 여론 조사에서, 조사를 받은 대학생의 절반이 원래 계획했던 것보다 적어도 1학기 정도 늦게 졸업을 할 것이라고 말했다.

어휘 poll[poul] 여론 조사   originally[ərídʒənəli] 원래
survey[sərvéi] 조사하다

15

해설 plenty of는 가산 명사와 불가산 명사 앞에서 '많은'을 뜻하는 수량 표현 형용사입니다. 따라서 plenty of가 가산 명사(fluids) 앞에 온 (d) Plenty of fluids are가 정답입니다.

해석 더운 날씨에 탈수 현상을 막기 위해 많은 액체가 필요하다.

어휘 dehydration[diːhaidréiʃən] 탈수, 메마름   plenty of 많은
fluid[flúːid] 액체

16

해설 전치사 for 다음의 목적어 자리가 비어 있고 모든 보기에 부사 extremely, 형용사 rare, 명사 antiques가 있습니다. 부사는 형용사 앞에, 형용사는 명사 앞에 오므로, '부사 + 형용사 + 명사' 순서대로 나온 (c) extremely rare antiques가 정답입니다.

해석 Houston 가에 있는 극장은 굉장히 귀한 골동품 경매를 매주 열고 있다.

어휘 theater[θíːətər] 극장   auction[ɔ́ːkʃən] 경매
antique[æntíːk] 골동품

17

해설 (b)에서 형용사(popular)를 형용사(great)가 수식하면 틀립니다. 형용사를 수식하는 것은 부사이므로 형용사 great는 부사 greatly로 바뀌어야 맞습니다.

해석 (a) A: 다음 기사는 무엇에 대해 쓸 계획인가요?
(b) B: 제 편집장이 굉장히 인기가 많아진 책 시리즈인 'Sunset'에 관한 특집 기사를 써달라고 요청했어요.
(c) A: 제가 그 책을 읽었는데요, 솔직히 말하면 그 책에는 흥미로운 것이 아무 것도 없었어요.
(d) B: 그것은 사랑 이야기라서, 무언가 극적인 것을 찾는 사람들의 흥미를 끌어요.

어휘 plan on ~할 계획이다   feature[fíːtʃər] 특집 기사
to be honest 솔직히 말하면   appeal[əpíːl] 흥미를 끌다

18

해설 (d)에서 타동사(send) 다음에 목적어가 없어서 틀립니다. 문맥상 동사 send의 목적어는 A가 말한 our manuscript이며, 이를 대신해서 단수 인칭대명사 it을 쓸 수 있습니다. 따라서 send는 send it으로 바뀌어야 맞습니다.

해석 (a) A: Dr. Braid가 우리 원고를 아직 검토하지 못하셨을까?
(b) B: 어제 그분께 말씀드렸어. 아직 끝내지 못했다고 하시던데.
(c) A: 그렇구나. 얼마나 시간이 더 필요하신 거야?

(d) B: 이틀 정도면 돼. Dr. Braid가 늦어도 금요일까지는 돌려주실 거라고 말씀하셨어.

어휘 manuscript[mǽnjuskrìpt] 원고 no later than 늦어도 ~까지는

19

해설 (c)에서 동사(preserved)를 형용사(secure)가 수식해서 틀립니다. 동사를 수식하는 것은 부사이므로 형용사 secure는 부사 securely로 바뀌어야 맞습니다.

해석 (a) 1970년에 발견된 Sweet Track은 주로 오크 나무 판자로 구성된 선사 시대의 오솔길이다. (b) 나이테를 통한 연대 분석은 Sweet Track이 기원전 3807년이나 3806년에, 추측컨대 신석기 시대의 농부들에 의해 만들어졌음을 암시한다. (c) 그 길을 덮고 있는 토탄층이 Somerset Levels 습지대의 밑에 있던 그 길을 안전하게 보존했다고 전문가들은 말한다. (d) 이것은 더 초기의 것인 Post Track이 2009년에 발견되기 전까지 알려진 것 중 가장 오래된 설계 제작 도로로 여겨졌다.

어휘 prehistoric[prì:histɔ́:rik] 선사 시대의 footpath[fútpæ̀θ] 오솔길
compose[kəmpóuz] 구성하다 plank[plæŋk] 판자
oak[ouk] 오크(나무) tree-ring 나이테
dating[déitiŋ] (고고학 등에서의) 연대 분석
presumably[prizú:məbli] 추측컨대, 아마
Neolithic[nì:əlíθik] 신석기 시대의 peat[pi:t] 토탄
deposit[dipázit] 층 preserve[prizə́:rv] 보존하다
wetland[wétlænd] 습지대
engineer[èndʒiníər] (설계해서) 제작하다

20

해설 (c)에서 be 동사(is)의 보어 자리에 부사(usefully)가 와서 틀립니다. 보어 자리에 올 수 있는 것은 형용사이므로 부사 usefully는 형용사 useful로 바뀌어야 맞습니다.

해석 (a) 물건에서 스티커나 테이프를 벗겨 내는 것은 종종 끈끈한 잔여물을 남긴다. (b) 이 보기 흉한 물질을 제거하려면, 몇 가지 흔한 가정용품들이 여러 모로 편리할 수 있다. (c) 한 예로, 유리나 거울 표면에 붙은 스티커 얼룩을 제거하는 데는 소독용 알코올이 유용하다. (d) 게다가, 요리용 기름은 플라스틱으로부터 끈끈한 잔여물을 효과적으로 제거한다.

어휘 peel[pi:l] 벗기다 gummy[gʌ́mi] 끈끈한
residue[rézədjù:] 잔여물 unsightly[ʌ̀nsáitli] 보기 흉한
household[háushòuld] 가정용의
come in handy 여러 모로 편리하다 for one 한 예로
rubbing alcohol 소독용 알코올 get rid of ~을 제거하다
stain[stein] 얼룩 surface[sə́:rfis] 표면
adhesive[ædhí:siv] 끈끈한, 들러붙는

CHAPTER 14 전치사

텝스 실전 확인 문제

1. 전치사 자리   (d)   p. 119

해설 빈칸은 전치사(to) 다음이므로 전치사 뒤에 올 수 있는 명사 (d) perfection이 정답입니다.

해석 새로운 스토브로 당신은 음식을 완벽하게 요리할 수 있습니다.

어휘 to perfection 완벽하게

2. 시간 전치사   (b)   p. 120

해설 '강의가 진행되는 동안에'라는 의미가 되어야 하므로 '~ 동안에'를 뜻하는 전치사 (b) during이 정답입니다.

해석 A: 수업에 노트북은 왜 들고 가는 거예요?
B: 그래야 강의가 진행되는 동안에 필기를 할 수 있으니까요.

3. 장소·위치·방향 전치사   (b)   p. 121

해설 '캐비닛 안에'라는 의미가 되어야 하므로 '~ 안에'를 뜻하면서 공간 내의 장소를 나타낼 때 쓰는 전치사 (b) in이 정답입니다.

해석 A: 냅킨이 더 있나요?
B: 네, 오른쪽 캐비닛 안에 있어요.

4. 기타 전치사   (d)   p. 122

해설 '저렴한 가격에 비해서'라는 의미가 되어야 하므로 '~에 비해서'를 뜻하는 전치사 (d) for가 정답입니다.

해석 A: 당신의 아파트는 인상적이네요.
B: 저렴한 가격에 비해서 놀라울 정도의 만족을 제공해요.

어휘 impressive[imprésiv] 인상적인
luxury[lʌ́kʃəri] 만족, 호화로움, 사치

HACKERS PRACTICE   p. 123

01 (a)   02 (b)   03 (a)   04 (b)   05 (b)
06 (a)   07 between → among
08 to → by   09 about → until
10 on → in   11 for → during
12 of → to

01

해설 '몇 분 후에'라는 의미가 되어야 하므로 시간 앞에 와서 '~ 후에'를 뜻하는 전치사 (a) in이 정답입니다.

해석 배달 기사가 몇 분 후에 도착할 것으로 예상된다.

어휘 delivery[dilívəri] 배달

02

해설 '회의로부터'라는 의미가 되어야 하므로 '~로부터'를 뜻하는 전치사 (b) from이 정답입니다.

해석 Drew가 회의로부터 돌아왔을 때, 그는 상사를 위한 보고서를 작성했다.

03
해설 '도자기 수집에 관하여'라는 의미가 되어야 하므로 '~에 관하여'를 뜻하는 전치사 (a) about이 정답입니다.
해석 Daniel Jacobs는 도자기 수집에 관하여 주간 소식지를 집필한다.
어휘 newsletter[njúːzlètər] 소식지   pottery[pátəri] 도자기

04
해설 '많은 긍정적인 평에도 불구하고'라는 의미가 되어야 하므로 '~에도 불구하고'를 뜻하는 전치사 (b) despite가 정답입니다.
해석 많은 긍정적인 평에도 불구하고 그 영화의 티켓은 잘 팔리지 않았다.

05
해설 날짜(August 7) 앞에는 on을 쓰므로 전치사 (b) on이 정답입니다.
해석 예술에 열광하는 사람들을 위한 주간 모임이 2018년 8월 7일에 첫 번째 모임을 가질 예정이다.
어휘 gathering[gǽðəriŋ] 모임
enthusiast[inθúːziæst] 열광하는 사람, 팬

06
해설 '서점 안에서'라는 의미가 되어야 하므로 '~ 안에'를 뜻하면서 공간 내의 장소를 나타낼 때 쓰는 전치사 (a) in이 정답입니다.
해석 손님들은 서점 안에서 음식을 먹거나 음료수를 마시지 않아야 합니다.

07
해설 many topics 앞에 '둘 사이'를 나타내는 전치사 between을 써서 틀립니다. between은 셋 이상 사이를 나타낼 때 쓰는 among으로 바뀌어야 맞습니다.
해석 Brittany는 매우 많은 주제들 사이에서 그녀의 논문을 위해 한 가지 주제를 고르는 것이 어렵다고 생각했다.
어휘 thesis[θíːsis] 논문

08
해설 '50퍼센트만큼'이라는 의미가 되어야 하므로 '~에게, ~으로'를 뜻하는 전치사 to를 쓰면 틀립니다. to는 '~만큼'을 뜻하는 by로 바뀌어야 맞습니다.
해석 성공적인 새로운 라인의 화장수 출시 이후 그 화장품 회사의 매출은 거의 50퍼센트만큼 증가하였다.

09
해설 '오후 12시까지'라는 의미가 되어야 하므로 '~에 관하여'를 뜻하는 전치사 about을 쓰면 틀립니다. about은 '~까지'를 뜻하는 until로 바뀌어야 맞습니다.
해석 오후 12시까지는 객실에서 체크아웃을 하지 않으셔도 됩니다.

10
해설 월(March) 앞에 전치사 on을 쓰면 틀립니다. on은 월 앞에 쓰일 수 있는 in으로 바뀌어야 맞습니다.
해석 그 백화점의 보수 공사가 3월에 있을 것이고 그 다음 달에 다시 문을 열 것이다.

어휘 renovation[rènəvéiʃən] 보수, 보수 공사

11
해설 특정 기간을 나타내는 표현인 my vacation 앞에, 기간을 나타내는 숫자 앞에 오는 전치사 for를 쓰면 틀립니다. for는 휴가나 방학 등과 같이 특정 기간을 나타내는 표현 앞에 오는 during으로 바뀌어야 맞습니다.
해석 나는 프랑스에서의 휴가 기간 동안 재미있는 사람들을 많이 만났다.

12
해설 '많은 사람들에게'라는 의미가 되어야 하므로 '~의'를 뜻하는 전치사 of를 쓰면 틀립니다. of는 '~에게'를 뜻하는 to로 바뀌어야 맞습니다.
해석 거의 어떤 과일도 와인으로 만들어질 수 있는데, 이는 많은 사람들에게 놀라운 것이다.

HACKERS TEST   p. 124

01 (d)	02 (d)	03 (c)	04 (a)	05 (b)
06 (b)	07 (c)	08 (d)	09 (a)	10 (b)
11 (d)	12 (d)	13 (d)	14 (a)	15 (b)
16 (c)	17 (c)	18 (d) during → for		
19 (d) it → them				
20 (b) is filled water → is filled with water				

01
해설 주어 Henry와 보기의 promote(승진시키다)가 'Henry는 승진할 것이다'라는 수동의 의미로 해석되므로, 수동태 (c)와 (d)가 정답의 후보입니다. A의 soon을 통해 '승진될 시점'이 '미래'임을 알 수 있으므로, 이전에 발생한 일이 현재까지 계속되는 것을 표현하는 현재완료 시제 (c)는 오답이고, (d) be promoted가 정답입니다.
해석 A: Henry가 곧 관리자로 승진될 거예요.
B: 그는 그럴만해요. 모두가 그를 존경하고 있어요.

02
해설 '바다에'라는 의미가 되어야 하므로 '~에'를 뜻하면서 표면 위를 나타낼 때 쓰는 전치사 (d) at이 정답입니다.
해석 A: 그 배가 세인트루이스 항구에 벌써 도착했나요?
B: 아니요, 그 배는 여전히 바다에 있어요.
어휘 port[pɔːrt] 항구

03
해설 문장에 주어(we)는 있지만 동사가 없으므로 빈칸은 동사 자리이며 동사로 시작하는 (a), (b), (c)가 정답의 후보입니다. 동사 bring은 뒤에 목적어(our children)를 바로 가지는 타동사이므로 '타동사 + 목적어' 형태의 (c) bring our children이 정답입니다.
해석 A: 우리 아이들을 그 쇼에 데려갈 수 있나요?
B: 죄송하지만, 관람자는 18세 이상이어야 해요.

04
해설 '공항으로'라는 의미가 되어야 하므로 '~로'를 뜻하는 전치사 (a) to가 정답입니다.

해석 A: 우리가 이 시간에 공항으로 가는 버스를 잡을 수 있을 거라고 확신해요?
B: 네. 매시 정각에 출발하는 셔틀버스가 있어요.

어휘 depart[dipá:rt] 출발하다 on the hour 정시에

05
해설 '3월인 것에 비해서'라는 의미가 되어야 하므로 '~에 비해서'를 뜻하는 전치사 (b) for가 정답입니다.

해석 A: 꽃이 피기 시작할 것 같아요.
B: 그거 이상하네요. 3월인 것에 비해서 좀 따뜻한 것 같아요.

어휘 bloom[blu:m] 꽃이 피다

06
해설 '5시간 후에'라는 의미가 되어야 하므로 시간 앞에 와서 '~ 후에'를 뜻하는 전치사 (b) in이 정답입니다.

해석 고속 열차는 베이징을 오후 2시에 출발하여 상하이역에 5시간 후에 도착했다.

07
해설 '집에서'라는 의미가 되어야 하므로 '~에서'를 뜻하는 전치사 (c) from이 정답입니다.

해석 집에서 일하는 것이 이상적으로 들릴 수 있지만, 많은 사람들에게 생산성 저하를 야기할 수 있다.

어휘 ideal[aidí:əl] 이상적인 result in ~을 야기하다, ~을 낳다
productivity[pròudʌktívəti] 생산성

08
해설 '전구 외에'라는 의미가 되어야 하므로 '~ 외에'를 뜻하는 전치사 (d) Besides가 정답입니다.

해석 첫 번째 상업적으로 성공할 수 있는 전구 외에, Thomas Edison은 1,000개 이상의 다른 발명품들을 특허 받은 것으로 명성을 얻었다.

어휘 commercially[kəmə́:rʃəli] 상업적으로
viable[váiəbl] 성공할 수 있는 be credited with ~로 명성을 얻다
patent[pǽtnt] 특허를 받다

09
해설 '전국의 회사들에서'라는 의미가 되어야 하므로 '~에서'를 뜻하는 전치사 (a) at이 정답입니다.

해석 직원들의 건강을 증진하기 위한 계획들이 전국의 회사들에서 더욱 유명해지고 있다.

어휘 initiative[iníʃiətiv] 계획 boost[bu:st] 높이다, 신장시키다

10
해설 '손가락에'라는 의미가 되어야 하므로 '~에'를 뜻하면서 표면 위를 나타낼 때 쓰는 전치사 (b) on이 정답입니다.

해석 왼손의 네 번째 손가락에 끼는 결혼 반지는 4,800년 전 이집트에서 유래했다고 믿어진다.

어휘 originate[ərídʒənèit] 유래하다, 발생하다

11
해설 빈칸은 뒤에 있는 명사(seats)를 수식하는 수식어 자리이므로 분사 (c)와 (d)가 정답의 후보입니다. 명사 seats(좌석)와 보기의 reserve(예약하다)가 '예약된 좌석'이라는 수동의 의미로 해석되므로 과거분사 (d) reserved가 정답입니다. 참고로, reserved seats는 '예약석'이라는 의미로 숙어처럼 쓰이는 표현입니다.

해석 경기장 웹사이트에 따르면, 경기의 일반석 입장료는 15달러이며, 예약석은 25달러에 이용 가능하다.

어휘 general admission 일반석 입장료

12
해설 '달 위에'라는 의미가 되어야 하므로 '~ 위에'를 뜻하는 전치사 (d) on이 정답입니다.

해석 1969년 아폴로 11호의 착륙으로, Neil Armstrong은 달 위에 발을 들여놓은 첫 번째 사람이 되었다.

13
해설 '훌륭한 연비를 가진'이라는 의미가 되어야 하므로 '~을 가진'을 뜻하는 전치사 (d) with가 정답입니다.

해석 캘리포니아의 자동차 제조업자가 막 최신 자동차이며 훌륭한 연비를 가진 매끈한 세단을 발표했다.

어휘 unveil[ʌ̀nvéil] 발표하다, 공개하다 sleek[sli:k] 매끈한, 윤이 나는
fuel economy 연비

14
해설 '장마 기간 동안에'라는 의미가 되어야 하므로 '~ 동안에'를 뜻하는 전치사 (a) during이 정답입니다.

해석 강둑을 따라 지어진 도랑은 장마철 기간 동안 강이 범람하지 못하게 한다.

어휘 dike[daik] 도랑 riverbank[rívərbæ̀ŋk] 강둑
rainy season 장마철

15
해설 문장에 that절만 있고 주어와 동사가 없습니다. 문맥상 '심사위원단에 의해 선택된 것은 그녀의 세 번째 작품이었다'라는 의미가 되어야 하며, 이처럼 특정 대상을 강조하는 문장을 만들 때는 'it – that' 강조구문을 쓸 수 있습니다. 따라서 'It + 동사(was) + 강조된 내용(her third production)'순서로 나온 (b) It was her third production이 정답입니다.

해석 국제 영화제 심사위원단에 의해 선택된 것은 그녀의 세 번째 작품이었다.

어휘 panel[pǽnl] 심사위원단

16
해설 '이민자들에게'라는 의미가 되어야 하므로 '~에게'를 뜻하는 전치사 (c) to가 정답입니다.

해석 자격 조건이 충족된다면, 귀화 과정을 통해 이민자들에게 캐나다 시민권이 부여될 수 있다.

어휘 **provided that** (조건을 나타내며) ~한다면
eligibility [èlidʒəbíləti] 자격, 적임
requirement [rikwáiərmənt] 요구 조건
citizenship [sítəzənʃip] 시민권   **grant** [grænt] 부여하다, 주다
immigrant [ímigrənt] 이민자
naturalization [nætʃərəlizéiʃən] 귀화

17

해설 '고대 이집트 안으로의 잠깐 동안의 경험'이라는 의미가 되어야 하므로, '~ 안으로'를 뜻하는 전치사 (c) into가 정답입니다.

해석 고대 이집트 안으로 잠깐 동안의 경험을 하려고 하는 모험가들은 기자의 피라미드로 가는 나일강 유람선을 타도록 권장된다.

어휘 **seek** [si:k] ~하려고 (시도)하다
glimpse [glimps] (무엇을 이해하는 데 도움이 되는) 잠깐 동안의 경험
ancient [éinʃənt] 고대의   **cruise** [kru:z] 유람선

18

해설 (d)에서 기간을 나타내는 숫자(3 hours) 앞에, 휴가나 방학 등과 같이 특정 기간을 나타내는 표현에 쓰일 수 있는 during이 와서 틀립니다. during은 숫자를 포함한 시간 표현 앞에 올 수 있는 for로 바뀌어야 맞습니다.

해석 (a) A: 내가 문학 수업을 따라갈 수 없을 것 같아서 우울해.
(b) B: 네가 왜 뒤처지는지 짐작되는 바가 있니?
(c) A: 글쎄, 내가 속독을 할 수 있는 사람이었다면 큰 도움이 되었을 거야.
(d) B: 뒤처진 것을 따라잡기 위해 매일 밤 세 시간 동안 책을 읽어 봐.

어휘 **depressing** [diprésiŋ] 우울한
keep up with (사람·시대 흐름 등에) 뒤떨어지지 않다, 지지 않다
lag behind 뒤처지다, 뒤떨어지다

19

해설 (d)에서 앞에 나온 복수 명사 hard drives를 대신하는 대명사로 단수 대명사 it이 오면 틀립니다. it은 복수 인칭 대명사 them으로 바뀌어야 맞습니다.

해설 (a) 노트북 사용자들은 공간을 덜 차지하기 때문에 똑바로 서 있도록 디자인된 외장 하드 드라이브를 선호한다. (b) 불행히도, 이 수직으로 놓인 상태는 드라이브가 넘어지기 더 쉽게 만들기 때문에 문제가 된다. (c) 이는 하드 드라이브 안에서 움직이는 부품들이 매우 부서지기 쉽다는 점 때문에 큰 위험을 지닌다. (d) 넘어지는 위험을 줄이기 위해, 전문가들은 사용할 때 외장 하드 드라이브를 옆으로 눕혀 놓을 것을 권장한다.

어휘 **external** [ikstə́:rnl] 외장의   **hard drive** 하드 드라이브
take up (시간, 공간 등을) 차지하다
orientation [ɔ̀:rientéiʃən] (어느 위치에) 놓인 상태
problematic [prὰbləmǽtik] 문제가 있는
prone [proun] ~하기 쉬운   **pose** [pouz] (위험 등을) 지니다
fragile [frǽdʒəl] 부서지기 쉬운   **topple** [tɑpl] 넘어지다

20

해설 (b)에서 명사(a ditch)를 수식하는 관계절(that surrounds ~ and is filled water)에서 '~으로 가득 차 있다'라는 의미가 되려면 'is filled with'가 쓰여야 하는데 'is filled' 다음에 '~으로'를 뜻하는 전치사 with가 빠져서 틀립니다. 따라서 is filled water는 전치사 with를 추가한 is filled with water로 바뀌어야 맞습니다.

해설 (a) 해자는 건물 구조를 강화하기 위해 중세 시대에 특히 많이 사용된 구조물이었다. (b) 해자는 건축물을 에워싸고, 물로 가득 찬 도랑이 있는 것이 특징이다. (c) 해자가 넓고 깊기 때문에 적군은 해자를 건널 수 없었다. (d) 또한, 침략군들이 물을 헤치며 건너려고 하는 것에 대비해 때때로 물속에 덫이 놓이기도 했다.

어휘 **moat** [mout] 해자 <성 주위에 둘러 판 못>
construct [kánstrʌkt] 구조물   **notably** [nóutəbli] 특히
characterize [kǽriktəràiz] 특징 짓다   **ditch** [ditʃ] 도랑
wade [weid] (물, 진흙 속을) 헤치며 건너다

CHAPTER 15 등위 접속사와 상관 접속사

텝스 실전 확인 문제

1. 등위 접속사 (a) p. 127

해설 '쇼핑몰에 들렀고 전자 제품 코너로 갔다'라는 의미가 되어야 하므로 '그리고'를 뜻하는 등위 접속사 (a) and가 정답입니다.

해석 Lara는 쇼핑몰에 들러서 곧바로 전자 제품 코너로 갔다.

어휘 **straight** [streit] 곧바로   **electronics** [ilektrάniks] 전자 제품

2. 상관 접속사 (b) p. 128

해설 not only와 짝을 이루어 올바른 상관 접속사를 완성하는 (b) but이 정답입니다.

해석 저희의 서비스 직원들이 고객님 댁을 방문하여 새 TV를 설치해 드릴 뿐만 아니라 그것을 작동시키는 방법도 설명해 드릴 것입니다.

어휘 **service representatives** 서비스 안내 직원

HACKERS PRACTICE p. 129

01 (b)	02 (b)	03 (a)	04 (a)	05 (b)
06 (a)	07 nor → or		08 since → so	
09 nor → and		10 and → but		
11 yet → or		12 but → and		

01

해설 not only와 짝을 이루어 올바른 상관 접속사를 완성하는 (b) but이 정답입니다.

해석 롤러블레이드를 타는 사람들은 헬멧뿐만 아니라 무릎 보호대도 착용해야 한다.

어휘 **kneepad** [ní:pæd] 무릎 보호대   **in case** ~할 경우에 대비해서

02

해설 '영업직에 완벽하게 자격을 갖추었다고 느꼈지만, 일자리를 얻지는 못했다'는 의미가 되어야 하므로 '그러나'를 뜻하는 등위 접속사 (b) yet이 정답입니다.

해석 Sarah는 자신이 영업직에 완벽하게 자격을 갖추었다고 느꼈지만, 일자리를 얻지는 못했다.

어휘 qualified[kwάləfàid] 자격을 갖춘, 적합한 position[pəzíʃən] 직위

03

해설 and와 짝을 이루어 올바른 상관 접속사를 완성하는 (a) both가 정답입니다.

해석 이 노트북은 오락과 사무용 응용 프로그램 둘 다 작동시킬 만큼 충분히 성능이 좋다.

어휘 application[æ̀pləkéiʃən] 응용 프로그램

04

해설 '현금 또는 신용 카드로 결제할 수 있지만, 수표는 받지 않는다'라는 의미가 되어야 하므로 '그러나'를 뜻하는 등위 접속사 (a) but이 정답입니다.

해석 현금이나 신용 카드로 식료품을 결제하실 수 있지만, 수표는 받지 않습니다.

어휘 grocery[gróusəri] 식료품 accept[æksépt] 받다

05

해설 neither와 짝을 이루어 올바른 상관 접속사를 완성하는 (b) nor가 정답입니다.

해석 오후 11시 이후에는 저녁 식사와 디저트 모두 제공하지 않지만, 바는 새벽 2시까지 열려 있을 것입니다.

06

해설 '많은 친구들이 그의 파티에 참석할 것이라 기대했지만, 오직 몇 명만이 올 수 있었다'라는 의미가 되어야 하므로 '그러나'를 뜻하는 등위 접속사 (a) but이 정답입니다.

해석 Charles는 많은 친구들이 그의 파티에 참석할 것이라 기대했지만, 오직 몇 명만이 올 수 있었다.

어휘 receipt[risíːt] 영수증

07

해설 Either와 짝을 이루어 올바른 상관 접속사를 완성하는 것은 or이므로 nor는 or로 바뀌어야 맞습니다.

해석 자외선 차단제 또는 우산이 해수욕하는 사람들에게 추천된다.

어휘 beachgoer[bíːtʃgòuər] 해수욕하는 사람

08

해설 'Lily가 기말 시험 공부를 하느라 바빠서, 다른 때에 우리와 함께할 것이다'라는 의미가 되어야 하므로 '~이기 때문에'를 뜻하는 since는 '그래서'를 뜻하는 so로 바뀌어야 맞습니다.

해석 Lily는 다음 주에 있을 그녀의 기말 시험 공부를 하느라 바빠서 다른 때에 우리와 함께할 것이다.

09

해설 both와 짝을 이루어 올바른 상관 접속사를 완성하는 것은 and이므로 nor는 and로 바뀌어야 맞습니다.

해석 4번가에 있는 아파트 건물은 집세에 전기세와 가스비 둘 다 포함된다.

어휘 rent[rent] 집세

10

해설 not only와 짝을 이루어 올바른 상관 접속사를 완성하는 것은 but이므로 and는 but으로 바뀌어야 맞습니다.

해석 NGO는 어린이들을 위한 의료 서비스를 향상시켰을 뿐만 아니라, 백신 연구를 위한 자금을 제공했다.

어휘 NGO 비정부 기구 healthcare[hélθkɛ̀ər] 의료 서비스 vaccination[væ̀ksənéiʃən] 백신

11

해설 '기차 또는 버스를 탈 수 있다'라는 의미가 되어야 하므로 '그러나'를 뜻하는 yet은 '또는'을 뜻하는 or로 바뀌어야 맞습니다.

해석 승객들은 공항에서 도시의 중앙역까지 이동하는 데 기차 또는 버스를 탈 수 있습니다.

어휘 passenger[pǽsəndʒər] 승객 central station 중앙역

12

해설 '그 현금 입출금기는 빠르게 거래를 처리하고 영수증을 출력하도록 프로그램되어 있다'라는 의미가 되어야 하므로 '그러나'를 뜻하는 but은 '그리고'를 뜻하는 and로 바뀌어야 맞습니다.

해석 그 은행의 현금 입출금기는 빠르게 거래를 처리하고 거래가 완료되면 영수증을 출력하도록 프로그램되어 있다.

어휘 process[práses] 처리하다 transaction[trænsǽkʃən] 거래 completion[kəmplíːʃən] 완료, 완성

HACKERS TEST   p. 130

01 (b)	02 (a)	03 (b)	04 (d)	05 (c)
06 (b)	07 (c)	08 (a)	09 (d)	10 (b)
11 (a)	12 (d)	13 (c)	14 (d) but → and
15 (c) complete → completely

01

해설 both와 짝을 이루어 올바른 상관 접속사를 완성하는 (b) and가 정답입니다.

해석 A: 오 이런, 미적분학 수업과 컴퓨터공학 수업 둘 다 수요일 오후 4시에 있어.
B: 그렇다면 그것들 중 하나를 선택해야겠네.

어휘 calculus[kǽlkjuləs] 미적분학

02
해설 either와 짝을 이루어 올바른 상관 접속사를 완성하는 (a) or가 정답입니다.

해석 A: 뭐 먹고 싶어요?
B: 치킨 또는 스프와 샐러드 중 하나를 먹을까 생각 중이었어요.

03
해설 '상당한 진척을 이루었지만, 아직 검토할 것이 많다'라는 의미가 되어야 하므로 '그러나'를 뜻하는 등위 접속사 (b) yet이 정답입니다.

해석 A: 이것으로 이 회의를 마치겠습니다.
B: 좋아요. 오늘 우리는 상당한 진척을 이루었지만, 내일 검토할 것이 아직 많아요.

어휘 progress [prάgrəs] 진척   go over 검토하다

04
해설 동사 decide(decided)는 to 부정사를 목적어로 취하는 동사이므로 (b), (d)가 정답의 후보입니다. '공부한 시점'이 '공부하기로 결정한 시점'보다 이전이 아니므로 완료형이 아닌 to 부정사 (d) to study가 정답입니다.

해석 A: 나는 네가 도서관에 갈 거라고 생각했어.
B: 도서관이 곧 문을 닫기 때문에, 대신 여기서 공부하기로 결정했어.

어휘 decide [disάid] 결정하다

05
해설 명사 few weeks 앞에 와서 '몇 주마다'라는 의미가 되어야 하므로 '매~, ~마다'라는 뜻의 수량 표현 (c) Every가 정답입니다.

해석 A: 전에 이 카페에 와본 적 있어요?
B: 네. 몇 주마다 남편과 여기에 와요.

06
해설 '집 안을 다 찾아봤다, 그래서 내일은 사무실을 확인할 것이다'라는 의미가 되어야 하므로 '그래서'를 뜻하는 등위 접속사 (b) so가 정답입니다.

해석 A: 이제 열쇠를 찾았나요?
B: 아니요. 집 안의 모든 곳을 다 찾아보았어요, 그래서 내일은 사무실을 확인할 거예요.

어휘 search [sə:rtʃ] 찾다

07
해설 'Stonehenge 창조의 정확한 목적은 불분명하게 남아 있으나, 묘지로 사용되었다는 증거가 있다'라는 의미가 되어야 하므로 '그러나'를 뜻하는 등위 접속사 (c) but이 정답입니다.

해석 Stonehenge 창조의 정확한 목적은 불분명하게 남아 있으나, 그 지역이 묘지로 사용되었다는 증거가 있다.

어휘 purpose [pə́:rpəs] 목적   cemetery [sémətèri] 묘지

08
해설 '신입사원을 채용할 것인지 또는 프로젝트의 수를 줄일 것인지'라는 의미가 되어야 하므로 '또는'을 뜻하는 등위 접속사 (a) or가 정답입니다.

해석 경영진은 신입사원을 채용할 것인지 또는 내년으로 계획되어 있는 프로젝트의 수를 줄일 것인지를 결정해야 한다.

어휘 management [mǽnidʒmənt] (사업체·조직의) 경영진

09
해설 Neither와 짝을 이루어 올바른 상관 접속사를 완성하는 (d) nor가 정답입니다.

해석 흰머리독수리와 회색 늑대 둘 다 더 이상 멸종 위기에 처한 종으로 여겨지지 않는다.

어휘 bald eagle 흰머리독수리   wolf [wulf] 늑대
endangered [indéindʒərd] 멸종 위기에 처한
species [spí:ʃi:z] (생물) 종

10
해설 '커피 재배에 적합하지 않아서, 다른 나라로부터 수입된 커피를 마신다'라는 의미가 되어야 하므로 '그래서'를 뜻하는 등위 접속사 (b) so가 정답입니다.

해석 미국 내 많은 지역의 기후는 커피 재배에 적합하지 않아서, 대부분의 미국인들은 다른 나라로부터 수입된 커피를 마신다.

어휘 unsuitable [ʌ̀nsú:təbl] 적합하지 않은
cultivation [kʌ̀ltəvéiʃən] 재배   import [impɔ́:rt] 수입하다

11
해설 '대중 문화로부터 나온'이라는 의미가 되어야 하므로 '~로부터'를 뜻하는 전치사 (a) from이 정답입니다.

해석 앤디 워홀의 예술 양식은 '팝 아트'로 일컬어졌는데, 그 이유는 그가 대중 문화로부터 나온 이미지를 활용하여 팝 아트를 창조했기 때문이다.

어휘 hail [heil] 일컫다, 묘사하다   popular culture 대중 문화

12
해설 '정상에서 더 많은 사진을 찍고 싶지만, 어두워지고 있어서 하산해야 한다'라는 의미가 되어야 하므로 '그러나'를 뜻하는 등위 접속사 (d) but이 정답입니다.

해석 그 등산객들은 산의 정상에서 더 많은 사진을 찍고 싶어하지만, 날이 어두워지고 있어서 하산을 시작해야 한다.

어휘 summit [sʌ́mit] 정상   descent [disént] 하산

13
해설 '한때 세계에서 가장 큰 금 공급원이었으나, 예전 산출량의 절반으로 생산량을 줄였다'라는 의미가 되어야 하므로 '그러나'를 뜻하는 등위 접속사 but 다음에 주어(it), 동사(has reduced), 목적어(production)가 나온 (c) but it has reduced production이 정답입니다.

해석 남아프리카 공화국은 한때 세계에서 가장 큰 금 공급원이었으나, 예전 산출량의 절반으로 생산량을 줄였다.

어휘 source [sɔ:rs] 공급원, 원천   former [fɔ́:rmər] 예전의

14
해설 (d)는 '목요일부터 판매하고 티켓 한 장당 가격은 50달러이다'라는 의미가 되어야 하므로 '그러나'를 뜻하는 but이 오면 어색한 의미가 되어 틀림

니다. but은 '그리고'를 뜻하는 and로 바뀌어야 맞습니다.

해석 (a) A: 2주 후에 시작하는 오페라 표를 구할 수 있는 곳이 이곳인가요?
(b) B: 이곳이 표를 살 수 있는 곳이지만, 아직은 표를 판매하지 않습니다.
(c) A: 언제 티켓 판매를 시작하는지와 가격이 얼마일지 알려주시겠어요?
(d) B: 물론이죠. 목요일부터 판매하고 티켓 한 장당 가격은 50달러입니다.

어휘 purchase[pə́ːrtʃəs] 구매하다 on sale 판매되는

15

해석 (c)에서 동명사(relaxing)를 형용사(complete)가 수식하면 틀립니다. 동명사를 수식하는 것은 형용사가 아니라 부사이므로 형용사 complete은 부사 completely로 바꾸어야 맞습니다.

해석 (a) 등 아래쪽의 통증을 치료하기 위해, 의사들은 매우 간단한 운동을 추천합니다. (b) 당신이 해야 하는 일은 팔을 옆으로 느슨하게 둔 채로, 3분간 침대 위에 엎드려 있는 것입니다. (c) 이 자세를 취하는 동안, 등, 엉덩이, 그리고 다리의 근육을 완전히 이완시키는 것에 집중하세요. (d) 이것은 매우 중요한데, 이 부분들의 긴장을 푸는 것이 당신의 등을 펴주고 척추 정렬을 바로잡아 주기 때문입니다.

어휘 lie facedown 엎드리다 loosely[lúːsli] 느슨하게
concentrate on ~에 집중하다 complete[kəmplíːt] 완전한
buttock[bʌ́tək] 엉덩이 release[rilíːs] (긴장 등을) 풀다
tension[ténʃən] 긴장 stretch[stretʃ] 펴다
correct[kərékt] 바로잡다 alignment[əláinmənt] 정렬, 가지런함

CHAPTER 16 명사절

텝스 실전 확인 문제

1. 명사절 자리   (b)   p. 133

해설 빈칸 이하의 절(___ to do)이 동사(know)의 목적어 자리에 있으므로 명사절 접속사 (b) what이 정답입니다. 대명사인 (a), (c), (d)는 절을 이끌 수 없으므로 오답입니다.

해석 모든 항공사 직원들은 제대로 훈련을 받아왔고, 비상시에 무엇을 해야 하는지를 안다.

어휘 properly[prápərli] 제대로, 적절히
in case of emergency 비상시에

2. 명사절 접속사 (1) : that · if / whether   (d)   p. 134

해설 빈칸 이하의 절(___ ~ merger)이 '그 회사를 매각할지 아니면 합병을 제안할지'라는 의미가 되어야 하므로 '~인지 아닌지'를 뜻하는 명사절 접속사 (d) whether가 정답입니다.

해석 A: 이사회가 결정을 내렸나요?
B: 아니요. 그들은 아직도 회사를 매각할지 아니면 합병을 제안할지 신중히 생각하고 있어요.

어휘 board of directors 이사회 reach a decision 결정하다
deliberate[dilíbərèit] 신중히 생각하다 merger[mə́ːrdʒər] 합병

3. 명사절 접속사 (2) : 의문사 · 복합관계대명사   (c)   p. 135

해설 '도둑이 누구든'이라는 의미가 되어야 하므로 '~하는 누구든'을 뜻하는 복합관계대명사 (c) whoever가 정답입니다.

해석 A: 경찰은 이제 그 강도의 신원을 파악했나요?
B: 아니요. 그 도둑이 누구든 용케 어떤 증거도 남기고 가지 않았어요.

어휘 identity[aidéntəti] 신원

4. what vs. that   (b)   p. 136

해설 빈칸 이하의 절(___ ~ take)이 동사 explain(explained)의 목적어 자리에 있으므로 빈칸은 명사절을 이끄는 명사절 접속사 자리입니다. 빈칸 뒤의 절이 목적어가 없는 불완전한 절이므로 (b) what이 정답입니다.

해석 Jimmy의 상담 교사는 졸업을 하기 위해 그가 수강해야 하는 것에 대해 설명했다.

HACKERS PRACTICE   p. 137

01 (b)   02 (b)   03 (a)   04 (b)   05 (a)
06 (a)   07 That → What
08 Whichever → Whoever   09 which → when
10 what → that   11 why → whether
12 who → when

01

해설 빈칸 이하의 절(___ ~ requested)이 동사(was)의 주어 자리에 있으므로 빈칸은 명사절을 이끄는 접속사 자리입니다. 빈칸 뒤의 절이 목적어가 없는 불완전한 절이므로 (b) What이 정답입니다.

해석 그 고객이 요청했던 것은 정원 일에 대한 비용 견적이었다.

어휘 estimate[éstəmət] 견적   yard work 정원일

02

해설 빈칸 이하의 절(___ ~ visit)이 '그들이 어디를 방문해야 하는지'라는 의미가 되어야 하므로 '어디서 ~하는지'를 뜻하는 의문사 (b) where가 정답입니다.

해석 그 호텔 직원은 관광객들에게 어디를 방문해야 하는지 보여주기 위해 지도를 출력했다.

어휘 print out 출력하다

03

해설 빈칸 이하의 절(___ ~ boiling)이 동사(saw)의 목적어 자리에 있으므로 빈칸은 명사절을 이끄는 접속사 자리입니다. 빈칸 뒤의 절이 주어(the water), 동사(was boiling)를 갖춘 완전한 절이므로 완전한 절을 이끄는 (a) that이 정답입니다.

해석 Melvin은 물이 끓고 있는 것을 보았고, 재료들을 넣기 시작했다.

어휘 boil[bɔil] 끓다 ingredient[ingríːdiənt] 재료

04
해설 빈칸 이하의 절(____ ~ ready)이 '언제 저녁이 준비될지'라는 의미가 되어야 하므로 '언제 ~하는지'를 뜻하는 의문사 (b) when이 정답입니다.

해석 Barry는 그의 아이들에게 언제 저녁이 준비될지 말했고, 그들이 먼저 식탁 준비를 해놓기를 원한다고 말했다.

어휘 set the table 식탁 준비를 하다, 상을 차리다

05
해설 빈칸 이하의 절(____ ~ equipment)이 '안전 장비를 어떻게 사용하는지'라는 의미가 되어야 하므로 '어떻게 ~하는지'를 뜻하는 의문사 (a) how가 정답입니다.

해석 직원들에게 안전 장비를 어떻게 사용하는지 보여주는 교육용 비디오는 매우 유용하다.

어휘 instructional[instrʌ́kʃənl] 교육용의 safety equipment 안전 장비

06
해설 빈칸 이하의 절(____ ~ working)이 동사(determine)의 목적어 자리에 있으므로 빈칸은 명사절을 이끄는 접속사 자리입니다. 빈칸 뒤의 절이 주어가 없는 불완전한 절이므로 불완전한 절을 이끄는 (a) what이 정답입니다.

해석 그 기술자는 무엇이 Dan의 모니터를 멈추게 했는지 알아내지 못했다.

07
해설 주어(the guest speaker), 동사(will discuss)만 있고 목적어가 없는 불완전한 절 앞에 That이 오면 틀립니다. That은 뒤에 불완전한 절을 이끌 수 있는 What으로 바꾸어야 맞습니다.

해석 초청 연사가 무엇을 논할지는 자료 모음집에서 찾을 수 있습니다.

어휘 guest speaker 초청 연사 information packet 자료 모음

08
해설 '그 공지를 읽지 않은 사람은 누구든지'라는 의미가 되어야 하므로 '~하는 어느 것이든'을 뜻하는 Whichever는 '~하는 누구든지'를 뜻하는 Whoever로 바꾸어야 맞습니다.

해석 그 공지를 읽지 않은 사람은 누구든지 목요일 사무실 수리 이전에 공지를 읽어야 합니다.

어휘 notice[nóutis] 공지 renovation[rènəvéiʃən] 수리

09
해설 '언제 비행기가 출발할지'라는 의미가 되어야 하므로 '어느 것이 ~하는지'를 뜻하는 which는 '언제 ~하는지'를 뜻하는 when으로 바꾸어야 맞습니다.

해석 안내소에 있는 직원들은 당신의 비행기가 언제 출발할지 말해줄 것입니다.

10
해설 주어(a certain strain of mold), 동사(was able to survive)를 갖춘 완전한 절 앞에 what이 오면 틀립니다. what은 완전한 절을 이끌 수 있는 that으로 바꾸어야 맞습니다.

해석 과학자들은 특정한 곰팡이 종이 극한의 조건에서 살아남을 수 있다는 것을 밝혀냈다.

어휘 strain[strein] 종 mold[mould] 곰팡이

11
해설 '폭풍이 그 지역을 통과할 것인지 아닌지'라는 의미가 되어야 하므로 '왜 ~하는지'를 뜻하는 의문사 why는 '~인지 아닌지'를 뜻하는 whether로 바꾸어야 맞습니다.

해석 그 기상학자는 폭풍이 그 지역을 통과할 것인지 아닌지 확신을 가지고 예보할 수 없었다.

어휘 weatherman[wéðərmæn] 기상학자

12
해설 '언제 가구가 배달이 될 것인지'라는 의미가 되어야 하므로 '누가 ~하는지'를 뜻하는 의문사 who는 '언제 ~하는지'를 뜻하는 when으로 바꾸어야 맞습니다.

해석 그 전화 접수원은 언제 가구가 배달될 것인지 단정적으로 말하지 못했다.

HACKERS TEST   p. 138

01 (a)	02 (b)	03 (c)	04 (b)	05 (c)
06 (d)	07 (b)	08 (c)	09 (d)	10 (b)
11 (a)	12 (c)	13 (d)	14 (a)	15 (c)
16 (c)	17 (d)	18 (d) frank → frankly		
19 (b) where → when	20 (b) that → what			

01
해설 빈칸 이하의 절(____ ~ birthday)이 동사(is)의 보어 자리에 있으므로 빈칸은 명사절을 이끄는 접속사 자리입니다. 빈칸 뒤의 절이 목적어가 없는 불완전한 절이므로 (a) what이 정답입니다.

해석 A: 선물로 제가 준 책 마음에 들어요?
B: 마음에 들어요. 그게 바로 제가 생일에 받고 싶었던 거예요.

어휘 precisely[prisáisli] 바로, 정확히

02
해설 빈칸 이하(____ ~ overseas)가 '국내에서 공부할지 해외에서 공부할지'라는 의미가 되어야 하므로 빈칸에는 '~인지 아닌지'를 뜻하는 명사절 접속사 (b) whether이 정답입니다.

해석 A: 대학은 어디로 갈 거야?
B: 국내에서 공부할지, 해외에서 공부할지 아직 결정을 못 내렸어.

03
해설 빈칸은 동사(follow) 다음의 목적어 자리이므로 '명사절 접속사 + 주어 + 동사'의 올바른 명사절 어순을 따른 (a)와 (c)가 정답의 후보입니다. 명사절 접속사 that과 what 뒤의 절(the doctor advised)이 목적어가 없는 불완전한 절이므로 명사절 접속사 what을 포함한 (c) what the doctor advised가 정답입니다.

해석 A: 이 발진이 빨리 사라지면 좋겠어요.
B: 의사가 조언했던 것을 반드시 따르세요, 그러면 발진이 사라질 거예요.

어휘 rash[ræʃ] 발진 clear up 사라지다, (~을 말끔히) 정리하다

04
해설 빈칸 이하의 절(___ ~ Tajikistan)이 동사(is)의 보어 자리에 있으므로 빈칸은 명사절을 이끄는 접속사 자리입니다. 빈칸 뒤의 절이 주어가 없는 불완전한 절이므로 (b) what이 정답입니다.

해석 시인 Rumi는 현재 타지키스탄 지역에서 태어났다.

어휘 hail from ~에서 태어나다 country[kʌ́ntri] 지역

05
해설 'O-몬드를 먹은 사람은 누구든지'라는 의미가 되어야 하므로 '~하는 누구든지'를 뜻하는 복합관계대명사 (c) whoever가 정답입니다.

해석 덴마크의 민간 전통에 의하면, 크리스마스 라이스 푸딩에 딱 하나 들어있는 아몬드를 먹는 사람은 누구든지 다음에 결혼하는 사람이 될 것이라고 한다.

어휘 lore[lɔːr] 민간 전통

06
해설 빈칸 이하의 절(___ ~ warming)이 동사(is)의 보어 자리에 있으므로 빈칸은 명사절을 이끄는 명사절 접속사 자리입니다. 빈칸 뒤의 절이 동사(refer to)의 목적어가 없는 불완전한 절이므로 (d) what이 정답입니다.

해석 산업화로 인한 전 세계적 기온의 점진적 증가가, 과학자들이 지구 온난화라고 부르는 것이다.

어휘 refer to ~ as - ~을 -이라고 부르다

07
해설 '왜 대나무가 인기 있는 건축 자재인지'라는 의미가 되어야 하므로 '왜 ~하는지'를 뜻하는 의문사 (b) why가 정답입니다.

해석 대나무가 제공하는 내구성과 다용성이, 대나무가 인기 있는 건축 자재인 이유이다.

어휘 durability[djùərəbíləti] 내구성 versatility[və̀ːrsətíləti] 다용성
bamboo[bæmbúː] 대나무

08
해설 빈칸 이하의 절(___ ~ problems)이 동사(is)의 주어 자리에 있으므로 명사절 접속사 (c)와 (d)가 정답의 후보입니다. 빈칸 뒤의 절이 주어(the country), 동사(is)를 갖춘 완전한 절이므로 (c) That이 정답입니다.

해석 그 국가가 경제적인 문제를 겪고 있다는 것은 누구나 알고 있는 사실이다.

어휘 common knowledge 누구나 알고 있는 사실

09
해설 전치사(of)의 목적어 자리가 비어 있으므로 '명사절 접속사 + 주어 + 동사 + 목적어'의 올바른 명사절 어순을 따른 (d) how children learn language가 정답입니다.

해석 노암 촘스키와 다른 언어학자들의 업적은 아이들이 어떻게 언어를 학습하는지에 대한 우리의 이해를 높여 주었다.

어휘 work[wəːrk] 업적, 일 linguist[líŋgwist] 언어학자

10
해설 빈칸 이하의 절(___ ~ trip)이 동사(give)의 목적어 자리에 있으므로 빈칸은 명사절을 이끄는 명사절 접속사 자리입니다. 빈칸 뒤의 절이 목적어가 없는 불완전한 절이므로 (b) what이 정답입니다.

해석 멕시코에서 돌아온 후에, Nancy는 여행하는 동안 기념품으로 샀던 것을 주려고 친구들을 만났다.

어휘 souvenir[sùːvəníər] 기념품

11
해설 '그가 듣는 것 중 얼마나 많은 것이 사실인지'라는 의미가 되어야 하므로 how와 함께 쓰여 '얼마나 많은 것이'라는 뜻을 만드는 much가 가장 앞에 나온 (a), (b)가 정답의 후보입니다. 보기 중 much of 다음에 '명사절 접속사 + 주어 + 동사'의 올바른 명사절 어순을 따른 (a) much of what he hears is true가 정답입니다.

해석 Lenny는 라디오 토크 방송을 즐겨 듣지만, 그가 듣는 것 중에 얼마나 많은 것이 사실인지 확신이 없다.

어휘 tune in to ~을 즐겨 듣다 unsure[ʌ̀nʃúər] 확신이 없는

12
해설 모든 보기에 동사(display)가 포함된 것으로 보아, 명사절(What ___ in the exhibit) 내의 주어는 what입니다. what(~한 것)과 보기의 display(전시하다)가 '전시된 것'이라는 수동의 의미로 해석되므로 수동태 (c) is displayed가 정답입니다.

해석 그 전시회에 전시된 것은 그 예술가가 그린 많은 그림들 중에서 단지 작은 일부를 선별한 것에 불과하다.

어휘 exhibit[igzíbit] 전시회 display[displéi] 전시하다

13
해설 빈칸 이하의 절(___ ~ need)이 '전화를 건 사람이 필요로 할지 모르는 어떤 도움이든지'라는 의미가 되어야 하므로 '~하는 무엇이든'을 뜻하는 (d) whatever가 정답입니다.

해석 기술 지원 팀의 전화 상담 서비스 직원들은 전화를 건 사람이 필요로 할지 모르는 어떤 도움이든지 제공할 준비가 되어 있어야 한다.

어휘 technical support 기술 지원 hotline[hɑ́ːtlain] 전화 상담 서비스
assistance[əsístəns] 도움

14
해설 모든 보기에 명사절 접속사(what)가 있는 것으로 보아, 올바른 명사절 어순을 고르는 문제임을 알 수 있습니다. 보기 중 '명사절 접속사(what) + 동사(was ~ paid)'의 올바른 명사절 어순을 따른 (a), (c), (d)가 정답의 후보입니다. 이 중, 빈도 부사(usually)가 be 동사(was) 다음에 온 (a) what was usually paid to him이 정답입니다.

해석 회계상의 실수 때문에 John은 9월에 보통 그에게 주어졌던 것보다 더 적은 월급을 받았다.

어휘 accounting[əkáuntiŋ] 회계

15
해설 빈칸 이하의 절(___ ~ country)이 전치사(from)의 목적어 자리에 있으므로 빈칸은 명사절을 이끄는 접속사 자리입니다. 빈칸 뒤의 절이 주어가 없는 불완전한 절이므로 (c) what이 정답입니다. 참고로, people say

는 '사람들이 말하는'이라는 의미의 삽입절로 생략이 가능하며, 문장 구조에 아무런 영향을 주지 않습니다.

해석 그는 사람들이 국내 최고의 공학 학교라고 말하는 곳을 졸업할 만큼 충분히 똑똑했다.

16

해설 빈칸 이하의 절(____ ~ areas)은 명사(The law)를 수식하는 수식어 자리이므로 분사 (b)와 (c)가 정답의 후보입니다. 꾸밈을 받는 명사 The law (그 법)와 보기의 ban(금지하다)이 '금지하는 법'이라는 능동의 의미로 해석되므로 현재분사 (c) banning이 정답입니다.

해석 공공장소에서 흡연을 금지하는 법은 몇몇 사람들이 그 습관을 끊도록 장려했다.

어휘 encourage[inkə́:ridʒ] 장려하다

17

해설 빈칸 이하의 절(____ ~ oppressed)이 동사(preach)의 목적어 자리에 있으므로 명사절 접속사 (b)와 (d)가 정답의 후보입니다. 빈칸 뒤의 절이 주어(people), 동사(should help), 목적어(the poor and oppressed)를 갖춘 완전한 절이므로 (d) that이 정답입니다.

해석 대부분의 종교는 재산을 가진 사람들이 가난하고 억압받는 사람들을 도와야 한다고 설교한다.

어휘 religion[rilídʒən] 종교 preach[pri:tʃ] 설교하다
means[mi:nz] 재산, 수입 oppressed[əprést] 억압받는

18

해설 (d)에서 문장(I am ~ so much money)을 형용사(frank)가 수식하면 틀립니다. 문장을 수식하는 것은 부사이므로 형용사 frank는 부사 frankly로 바뀌어야 맞습니다.

해석 (a) A: 저는 올해 자선 단체에 500달러를 기부할 생각이에요.
(b) B: 친절하시네요. 하지만 너무 관대하다고 생각하지 않으세요?
(c) A: 아니요. 기부함으로써 사회에 제 임무를 다하고 있다고 느끼는 걸요.
(d) B: 물론이죠. 하지만 솔직히 말하면, 그렇게 많은 돈을 당신이 기꺼이 기부하려고 해서 놀랐어요.

어휘 donate[dóuneit] 기부하다 charity[tʃǽrəti] 자선 단체
generous[dʒénərəs] 관대한 frank[frǽŋk] 솔직한
give away 기부하다

19

해설 (b)에서 '그런 일이 일어날 때'라는 시간을 나타내는 명사절에 장소를 나타내는 의문사 where가 오면 틀립니다. where는 시간을 나타내는 의문사 when으로 바뀌어야 맞습니다.

해석 (a) A: 지난주에 비행기를 탔는데 공짜로 비즈니스석에 타게 됐어요.
(b) B: 와, 저는 그런 일이 일어날 때 너무 좋아요.
(c) A: 맞아요. 그들이 제 좌석을 이중으로 예약해서, 저에게 더 좋은 자리를 줬어요.
(d) B: 그들의 실수가 당신에게 좋게 작용한 것처럼 들리네요.

어휘 bump up (좌석 등을) 올리다 double-book 이중 예약하다
work out 작용하다, 효력을 내다 favor[féivər] 유리, 이익

20

해설 (b)에서 주어가 없는 불완전한 절 앞에 that이 오면 틀립니다. that은 뒤에 불완전한 절을 이끄는 what으로 바뀌어야 맞습니다.

해석 (a) 글쓰기를 향상시키는 훌륭한 방법 하나는 서평을 쓰는 것이다. (b) 다른 작가들의 작품에 대해 글을 쓰는 것은 독자의 관점에서 무엇이 책을 성공적으로 만드는지 발견하도록 도와준다. (c) 서평을 작성하는 것은 작가의 스타일과 기술을 살펴볼 기회를 제공한다. (d) 이것은 자신의 글쓰기 스타일을 더 의식하게 만들 것이며 어떻게 하면 효과적으로 글을 쓸 수 있는지 깨닫게 도와줄 것이다.

어휘 perspective[pərspéktiv] 관점 examine[igzǽmin] 살펴보다
conscious[kánʃəs] 의식하는 figure out 깨닫다, 발견하다

CHAPTER 17 부사절

텝스 실전 확인 문제

1. 부사절 자리 (b) p. 141

해설 주어(some of the stems), 동사(were broken)를 갖춘 완전한 문장이 왔으므로 빈칸은 수식어 자리입니다. 따라서 수식어 자리에 올 수 있는 부사절을 이끄는 접속사 when으로 시작한 (a)와 (b)가 정답의 후보입니다. 이 중 부사절 접속사 뒤에 '주어 + 동사'의 형태를 갖춘 (b) when they arrived가 정답입니다.

해석 A: 내가 보낸 꽃 받았나요?
B: 네, 그런데 꽃이 도착했을 때 몇몇 줄기가 부러져 있었어요.

어휘 stem[stém] 줄기

2. 부사절 접속사 (1): 시간·조건 (a) p. 142

해설 '적당히 섭취되는 한'이라는 의미가 되어야 하므로 '~하는 한'을 뜻하는 (a) as long as가 정답입니다.

해석 적당히 섭취되는 한, 초콜릿은 실제로 심부전의 위험을 낮출 수 있다.

어휘 heart failure 심부전 moderately[mádərətli] 적당히

3. 부사절 접속사 (2): 양보·이유·결과와 목적 (a) p. 143

해설 '기후가 건조한 사막에 살기 때문에'라는 의미가 되어야 하므로 '~하기 때문에'를 뜻하는 (a) Since가 정답입니다.

해석 꼬리가 둥근 얼룩다람쥐는 사막에 살기 때문에, 식물이 그들의 주된 수원이다.

어휘 ground squirrel 얼룩다람쥐 primary[práiməri] 주된, 주요한
water source 수원

4. 부사절 접속사 (3): 복합관계대명사와 복합관계부사 (a) p. 144

해설 '어떻게 그녀가 노력하든 상관없이'라는 의미가 되어야 하므로 '어떻게 ~하든 상관없이'를 뜻하는 (a) however가 정답입니다.

해석 어떻게 그녀가 노력하든 상관없이, Candice가 노래 대회에서 우승할 것 같아 보이진 않는다.

HACKERS PRACTICE   p.145

```
01 (a)      02 (b)      03 (a)      04 (b)      05 (a)
06 (b)      07 since → until        08 until → if
09 Though → Since/Because
10 Whenever → Whoever
11 wherever → however
12 so that difficult → so difficult that
```

01
해설 '비록 반의 다른 어느 누구도 답은 몰랐지만'이라는 의미가 되어야 하므로 '비록 ~하지만'을 뜻하는 (a) Although가 정답입니다.

해석 비록 반의 다른 어느 누구도 답을 몰랐지만, Ned는 단번에 정답을 맞췄다.

어휘 on the first try 단번에

02
해설 '백화점은 5월에 수리된 후에'라는 의미가 되어야 하므로 '~한 후에'를 뜻하는 (b) After가 정답입니다.

해석 백화점은 5월에 수리된 후에, 문을 열 것이다.

어휘 renovate [rénəvèit] 수리하다

03
해설 '환자들이 기다리는 동안'이라는 의미가 되어야 하므로 '~하는 동안'을 뜻하는 (a) while이 정답입니다.

해석 Ross 의사 선생님의 대기실에는 환자들이 기다리는 동안 읽을 수 있는 잡지들이 있다.

어휘 waiting room 대기실

04
해설 '날씨가 따뜻하기만 하면'이라는 의미가 되어야 하므로 '~하기만 하면, ~하는 한'을 뜻하는 (b) as long as가 정답입니다.

해석 날씨가 따뜻하기만 하면 호텔 손님들을 위한 야외 수영장이 문을 열 것입니다.

어휘 outdoor [áutdɔ̀ːr] 야외의

05
해설 '비록 Sam은 주말에 일할 필요가 없지만'이라는 의미가 되어야 하므로 '비록 ~하지만'을 뜻하는 (a) even though가 정답입니다.

해석 비록 Sam은 주말에 일할 필요가 없지만, 매일 아침 8시에 일어나는 것에 익숙하다.

06
해설 '날씨가 좋은 날이었기 때문에'라는 의미가 되어야 하므로 '~하기 때문에'를 뜻하는 (b) because가 정답입니다.

해석 날씨가 좋은 날이었기 때문에 Jeremy는 공원에서 산책하기로 결정했다.

어휘 go for a walk 산책하다

07
해설 '제안된 인수에 관한 결정이 내려질 때까지'라는 의미가 되어야 하므로 since는 '~할 때까지'를 뜻하는 until로 바뀌어야 맞습니다.

해석 제안된 인수에 관한 결정이 내려질 때까지 이사회는 어떤 공식 발표도 하지 않을 것이다.

어휘 buyout [báiàut] (기업 등의) 인수

08
해설 '만약 더 나은 일이 없다면'이라는 의미가 되어야 하므로 until은 '만약 ~하다면'을 뜻하는 if로 바뀌어야 맞습니다.

해석 만약 더 나은 일이 없다면 오늘 오후 제가 수영하러 가는 데 함께하실 수 있습니다.

09
해설 '환율이 좋기 때문에'라는 의미가 되어야 하므로 Though는 '~하기 때문에'를 뜻하는 Since나 Because로 바뀌어야 맞습니다.

해석 지금 환율이 좋기 때문에, 많은 사람들이 해외로 여행하는 것을 선택하고 있다.

어휘 exchange rate 환율   favorable [féivərəbl] 좋은, 유리한

10
해설 '꽃을 보낸 사람이 누구든 상관없이'라는 의미가 되어야 하므로 Whenever는 '누가 ~하든 상관없이'를 뜻하는 Whoever로 바뀌어야 맞습니다.

해석 오늘 아침 제 사무실로 배달된 꽃을 보낸 사람이 누구든 상관없이, 저를 정말 행복하게 해줬어요.

어휘 deliver [dilívər] 배달하다

11
해설 '얼마나 오래 뛰든 상관없이'라는 의미가 되어야 하므로 wherever는 '얼마나 ~하든 상관없이'를 뜻하는 however로 바뀌어야 맞습니다. 참고로, however가 '형용사/부사'와 함께 쓰일 때는 'however + 형용사/부사 + 주어 + 동사'의 어순을 따릅니다.

해석 엄청난 훈련 덕분에, 그 장거리 주자는 얼마나 오래 뛰든 상관없이 절대 지치지 않는다.

어휘 extensive [iksténsiv] 엄청난   long-distance 장거리의

12
해설 '시험이 너무 어려워서 모든 질문에 답하지 못했다'는 의미가 되어야 하므로 '매우 ~해서 -하다'를 의미하는 so ~ that이 와야 하는데 '~하기 위해서'를 뜻하는 so that이 와서 틀립니다. so that difficult는 so difficult that으로 바뀌어야 맞습니다.

해석 Kim은 시험이 너무 어려워서 모든 질문에 답하지 못했다.

HACKERS TEST
p. 146

01 (c)	02 (d)	03 (a)	04 (b)	05 (a)
06 (a)	07 (c)	08 (d)	09 (d)	10 (b)
11 (d)	12 (a)	13 (d)	14 (a)	15 (c)
16 (d)	17 (c)	18 (b)	19 (c) while → if	
20 (a) utilize → utilized				

01
해설 '만약 옷을 입어보고 맞는지 확인해볼 수 없다면'이라는 의미가 되어야 하므로 '만약 ~하지 않는다면'을 뜻하는 (c) unless가 정답입니다.

해석 A: 온라인에서 옷을 사본 적이 있나요?
B: 아니요, 만약 제가 옷을 입어보고 제게 맞는지 확인해볼 수 없다면, 저는 옷을 사지 않아요.

02
해설 '일단 교대 근무가 끝나면'이라는 의미가 되어야 하므로 '일단 ~하면'을 뜻하는 (d) once가 정답입니다.

해석 A: 나중에 저희 집에 들를 건가요?
B: 네, 일단 제 교대 근무가 끝나면요.

어휘 come by 들르다   shift [ʃift] 교대 근무

03
해설 '당신이 무엇을 사기로 선택하든 상관없이'라는 의미가 되어야 하므로 '무엇을 ~하든 상관없이'를 뜻하는 (a) Whatever가 정답입니다.

해석 A: 파티를 위해 약간의 와인을 준비해야겠어요.
B: 당신이 무엇을 사기로 선택하든 상관없이, 모두가 틀림없이 좋아할 거예요.

04
해설 '구할 수 있는 영화표가 있는 한'이라는 의미가 되어야 하므로 '~하는 한'을 뜻하는 부사절 접속사 (b) as long as가 정답입니다.

해석 A: 저 그 영화 정말 보고 싶어요.
B: 음, 구할 수 있는 영화표가 있는 한, 오늘 밤에 보러 가요.

05
해설 '아빠가 엄마보다 먼저 퇴근하시기 때문에'라는 의미가 되어야 하므로 '~하기 때문에'를 뜻하는 (a) since가 정답입니다.

해석 A: 집에서 누가 보통 저녁 식사를 요리하니?
B: 아빠가 엄마보다 먼저 퇴근하시기 때문에 아빠가 하셔.

06
해설 '세상에서 가장 오래되고 가장 큰 나무 몇 그루가 있다는 점에서'라는 의미가 되어야 하므로 '~라는 점에서'를 뜻하는 (a) in that이 정답입니다.

해석 A: 왜 Redwood 국립 공원이 인상적이라고 여겨지나요?
B: 세상에서 가장 오래되고 가장 큰 나무 몇 그루가 있다는 점에서 인상적인 거예요.

어휘 national park 국립 공원   provided that 만일 ~하다면

in case ~의 경우를 대비하여

07
해설 '작은 반면에'라는 의미가 되어야 하므로 '~한 반면에'를 뜻하는 (c) While이 정답입니다.

해석 A: 작은 시골집에서 사는 것은 어때요?
B: 작은 반면에 매우 편해요.

어휘 cottage [kátidʒ] (특히 시골에 있는) 작은 집

08
해설 '더 오래는 아니더라도'라는 의미가 되어야 하므로 '~이 아니더라도'를 뜻하는 (d) if not이 정답입니다.

해석 A: 당신의 남동생은 언제 병원에서 퇴원하나요?
B: 의사 선생님이 말씀하시기를 더 오래는 아니더라도 최소 2주는 걸릴 수 있다고 하셨어요.

어휘 as well as ~에 더하여   much less 훨씬 더 적은

09
해설 '운전하는 동안'이라는 의미가 되어야 하므로 '~하는 동안'을 뜻하는 (d) while이 정답입니다.

해석 대부분의 자동차 보험증권은 운전하는 동안 발생하는 상해에 대한 치료 비용을 보상한다.

어휘 insurance [inʃúərəns] 보험   policy [páləsi] 보험증권
cover [kʌ́vər] (비용·손실 등을) 보상하다   medical care 치료, 의료

10
해설 '마지막으로 사무실을 나가는 사람이 누구든 상관없이'라는 의미가 되어야 하므로 '누가 ~하든 상관없이'를 뜻하는 (b) whoever가 정답입니다.

해석 마지막으로 사무실을 나가는 사람이 누구든 상관없이 모든 전등을 꺼야 한다는 점을 유념하세요.

어휘 note [nout] 유념하다, 주의하다   turn off (라디오·등불을) 끄다

11
해설 빈칸 이하의 절(____ ~ slow)이 동사(is)의 주어 자리에 있으므로 명사절 접속사 (c)와 (d)가 정답의 후보입니다. 빈칸 뒤의 절이 주어(the trains), 동사(are), 보어(slow)를 갖춘 완전한 문장이므로 (d) That이 정답입니다.

해석 기차가 항상 느리다는 점이 그 시가 철도 시스템을 개선시키는 이유이다.

어휘 rail system 철도 시스템

12
해설 그날 밤 '모두가 자리를 뜨기 전에'라는 의미가 되어야 자연스러우므로 '~하기 전에'를 뜻하는 부사절 접속사 (a) before가 정답입니다.

해석 그날 밤 모두가 자리를 뜨기 전에 그 내빈은 간단한 인사말을 하려고 했다.

어휘 guest of honor (만찬회 등의) 내빈   depart [dipáːrt] 떠나다

13
해설 빈칸 앞에 부사절 접속사(when)가 있으므로 빈칸에는 '주어 + 동사' 형

태가 와야 합니다. 따라서 (c)와 (d)가 정답의 후보입니다. 보기의 it이 가리키는 its price(이것의 가격)와 adjust(조정하다)가 '이것의 가격이 조정되다'라는 수동의 의미로 해석되므로 수동태 (d) it was adjusted for inflation이 정답입니다.

해석 현재의 석유 가격은 인플레이션으로 인하여 석유 가격이 조정되었을 때인 1982년보다 30퍼센트 더 낮다.

14

해설 '학생들이 공부하는 데 많은 시간을 들여야 하는 반면에'라는 의미가 되어야 하므로 '~한 반면에'를 뜻하는 (a) While이 정답입니다.

해석 학생들은 공부하는 데 많은 시간을 들여야 하는 반면에, 친구들과 어울려야 한다는 것을 깨닫는 것 또한 중요하다.

어휘 socialize[sóuʃəlàiz] 어울리다

15

해설 '거주 증명서를 발급받기 위해'라는 의미가 되어야 하므로 '~하기 위해'를 뜻하는 (c) so that이 정답입니다.

해석 그 나라에 세 달 이상 체류하고자 하는 외국 국민은 거주 증명서를 발급받기 위해 출입국 관리소를 방문해야 한다.

어휘 national[nǽʃənl] 국민 intend[inténd] ~하려고 생각하다
immigration[ìməgréiʃən] 출입국 관리소
certificate[sərtífikət] 증명서

16

해설 주어(Raymond), 동사(provided), 목적어(two signed letters)를 갖춘 완전한 문장이 왔으므로 빈칸을 포함한 부분(___ ~ history)은 수식어 자리입니다. 주절의 주어 Raymond와 보기의 suspect(의심하다)가 'Raymond는 의심을 받았다'라는 수동의 의미로 해석되므로 과거분사 (d) Suspected가 정답입니다.

해석 직업 이력을 조작했다는 의심을 받았기 때문에 Raymond는 그의 예전 고용주들에게서 받은 두 통의 서명된 편지를 제공했다.

어휘 fabricate[fǽbrikèit] 조작하다

17

해설 '만약 빚을 갚아줄 수 있는 바이어가 찾아지지 않는다면'이라는 의미가 되어야 하므로 '만약 ~하지 않는다면'을 뜻하는 (c) unless가 정답입니다.

해석 만약 빚을 갚아줄 수 있는 바이어가 찾아지지 않는다면, 그 회사는 파산할 것이다.

어휘 go bankrupt 파산하다 pay off 갚다, 청산하다 debt[det] 빚

18

해설 '비록 여러 번의 삭감이 있었지만'이라는 의미가 되어야 하므로 '비록 ~하지만'을 뜻하는 (b) although가 정답입니다.

해설 몇 시간의 심사숙고 뒤에, 비록 여러 번의 삭감이 있었지만 재무 위원회는 연간 예산안을 제출했다.

어휘 deliberation[dilìbəréiʃən] 심사숙고 lest[lest] ~하지 않게

19

해설 (c)에서 while은 '제 비서에게 그것들을 맡겨 주시면'이라는 의미가 되어

야 하므로, while은 '만약 ~라면'을 뜻하는 if로 바뀌어야 맞습니다.

해설 (a) A: Ted, 제가 요청했던 그 계획안들을 언제 볼 수 있는지 궁금해요.
(b) B: 지금 당장 필요한가요? 오늘 오후까지는 드릴 수 있어요.
(c) A: 좋아요. 제 비서에게 그것들을 맡겨 주시면 고맙겠어요.
(d) B: 알겠어요. 반드시 그녀가 받을 수 있도록 할게요.

어휘 wonder[wʌ́ndər] 궁금해하다, 알고 싶어하다

20

해설 (a)에서 주어(Allowing ~ first), 동사(is), 보어(a naval procedure)를 갖춘 완전한 문장이 왔으므로, 접속사 없이 동사(utilize)가 또 나오면 틀립니다. 꾸밈을 받는 명사 a naval procedure(해군의 절차)와 utilize(사용하다)가 '사용되는 해군의 절차'라는 수동의 의미로 해석되므로 동사 utilize는 수식어 자리에 올 수 있는 과거분사 utilized로 바뀌어야 맞습니다.

해설 (a) 여자와 아이들을 먼저 구명보트에 태우는 것은 배를 버려야 할 때 사용되는 해군의 절차이다. (b) 1852년, Birkenhead호가 침몰하는 동안, 해군 중령 Alexander Seton과 그의 부대에 의해 이 개념은 유명해졌다. (c) 이야기에 따르면, 다른 모든 사람들이 구명보트를 향해 달려갈 때, Seton과 그의 대원들은 장교들의 부녀자와 아이들이 먼저 갈 수 있도록 그들의 자리에서 꿈쩍도 하지 않았다고 한다. (d) 그 용감한 행동의 결과로, 모든 여자와 아이들은 구조되었다.

어휘 lifeboat[láifbòut] 구명보트 naval[néivəl] 해군의
abandon[əbǽndən] 버리다 lieutenant colonel 중령
troop[tru:p] 군대 account[əkáunt] 이야기
stand one's ground 자리에서 꿈쩍도 하지 않다
proceed[prəsí:d] 가다, 나아가다 gallant[gǽlənt] 용감한

CHAPTER 18 관계절

텝스 실전 확인 문제

1. 관계절 자리 (a) p.149

해설 주어(The only thing), 동사(is), 보어(finishing)를 갖춘 완전한 문장이 왔으므로 빈칸 이하(___ I'm concerned about)는 수식어 자리이며, 선행사(The only thing)를 수식하는 관계절입니다. 따라서 형용사 역할을 하면서 수식어 자리에 올 수 있는 관계대명사 (a) that이 정답입니다.

해설 A: 당신의 프로젝트는 모두 다 잘 진행되고 있나요?
B: 제가 걱정하는 단 한가지는 제시간 내에 끝내는 것이에요.

어휘 be concerned about ~을 걱정하다, ~에 관심을 가지다

2. 관계대명사 (b) p.150

해설 선행사 the tourists가 사람이므로 (a)와 (b)가 정답의 후보입니다. 빈칸에 들어갈 관계대명사가 관계절 내 동사(were)의 주어 역할을 해야 하므로 주격 관계 대명사 (b) who가 정답입니다.

해설 그 남자는 지도를 보고 있었던 관광객들에게 다가갔다.

어휘 approach[əpróutʃ] 가까이 다가가다 tourist[túərist] 관광객

3. 전치사 + 관계대명사   (c)   p. 151

해설 주어(Orson Welles), 동사(made), 목적어(a film)를 갖춘 완전한 문장이 왔으므로 빈칸 이하(___ ~ depicted)는 수식어 자리이며, 선행사(a film)를 수식하는 관계절입니다. 빈칸 뒤에 주어(the rise ~ tycoon), 동사(was depicted)를 갖춘 완전한 문장이 왔으므로 완전한 문장을 이끌 수 있는 (c)와 (d)가 정답의 후보입니다. '영화 안에서 부유한 기업계 거물의 흥망성쇠가 그려졌다'는 의미가 되어야 하므로 '~ 안에서'라는 뜻을 나타내는 전치사 in을 포함한 (c) in which가 정답입니다.

해석 Orson Welles는 부유한 기업계 거물의 흥망성쇠가 그려진 영화를 제작했다.

어휘 the rise and fall 흥망성쇠   tycoon[taikúːn] 거물
depict[dipíkt] 그리다, 묘사하다

4. 관계부사   (a)   p. 152

해설 주어(That), 동사('s), 보어(the reason)를 갖춘 완전한 문장이 왔으므로 빈칸 이하(___ ~ work)는 수식어 자리입니다. 따라서 수식어 자리에 올 수 있는 관계부사 (a), (b), (d)가 정답의 후보입니다. 선행사 the reason이 이유를 나타내므로 이유 선행사 뒤에 오는 관계부사 (a) why가 정답입니다.

해석 A: 당신이 실수를 하면 당신의 관리자가 매우 화를 낼 거예요.
B: 그것이 제가 제 일에 대해 스트레스를 받는 이유예요.

HACKERS PRACTICE   p. 153

01 (b)	02 (a)	03 (b)	04 (a)	05 (b)
06 (a)	07 who → whose
08 whose → whom	09 in which → for which
10 which → with which	11 which → who
12 which → where

01

해설 선행사 the man이 빈칸 뒤의 명사 dog 앞에 와서 '그 남자의 개'라는 소유격의 의미를 만들어야 하므로 소유격 관계대명사 (b) whose가 정답입니다.

해석 이웃들은 시끄러운 소리를 많이 내는 개의 주인인 그 남자에게 불평했다.

어휘 complain[kəmpléin] 불평하다

02

해설 선행사 the town이 장소를 나타내므로 장소 선행사 뒤에 오는 관계부사 (a) where가 정답입니다.

해석 매년 대략 2만 명의 사람들이 그 유명 배우가 자란 마을을 방문한다.

어휘 roughly[rʌ́fli] 대략   grow up 자라다

03

해설 주어(Julia), 동사(bought), 목적어(the outfit)를 갖춘 완전한 문장이 왔으므로 빈칸 이하(___ ~ recently)는 수식어 자리입니다. 따라서 수식어 자리에 올 수 있는 관계절을 이끄는 관계대명사 (b) that이 정답입니다.

해석 Julia는 그녀가 가장 좋아하는 유명인이 최근 텔레비전에서 입었던 옷을 구입했다.

어휘 outfit[áutfit] 옷   celebrity[səlébrəti] 유명인

04

해설 선행사 a German social activist가 사람이므로 (a) who가 정답입니다.

해석 Mathilde Anneke는 19세기 중반에 미국으로 간 독일의 사회 운동가였다.

어휘 activist[ǽktəvist] (정치·사회) 운동가

05

해설 선행사 The day를 수식하는 관계절(___ ~ meet)이 주어(the board of directors), 동사(will meet)를 갖춘 완전한 문장이므로 완전한 문장 앞에 오는 관계부사 (b) when이 정답입니다.

해석 이사회가 만날 날은 다음 수요일로 변경되었다.

어휘 the board of directors 이사회   following[fálouiŋ] 다음의

06

해설 선행사 The key가 사물이므로 (a) which가 정답입니다.

해석 재무 자료 사본이 들어있는 캐비닛을 여는 열쇠는 내 책상 위에 있다.

어휘 financial[finǽnʃəl] 재무의

07

해설 선행사 Incoming students와 관계대명사 who 뒤의 명사 native language가 '그들의 모국어'라는 소유격의 의미를 만들어야 하므로 who는 소유격 관계대명사 whose로 바뀌어야 맞습니다.

해석 모국어가 영어가 아닌 신입생들은 언어 능력 시험을 치뤄야만 합니다.

어휘 incoming[ínkʌ̀miŋ] 신입의   proficiency[prəfíʃənsi] 능력, 능숙

08

해설 전치사(of)의 목적어 자리에 소유격 관계대명사(whose)가 와서 틀립니다. 전치사의 목적어 자리에 올 수 있는 것은 목적격 관계대명사이므로 소유격 관계대명사 whose는 목적격 관계대명사 whom으로 바뀌어야 맞습니다.

해석 국가 노동 인구 중 거의 370만 명이 55세에서 64세 사이의 연령이고, 그들 중 많은 사람들이 은퇴 시기에 가까워지고 있다.

어휘 working population 노동 인구   near[niər] 가까워지다
retirement[ritáiərmənt] 은퇴

09

해설 관계절(in which they may qualify)에서 관계대명사 which 앞에 전치사 in이 와서 틀립니다. 선행사 scholarship과 관계절이 '장학금을 위한 자격을 얻을 수도 있다'라는 의미가 되어야 하므로 선행사 scholarship과 관계절은 '~을 위해'를 뜻하는 전치사 for로 연결되어야 합니다. 따라서 in which는 for which로 바뀌어야 맞습니다.

해석 학자금 지원이 필요한 학생들은 그들이 자격을 얻을 수도 있는 장학금의

종류를 알아내기 위해 대학교 웹사이트를 확인해 볼 수 있다.

어휘 financial aid 학자금 지원

10
해설 주어(A thermometer), 동사(is), 보어(a device)를 갖춘 완전한 문장 앞에 관계대명사 which가 오면 틀립니다. 선행사 a device와 관계절이 '온도계를 가지고 의사들은 환자들의 체온을 측정한다'라는 의미가 되어야 하므로 선행사 a device와 관계절은 '~을 가지고'를 뜻하는 전치사 with로 연결되어야 합니다. 따라서 which는 with which로 바뀌어야 맞습니다.

해석 온도계는 의사가 환자의 체온을 측정할 수 있는 기구이다.

어휘 thermometer [θərmámətər] 온도계

11
해설 선행사 a cousin이 사람인데 which가 와서 틀립니다. which는 선행사가 사람일 때 쓰는 who로 바뀌어야 맞습니다.

해석 나에게는 드럼 연주를 시작해서 중고 드럼 세트를 사고 싶어하는 사촌이 한 명 있다.

어휘 used [júːzd] 중고의

12
해설 주어(he), 동사(grew up)를 갖춘 완전한 문장 앞에 관계대명사 which가 오면 틀립니다. 선행사 the town이 장소이므로 which는 완전한 절을 이끌면서 장소 선행사 뒤에 오는 관계부사 where로 바뀌어야 맞습니다.

해석 2주의 휴가 기간 동안, Tom은 그가 성장한 마을을 방문하기로 결정했다.

HACKERS TEST
p. 154

01 (b)	02 (d)	03 (b)	04 (a)	05 (d)
06 (a)	07 (b)	08 (d)	09 (d)	10 (a)
11 (b)	12 (b)	13 (a)	14 (a)	15 (c)
16 (c)	17 (b) which → who
18 (d) which → in which
19 (b) completing → to complete
20 (c) that → which

01
해설 주어(I), 동사('d want), 목적어(one)를 갖춘 완전한 문장이 왔으므로 빈칸 이하(___ ~ positions)는 수식어 자리이며, 빈칸 앞의 명사 a city를 수식하는 관계절입니다. 이 관계절은 주어(I), 동사(might be able to find), 목적어(internship positions)를 갖춘 완전한 절이며, 그 앞에 장소 선행사 a city가 있습니다. 따라서 관계부사 (b) where가 정답입니다.

해석 A: 대학원에 지원한다면, 어떤 학교를 찾을거야?
B: 나는 인턴십 자리를 찾을 수 있는 도시 내의 학교를 원해.

어휘 graduate school 대학원

02
해설 주어(All the items)와 동사(will be delivered)를 갖춘 완전한 문장이 왔으므로 빈칸 이하(___ in your order)는 수식어 자리입니다. 꾸밈을 받는 명사 items(물품들)와 보기의 include(포함하다)가 '포함된 제품들'이라는 수동의 의미로 해석되므로 과거분사 (d) included가 정답입니다.

해석 A: 제 모든 구매품들이 같은 날에 도착할까요?
B: 물론이죠. 손님의 주문에 포함된 모든 제품들이 내일 배송될 것입니다.

03
해설 주어(I), 동사(have), 목적어(a checkup)를 갖춘 완전한 문장이 왔으므로 빈칸을 포함한 부분(after ___ ~ you)은 수식어 자리입니다. 따라서 수식어 자리에 올 수 있는 관계절을 이끄는 관계대명사 (b)와 관계부사 (d)가 정답의 후보입니다. 선행사 checkup이 사물이므로 사물을 가리키면서, 전치사(after)와 함께 쓰일 수 있는 관계대명사 (b) which가 정답입니다.

해석 A: 점심 식사하러 금요일에 만나는 게 어때요?
B: 건강 검진이 있는데, 그 후에 당신을 만날 수 있어요.

어휘 checkup [tʃékʌp] 건강 검진

04
해설 '테이블 위에'라는 의미가 되어야 하므로 '~ 위에'를 뜻하는 전치사 (a) on이 정답입니다.

해석 A: 테이블 위에 있는 이 장갑들이 당신의 것인가요?
B: 아니요. 저도 그것들이 누구의 것인지 궁금해 하고 있었어요.

05
해설 선행사 someone이 빈칸 뒤의 명사 typing skills 앞에 와서 '누군가의 타이핑 능력'이라는 소유격의 의미를 만들어야 하므로 소유격 관계대명사 (d) whose가 정답입니다.

해석 A: 업무 비서 자리가 비어 있다고 들었습니다.
B: 네. 저희는 타이핑 능력이 뛰어난 사람을 찾고 있어요.

어휘 administrative assistant 업무 비서

06
해설 선행사 managers가 사람이므로 (a)와 (d)가 정답의 후보입니다. 빈칸에 들어갈 관계대명사가 관계절(___ ~ employees)에서 동사(compliment)의 주어 역할을 해야 하므로 주격 관계대명사 (a) who가 정답입니다.

해석 연구에 따르면 부하 직원을 칭찬하는 관리자들이 사무실의 사기를 높인다고 한다.

어휘 compliment [kámpləmənt] 칭찬하다   morale [mərǽl] 사기

07
해설 빈칸은 관계절(seventeen ~ active) 내의 동사 자리이며 관계절의 동사는 선행사에 수 일치 시켜줍니다. 따라서, 선행사 100 volcanoes가 복수이므로 복수 동사 (b)와 (d)가 정답의 후보입니다. '17개가 활화산이다'라는 현재의 상태를 나타내므로 현재 시제 (b) are가 정답입니다.

해석 러시아의 쿠릴 열도에는 100개가 넘는 화산이 있는데, 이 중 17개가 활화산이다.

어휘 volcano [vɑlkéinou] 화산

Chapter 18 관계절 **63**

08

해설 주어(Darren Ayles and Mark Fenton), 동사(were)를 갖춘 완전한 문장이 왔으므로 빈칸을 포함한 부분(both ~ movie)은 수식어 자리이며, 선행사(Darren Ayles and Mark Fenton)를 수식하는 관계절입니다. 선행사 Darren Ayles and Mark Fenton이 사람이므로 (a), (b), (d)가 정답의 후보입니다. 빈칸은 전치사(of)의 목적어 자리이므로 목적격 관계대명사 (d) whom이 정답입니다. 관계대명사 (a) that은 전치사 다음에 쓰일 수 없으므로 오답입니다.

해석 영화 시사회에 Darren Ayles와 Mark Fenton이 있었는데, 그 둘은 모두 그 영화에서 남자 주인공으로 출연했다.

어휘 film premiere 영화 시사회   feature [fí:tʃər] (배우를) 주연시키다
hero [híərou] 남자 주인공

09

해설 주어(Physician assistants)와 동사(are licensed)를 갖춘 완전한 문장이 왔으므로 빈칸은 선행사 services를 수식하는 수식어 자리입니다. 문맥상 빈칸은 '의사들에 의해 전통적으로 제공된'이라는 의미가 되어야 하므로 '제공된'이라는 수동의 의미를 나타내는 과거 분사 rendered로 시작된 (d) traditionally rendered by doctors가 정답입니다. 참고로, '주격 관계대명사 + be동사' 형태의 which were가 traditionally rendered by doctors 앞에 생략되어 있는 것입니다.

해석 의료 보조자들은 의사들에 의해 전통적으로 제공된 서비스를 환자에게 제공하도록 허가받았다.

어휘 physician assistant 의료 보조자
license [láisəns] (공적으로) 허가하다
traditionally [trədíʃənəli] 전통적으로

10

해설 주절의 시제가 과거(published)이므로 종속절에는 과거나 과거 완료 시제가 올 수 있습니다. 따라서 과거 시제 (a) lasted가 정답입니다. (c)는 last가 '지속하다'를 뜻할 때 자동사여서 수동태가 될 수 없으므로 오답입니다.

해석 Young 교수는 20년간 지속된 재직 기간 동안 총 40편의 연구 논문을 발표했다.

어휘 publish [pʌ́bliʃ] 발표하다   paper [péipər] 논문
tenure [ténjər] 재직 기간

11

해설 빈칸 이하(___ new products)는 전치사(for)의 목적어 자리이므로 전치사의 목적어 자리에 올 수 있는 명사(the unique opportunities)로 시작한 (b) the unique opportunities they offer to promote가 정답입니다. 참고로, (b)는 명사(the uinique opportunities)를 관계절(they offer to promote)이 뒤에서 수식해 주는 형태입니다.

해석 신제품 홍보에 제공하는 특별한 기회 때문에 회사들은 이제 소셜 네트워킹 기술과 온라인 마케팅에 의존하고 있다.

어휘 depend on ~에 의존하다   unique [ju:ní:k] 특별한

12

해설 주어(Carbon dioxide), 동사(enters), 목적어(a plant's leaves)를 갖춘 완전한 문장이 왔으므로 빈칸 이하(___ ~ photosynthesis)는 수식어 자리이며, 선행사 leaves를 수식하는 관계절입니다. 빈칸 뒤에 주어 (it), 동사(is converted)를 갖춘 완전한 문장이 왔으므로 완전한 문장을 이끌 수 있는 관계부사 (a)와 (b)가 정답의 후보입니다. 선행사 leaves가 문맥상 '이산화탄소를 당으로 바꾸는 곳'인 장소이므로 장소 선행사 뒤에 오는 (b) where가 정답입니다.

해석 이산화탄소는 식물의 나뭇잎으로 들어가는데, 그곳에서 광합성을 통해 당으로 바뀐다.

어휘 carbon dioxide 이산화탄소   convert [kənvə́:rt] 바꾸다
sugar [ʃúgər] 당   photosynthesis [fòutousínθəsis] 광합성

13

해설 관계절(___ ~ behaviors)에 주어(children), 동사(learn), 목적어(behaviors)를 갖춘 완전한 문장이 왔으므로 완전한 절을 이끌 수 있는 (a)와 (b)가 정답의 후보입니다. '아이들이 그 방법에 의해 행동 양식을 배운다'라는 의미가 되어야 하므로 선행사 a method와 관계절은 '~에 의해'를 뜻하는 전치사로 연결되어야 합니다. 따라서 '~에 의해'를 뜻하는 전치사 by를 포함한 (a) by which가 정답입니다.

해석 보보 인형 실험은 관찰 학습이 아이들이 행동을 배우는 방법이었다는 것을 입증했다.

어휘 Bobo doll 보보 인형, 커다란 오뚜기 모양의 인형
experiment [ikspérəmənt] 실험   establish [istǽbliʃ] 입증하다
observational learning 관찰 학습   behavior [bihéivjər] 행동 양식

14

해설 빈칸을 포함한 부분(for ___ they are applying)은 선행사 the loans를 수식하는 관계절입니다. 선행사 the loans가 사물이므로 사물을 가리키는 관계대명사 (a)와 (c)가 정답의 후보입니다. 이 중에서 전치사(for)와 함께 쓰일 수 있는 관계대명사 (a) which가 정답입니다. 참고로, (c) that은 전치사 다음에 쓰일 수 없으므로 오답입니다.

해석 지원자들은 그들이 신청하는 대출에 대한 승인을 받기 전에 소득 증명서를 제출해야만 한다.

어휘 applicant [ǽplikənt] 지원자   income [ínkʌm] 소득
loan [loun] 대출

15

해설 '당뇨병과 대기 오염 사이에 강력한 연관성이 있다'라는 의미가 되어야 하므로 '~ 사이에'를 뜻하는 전치사 (c) between이 정답입니다.

해석 미국에서 행해진 한 최신 연구는 당뇨병과 대기 오염 사이에 강력한 연관성이 존재함을 발견했다.

어휘 link [liŋk] 연관성   diabetes [dàiəbí:tis] 당뇨병
air pollution 대기 오염

16

해설 빈칸 이하(___ ~ entitled)는 선행사 a right을 수식하는 관계절입니다. 빈칸 뒤에 주어(everyone)와 동사(is entitled)를 갖춘 완전한 문장이 왔으므로 완전한 문장을 이끌 수 있는 (c) to which가 정답입니다.

해석 투표는 민주주의 사회 내의 모든 이들에게 부여된 권리이다.

어휘 democratic [dèməkrǽtik] 민주주의의

17

해설 (b)에서 관계절(which makes jewelry) 앞에 나온 선행사 My friend

가 사람이므로 which가 오면 틀립니다. which는 who로 바뀌어야 맞습니다.

해석 (a) A: 새 귀걸이를 하고 있군요.
(b) B: 보석을 만드는 제 친구가 선물로 이 귀걸이를 제게 줬어요.
(c) A: 참 친절하군요! 저 파란색 단추형 보석이 당신의 눈 색깔을 완벽히 돋보이게 하네요.
(d) B: 고마워요. 그것이 이 색을 고른 이유라고 그녀가 말하더라구요.

어휘 stud[stʌd] 단추형 장신구

18

해설 (d)에서 주어(the skin), 동사(is scrubbed)를 갖춘 완전한 문장 앞에 관계대명사 which가 오면 틀립니다. 선행사 a procedure와 관계절이 '그 시술에서 피부를 문지른다'라는 의미가 되어야 하므로 선행사 a procedure와 관계절 사이에 '~에서'를 뜻하는 전치사 in을 넣어 주어야 합니다. 따라서 which는 in which로 바뀌어야 맞습니다.

해석 (a) A: 제 여드름 흉터를 없애고 싶지만, 성형수술은 하고 싶지 않아요.
(b) B: 흉터가 심하지 않아서 수술을 이용한 치료는 추천하지 않아요. 피부 찰상법이 효과가 좋을 것 같군요.
(c) A: 피부 찰상법이 정확히 뭐죠? 한 번도 들어본 적이 없어요.
(d) B: 간단히 말해서, 흉터 조직의 표층을 제거하기 위해 피부를 문지르는 시술이에요.

어휘 acne[ǽkni] 여드름 keen on ~을 하고 싶어 하는, ~에 열중하여
plastic surgery 성형수술 treatment[tríːtmənt] 치료
dermabrasion[dəːrməbréiʒən] 피부 찰상법
procedure[prəsíːdʒər] 시술, 수술 scrub[skrʌb] 문지르다
remove[rimúːv] 제거하다 tissue[tíʃuː] 조직

19

해설 (b)에서 동사 expect의 목적격 보어 자리에 동명사가 와서 틀립니다. expect는 목적격 보어로 to 부정사를 가지므로 동명사 completing은 to 부정사 to complete로 바뀌어야 맞습니다.

해석 (a) A: Jake는 요즘 정말 스트레스가 많아 보여요, 그렇지 않아요?
(b) B: 그의 상사는 그가 큰 프로젝트를 한 달 만에 끝내기를 기대하고 있어요.
(c) A: 그렇게 지나친 일정이 그에게 주어지는 건 옳지 않아요.
(d) B: 음, 그의 말로는 이번에 이 프로젝트를 끝낸다면, 아마 승진이 될 거래요.

어휘 complete[kəmplíːt] 끝내다
unreasonable[ʌnríːzənəbl] 지나친, 부당한
promotion[prəmóuʃən] 승진

20

해설 (c)에서 전치사(from) 다음에 관계대명사 that이 와서 틀립니다. that은 전치사와 함께 쓰일 수 없으므로 that은 전치사와 함께 쓰일 수 있는 which로 바뀌어야 맞습니다.

해석 (a) 영어에서 사용되는 어휘 중 거의 삼분의 일은 라틴어에서 유래했다.
(b) 하지만, 관련된 의미를 갖는 새 어휘를 만들기 위해 어휘의 형태가 원래의 라틴어 형태에서 바뀌었다. (c) 예를 들어, 'year(연도)'를 뜻하는 라틴어는 'annus'인데 이 단어에서 'annual(해마다의)'과 'anniversary(기념일)'라는 어휘가 파생됐다. (d) 그러므로, 라틴어 어근을 아는 것은 라틴어와 어원이 같은 영어 어휘를 번역하는 데 실마리를 제공해 줄 수 있다.

어휘 nearly[níərli] 대략 originate[ərídʒənèit] 유래하다
shift[ʃift] 바꾸다 related[riléitid] 관련된
derive[diráiv] 파생하다, 유래하다 root[ruːt] (언어) 어근
decipher[disáifər] 번역하다 cognate[kágneit] 어원이 같은 말

CHAPTER 19 어순

텝스 실전 확인 문제

1. 평서문·명령문의 어순 (d)   p. 157

해설 보기에 주어진 동사 think가 일반동사이므로, not으로 부정문을 만들기 위해서는, do동사를 써서 'do / does / did + not + 동사원형'의 어순이 되어야 합니다. 따라서 (d) I don't think가 정답입니다.

해석 A: 오늘 연습은 힘들었어. 지난번 경기에서 진 것 때문에 감독님이 우리에게 벌을 주고 계시는걸까?
B: 난 그게 그분의 의도라고 생각하지 않아.

어휘 tough[tʌf] 힘든, 어려운 intention[inténʃən] 의도, 의사, 목적

2. 의문문의 어순 (c)   p. 158

해설 빈칸은 한 문장(OK, but can you first tell me ____) 내에서 문제가 무엇에 관한 것인지'를 의미하는 의문문, 즉 간접 의문문이 올 수 있습니다. 따라서 '의문사 + 주어 + 동사'의 어순을 따른 (c) what the problem is concerning이 정답입니다.

해석 A: 안녕하세요, 저는 제 컴퓨터를 고쳐줄 누군가가 필요해요.
B: 알았어요, 그런데 우선 문제가 무엇에 관한 것인지 저에게 알려 주시겠어요?

3. 감탄문의 어순 (d)   p. 159

해설 빈칸 앞에 how가 있고, 문맥상 '그게 그에게 얼마나 힘들지'라는 의미의 감탄문이 와야 하므로 how 감탄문에서 how 뒤에 '형용사 + 주어 + 동사'의 어순을 따른 (d) difficult it is for him이 정답입니다.

해석 A: Ned는 해고당한 것에 대해 상심한 것 같아 보여요.
B: 그가 가장이잖아요, 그래서 난 그게 그에게 얼마나 힘들지 짐작할 수 있어요.

어휘 lay off 해고하다 breadwinner[brédwìnər] 가장
imagine[imǽdʒin] 짐작하다

4. 명사를 수식하는 요소들의 어순 (a)   p. 160

해설 명사 place를 앞에서 '소유격 + 형용사'의 어순으로 수식하고 있는 (a) Her new place가 정답입니다.

해석 A: 이번 주말에 Jacky가 이사하는 것을 도와줬니?
B: 응. 그녀의 새 집은 멋져.

어휘 fantastic[fæntǽstik] 멋진, 굉장한

Chapter 19 어순 **65**

HACKERS PRACTICE   p.161

01 (a)	02 (a)	03 (b)	04 (a)	05 (b)

06 (b) **07** told he → he told
08 was the assignment → the assignment was
09 let not → not let
10 how employee high morale is
   → how high employee morale is
11 pretty a relaxing → a pretty relaxing
12 a good friend Matthew → Matthew a good friend

01
해설 빈칸 앞의 How가 있고, 문맥상 '그가 얼마나 빠르게 스페인어로 말하는지'라는 의미의 감탄문이 와야 하므로 how 감탄문의 어순 'How + 형용사/부사 + 주어 + 동사'를 따른 (a) fluently he speaks가 정답입니다.

해석 그가 얼마나 유창하게 스페인어로 말하는지!

02
해설 명사 player를 앞에서 '관사 + 부사 + 형용사'의 어순으로 수식하고 있는 (a) a very professional player가 정답입니다.

해석 투수로서 그가 가진 기술로, Keith는 매우 전문적인 선수가 될 수 있었다.

어휘 pitcher [pítʃər] 투수

03
해설 이 문장은 조동사(should)가 있는 의문문이므로 '의문사 + 조동사 + 주어 + 동사'의 어순을 따른 (b) Why should we replace가 정답입니다.

해석 프린터를 수리하는 데 그렇게 많은 비용이 들지 않는다면 왜 우리가 프린터를 교체해야 하나요?

04
해설 빈칸은 한 문장 내에서 '왜 그들의 식사가 늦게 나오는지'를 의미하는 의문문 즉, 간접 의문문이 올 수 있습니다. 따라서 의문사 why 뒤에 '주어 + 동사'의 어순을 따른 (a) their meals were가 정답입니다.

해석 손님들은 왜 그들의 식사가 늦게 나오는지 묻기 위해 웨이터를 불렀다.

어휘 call over 부르다

05
해설 4형식 동사 give 다음에는 '간접 목적어(~에게) + 직접 목적어(~을)'의 순서로 오므로 이 어순을 따른 (b) give himself time이 정답입니다.

해석 Ron은 비행기에 탑승하기 전에 자기 자신에게 여유 시간을 주기 위해 빠르게 차를 운전해 공항으로 갔다.

어휘 time to spare 여유 시간

06
해설 명사 cave를 앞에서 '관사 + 부사 + 형용사'의 어순으로 수식하고 있는 (b) an extremely deep cave가 정답입니다.

해석 Carlsbad Caverns는 뉴멕시코의 남동부에 있는 굉장히 깊은 동굴 지역이다.

07
해설 What 감탄문에서 주어(he)와 동사(told)의 순서가 바뀌어서 틀립니다. What 감탄문은 'What (+ a/an) + 형용사 + 명사 + 주어 + 동사'의 순서를 따르므로 What clever jokes 다음에 told he는 he told로 바뀌어야 맞습니다.

해석 그가 파티에 왔을 때 얼마나 재치 있는 농담을 했는지!

어휘 clever [klévər] 재치 있는

08
해설 간접 의문문은 '의문사 + 주어 + 동사'의 어순을 따라야 하는데, 의문사 when 다음에 주어(the assignment)와 동사(was)의 순서가 바뀌어서 틀립니다. was the assignment는 the assignment was로 바뀌어야 맞습니다.

해석 나의 선생님은 언제 과제를 끝마칠 수 있을지 나에게 물었다.

09
해설 조동사(will)가 있는 평서문의 부정문은 '조동사 + not + 동사원형'의 어순을 따라야 하는데, not과 동사원형 let의 순서가 바뀌어서 틀립니다. 따라서 조동사 will 다음에 let not은 not let으로 바뀌어야 맞습니다.

해석 경비는 방문객들이 정당한 허가증을 가지고 있지 않는 한 그들을 실험실로 들여보내지 않을 것이다.

어휘 security [sikjúːərəti] 경비   laboratory [lǽbrətɔ̀ːri] 실험실
proper [prάpər] 정당한   authorization [ɔ̀ːθərizéiʃən] 허가증

10
해설 how 감탄문에서 형용사(high)와 주어(employee morale)의 순서가 바뀌어서 틀립니다. How 감탄문은 'How + 형용사/부사 + 주어 + 동사'의 어순을 따르므로 how employee high morale is는 how high employee morale is로 바뀌어야 맞습니다.

해석 그들은 현재 직원들의 사기가 얼마나 높은지 알아보고 싶어한다.

어휘 gauge [geidʒ] 알아보다, 파악하다   morale [mərǽl] 사기

11
해설 명사 vacation을 앞에서 '관사 + 부사 + 형용사'의 어순으로 수식해야 하므로 pretty a relaxing은 a pretty relaxing으로 바뀌어야 맞습니다.

해석 Mr. Porter는 그가 지난주에 바하마에 갔을 때 꽤 편안한 휴가를 보냈다고 말했다.

어휘 relaxing [rilǽksiŋ] 편안한

12
해설 동사 consider(considers) 다음에 목적어(Matthew)와 목적격 보어(a good friend)의 순서가 바뀌어서 틀립니다. 동사 consider가 '~을 -라고 여기다'라는 5형식의 의미로 쓰이면 'consider + 목적어 + 목적격 보어' 순서로 옵니다. 'Matthew를 좋은 친구로 여긴다'라는 의미가 되어야 하므로 a good friend Matthew는 Matthew a good friend로 바뀌어야 맞습니다.

해석 비록 서로 다른 나라에 살고 있지만, Nathan은 Matthew를 좋은 친구로 여긴다.

HACKERS TEST   p. 162

01 (b)	02 (a)	03 (d)	04 (c)	05 (d)
06 (b)	07 (d)	08 (c)	09 (b)	10 (c)
11 (a)	12 (a)	13 (c)	14 (a)	15 (b)

16 (b)
17 (b) you are → are you
18 (b) a different few → a few different
19 (c) there one was → there was one
20 (c) in bandages wrapped → wrapped in bandages

01

해설 보기의 동사 need가 일반동사이므로, not으로 부정문을 만들기 위해서는 조동사 do를 써서 'do/does/did + not + 동사원형'의 어순이 되어야 합니다. 따라서 (b) I didn't need it이 정답입니다.

해석 A: 당신의 새로운 GPS 추적 장치가 하이킹 할 때 도움이 되었나요?
B: 가져가서 만족하긴 했지만, 그것이 필요하진 않았어요.

어휘 tracker[trǽkər] 추적 장치   glad[glæd] 만족한

02

해설 빈칸은 '이따가 운동하는 것에 대해서'라는 의미가 되어야 하므로 '~에 대해서'를 뜻하는 전치사 about이 가장 먼저 오고, 전치사의 목적어 자리에 동명사구(working out)가 나온 (a) about working out later today가 정답입니다.

해석 A: 오늘 오후에 체육관에 가요.
B: 좋아요. 오늘 이따가 운동하려고 생각하고 있었어요.

어휘 work out 운동하다

03

해설 보기의 동사 keep(keeps)이 '~을 -하게 유지하다'라는 5형식의 의미로 쓰이면 'keep + 목적어 + 목적격 보어'의 순서로 오므로 이 어순을 따른 (d) keeps it very low key가 정답입니다.

해석 A: 이 화랑은 굉장히 평온한 분위기이군요.
B: 조명이 분위기를 아주 차분하게 유지시켜 주네요.

어휘 atmosphere[ǽtməsfìər] 분위기, 공기   low key 차분한, 자제하는

04

해설 빈칸은 한 문장(Do you know ____?) 내에서 '기념품점이 어디에 있는지'를 의미하는 간접 의문문입니다. 따라서 '의문사 + 주어 + 동사'의 어순을 따른 (c) where the souvenir shop is가 정답입니다.

해석 A: 기념품점이 어디에 있는지 아시나요?
B: 입구를 통과해서 가시면 로비 바로 맞은 편에서 찾으실 수 있을 거예요.

어휘 opposite[ápəzit] ~의 맞은 편에   souvenir[sùːvəníər] 기념품

05

해설 빈칸은 동사(seem)의 보어 자리이므로 형용사 certain이 포함된 (c)와 (d)가 정답의 후보입니다. 문맥상 '어떻게 시작할지 아주 확신하는'이라는 의미가 되어야 하므로 quite certain 다음에 '어떻게 ~할지'를 나타내는 'how + to 부정사'가 나온 (d) quite certain how to go about it이 정답입니다.

해석 A: Drew가 그 컴퓨터를 고칠 수 있었다니 놀랐어요.
B: 흠, 그는 처음엔 어떻게 시작할지 그다지 확신하는 것 같지 않았어요.

어휘 fix[fiks] 고치다   certain[sə́ːrtn] 확신하는   go about ~을 시작하다

06

해설 빈칸 앞에 조동사(will)가 있으므로 동사원형으로 시작한 (a)와 (b)가 정답의 후보입니다. 이 중, 수량 표현 형용사(a few)가 명사(computer programs)를 앞에서 수식해주는 (b) install a few computer programs가 정답입니다.

해석 A: 작업이 끝났을 때 왜 제가 컴퓨터를 켜놓은 상태로 두어야 하나요?
B: 제가 일이 끝나고 몇몇 컴퓨터 프로그램을 설치할 예정이거든요.

어휘 install[instɔ́ːl] 설치하다

07

해설 보기가 모두 What이나 How로 시작되고 있고, '그 연설자가 취소를 해야 했다니 정말 유감스러운 일이다'라는 의미의 감탄문이 오는 것이 적절합니다. 빈칸 뒤에 '명사(shame) + 주어(it) + 동사(is)'의 순서로 이어지고 있으므로, 앞에 'What + a / an + 형용사'의 어순을 따른 (d) What a real이 정답입니다.

해석 A: 그 연설자가 취소를 해야 했다니 정말 유감스러운 일이에요.
B: 맞아요, 그리고 이제 우리는 대신할 사람을 찾아야 해요.

어휘 shame[ʃeim] 유감스러운 일
replacement[ripléismənt] 대신할 사람, 대체물

08

해설 I wish 가정법 문장에는 과거 동사나 had p.p.가 올 수 있습니다. 따라서 과거 동사 (c) had가 정답입니다.

해석 A: 즐길 수 있는 여가 시간이 더 있었으면 좋겠어요.
B: 저도 동의해요. 하루에 여가 시간이 거의 충분하지 않아요.

09

해설 빈칸은 수식어 역할을 하는 부사절(If ~ soon) 다음의 필수 성분인 '주어 + 동사' 자리입니다. 따라서 주어 자리에 올 수 있는 명사(the company)가 가장 먼저 나오고 그 다음에 '조동사 + 동사원형'의 어순을 따른 (b) the company could end up in bankruptcy가 정답입니다.

해석 A: 요즘 당신네 회사 어때요?
B: 좋지 않아요. 수익이 곧 좋아지지 않으면, 회사가 결국 파산할 수도 있어요.

어휘 end up in 결국 ~하게 되다   bankruptcy[bǽŋkrʌptsi] 파산

10

해설 보기에 제시된 단어들이 '매우 중대한 문제'라는 의미가 되어야 하므로 '~의 문제'를 의미하는 a matter of 다음에 '형용사 + 명사'의 어순으로 나온 (c) a matter of great concern이 정답입니다.

해석 현대 시대에 맞게 어떻게 미국 헌법을 가장 잘 해석할 수 있는지는 역사가들과 분석가들 사이에서 매우 중대한 문제이다.

어휘 interpret [intə́ːrprit] 해석하다　constitution [kànstətjúːʃən] 헌법
historian [histɔ́ːriən] 역사가　analyst [ǽnəlist] 분석가

11
해설 빈칸은 전치사 to(~에게)의 목적어 자리이므로 전치사 뒤에 올 수 있는 명사(those, it)로 시작한 (a)와 (b)가 정답의 후보입니다. '그것을 추구하면서 인내하는 사람들'이라는 의미가 되어야 하므로 '~하는 사람들'을 뜻하는 those가 가장 먼저 나오고 이를 뒤에서 수식하는 관계절(who persevere in pursuing it)이 나온 (a) those who persevere in pursuing it이 정답입니다.

해석 성공은 그것을 추구하면서 인내하는 사람에게 머지않아 찾아온다.

어휘 in time 머지않아　persevere [pə̀ːrsəvíər] 인내하다
pursue [pərsúː] 추구하다

12
해설 빈칸 앞의 조동사(have)와 보기의 일반동사(admired) 사이에 빈도부사 always가 온 (a), (b), (c)가 정답의 후보입니다. 동사 admire는 'admire + 사람 + for + 이유'의 형태를 취하므로 (a) always admired him for being hardworking이 정답입니다.

해석 Vince가 별로 사교적이진 않지만 그의 동료들은 그가 열심히 일한다며 항상 칭찬했다.

어휘 admire [ædmáiər] 칭찬하다
hardworking [háːrdwəːrkiŋ] 열심히 일하는

13
해설 문맥상 빈칸에는 '해를 야기하는 것을 피하기 위해서'라는 의미가 와야 하므로, '~하기 위해서'를 의미하는 to 부정사 (c)와 (d)가 정답의 후보입니다. 이 중 '피하다'를 뜻하는 동사 avoid가 먼저 나오고, avoid의 목적어로 동명사(causing)가 나온 (c) to avoid causing harm이 정답입니다.

해석 예방의 원칙은 어떤 행위의 발생 가능한 결과가 불확실하다면, 해를 야기하는 것을 피하기 위해서 아무것도 하지 않는 것이 낫다고 말한다.

어휘 precautionary [prikɔ́ːʃənèri] 예방의　principle [prínsəpl] 원칙
outcome [áutkʌm] 결과　action [ǽkʃən] 행위

14
해설 보기의 until은 시간을 나타내는 전치사 또는 부사절 접속사이므로 다음에 시간을 나타내는 명사 또는 절이 와야 합니다. 따라서 'until + 명사(the 16th century)'의 어순을 포함한 (a) in Japan until the 16th century가 정답입니다.

해석 유럽에서 온 선교사들은 16세기까지는 일본에 많은 영향을 주지 않았다.

어휘 missionary [míʃənèri] 선교사

15
해설 '감사의 표시'를 뜻하는 표현은 a token of appreciation입니다. 따라서 (b) a token of appreciation이 정답입니다.

해석 그 명판은 Marvin이 그 회사를 위해 20년간 근무한 것에 대한 감사의 표시이다.

어휘 plaque [plæk] 명판 <사람·사건 등을 기려 이름과 날짜를 적어 벽에 붙여 놓은 물건>　appreciation [əprìːʃiéiʃən] 감사
token [tóukən] 표시, 상징

16
해설 보기의 동사 become(became) 뒤에 형용사 보어(extinct)가 온 (a)와 (b)가 정답의 후보입니다. 부사(totally)는 형용사(extinct)를 앞에서 수식하므로 became 다음에 totally extinct가 나온 (b) became totally extinct가 정답입니다.

해석 과학자들에게는 굉장히 당황스럽게도, 한 때 많았던 곤충인 로키 산맥 메뚜기가 1870년대 후반에 완전히 멸종되었다.

어휘 bewilderment [biwíldərmənt] 당황스러움, 어리둥절함
locust [lóukəst] 메뚜기　abundant [əbʌ́ndənt] 많은, 풍부한
insect [ínsekt] 곤충　extinct [ikstíŋkt] 멸종된
totally [tóutəli] 완전히, 전적으로

17
해설 (b)에서 조동사가 없는 의문문은 '의문사 + 동사 + 주어'의 어순을 따르므로 의문사 When 다음에 you are는 are you로 바뀌어야 맞습니다.

해석 (a) A: 전 조만간 자동차 운전 학원에 등록할 계획이에요.
(b) B: 우연의 일치네요, 저도 역시 그래요. 언제 할 거예요?
(c) A: 다음주에 등록할까 생각 중이에요. 당신은요?
(d) B: 이번 달 말쯤에는 시작할 계획이에요.

어휘 enroll [inróul] 등록하다　driving school 자동차 운전 학원
coincidence [kouínsidəns] 우연의 일치

18
해설 (b)에서 명사 ways를 앞에서 '수량 표현(a few) + 형용사(different)'의 어순으로 수식해야 하므로 a different few는 a few different로 바뀌어야 맞습니다.

해석 (a) A: 제가 무엇을 하든지 간에 제 스페인어 실력을 향상시킬 수 없는 것 같아요.
(b) B: 정말이요? 음, 저는 당신이 연습할 수 있는 몇 가지 다른 방법을 알고 있어요.
(c) A: 말해주세요, 왜냐하면 교과서를 공부하는 것은 저한테 별로 효과가 없거든요.
(d) B: 한 가지 방법은 스페인 TV 쇼를 보고 대본을 읽는 거예요.

19
해설 (c)에서 가짜 주어 there 구문은 'there + 동사 + 진짜 주어'의 어순을 따르므로 there one was는 there was one으로 바뀌어야 맞습니다.

해석 (a) A: James, 어딜 그렇게 바쁘게 가는 거예요?
(b) B: 회의요. 당신은 회의하는 것을 잊지 않았죠, 그렇죠?
(c) A: 당신이 그 말을 꺼내기 전까지 회의가 있는지 전혀 몰랐어요.
(d) B: 오, 당신에게 회의에 대해 알리는 것을 잊어버리다니 미안해요.

어휘 head off ~를 가다　in a rush 아주 바쁘게
neglect [niglékt] ~하는 것을 잊다

20
해설 (c)의 관계절 which ~ container 내에서 전치사구 in bandages(붕대로)가 수식하는 것은 분사 wrapped(싸여진)입니다. 전치사구는 분사를 뒤에서 수식하므로 in bandages wrapped는 wrapped in

bandages로 바뀌어야 맞습니다.

해석 (a) 미라는 오랫동안 사람들을 매혹시켜 온 고대 역사의 아이콘이다. (b) 비록 자연적인 과정을 통해 우연히 미라화가 이루어질 수 있지만, 몇몇 고대 사회는 중요한 사람들의 시체가 부패하지 않도록 확실하게 하기 위해 무슨 일이든지 했다. (c) 일반적으로, 보존 과정은 시체의 수분 제거를 포함하는데, 시체는 그 다음에 붕대로 싸여, 밀폐된 관에 보관된다. (d) 미라화는 건조하고 더운 기후의 지역에서 가장 흔하다.

어휘 mummy[mʌ́mi] 미라 ancient[éinʃənt] 고대의
fascinate[fǽsənèit] 매혹하다 for ages 오랫동안
accidental[æ̀ksədéntl] 우연한
mummification[mʌ̀məfikéiʃən] 미라화
go to great lengths 무슨 일이든 하다
preservation[prèzərvéiʃən] 보존 removal[rimú:vəl] 제거
moisture[mɔ́istʃər] 수분 bandage[bǽndidʒ] 붕대
air-tight 밀폐된

CHAPTER 20 비교 구문

텝스 실전 확인 문제

1. 원급·비교급·최상급 (d)   p. 165

해설 빈칸이 원급 표현인 as ~ as 사이에 있으므로 원급 부사인 (c)와 원급 형용사인 (d)가 정답의 후보입니다. 이 중 be동사('s)의 보어 자리에 올 수 있는 형용사 (d) easy가 정답입니다.

해석 A: 프리랜서로 일하면서 독립해 있는 것은 분명 재미있을 거예요.
B: 확실히 장점은 있지만, 들리는 것처럼 쉽지는 않아요.

어휘 be one's own boss 독립해 있다, 누구의 지배도 받지 않다
definitely[défənitli] 확실히, 분명히

2. 비교 구문을 포함한 표현 (c)   p. 166

해설 빈칸 앞의 문장이 'the + 비교급(better) + 주어(the performance of its engine) + 동사(is)' 형태가 왔으므로 그 뒤도 'the + 비교급 + 주어 + 동사 ~'의 형태가 되어야 합니다. 따라서 (c) the faster가 정답입니다.

해석 엔진 성능이 좋을수록, 차는 더 빨리 달릴 것이다.

어휘 performance[pərfɔ́:rməns] 성능

HACKERS PRACTICE   p. 167

01 (a)   02 (a)   03 (b)   04 (b)   05 (b)
06 (a)   07 most → more
08 older → the oldest   09 rather than → than
10 more → most   11 early as → as early as
12 can they → they can

01

해설 빈칸 뒤에 than이 있으므로 이와 함께 비교급 표현 '형용사의 비교급 + than'을 만드는 (a) lighter가 정답입니다.

해석 철의 중량은 납의 중량보다 상당히 더 가볍다.

어휘 iron[áiərn] 철 significantly[signífikəntli] 상당히 lead[led] 납

02

해설 원급 구문은 'as + 형용사 / 부사의 원급 + as'의 형태를 따르므로 형용사의 원급(good)이 포함된 (a) as good as가 정답입니다.

해석 호평을 받고 있는 그 감독의 새로운 다큐멘터리는 그의 이전 작품만큼이나 좋다.

어휘 acclaimed[əkléimd] 호평을 받고 있는 previous[prí:viəs] 이전의

03

해설 빈칸 뒤에 than이 있으므로 이와 함께 비교급 표현 '형용사의 비교급 + than'을 만드는 (b) windier가 정답입니다.

해석 미국의 동부 연안은 그 지역의 기후 때문에 서부 연안보다 바람이 더 많이 분다.

어휘 climate[kláimit] 기후 windy[wíndi] 바람이 부는

04

해설 빈칸 앞의 the와 함께 최상급 표현 'the + 형용사/부사의 최상급'을 만드는 (b) greatest가 정답입니다.

해석 이전의 모든 기록을 깬 김연아는 가장 훌륭한 여자 피겨 스케이팅 선수로 여겨진다.

어휘 break[breik] (기록을) 깨다

05

해설 빈칸 뒤에 비교급 형용사(healthier)가 있으므로 비교급을 강조하는 부사 (b) much가 정답입니다.

해석 운동 프로그램을 다 마친 후에 Miriam은 몸이 훨씬 더 건강해진 것을 느꼈다.

06

해설 '가장 ~한 - 중 하나'라는 의미를 나타내기 위해 'one of the + 최상급'을 쓰므로 형용사의 최상급 (a) earliest가 정답입니다.

해석 가장 초기의 재즈 형태 중 하나는 래그타임이다.

어휘 ragtime[rǽgtàim] 래그타임 <재즈 음악의 일종>

07

해설 '더 ~할수록, 더 -하다'를 뜻하는 'the + 비교급 + 주어 + 동사, the + 비교급 + 주어 + 동사'의 비교급 표현에서 비교급 대신에 최상급(most)이 와서 틀립니다. most는 more로 바뀌어야 맞습니다.

해석 Silvia가 시험에서 더 많은 문제들을 풀어갈수록, 문제는 더욱 어려워졌다.

08

해설 '그 도서관은 브런즈윅에서 가장 오래된 건물이다'라는 의미가 되어야 하

므로 '가장 -한'을 의미하는 최상급이 와야 하는데, 최상급 대신에 비교급 (older)이 와서 틀립니다. 비교급 older는 최상급 the oldest로 바뀌어야 맞습니다.

해석 200년도 더 전에 지어진 그 도서관은 브런즈윅에서 가장 오래된 건물이다.

09

해설 비교급(colder) 다음에 rather than이 와서 틀립니다. 비교급 표현은 '형용사/부사의 비교급 + than'의 형태를 따르므로 rather than은 than으로 바뀌어야 맞습니다. 참고로, rather than은 '~라기 보다'라는 뜻으로 문맥에도 맞지 않습니다.

해석 해안 지역에 사는 대부분의 주민들은 이번 겨울이 평소보다 더 추웠다는 데 동의한다.

어휘 citizen[sítəzən] 주민   than usual 평소보다

10

해설 '세계에서 가장 ~한'을 뜻하는 최상급을 포함한 표현 'the world's + 최상급'에 비교급(more)이 오면 틀립니다. more는 most로 바뀌어야 맞습니다.

해석 파헬벨의 캐논은 세계에서 결혼식에 가장 많이 연주된 곡이다.

11

해설 '가능한 한 일찍'을 뜻하는 표현은 as early as possible의 형태를 따르는데 early 앞에 as가 빠져 틀립니다. early as는 as early as로 바뀌어야 맞습니다.

해석 손님들은 가능한 한 일찍 패션쇼에 도착하도록 요청받는다.

12

해설 '더 ~할수록, 더 -하다'를 뜻하는 'the + 비교급 + 주어 + 동사, the + 비교급 + 주어 + 동사'에서 두 번째 비교급 표현(the sooner can they leave)의 주어와 동사의 순서가 바뀌어서 틀립니다. can they는 they can으로 바뀌어야 맞습니다.

해석 회계사들은 자신의 업무를 더 빨리 끝내면 끝낼수록, 더 일찍 퇴근할 수 있다.

어휘 accountant[əkáuntənt] 회계사

HACKERS TEST   p. 168

01 (d)	02 (a)	03 (c)	04 (a)	05 (b)
06 (c)	07 (c)	08 (d)	09 (b)	10 (c)
11 (c)	12 (d)	13 (b)	14 (a)	15 (b)
16 (a)	17 (a)	18 (c) fast → faster		
19 (b) most extensive → more extensive				
20 (c) is → are				

01

해설 '가장 덜 좋아하는 과목'이라는 의미가 되어야 하므로 '가장 덜, 가장 적게'를 뜻하는 최상급 (d) least가 정답입니다.

해석 A: 유기 화학 수업은 어때?
B: 그건 이번 학기에 내가 가장 덜 좋아하는 과목이야.

어휘 organic chemistry 유기 화학

02

해설 빈칸 뒤에 비교급 형용사(easier)가 있으므로 비교급을 강조하는 부사 (a) much가 정답입니다.

해석 A: 저는 독일어를 배우는 것이 어려울 거라 생각했어요.
B: 그러게요. 제가 생각했던 것보다 훨씬 쉽네요.

03

해설 보기에 모두 more ~ than이 있으므로 비교급을 완성하는 문제임을 알 수 있습니다. 따라서 '형용사/부사의 비교급 + than' 형태의 (c) more hectic than이 정답입니다.

해석 A: 이번 주 업무량이 계속 쌓이는 것 같아요.
B: 맞아요. 오늘은 어제보다 더 정신 없이 바빴어요.

어휘 hectic[héktik] 정신 없이 바쁜

04

해설 빈칸 뒤에 비교급 형용사(later)가 있으므로 비교급을 강조하는 부사 (a) far가 정답입니다.

해석 A: 오후 8시인데 해가 아직 나와 있어서 너무 좋아요.
B: 네, 여름에는 평소보다 훨씬 늦게 해가 지네요.

어휘 set[set] (해, 달이) 지다

05

해설 빈칸 뒤에 than이 있으므로 이와 함께 비교급 표현 '형용사의 비교급 + than'을 만드는 (b) fewer가 정답입니다.

해석 A: 사무실에 정전이 이틀 간 더 계속될 거라는 말을 들었어요.
B: 하지만 내일은 오늘 우리가 겪었던 것보다 문제가 더 적었으면 좋겠어요.

어휘 interruption[ìntərʌ́pʃən] 중단, 불통

06

해설 빈칸 앞에 as가 있으므로 이와 함께 원급 표현(as ~ as)을 완성하는 (c) as가 정답입니다.

해석 A: 그 밴드의 드러머가 보컬이기도 해요?
B: 네. 그는 드럼 연주로 잘 알려진 만큼 노래로도 유명해요.

07

해설 비교급 형용사 longer 뒤에 than을 써서 올바른 비교급 표현을 만든 (c) longer than이 정답입니다. 참고로 long은 1음절로 이루어진 형용사이므로 more long이 아니라 longer가 올바른 비교급 형태입니다.

해석 그 시험은 학생들이 예상했던 것보다 더 오래 지속되었다.

08

해설 '지난 여름 휴가 동안, 매일 일찍 일어나 조깅을 하곤 했다'라는 의미가 되어야 하므로 '(과거에) ~하곤 했었다'를 뜻하는 조동사 (d) would가 정답입니다.

해석 지난 여름 휴가 동안에, Ian은 매일 일찍 일어나서 해변을 따라 조깅을 하곤 했다.

09

해설 '가장 ~한 - 중 하나'라는 의미를 나타내기 위해 'one of the + 최상급'을 쓰므로 (b) One of the most beautiful이 정답입니다.

해석 세계에서 가장 아름다운 섬들 중 하나인 발리는 다채로운 문화와 복합적인 예술 형식으로 유명하다.

어휘 art form 예술 형식

10

해설 빈칸 앞의 절이 'the + 비교급 + 주어 + 동사(the more humid the air becomes)'의 형태이므로 빈칸에도 'the + 비교급 + 주어 + 동사'가 와야 합니다. 따라서 (c) the more likely it is가 정답입니다.

해석 대부분의 온대성 기후에서, 공기가 더 습할수록 비가 올 확률이 더 높다.

어휘 temperate [témpərət] 온대성의, 온화한   humid [hjúːmid] 습한

11

해설 기자의 대형 피라미드가 건축된 것은 과거의 역사적 사실이므로 이미 끝난 과거의 동작, 역사적 사실을 나타내는 과거 시제 (c) were constructed가 정답입니다.

해석 카이로에 있는 기자의 피라미드는 고대 이집트 통치자의 시체를 보관하기 위해 세워졌다.

어휘 house [haus] 보관하다   corpse [kɔːrps] 시체

12

해설 빈칸 뒤에 than이 있으므로 이와 함께 비교급 표현 '형용사/부사의 비교급 + than'을 만드는 형용사의 비교급 more durable을 포함한 (d) designed to be more durable이 정답입니다.

해석 새로운 노트북 컴퓨터는 이전 모델들보다 더 내구성이 있도록 설계된 티타늄 케이스로 되어 있다.

어휘 durable [djúərəbl] 내구성이 있는, 튼튼한

13

해설 보기에 모두 more ~ than이 있으므로 비교급 표현을 완성하는 문제임을 알 수 있습니다. 따라서 '형용사/부사의 비교급 + than' 형태의 more risky than을 포함한 (b) no more risky than이 정답입니다.

해석 반대되는 많은 증거에도 불구하고, 어부들은 그들의 일이 다른 직업보다 더 위험하지는 않다고 주장한다.

어휘 contend [kənténd] 주장하다   occupation [àkjupéiʃən] 직업
to the contrary 그와 반대로

14

해설 주어(Kernel Crunchy), 동사(markets), 목적어(several snack products)를 갖춘 완전한 문장이 왔으므로 빈칸을 포함한 부분(all ____ ~ packages)은 수식어 자리이며, 앞에 나온 명사 products를 수식하는 관계절입니다. 따라서 관계대명사 (a), (b), (c)가 정답의 후보입니다. 선행사 products와 함께 '제품의 모두'라는 의미를 만드는 '수량 표현 + 관계대명사' 형태의 all of which가 되어야 하므로 (a) of which가 정답입니다. (b) of whom은 선행사가 사람일 때 쓰이므로 오답입니다.

해석 Kernel Crunchy사는 몇 개의 스낵 제품을 판매하는데, 그 제품 모두가 다시 봉할 수 있는 포장으로 나온다.

어휘 market [máːrkit] 판매하다   reseal [riːsíl] 다시 봉하다

15

해설 주어(The big bang theory), 동사(is), 보어(the most popular explanation)를 갖춘 완전한 문장이 왔으므로 수식어 자리에 올 수 있는 to 부정사 (a)와 분사 (b)가 정답의 후보입니다. 주절의 주어 The big bang theory(빅뱅 이론)와 보기의 describe(묘사하다)가 '빅뱅 이론은 묘사하다'라는 능동의 의미로 해석되므로 현재분사 (b) describing이 정답입니다.

해석 빅뱅 이론은 우주의 기원에 대한 가장 일반적인 설명으로, 한 점에서 우주가 팽창했다고 설명한다.

어휘 popular [pápjulər] 일반적인, 인기 있는

16

해설 '금속들 중에 가장 밀도가 낮다'라는 최상급의 의미가 되어야 하므로 최상급 표현 'the + 형용사/부사의 최상급 + of'를 포함한 (a) the least dense of가 정답입니다.

해석 팔라듐은 백금족 원소에 속하는 금속들 중에서 가장 밀도가 낮다.

어휘 metal [metl] 금속   platinum group 백금족 원소
dense [dens] 밀도가 높은

17

해설 '더없이 ~한'이라는 의미를 나타내기 위해 as ~ as can be를 사용하므로 (a) as can be가 정답입니다.

해석 그 경주의 참여자들은 그 구불구불하고 미로 같은 코스가 더없이 복잡하다고 생각했다.

어휘 participant [paːrtísəpənt] 참가자   winding [wáindin] 구불구불한
complicated [kámpləkèitid] 복잡한

18

해설 (c)에서 than과 형용사의 원급 fast가 함께 쓰여서 틀립니다. '이전 앨범보다 더 빨리 팔린다'라는 비교의 의미를 나타내려면, '형용사의 비교급 + than'의 형태가 되어야 하므로 형용사의 원급 fast는 비교급 faster로 바뀌어야 맞습니다.

해석 (a) A: Amy Rossi의 최신 앨범을 벌써 구했어요?
(b) B: 아니요. 음반 가게에 갈 시간이 없었어요.
(c) A: 서둘러야 할 거예요. 이번 앨범이 그녀의 이전 앨범보다 더 빨리 팔리고 있어요.
(d) B: 이런, 제가 한 장 구하기 전에 매진되지 않으면 좋겠네요.

어휘 pick up ~을 구하다, 얻다

19

해설 (b)에서 than과 함께 최상급 형용사(most extensive)가 함께 쓰여서 틀립니다. '더 광범위한'이라는 비교의 의미가 되어야 하고, '형용사의 비교급 + than'의 형태가 되어야 하므로 형용사의 최상급 most extensive는 비교급 more extensive로 바뀌어야 맞습니다.

해석 (a) 시장은 오늘 아침 기자 회견에서 시의 재정 문제를 다루기 위한 그의 계획을 발표했다. (b) 이것은 많은 분석가들이 초기에 예상했던 것 보다 더

광범위한 삭감을 포함하고 있다. (c) 만약에 그 계획이 시의회에 의해 승인이 된다면 도서관, 지역 문화 센터 그리고 공원의 운영 시간은 상당히 줄어들 것이다. (d) 게다가, 다수의 시청 직원들이 직업을 잃게 될 것이다.

어휘 unveil[ʌnvéil] 발표하다, 나타내 보이다
extensive[iksténsiv] 광범위한   city council 시의회
approve[əprúːv] 승인하다   hours of operation 운영 시간
community center 지역 문화 센터

20

해설 (c)에서 복수 주어(Simple things) 뒤에 단수 동사(is)가 오면 틀립니다. 복수 주어에는 복수 동사가 와야 하므로, 단수 동사 is는 복수 동사 are로 바뀌어야 맞습니다. 참고로, 주어와 동사 사이의 like comfort and quality는 주어를 수식하는 수식어로 주어와 동사의 수 일치에 영향을 주지 않습니다.

해석 (a) 우리 중 많은 이들은 자신만의 개인적인 패션 스타일을 계발하는 것을 중시한다. (b) 내가 봤을 때, 매 계절마다 규칙적으로 왔다가 사라지는 유행의 희생물이 되는 것은 결코 좋은 생각이 아니다. (c) 편안함과 질과 같이 단순한 것들이 최신 유행을 따르는 것보다 훨씬 더 중요하다. (d) 당신이 그저 유행을 타지 않는 스타일의 옷을 산다면, 유행에 결코 뒤떨어질 일이 없을 것이라고 안심할 수 있다.

어휘 make it a point to do ~하는 것을 중시하다, 반드시 ~하다
cultivate[kʌ́ltəvèit] 계발하다
fall prey to ~의 희생물이 되다, ~에 넘어가다
like clockwork 규칙적으로   fad[fæd] 유행, 일시적 열중
rest assured 안심하다

CHAPTER 21 생략·대용/도치

텝스 실전 확인 문제

1. 동사와 to 부정사의 생략·대용   (b)   p.171

해설 빈칸은 '학교 끝나고 같이 놀고 싶다'라는 의미가 되어야 하므로 A의 말을 근거로 빈칸에 들어갈 말을 완성하면 like to hang out after school이 됩니다. 동사 like 다음에 앞서 나온 어구가 to 부정사로 반복되므로 이를 to로 대신한 (b) like to가 정답입니다.

해석 A: 방과 후에 같이 놀자.
B: 그러고 싶은데, 에세이를 마무리짓기 위해 집에 일찍 가야 해.

2. 절의 대용   (a)   p.172

해설 빈칸은 '비가 오지 않길 바란다'라는 의미가 되어야 하므로 A의 말을 근거로 빈칸에 들어갈 말을 완성하면 hope that it's not supposed to rain이 됩니다. 동사 hope 뒤에서 앞서 언급된 내용이 that절로 반복되고, 이 that절이 부정문이므로 이 that절을 not으로 대신한 (a) hope not이 정답입니다.

해석 A: 내일 야구 경기를 하기에 날씨가 어떤 것 같아요?
B: 글쎄요, 내일 비가 올 거라고 들었는데, 정말 아니였으면 좋겠어요.

3. 조동사 도치 (1): 부정·제한의 부사구   (c)   p.173

해설 부정을 나타내는 부사 never가 강조되어 문장 맨 앞에 오면 조동사가 주어 앞으로 도치되므로 'never + 조동사 + 주어'의 어순으로 나온 (c) never have these drinks가 정답입니다.

해설 칵테일은 19세기 초에 처음으로 발명되었지만, 오늘날보다 더 인기가 많았던 적은 없었다.

어휘 invent[invént] 발명하다

4. 조동사 도치 (2): so/neither   (a)   p.174

해설 A가 부정문으로 말하고 있으므로 Neither로 답한 (a)와 (b)가 정답의 후보입니다. 빈칸은 '나도 역시 운동을 잘하지 못했다'라는 의미가 되어야 하므로 Neither가 문장 맨 앞에 와 조동사가 주어 앞으로 도치되어 'Neither + 조동사 + 주어'의 어순으로 나온 (a) Neither was I가 정답입니다.

해석 A: 어릴 적에 저는 운동을 전혀 잘하지 못했어요.
B: 정말요? 저도 역시 그랬어요.

HACKERS PRACTICE   p.175

01 (b)	02 (a)	03 (a)	04 (b)	05 (a)
06 (a)	07 it → not			
08 so think → think so		09 did greet → did		
10 visitors are → are visitors				
11 nor we allow → nor do we allow				
12 did release → did				

01

해설 부정을 나타내는 부사 Never가 강조되어 문장 맨 앞에 오면 조동사가 주어 앞으로 도치되므로 'Never + 조동사 + 주어 + 일반 동사'의 어순을 올바로 완성하는 (b) did the mother believe가 정답입니다.

해설 그 어머니는 자신의 아들이 범죄를 저지를 수 있다는 것을 절대 믿지 않았다.

어휘 capable[kéipəbl] ~할 수 있는   commit[kəmít] 저지르다

02

해설 neither가 절의 맨 앞에 나오면 'neither + 조동사 + 주어'의 어순이 되어야 하므로 (a) neither did I가 정답입니다.

해석 Hanna는 그 웨이터의 무례함을 달가워하지 않았고, 나 역시 그랬다.

03

해설 빈칸은 '그는 팝콘을 사지 않았다'라는 의미가 되어야 하므로 빈칸에 들어갈 말을 완성하면 didn't buy the popcorn이 됩니다. 조동사 didn't 뒤에서 앞서 나온 어구가 반복되므로 조동사 didn't까지만 쓰고 나머지는 생략한 (a) didn't가 정답입니다.

해설 나는 영화표에 돈을 다 썼기 때문에, 내 친구가 팝콘을 사기를 바랐지만, 그는 그러지 않았다.

04

해설 빈칸은 '나 역시 가을에 법대를 졸업할 계획이다'는 의미가 되어야 하고, so가 and로 연결된 절의 맨 앞에 나왔으므로, 조동사가 주어 앞으로 도치되어 'so + 조동사 + 주어'의 어순으로 나온 (b) so am I가 정답입니다.

해석 Jane은 가을에 법대를 졸업할 계획이고 나 역시 그렇다.

05

해설 빈칸은 '내일 파티에 참석하고 싶어한다'는 의미가 되어야 하므로 빈칸에 들어갈 말을 완성하면 wants to attend the party tomorrow가 됩니다. 동사 want(wants) 다음에 앞서 나온 어구가 to 부정사로 반복되므로 이를 to로 대신한 (a) wants to가 정답입니다.

해석 Greta는 내일 그 파티에 참석할 수 있을지 없을지 모르지만, 그녀는 그러고 싶어한다.

06

해설 제한을 나타내는 Only를 포함한 부사구(Only after the presentation)가 강조되어 문장의 맨 앞에 나왔으므로, 조동사가 주어 앞으로 도치되어 'Only ~ + 조동사 + 주어 + 동사'의 어순을 완성하는 (a) can people ask가 정답입니다.

해석 발표 이후에만 사람들은 토론자에게 질문할 수 있다.

어휘 panelist[pǽnəlist] 토론자

07

해설 등위 접속사 but 뒤는 '나는 판매량이 감소하지 않기를 바란다'라는 의미가 되어야 하므로, but 앞의 절을 근거로 but 뒤를 완성해 보면, I hope sales will not fall이 됩니다. 동사 hope 뒤에서 앞서 언급된 내용이 that절로 반복되고, 이 that절이 부정문이므로 that절을 not으로 대신해야 하는데, it이 와서 틀립니다. 따라서 it은 not으로 바뀌어야 맞습니다.

해석 회사는 제품에 대한 좋지 않은 평가 때문에 판매량이 감소할 것이라고 예측하지만, 나는 그렇지 않기를 바란다.

어휘 sale[seil] 판매량 review[rivjú:] 평가

08

해설 동사 think 뒤에서 앞서 나온 말이 that절로 반복되어 이를 so로 대신할 때, think 다음에 so가 옵니다. 따라서 so think는 think so로 바뀌어야 맞습니다.

해석 Cory는 고전 음악이 안정을 준다고 생각하지만, Sandy는 재즈를 더 좋아하기 때문에 그렇게 생각하지 않는다.

어휘 soothing[súːðiŋ] 안정을 주는, 달래는

09

해설 after절의 did greet은 앞에 나온 greeted를 반복한 말입니다. 조동사 (did) 뒤에서 앞에 나온 말이 반복되면 조동사까지만 써야 하므로 did greet는 did로 바뀌어야 맞습니다.

해석 회의가 시작됐을 때, 최고 경영자가 고객들에게 인사한 후에 직원들이 인사했다.

어휘 greet[gri:t] 인사하다, 환영하다

10

해설 제한을 나타내는 Only를 포함한 부사구(Only with the flash off)가 문장의 맨 앞에 나왔으므로, 동사(are)가 주어(visitors) 뒤에 있으면 틀립니다. 동사 are는 주어 visitors 앞으로 도치되어야 하므로, visitors are는 are visitors로 바뀌어야 맞습니다.

해석 방문객들은 플래시를 끈 상태로만 박물관의 다양한 전시품들을 사진 촬영하는 것이 허용된다.

어휘 exhibit[igzíbit] 전시품

11

해설 부정의 의미를 나타내는 접속사 nor가 두 번째 절의 맨 앞에 나왔으므로 'nor + 조동사 + 주어 + 동사'의 어순이 되어야 하는데, 조동사가 빠져서 틀립니다. 일반동사 allow를 받을 수 있는 조동사는 do이므로, nor we allow는 nor do we allow로 바뀌어야 맞습니다.

해석 저희 가게는 환불을 해드리지 않으며, 손님들에게 상품을 교환해드리지도 않습니다.

12

해설 부사절(after ~ release)의 did release는 앞에 나온 released a new digital camera를 반복한 말입니다. 조동사(did) 뒤에서 앞서 나온 어구가 반복되면 조동사까지만 써야 하므로, did release는 did로 바뀌어야 맞습니다.

해석 경쟁사가 새로운 카메라를 내놓자, ProShot사도 새로운 디지털 카메라를 출시했다.

HACKERS TEST p. 176

01 (a)	02 (b)	03 (d)	04 (c)	05 (c)
06 (a)	07 (a)	08 (d)	09 (b)	10 (d)
11 (b)	12 (b)	13 (d)	14 (b)	15 (a)
16 (a)	17 (b)	18 (d)		

19 (a) how it is nice → how nice it is

20 (d) Only recently there has been → Only recently has there been

01

해설 빈칸은 '내일 시험에서 낙제하지 않기로 결심하다'라는 의미가 되어야 하므로 A의 말을 근거로 빈칸에 들어갈 말을 완성하면 determined not to fail tomorrow's test가 됩니다. 앞서 나온 어구가 to 부정사로 반복되므로, 이를 to로 대신한 (a) determined not to가 정답입니다.

해석 A: 내일 시험에서 낙제할까봐 걱정이야.
B: 난 그렇지 않기로 결심해서 오늘 밤새 공부할 거야.

어휘 stay up all night 밤새우다 determined[ditə́ːrmind] 결심한

02

해설 빈칸은 '내 남편도 영화가 훌륭하다고 생각했다'라는 의미가 되어야 하므로 B의 말을 근거로 빈칸에 들어갈 말을 완성하면 My husband thought it was great가 됩니다. 동사 thought 뒤에서 앞서 언급된 내용이 that절로 반복되고, 이 that절이 긍정문이므로, that절을 so로 대신한 (b) My husband thought so가 정답입니다.

해설 A: 어젯밤 그 영화에 대해 어떻게 생각해요?
B: 훌륭하다고 생각했어요. 제 남편도 그렇게 생각했어요.

03

해설 빈칸은 '내일 신문에 실릴 것이다'라는 의미가 되어야 하므로 A의 말을 근거로 빈칸에 들어갈 말을 완성하면 will appear in the newspaper가 됩니다. 조동사 will 뒤에서 앞서 나온 어구가 반복되므로, 조동사 will까지만 쓰고 나머지는 생략한 (d) will이 정답입니다.

해설 A: 당신의 기사가 신문에 실릴 예정인가요?
B: 내일 실릴 거라고 예상하고 있어요.

어휘 appear [əpíər] (신문에) 실리다, 나다

04

해설 빈칸은 '조사하러 도서관에 가야 한다'라는 의미가 되어야 하므로 A의 말을 근거로 빈칸에 들어갈 말을 완성하면 have to go to the library to do research for my essay가 됩니다. 동사 have 다음에 앞서 나온 어구가 to 부정사로 반복되므로, 이를 to로 대신한 (c) have to가 정답입니다.

해설 A: 에세이 때문에 조사하러 도서관에 가야 돼?
B: 가지 않아도 돼. 내가 필요한 모든 자료를 이미 찾았어.

어휘 research [risə́ːrtʃ] 조사   material [mətíəriəl] 자료

05

해설 제한을 나타내는 Not only를 포함한 부사구가 강조되어 문장의 맨 앞에 와서 조동사가 주어 앞으로 도치된 'Not only + 조동사 + 주어 + 동사'의 어순으로 나온 (c) Not only did he graduate가 정답입니다.

해설 A: 그 지원자에 대해 어떻게 생각하세요?
B: 그는 우수한 성적으로 졸업했을 뿐 아니라, 유명한 회사에서 인턴으로 근무했어요.

어휘 with honors 우수한 성적으로   intern [íntəːrn] 인턴으로 근무하다
notable [nóutəbl] 유명한

06

해설 부정의 의미를 나타내는 부사 Never가 문장의 맨 앞에 와서 조동사가 주어 앞으로 도치되어 'Never + 조동사 + 주어 + 동사'의 어순으로 나온 (a) Never have I been more embarrassed가 정답입니다.

해설 A: 당신이 무대 위에서 걷다가 넘어지다니 믿을 수가 없어요!
B: 그 순간보다 더 부끄러웠던 적은 결코 없었어요.

어휘 trip [trip] 넘어지다   embarrassed [imbǽrəst] 부끄러운, 무안한

07

해설 빈칸은 '석유 가격이 배럴당 65달러 이상을 유지할 것이라고 생각하지 않는다'라는 의미가 되어야 하므로, but 앞의 절을 근거로 but 뒤를 완성해 보면, many analysts don't think that the price of oil will stay above $65 a barrel이 됩니다. 동사 think 뒤에 앞서 언급된 내용이 that절로 반복되고, 이 that절이 긍정문이므로, that절을 so로 대신한 (a) don't think so가 정답입니다.

해설 몇몇 투자자들은 석유 가격이 배럴당 65달러 이상을 유지할 것이라고 생각하지만, 많은 분석가들은 그렇게 생각하지 않는다.

어휘 investor [invéstər] 투자자   analyst [ǽnəlist] 분석가

08

해설 빈칸은 '그들은 회사 교육 프로그램을 이용해야 한다'라는 의미가 되어야 하므로 빈칸에 들어갈 말을 완성하면 should take advantage of company training programs가 됩니다. 조동사 should 뒤에서 앞서 나온 어구가 반복되므로, 조동사 should까지만 쓰고 나머지는 생략한 (d) should가 정답입니다.

해설 대부분의 직원들은 그들이 그래야 함에도 불구하고, 회사 교육 프로그램을 절대 이용하지 않는다.

어휘 take advantage of ~을 이용하다

09

해설 빈칸은 '배우들이 말하는 것도 잘 들을 수도 없었다'라는 의미가 되어야 하고, 부정의 의미를 나타내는 접속사 nor 절의 맨 앞에 나왔으므로, 'nor + 조동사 + 주어 + 동사'의 어순을 완성하는 (b) could가 정답입니다.

해설 뒷 줄에 앉은 관객들은 무대를 잘 볼 수 없었고, 배우들이 말하는 것도 잘 들을 수 없었다.

어휘 audience [ɔ́ːdiəns] 관객, 청중

10

해설 부정의 의미를 나타내는 부사 Hardly가 문장의 맨 앞에 와서 조동사가 주어 앞으로 도치되어 'Hardly + 조동사 + 주어 + 동사'의 어순으로 나온 (d) Hardly had they put up이 정답입니다.

해설 비가 많이 내리기 시작했을 때 그들은 그들의 텐트를 거의 세우지 못했다.

어휘 put up 세우다

11

해설 빈칸은 '그의 신발을 벗어야만 한다'라는 의미가 되어야 하므로 빈칸에 들어갈 말을 완성하면 needed to remove his shoes가 됩니다. 동사 need(needed) 다음에 앞서 나온 어구가 to 부정사로 반복되므로, 이를 to로 대신한 (b) needed to가 정답입니다.

해설 그 외교관은 그가 해야 한다는 것을 몰랐기 때문에 전통 일본 식당을 들어갈 때 그의 신발을 벗지 않았다.

어휘 diplomat [dípləmæt] 외교관
unaware [ʌ̀nəwɛ́ər] 모르는, 알지 못하는

12

해설 빈칸은 '로마 제국 역시 서구 문명을 형성하는 데 큰 역할을 했다'라는 의미가 되어야 하므로 빈칸에 들어갈 말을 완성하면 played a large role in shaping Western civilization이 됩니다. 일반동사 played 다음에 앞서 나온 어구가 반복되므로, 일반동사 played를 대신한 조동사 (b) did가 정답입니다. 참고로, so가 and로 연결된 절의 맨 앞에 나왔으므로, 조동사가 주어 앞으로 도치된 'so + 조동사 + 주어'의 어순을 완성해야 합니다.

해설 고대 그리스는 서구 문명을 형성하는 데 큰 역할을 했으며 로마 제국 역시 그랬다.

어휘 play a large role 큰 역할을 하다   shape [ʃeip] ~을 형성하다

13
해설 빈칸은 '많은 구성원들도 전적으로 동의하지 않았다'라는 의미가 되어야 하고, neither가 and로 연결된 절의 맨 앞에 나왔으므로, 조동사가 주어 앞으로 도치되어 'neither + 조동사 + 주어'의 어순으로 나온 (d) neither did many members가 정답입니다.

해석 Carl Jung은 Sigmund Freud의 인간 행동 이론에 전적으로 동의하지 않았고, 비엔나 의료 기관의 많은 구성원들도 그랬다.

어휘 theory [θíːəri] 이론, 견해   disagree [dìsəgríː] 동의하지 않다, 다르다

14
해설 부정의 의미를 나타내는 부사 Little이 문장의 맨 앞에 와서 조동사가 주어 앞으로 도치되어 'Little + 조동사 + 주어 + 동사'의 어순으로 나온 (b) Little did Alexis know가 정답입니다.

해석 Alexis는 그녀의 회사가 내년에 주요 경쟁 업체에 의해 인수될 것임을 거의 알지 못하고 있었다.

어휘 buy out 인수하다   competitor [kəmpétətər] 경쟁 업체

15
해설 비교의 대상이 되는 것은 일치해야 하므로 비교급(much better than) 앞에 '주어 + 동사' 형태의 문장 Tonight's performance of the play was처럼 비교급 뒤에 있는 빈칸에도 문장이 나와야 합니다. 따라서 주어(it), 동사(was)의 올바른 어순을 포함한 (a) it was the last time이 정답입니다.

해석 그 연극의 오늘 밤 공연은 지난번보다 훨씬 더 좋았다.

16
해설 빈칸은 '그의 조수들도 역시 도착하지 않았다'라는 의미가 되어야 하고, neither가 and로 연결된 절의 맨 앞에 나왔으므로, 조동사가 주어 앞으로 도치되어 'neither + 조동사 + 주어'의 어순으로 나온 (a) neither have his assistants가 정답입니다.

해석 그 회사 사장은 아직 회의에 도착하지 않았고 그의 수행원들도 역시 그랬다.

17
해설 문맥상 '다른 식당들 보다 더 빠른 서비스'라는 의미가 되어야 하므로 비교급 faster than을 포함한 (b) faster than that of nearby restaurants가 정답입니다.

해석 그 새로운 이탈리아 식당은 주위의 다른 식당들 보다 더 빠른 서비스 때문에 극찬을 받고 있다.

어휘 rave review (신문·잡지에 실린 특정 영화·책 등을) 극찬하는 기사

18
해설 제한을 나타내는 only를 포함한 부사구(only ~ sales)가 that절의 맨 앞에 나왔으므로, 조동사가 주어 앞으로 도치되어 'only ~ + 조동사 + 주어 + 동사'의 어순을 완성하는 (d) would they perform there가 정답입니다.

해석 태국을 위해 계획된 콘서트가 없었던 그 밴드는 오직 엄청난 대중의 요구가 있어야만 그곳에서 공연할 것이라고 말했다.

19
해설 (a)에서 how를 쓰는 감탄문은 'how + 형용사/부사 + 주어 + 동사'의 어순을 따르므로, 형용사(nice)가 주어와 동사 앞에 오면 틀립니다. 따라서 how it is nice는 how nice it is로 바뀌어야 맞습니다.

해석 (a) A: 제가 평소에 온천 휴양지를 굉장히 좋아하진 않지만, 여기가 얼마나 훌륭한지 보고 놀랐어요.
(b) B: 가장 마음에 드는 건 제가 가봤던 다른 곳과 달리, 온천이 매우 크다는 거예요.
(c) A: 네, 이곳에 대해 좋은 평들을 읽었지만 제가 기대했던 것보다 훨씬 더 감명을 받았어요.
(d) B: 우리가 집에 돌아갔을 때, 제 여동생에게 꼭 고마워해야 해요, 왜냐하면 그녀가 이 휴양지를 추천했던 사람이니까요.

어휘 hot spring 온천   be amazed at ~에 놀라다
review [rivjúː] 논평, 후기   impress [imprés] 감명을 주다

20
해설 (d)에서 제한을 나타내는 only를 포함한 부사구(Only recently)가 문장의 맨 앞에 왔으므로, 조동사가 가짜 주어 뒤에 있으면 틀립니다. 조동사(has)는 가짜 주어(there) 앞으로 도치되어 'Only ~ + 조동사 + 주어'의 어순이 되어야 하므로, Only recently there has been은 Only recently has there been으로 바뀌어야 맞습니다.

해석 (a) Sayville 마을은 거리와 공원이 청결하고 잘 정돈된 때묻지 않은 이미지로 알려져 있다. (b) 하지만, 경기 불황 시기로 인해 지방 정부는 예산상의 제한을 두게 되었다. (c) 작년의 예산 삭감은 Sayville의 상태를 계속 유지하기 위한 자금의 부족을 초래했다. (d) 최근 들어서야 지원자들의 도움을 요청하는 시의회의 노력이 있었다.

어휘 pristine [prístiːn] 때묻지 않은   orderly [ɔ́ːrdərli] 정돈된
local government 지방 정부
impose [impóuz] (힘거나 불쾌한 것을) 지우다, 부과하다
budgetary [bʌ́dʒitèri] 예산상의   restriction [ristríkʃən] 제한
town council 시의회   solicit [səlísit] 요청하다, 간청하다
volunteer [vὰləntíər] 지원자

ACTUAL TEST

p. 179

1 (b)	2 (a)	3 (a)	4 (c)	5 (b)
6 (d)	7 (d)	8 (a)	9 (b)	10 (a)
11 (b)	12 (c)	13 (b)	14 (a)	15 (a)
16 (b)	17 (c)	18 (c)	19 (c)	20 (c)
21 (d)	22 (a)	23 (a)	24 (d)	25 (c)
26 (a) which → who		27 (c) prompt → promptly		
28 (b) date → dating		29 (d) with → from		
30 (d) inhaled → inhale				

1

해설 빈칸은 동사(remember)의 목적어 자리이므로 동명사 (b)와 to 부정사 (c)가 정답의 후보입니다. '(과거에) 말했던 것을 기억하다'라는 의미가 되어야 하므로 remember 뒤에 와서 '~했던 것을 기억하다'를 뜻하는 동명사 (b) saying이 정답입니다.

해석 A: Jim이 파티에 올지 안 올지 말했던가요?
B: 확실히 잘 모르겠어요. 그가 그렇게 말한 것이 기억나지 않아요.

2

해설 '다른 카페에서 먹었어야 했다'라는 내용이 와야 하므로 '~했어야 했다 (그런데 하지 않았다)'를 뜻하는 'should + have p.p.' 표현을 써야 합니다. 따라서 (a) should가 정답입니다.

해석 A: 여기 분위기는 좋은데, 음식은 좀 맛없는 것 같아요.
B: 맞아요. 대신에 다른 카페에서 먹었어야 했어요.

어휘 ambience [ǽmbiəns] (어떤 장소의) 분위기
bland [blænd] 맛없는, 개성이 없는

3

해설 문맥상 '가장 어려운 시험'이라는 최상급의 의미가 되어야 하므로 빈칸 앞의 the와 함께 'the + 형용사의 최상급'의 최상급 표현을 만드는 (a) hardest가 정답입니다.

해석 A: 생물학 시험은 어땠어?
B: 아마 내가 지금까지 치른 시험 중에 가장 어려운 시험이었을거야.

어휘 biology [baiάlədʒi] 생물학

4

해설 '그 작업의 나머지'라는 의미가 되어야 하므로 '나머지'를 뜻하는 (c) the rest가 정답입니다. 참고로, (b) a rest는 '휴식'이라는 의미이므로 오답입니다.

해석 A: 그 새 도서관이 거의 완성된 것 같아요.
B: 맞아요, 그런데 나머지 작업을 끝마치려면 일주일은 걸릴 거라고 예상한대요.

5

해설 대화를 나누는 시점보다 과거 시점인 오늘 아침에 휴가를 신청하려고 했던 중이었으므로, 과거 특정 시점에 진행되고 있었던 일을 표현할 때 쓰는 과거진행 시제 (b) was planning to가 정답입니다.

해석 A: 당신의 휴가 신청에 대한 승인을 벌써 받았나요?
B: 오늘 아침에 관리자에게 요청할 계획이었는데, 오늘이 그의 휴일이에요.

어휘 confirmation [kὰnfərméiʃən] 승인, 확인 leave [liːv] 휴가
day off 휴일

6

해설 주절에 would have p.p.인 would have come이 왔으므로 If절에는 이와 짝을 이루어 가정법 과거 완료를 만드는 had p.p.가 와야 합니다. 따라서 (d) I'd known이 정답입니다.

해석 A: 오늘 아침에 회의에서 당신을 보지 못했어요.
B: 회의를 하는 줄 알았더라면, 저는 좀 더 일찍 왔을 거예요.

7

해설 빈칸 이하(___ the champion)는 be 동사(was)의 보어 자리이므로 명사절 접속사 'what + 주어 + 동사'의 명사절 어순을 올바르게 따른 (c)와 (d)가 정답의 후보입니다. 이 중 평서문의 부정문 어순에 따라 not이 be 동사(was) 다음에 나온 (d) not what I expected from이 정답입니다.

해석 A: 그것은 확실히 실망스러운 권투 시합이었어요.
B: 그 시합은 제가 챔피언에게 기대했던 것은 확실히 아니었어요.

8

해설 문장에 주어(She)는 있지만 동사가 없으므로 동사로 시작하는 (a) has a lot of interesting news to share가 정답입니다. 참고로, (a)는 동사(has), 목적어(a lot of interesting news), 목적어를 수식하는 to 부정사(to share)로 이루어져 있습니다.

해석 A: 저는 Allison의 블로그를 읽는 것을 즐겨요.
B: 저도요. 그녀는 공유할 수 있는 많은 흥미로운 뉴스거리를 항상 가지고 있어요.

9

해설 '최고 경영자가 아직 그 지침들을 검토해보지 않았기 때문에'라는 의미가 되어야 하므로, '~하기 때문에'를 뜻하는 (b) Since가 정답입니다. 참고로 (a) For도 '~이기 때문에'라는 뜻이 있지만 이 경우 등위 접속사이기 때문에 문장 맨 앞에 올 수 없으므로 오답입니다.

해석 A: 언제 그 새로운 직원 지침이 시행되나요?
B: 최고 경영자가 아직 그 지침들을 검토하지 않았으니, 그것들은 바뀔 여지가 있어요.

어휘 take effect 시행되다 liable [láiəbl] ~할 여지가 있는

10

해설 빈칸은 '더 따뜻한 재킷을 입을 필요가 있다'라는 의미가 되어야 하므로 A의 말을 근거로 빈칸에 들어갈 말을 완성하면 need to wear a warmer jacket이 됩니다. 앞서 나온 어구가 to 부정사로 반복되므로, 이를 to로 대신한 (a) need to가 정답입니다.

해석 A: 당신은 정말로 더 따뜻한 재킷을 입어야 해요.
B: 모두들 그 말을 계속 하지만, 전 그럴 필요가 없어요.

11

해설 '가장 ~한 -중 하나'라는 의미를 나타내기 위해 'one of the + 최상급'을 쓰므로 one of the most를 쓴 (b) one of the most dangerous animals가 정답입니다.

해석 무게가 천 파운드를 넘기 때문에, 아프리카 물소는 아프리카에서 가장 위험한 동물 중 하나입니다.

어휘 weigh [wei] 무게가 ~이다

12

해설 '로스앤젤레스의 변두리로부터'라는 의미가 되어야 자연스러우므로 '~로부터'를 뜻하는 전치사 (c) from이 정답입니다.

해석 로스앤젤레스의 변두리에서 300마일 떨어진 곳에 위치한 라스베이거스는 주말이면 사람들이 흔히 찾는 장소이다.

어휘 outskirt [άutskə̀ːrt] 변두리, 교외
weekend [wíːkènd] 주말의; 주말
destination [dèstənéiʃən] 장소, 목적지

13
해설 보기의 명사 taste를 앞에서 '관사 + 부사 + 형용사'의 어순으로 수식하고 있는 (b) The somewhat robust taste of red wine이 정답입니다.

해석 적포도주의 다소 강한 맛은 토마토를 이용한 파스타 요리의 풍미를 더해준다.

어휘 enhance[inhǽns] (좋은 점·가치·지위를) 더하다, 높이다
robust[roubʌ́st] 강한

14
해설 동사(reveal)의 목적어 자리에 나온 명사절(that ~ proposal) 내의 주어 a decision(결정)과 보기의 make(만들다)가 '결정이 만들어졌다(내려졌다)'라는 수동의 의미로 해석되므로 수동태 (a)와 (b)가 정답의 후보입니다. 과거 시점부터 현재까지 숙고를 계속 해오다가 이제 막 결정이 내려졌다는 의미가 되어야 하므로 현재완료 시제 (a) has been made가 정답입니다.

해석 위원회는 심사숙고 끝에 그 제안에 관해서 결정이 내려졌음을 밝히게 되어 기쁩니다.

어휘 reveal[rivíːl] 밝히다 deliberation[dilìbəréiʃən] 숙고
regarding[rigáːrdiŋ] ~에 관해서

15
해설 빈칸 앞에 조동사(will)가 있으므로 동사원형으로 시작한 (a)와 (c)가 정답의 후보입니다. 동사(predict)의 목적어 자리에 나온 명사절 내의 주어 consumers(소비자들)와 보기의 spend(소비하다)가 '소비자들이 소비한다'라는 능동의 의미로 해석되므로 능동태 (a) be spending이 정답입니다.

해석 경제학자들은 소비자들이 작년에 그랬던 것보다 이번 휴가철에 더 많이 소비할 것으로 예측한다.

16
해설 동명사 주어(Sleeping deeply)는 단수 취급하므로 단수 동사 (b)와 (c)가 정답의 후보입니다. '깊게 잠을 자는 것은 두뇌 활동을 자극한다'라는 일반적인 사실을 나타내고 있으므로 현재 시제 (b) stimulates가 정답입니다.

해석 잠을 깊게 자는 것은 두뇌 활동을 자극하는데, 이것은 생생한 꿈과 빠른 눈의 움직임을 야기한다.

어휘 result in (결과적으로) ~을 야기하다 stimulate[stímjulèit] 자극하다

17
해설 완전한 문장(The company ~ customers) 다음의 수식어 자리에 나온 to 부정사의 to 다음에 빈칸이 있으므로 동사원형으로 시작한 (c)와 (d)가 정답의 후보입니다. 보기의 동사 apologize는 자동사이므로 뒤에 목적어(delay)를 바로 가질 수 없고, '전치사 + 목적어' 형태로 가져야 합니다. 따라서 '자동사 + 전치사 + 목적어' 형태의 (c) apologize for the delay가 정답입니다.

해석 지연에 대해 사과하기 위해 그 회사는 여러 고객들에게 전화했다.

18
해설 동사 need(needed) 뒤의 목적어 자리가 비어 있으므로 목적어 자리에 올 수 있는 to 부정사 (c) to conduct가 정답입니다.

해석 여러 번의 실험이 더 필요했기 때문에 그 팀은 마감일 연장을 요청했다.

어휘 extension[ikstén∫ən] 연장 deadline[dédlàin] 마감일

19
해설 전치사구 in its undergraduate program의 수식을 받아 '학부 과정의 과목들'이라는 의미가 되어야 하므로, 앞에 나온 복수 명사 courses를 대신하는 복수 지시대명사 (c) those가 정답입니다.

해석 그 대학원의 문학 프로그램은 학부 과정의 과목들과 비슷한 것들을 제공한다.

어휘 graduate school 대학원 undergraduate program 학부 과정

20
해설 빈칸은 뒤에 나온 명사(Japanese armor)를 수식하는 수식어 자리이므로 수식어 자리에 올 수 있는 분사 (c)와 (d)가 정답의 후보입니다. 수식을 받는 명사 Japanese armor(일본 갑옷)와 보기의 design(디자인하다)이 '디자인된 일본 갑옷'이라는 수동의 의미로 해석되므로 과거분사 (c) designed가 정답입니다.

해석 오직 부유한 사무라이만이 O-yoroi라 불리는 복잡하게 디자인된 일본 갑옷을 입을 수 있었다.

어휘 intricately[íntrikətli] 복잡하게

21
해설 빈칸 뒤의 복수 명사(destinations)를 수식할 수 있는 부정형용사 other를 포함한 (b)와 (d)가 정답의 후보입니다. 문맥상 '다른 목적지보다'라는 의미가 되어야 하므로 '다른'을 뜻하는 (d) other가 정답입니다. (a)의 such는 앞에서 언급된 것을 가리킬 때 쓰이므로 이 문맥에 맞지 않는 오답입니다.

해석 덴마크 행 비행편은 현재 다른 목적지로 가는 항공 요금보다 더 저렴하다.

어휘 currently[kə́ːrəntli] 현재 airfare[ɛ́ərfɛ̀ər] 항공 요금
destination[dèstənéiʃən] 목적지

22
해설 빈칸 이하(____ ~ vote)가 '수감자들이 투표할 권리를 가져야 하는지 아닌지'라는 의미가 되어야 하므로 '~인지 아닌지'를 뜻하는 명사절 접속사 (a) whether가 정답입니다.

해석 수감자들이 투표할 권리를 가져야 하는지 아닌지에 관하여 입법자들 사이에 논쟁이 있다.

어휘 lawmaker[lɔ́ːmèikər] 입법자 as to ~에 관해
prisoner[prízənər] 수감자 vote[vout] 투표하다

23
해설 보기에 제시된 단어들이 '그들이 했던 것과 같은 방식으로'라는 의미가 되어야 하므로 '~와 같은 방식으로'를 뜻하는 in the same manner가 먼저 오고, the same manner를 수식하는 관계절(they did)이 나온 (a) in the same manner they did가 정답입니다.

해석 최신식 에스프레소 기계는 수십 년 전 그들이 했던 것과 같은 방식으로 커피를 끓인다.

어휘 brew[bruː] 끓이다 manner[mǽnər] 방식

24
해설 주어 The flat-four engine(수평 4기통 엔진)과 보기의 design(설계하다)이 '수평 4기통 엔진이 1926년에 설계되었다'라는 수동의 의미로 해석되고 역사적 사실을 말하는 문맥이므로 과거 시제이면서 수동태인 (d) was designed가 정답입니다.

해석 수평 4기통 엔진은 차량에 안정되고 쉽게 식혀지는 엔진을 제공하기 위해 1926년에 설계되었다.

어휘 flat-four 수평 4기통의   balanced[bǽlənst] 안정된

25
해설 Roger가 실망했던 과거 시점(was) 이전에 비즈니스 클래스로 업그레이드를 받는 대상으로 선택되지 못했던 것이므로 과거의 특정 시점 이전에 발생한 일을 표현하는 과거완료 시제 (c) had not been이 정답입니다.

해석 Roger는 비즈니스 클래스로 무료 항공권 업그레이드를 받는 대상으로 선택되지 못했다는 것에 실망했다.

26
해설 (a)에서 사람을 나타내는 선행사 clerk 뒤에, 사물을 가리킬 때 쓰는 관계대명사 which가 와서 틀립니다. which는 who로 바뀌어야 맞습니다.

해석 (a) A: 저 사람이 우리가 체크인할 때 우리를 도와줬던 그 안내 데스크 직원이에요.
(b) B: 우리 짐을 위층까지 가져다 준 것에 대해서 그에게 팁을 주어야 해요, 그렇죠?
(c) A: 맞아요. 5달러면 적당하다고 생각하나요, 아니면 충분하지 않은가요?
(d) B: 그가 정말로 도움이 되었기 때문에 그에게 조금 더 줘야 한다고 생각해요.

어휘 clerk[kləːrk] 직원
be supposed to ~해야 한다, ~하기로 되어 있다
fair[fɛər] (가격이) 적당한

27
해설 (c)에서 동사(leave)를 형용사(prompt)가 수식하면 틀립니다. 동사를 수식하는 것은 형용사가 아니라 부사이므로 형용사 prompt는 부사 promptly로 바뀌어야 맞습니다.

해석 (a) A: 주말 여행에 당신이 가져가야 할 물건 리스트가 여기 있어요.
(b) B: 고마워요. 오늘 저녁에 모든 물건을 정리할 계획이에요.
(c) A: 또한, 우리가 8시 정각에 지체 없이 떠날 수 있도록 만나기로 한 장소에 반드시 제시간에 도착하세요.
(d) B: 걱정 마세요, 거기 일찍 가 있을게요. 여행을 지연시키고 싶지 않거든요.

어휘 on time 제시간에   hold up 지연시키다, 방해하다

28
해설 (b)에서 주어(The fossils), 동사(represented), 목적어(some ~ species)를 갖춘 완전한 문장이 왔으므로, date ~ years는 수식어 자리인데 수식어 자리에 동사(date)가 나와서 틀립니다. 동사 date는 수식어 자리에 올 수 있는 현재분사 dating으로 바뀌어야 맞습니다. 참고로, 주절의 주어 The fossils(그 화석들)와 동사 date(거슬러 올라가다)가 '그 화석들은 거슬러 올라간다'라는 능동의 의미로 해석되므로 현재분사 dating을 써준 것입니다.

해설 (a) 1946년 사우스오스트레일리아에 있는 Ediacara Hills를 탐험하던 중에, Reginald Sprigg는 몸통이 부드러운 생명체가 화석이 된 흔적들을 발견했다. (b) 그 화석들은 5억 7천만 년을 거슬러 올라간, 초기 동물 종으로 알려진 몇몇을 대표했다. (c) 세계 어디에서도 그러한 화석 유물군이 발견되지 않았다. (d) Sprigg의 발견 때문에, 2004년에 'Ediacara 시대'가 지질 연대표에 추가되었다.

어휘 fossilize[fɑ́səlàiz] 화석으로 만들다   imprint[ímprint] 흔적, 자국
soft-bodied 몸통이 부드러운
represent[rèprizént] 대표하다, 나타내다
date back (시기 따위가) ~까지 거슬러 올라가다
assemblage[əsémblidʒ] (하나의 유적에서 발견된) 유물군
geologic time 지질 연대

29
해설 (d)에서 to benefit ~ services은 '사회 복지 서비스를 더 쉽게 이용하는 것으로부터 이익을 얻기 위해'라는 의미가 되어야 하므로 benefit 다음에 '~을 가지고, ~와 함께'를 뜻하는 전치사 with가 오면 틀립니다. 따라서 with는 '~로부터'를 뜻하는 from으로 바뀌어야 맞습니다.

해설 (a) Kwakwaka'wakw는 여러 부족으로 이루어진 캐나다의 브리티시 컬럼비아에 있는 토착 집단인데, 그 중에서도 가장 유명한 부족은 Kwakiutl이다. (b) Kwakiutl 부족은 인류학자 Franz Boas의 민족지학상의 연구 주제였기 때문에 유명하다. (c) Kwakiutl 부족은 Boas의 연구 주제였기 때문에, 한 학문 분야로서의 인류학의 초기 발전에 크게 기여했다고 한다. (d) Kwakiutl 사람들은 전통적으로 고립된 농촌에서 살지만, 사회 복지 서비스를 더 쉽게 이용하는 것으로부터 이익을 얻기 위해 최근 많은 이들이 대도시로 이주했다.

어휘 indigenous[indídʒənəs] 토착의
prominent[prɑ́mənənt] 유명한
ethnographic[èθnəgrǽfik] 민족지학상의
anthropologist[ænθrəpɑ́lədʒist] 인류학자
discipline[dísəplin] 분야   isolated[áisəlèitid] 고립된
rural communities 농촌   social service 사회 복지 사업

30
해설 (d)에서 '냄새를 맡으면 알레르기 반응이 생길 수도 있다'는 미래에 일어날 수 있는 일을 말하고 있으므로, if절에 과거 동사(inhaled)를 쓰면 틀립니다. if절에서는 미래를 나타내기 위해 현재 시제를 쓰므로, 과거 동사 inhaled는 현재 시제 inhale로 바뀌어야 맞습니다.

해설 (a) 땅콩 알레르기는 흔한 종류의 음식 알레르기이다. (b) 개인마다 땅콩 알레르기에 대한 반응은 다를 수 있고, 증상도 매우 가벼운 정도에서 생명을 위협하는 정도에 이르기까지 다양하다. (c) 땅콩이나 견과류가 포함된 다른 음식의 섭취가 알레르기 증상의 가장 흔한 사례이다. (d) 그렇지만, 심하게 알레르기가 있는 사람이 땅콩 알레르기를 일으키는 물질의 냄새를 맡는다면 직접적인 접촉이 없어도 알레르기 반응이 생길 수도 있다.

어휘 peanut[píːnʌt] 땅콩   reaction[riǽkʃən] 반응
vary[vɛ́əri] 다르다   life-threatening 생명을 위협하는
ingestion[indʒéstʃən] 섭취
contain[kəntéin] 포함하다, 담고 있다
allergen[ǽlərdʒən] 알레르기를 일으키는 물질
develop[divéləp] (질병이) 생기다

해커스텝스 HackersTEPS.com

스타강사의
무료 적중예상특강

무료 매일 실전
텝스 문제

무료 텝스 단어시험지
자동생성기

해커스인강 HackersIngang.com

본 교재
인강

텝스 온라인
실전모의고사

무료
단어암기장

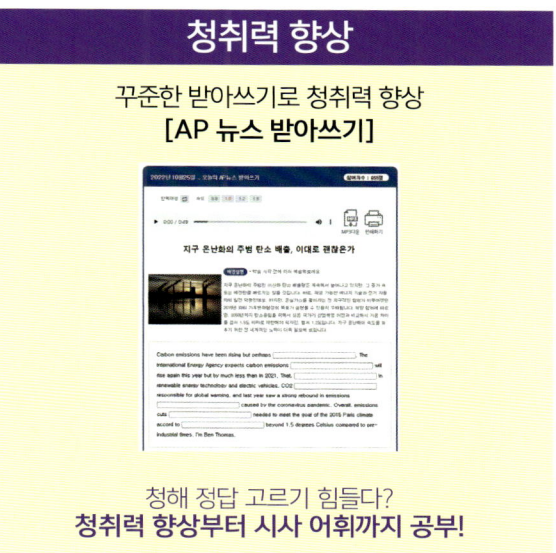